# Bereicherungsrecht

Hemmer/Wüst/Gold/d'Alquen

# Kursorte im Überblick

**Augsburg**
Wüst
Mergentheimer Str. 44
97082 Würzburg
Tel.: (0931) 79 78 230
Fax: (0931) 79 78 234
Mail: augsburg@hemmer.de

**Bayreuth**
Daxhammer/d´Alquen
Parkweg 7
97944 Boxberg
Tel.: (07930) 99 23 38
Fax: (07930) 99 22 51
Mail: bayreuth@hemmer.de

**Berlin-Dahlem**
Gast
Schumannstraße 18
10117 Berlin
Tel.: (030) 240 45 738
Fax: (030) 240 47 671
Mail: mitte@hemmer-berlin.de

**Berlin-Mitte**
Gast
Schumannstraße 18
10117 Berlin
Tel.: (030) 240 45 738
Fax: (030) 240 47 671
Mail: mitte@hemmer-berlin.de

**Bielefeld**
Lück
Salzstr. 14/15
48143 Münster
Tel.: (0251) 67 49 89 70
Fax.: (0251) 67 49 89 71
Mail: bielefeld@hemmer.de

**Bochum**
Schlömer/Sperl
Salzstr. 14/15
48143 Münster
Tel.: (0251) 67 49 89 70
Fax.: (0251) 67 49 89 71
Mail: bochum@hemmer.de

**Bonn**
Ronneberg/Clobes/Geron
Simrockstr. 5
53113 Bonn
Tel.: (0228) 91 14 125
Fax: (0228) 91 14 141
Mail: bonn@hemmer.de

**Bremen**
Kulke/Hermann
Mergentheimer Str. 44
97082 Würzburg
Tel.: (0931) 79 78 257
Fax: (0931) 79 78 240
Mail: bremen@hemmer.de

**Dresden**
Stock
Zweinaundorfer Str. 2
04318 Leipzig
Tel.: (0341) 6 88 44 90
Fax: (0341) 6 88 44 96
Mail: dresden@hemmer.de

**Düsseldorf**
Ronneberg/Clobes/Geron
Simrockstr. 5
53113 Bonn
Tel.: (0228) 91 14 125
Fax: (0228) 91 14 141
Mail: duesseldorf@hemmer.de

**Erlangen**
Grieger/Tyroller
Mergentheimer Str. 44
97082 Würzburg
Tel.: (0931) 79 78 230
Fax: (0931) 79 78 234
Mail: erlangen@hemmer.de

**Frankfurt/M.**
Geron
Dreifaltigkeitsweg 49
53489 Sinzig
Tel.: (02642) 61 44
Fax: (02642) 61 44
Mail: frankfurt.main@hemmer.de

**Frankfurt/O.**
Gast
Schumannstraße 18
10117 Berlin
Tel.: (030) 240 45 738
Fax: (030) 240 47 671
Mail: mitte@hemmer-berlin.de

**Freiburg**
Behler/Rausch
Rohrbacher Str. 3
69115 Heidelberg
Tel.: (06221) 65 33 66
Fax: (06221) 65 33 30
Mail: freiburg@hemmer.de

**Gießen**
Sperl
Parkweg 7
97944 Boxberg
Tel.: (07930) 99 23 38
Fax: (07930) 99 22 51
Mail: giessen@hemmer.de

**Göttingen**
Schlömer/Sperl
Kirchhofgärten 22
74635 Kupferzell
Tel.: (07944) 94 11 05
Fax: (07944) 94 11 08
Mail: goettingen@hemmer.de

**Greifswald**
Burke/Lück
Buchbinderstr. 17
18055 Rostock
Tel.: (0381) 3 77 74 00
Fax: (0381) 3 77 74 01
Mail: greifswald@hemmer.de

**Halle**
Ra. J. Luke
Rödelstr. 13
04229 Leipzig
Tel.: (0341) 49 25 54 70
Fax: (0341) 49 25 54 71
Mail: halle@hemmer.de

**Hamburg**
Schlömer/Sperl
Steinhöft 5-7
20459 Hamburg
Tel.: (040) 317 669 17
Fax: (040) 317 669 20
Mail: hamburg@hemmer.de

**Hannover**
Daxhammer/Sperl
Matzenhecke 23
97204 Höchberg
Tel.: (0931) 400 337
Fax: (0931) 404 3109
Mail: hannover@hemmer.de

**Heidelberg**
Behler/Rausch
Rohrbacher Str. 3
69115 Heidelberg
Tel.: (06221) 65 33 66
Fax: (06221) 65 33 30
Mail: heidelberg@hemmer.de

**Jena**
Hemmer/Wüst
Mergentheimer Str. 44
97082 Würzburg
Tel.: (0931) 79 78 257
Fax: (0931) 79 78 240
Mail: jena@hemmer.de

**Kiel**
Schlömer/Sperl
Kirchhofgärten 22
74635 Kupferzell
Tel.: (07944) 94 11 05
Fax: (07944) 94 11 08
Mail: kiel@hemmer.de

**Köln**
Ronneberg/Clobes/Geron
Simrockstr. 5
53113 Bonn
Tel.: (0228) 91 14 125
Fax: (0228) 91 14 141
Mail: koeln@hemmer.de

**Konstanz**
Guldin/Kaiser
Hindenburgstr. 15
78467 Konstanz
Tel.: (07531) 69 63 63
Fax: (07531) 69 63 64
Mail: konstanz@hemmer.de

**Leipzig**
Ra. J. Luke
Rödelstr. 13
04229 Leipzig
Tel.: (0341) 49 25 54 70
Fax: (0341) 49 25 54 71
Mail: leipzig@hemmer.de

**Mainz**
Geron
Dreifaltigkeitsweg 49
53489 Sinzig
Tel.: (02642) 61 44
Fax: (02642) 61 44
Mail: mainz@hemmer.de

**Mannheim**
Behler/Rausch
Rohrbacher Str. 3
69115 Heidelberg
Tel.: (06221) 65 33 66
Fax: (06221) 65 33 30
Mail: mannheim@hemmer.de

**Marburg**
Sperl
Parkweg 7
97944 Boxberg
Tel.: (07930) 99 23 38
Fax: (07930) 99 22 51
Mail: marburg@hemmer.de

**München**
Wüst
Mergentheimer Str. 44
97082 Würzburg
Tel.: (0931) 79 78 230
Fax: (0931) 79 78 234
Mail: muenchen@hemmer.de

**Münster**
Schlömer/Sperl
Salzstr. 14/15
48143 Münster
Tel.: (0251) 67 49 89 70
Fax.: (0251) 67 49 89 71
Mail: muenster@hemmer.de

**Osnabrück**
Fethke
Liebknechtstr. 35
99086 Erfurt
Tel.: (0541) 18 55 21 79
Fax.: ---
Mail: osnabrueck@hemmer.de

**Passau**
Köhn/Rath
Mergentheimer Str. 44
97082 Würzburg
Tel.: (0931) 79 78 230
Fax: (0931) 79 78 234
Mail: passau@hemmer.de

**Potsdam**
Gast
Schumannstraße 18
10117 Berlin
Tel.: (030) 240 45 738
Fax: (030) 240 47 671
Mail: mitte@hemmer-berlin.de

**Regensburg**
Daxhammer/d´Alquen
Parkweg 7
97944 Boxberg
Tel.: (07930) 99 23 38
Fax: (07930) 99 22 51
Mail: regensburg@hemmer.de

**Rostock**
Burke/Lück
Buchbinderstr. 17
18055 Rostock
Tel.: (0381) 3777 400
Fax: (0381) 3777 401
Mail: rostock@hemmer.de

**Saarbrücken**
Bold
Preslesstraße 2
66987 Thaleischweiler-Fröschen
Tel.: (06334) 98 42 83
Fax: (06334) 98 42 83
Mail: saarbruecken@hemmer.de

**Trier**
Geron
Dreifaltigkeitsweg 49
53489 Sinzig
Tel.: (02642) 61 44
Fax: (02642) 61 44
Mail: trier@hemmer.de

**Tübingen**
Guldin/Kaiser
Hindenburgstr. 15
78465 Konstanz
Tel.: (07531) 69 63 63
Fax: (07531) 69 63 64
Mail: tuebingen@hemmer.de

**Würzburg - ZENTRALE -**
Mergentheimer Str. 44
97082 Würzburg
Tel.: (0931) 79 78 230
Fax: (0931) 79 78 234
Mail: wuerzburg@hemmer.de

# Assessorkursorte im Überblick

### Bayern
**Würzburg/München/Nürnberg/Regensburg/Postversand**

RA I. Gold
Mergentheimer Str. 44
97082 Würzburg
Tel.: (0931) 79 78 2-50
Fax: (0931) 79 78 2-51
Mail: assessor@hemmer.de

### Baden-Württemberg
**Konstanz/Tübingen/Stuttgart/Postversand**

Rae F. Guldin/B. Kaiser
Hindenburgstr. 15
78467 Konstanz
Tel.: (07531) 69 63 63
Fax: (07531) 69 63 64
Mail: konstanz@hemmer.de

**Heidelberg/Freiburg**

RAe Behler/Rausch
Rohrbacherstr. 3
69115 Heidelberg
Tel.: (06221) 65 33 66
Fax: (06221) 65 33 30
Mail: heidelberg@hemmer.de

### Berlin/Potsdam/Brandenburg
**Berlin**

RA L. Gast
Schumannstr. 18
10117 Berlin
Tel.: (030) 24 04 57 38
Fax: (030) 24 04 76 71
Mail: mitte@hemmer-berlin.de

### Bremen/Hamburg
**Hamburg/Postversand**

Rae M. Sperl/Clobes/Dr.Schlömer
Kirchhofgärten 22
74635 Kupferzell
Tel.: (07944) 94 11 05
Fax: (07944) 94 11 08
Mail: assessor-nord@hemmer.de

### Hessen
**Frankfurt**

RA A. Geron
Dreifaltigkeitsweg 49
53489 Sinzig
Tel.: (02642) 61 44
Fax: (02642) 61 44
Mail: frankfurt.main@hemmer.de

### Mecklenburg-Vorpommern
**Postversand**

Ludger Burke/Johannes Lück
Buchbinderstr. 17
18055 Rostock
Tel.: (0381) 37 77 40 0
Fax: (0381) 37 77 40 1
Mail: rostock@hemmer.de

### Rheinland-Pfalz
**Postversand**

RA A. Geron
Dreifaltigkeitsweg 49
53489 Sinzig
Tel.: (02642) 61 44
Fax: (02642) 61 44
Mail: trier@hemmer.de

### Niedersachsen
**Hannover**

RAe M. Sperl/Dr. Schlömer
Steinhöft 5 - 7
20459 Hamburg
Tel.: (040) 317 669 17
Fax: (040) 317 669 20
Mail: assessor-nord@hemmer.de

**Hannover Postversand**

RAe M. Sperl/Clobes/Dr. Schlömer
Kirchhofgärten 22
74635 Kupferzell
Tel.: (07944) 94 11 05
Fax: (07944) 94 11 08
Mail: assessor-nord@hemmer.de

### Nordrhein-Westfalen
**Köln/Bonn/Dortmund/Düsseldorf/Postversand**

Dr. A. Ronneberg
Simrockstr. 5
53113 Bonn
Tel.: (0228) 91 14 125
Fax: (0228) 91 14 141
Mail: koeln@hemmer.de

### Schleswig-Holstein
**Postversand**

RAe M. Sperl/Clobes/Dr. Schlömer
Kirchhofgärten 22
74635 Kupferzell
Tel.: (07944) 94 11 05
Fax: (07944) 94 11 08
Mail: assessor-nord@hemmer.de

### Thüringen
**Postversand**

RA Stock, RA Hunger & Kollegen
Zweinaundorfer Str. 2
04318 Leipzig
Tel.: (0341) 6 88 44 90 oder -93
Fax: (0341) 6 88 44 96
Mail: dresden@hemmer.de

### Sachsen
**Dresden/Leipzig/Postversand**

RA Stock, RA Hunger & Kollegen
Zweinaundorfer Str. 2
04318 Leipzig
Tel.: (0341) 6 88 44 90 oder -93
Fax: (0341) 6 88 44 96
Mail: dresden@hemmer.de

### Sachsen-Anhalt
**Postversand**

RA Stock, RA Hunger & Kollegen
Zweinaundorfer Str. 2
04318 Leipzig
Tel.: (0341) 6 88 44 90 oder -93
Fax: (0341) 6 88 44 96
Mail: dresden@hemmer.de

# **Bereicherungsrecht** mit der **hemmer-Methode**

Wer in vier Jahren sein Studium abschließen will, kann sich einen Irrtum in Bezug auf Stoffauswahl und -aneignung nicht leisten. Hoffen Sie nicht auf leichte Rezepte und den einfachen Rechtsprechungsfall. Hüten Sie sich vor Übervereinfachung beim Lernen. Stellen Sie deswegen frühzeitig die Weichen richtig.

Die §§ 812 ff. BGB sind regelmäßig die Folge unwirksamer Verträge. Abgrenzungsprobleme gibt es u.a. zur Störung der Geschäftsgrundlage (z.B. Rückabwicklung bei der nichtehelichen Lebensgemeinschaft) und §§ 987 ff. BGB. Ohne Verständnis für dieses Rechtsgebiet bleibt der Zusammenhang im Zivilrecht im Dunkeln. Im Skript **Bereicherungsrecht** werden die einzelnen bereicherungsrechtlichen Tatbestände (§§ 812 I, II; 816 I, II; 822 u.a.) sowie die verschiedenen Kondiktionsarten (Leistungs- und Nichtleistungskondiktion) in examenstypischen Fallkonstellationen dargestellt.

Die **hemmer-Methode** vermittelt Ihnen die **erste richtige Einordnung** und das **Problembewusstsein**, welches Sie brauchen, um an einer Klausur bzw. dem Ersteller nicht vorbeizuschreiben. Häufig ist dem Studenten nicht klar, warum er schlechte Klausuren schreibt. Wir geben Ihnen **gezielte Tipps**! Vertrauen Sie auf unsere **Expertenkniffe**.

Durch die ständige Diskussion mit unseren Kursteilnehmern ist uns als erfahrenen Repetitoren klar geworden, welche **Probleme** der Student hat, sein **Wissen anzuwenden**. Wir haben aber auch von unseren Kursteilnehmern profitiert und von ihnen erfahren, welche **Argumentationsketten** in der Prüfung zum Erfolg geführt haben.

Die **hemmer-Methode** gibt **jahrelange Erfahrung** weiter, erspart Ihnen viele schmerzliche Irrtümer, setzt richtungsweisende Maßstäbe und begleitet Sie als **Gebrauchsanweisung** in Ihrer Ausbildung:

**1. Grundwissen:**

Die **Grundwissenskripten** sind für den Studenten in den ersten Semestern gedacht. In den Theoriebänden Grundwissen werden leicht verständlich und kurz die wichtigsten Rechtsinstitute vorgestellt und das notwendige Grundwissen vermittelt. Die Skripten werden durch den jeweiligen Band unserer **Reihe „Die wichtigsten Fälle“** ergänzt.

**2. Basics:**

Das Grundwerk für Studium und Examen. Es schafft schnell **Einordnungswissen** und mittels der hemmer-Methode richtiges Problembewusstsein für Klausur und Hausarbeit. Wichtig ist, **wann und wie** Wissen in der Klausur angewendet wird.

**3. Skriptenreihe:**

**Vertiefendes Prüfungswissen:** Über 1.000 Klausuren wurden auf ihre „essentials" abgeklopft. Anwendungsorientiert werden die für die Prüfung nötigen Zusammenhänge umfassend aufgezeigt und wiederkehrende Argumentationsketten eingeübt.

Gleichzeitig wird durch die **hemmer-Methode** auf **anspruchsvollem Niveau** vermittelt, nach welchen Kriterien Prüfungsfälle beurteilt werden. Mit dem Verstehen wächst die Zustimmung zu Ihrem Studium. Spaß und Motivation beim Lernen entstehen erst durch Verständnis.

Lernen Sie, durch Verstehen am juristischen Sprachspiel teilzunehmen. Wir schaffen den „background“, mit dem Sie die innere Struktur von Klausur und Hausarbeit erkennen: **„Problem erkannt, Gefahr gebannt“**. Profitieren Sie von unserem **strategischen Wissen**. Wir werden Sie mit unserem know-how auf das Anforderungsprofil einstimmen, das Sie in Klausur und Hausarbeit erwartet. Die Theoriebände Grundwissen, die Basics, die Skriptenreihe und der Hauptkurs sind als **modernes, offenes und flexibles Lernsystem** aufeinander abgestimmt und ergänzen sich ideal. Die **studentenfreundliche Preisgestaltung** ermöglicht den **Erwerb als Gesamtwerk**.

**4. Hauptkurs:**

**Schulung am examenstypischen Fall mit der Assoziationsmethode.** Trainieren Sie unter professioneller Anleitung, was Sie im Examen erwartet und wie Sie bestmöglich mit dem Examensfall umgehen.

Nur wer die Dramaturgie eines Falles verstanden hat, ist in Klausur und Hausarbeit auf der sicheren Seite! Häufig hören wir von unseren Kursteilnehmern: **„Erst jetzt hat Jura richtig Spaß gemacht“**.

Die Ergebnisse unserer Kursteilnehmer geben uns Recht. Maßstab ist der Erfolg. Die Examensergebnisse zeigen, dass unsere Kursteilnehmer überdurchschnittlich abschneiden.

**Die Examensergebnisse unserer Kursteilnehmer können auch Ansporn für Sie sein, intelligent zu lernen: Wer nur auf vier Punkte lernt, landet leicht bei drei.**
**Lassen Sie sich aber nicht von diesen Supernoten verschrecken, sehen Sie dieses Niveau als Ansporn für Ihre Ausbildung.**

Wir hoffen, als Repetitoren mit unserem Gesamtangebot bei der Konkretisierung des Rechts mitzuwirken und wünschen Ihnen **viel Spaß beim Durcharbeiten** unserer Skripten.

Wir würden uns freuen, mit Ihnen als Hauptkursteilnehmer mit der **hemmer-Methode** gemeinsam Verständnis an der Juristerei zu trainieren. Nur wer erlernt, was ihn im Examen erwartet, lernt richtig!

So leicht ist es, uns kennenzulernen: Probehören ist jederzeit in den jeweiligen Kursorten möglich.

**Karl-Edmund Hemmer & Achim Wüst**

# Bereicherungsrecht

Hemmer/Wüst/Gold/d'Alquen

Hemmer/Wüst Verlagsgesellschaft
Hemmer/Wüst/Gold/d'Alquen; Bereicherungsrecht

**ISBN 978-3-86193-519-3**

**15. Auflage 2016**

gedruckt auf chlorfrei gebleichtem Papier
von Schleunungdruck GmbH, Marktheidenfeld

***Kommentare***

| | |
|---|---|
| *Palandt* | Kommentar zum Bürgerlichen Gesetzbuch |

***Lehrbücher***

| | |
|---|---|
| *Larenz* | Lehrbuch des Schuldrechts Band 2, Besonderer Teil |
| *Larenz/Canaris* | Lehrbuch des Schuldrechts Band 2, Besonderer Teil, 2. Halbband |
| *Medicus* | Bürgerliches Recht |
| *Reinicke/Tiedtke* | Kaufrecht |

**Weitere Nachweise** (insbesondere auf Aufsätze) in den Fußnoten.

## § 1 GRUNDGEDANKE

*Ziel des gerechten Ausgleichs*

1 Das Bereicherungsrecht (§§ 812 ff. BGB) dient dem Ausgleich ungerechtfertigter Vermögensverschiebungen. Es gewährt insbesondere einen Anspruch auf Rückabwicklung, wenn im Verhältnis der Beteiligten ein Rechtsgrund fehlt.

2 Damit verfolgt es das Ziel eines gerechten und billigen Ausgleichs durch Herausgabe des Erlangten bzw. Wertersatz, z.B. dann, wenn zwar zunächst ein rechtswirksamer Vermögenserwerb vorliegt, aber dieser mit den Grundsätzen materieller Gerechtigkeit nicht in Einklang steht (Billigkeitsrecht). Wegen des Abstraktionsprinzips scheidet dann ein Herausgabeanspruch aus § 985 BGB aus. Da auch Besitzschutzansprüche (§§ 861 ff., 1007 BGB) und Schadensersatzansprüche häufig wegen fehlender Voraussetzungen nicht in Betracht kommen, bleibt nur das schuldrechtliche Korrektiv des Bereicherungsrechts.

3 ***Bsp.:*** *Der Minderjährige M kauft ein Moped. Da die Eltern das Geschäft nicht genehmigen, verlangt der Verkäufer das Moped zurück.*

Da das Übereignungsgeschäft für M lediglich rechtlich vorteilhaft war, § 107 BGB, scheidet ein Anspruch des Verkäufers aus § 985 BGB auf Herausgabe aus. Da der Minderjährige aber ohne Einwilligung der Eltern nicht aus § 433 II BGB zur Kaufpreiszahlung verpflichtet ist, vgl. §§ 107, 108 BGB, und andere Anspruchsgrundlagen nicht in Betracht kommen, muss ein schuldrechtlicher Anspruch auf Rückgewähr bezüglich des Mopeds gegeben sein. Dies ist gem. § 812 I S. 1, 1.Alt. BGB der Fall. Der Minderjährige muss das Moped also zurückübereignen.

*Unterschiede zu §§ 346 ff. BGB*

4 Hinter den §§ 812 ff. BGB steht der gleiche Grundgedanke wie bei den §§ 346 ff. BGB: Rückgängigmachung von Leistungen, die auf mangelhafter schuldrechtlicher Grundlage ausgetauscht wurden. Dennoch besteht konstruktiv ein entscheidender Unterschied zwischen diesen beiden Regelungsbereichen:

*§§ 346 ff. BGB: altes Schuldverhältnis mit neuem Inhalt*

5 Bei den §§ 346 ff. BGB wandelt sich das ursprüngliche Schuldverhältnis in ein Rückgewährschuldverhältnis um. Dieses ist *kein neues* Schuldverhältnis. Das alte Schuldverhältnis (etwa Kaufvertrag) besteht fort, aber jetzt in *neuer Form* und mit *neuen Pflichten.*[1]

*§§ 812 ff. BGB: neues Schuldverhältnis*

6 Bei den §§ 812 ff. BGB dagegen handelt es sich *nicht* um die *Fortsetzung* irgendeines alten Schuldverhältnisses. Vielmehr wird ein *neues gesetzliches Schuldverhältnis* mit eigenen Regelungen begründet.

1 Vgl. Palandt, Einf. vor § 346, Rn. 6.

## § 2 VERHÄLTNIS ZU ANDEREN ANSPRUCHSGRUNDLAGEN

*Anwendungsbereich der §§ 812 ff. BGB*

Bevor in der Klausur mit der Prüfung von Tatbestand und Rechtsfolgen der §§ 812 ff. BGB begonnen werden kann, ist in vielen Fällen erst zu erörtern, ob der Anwendungsbereich dieser Regelungen überhaupt eröffnet ist. 7

**hemmer-Methode: Schärfen des Problembewusstseins! Häufig sind gerade die Konkurrenzen zwischen verschiedenen in Betracht kommenden Anspruchsgrundlagen auf Ausgleich von Vermögensverschiebungen examenstypisches Prüfungsthema. Achten Sie deshalb zu allererst darauf, ob Bereicherungsrecht überhaupt anwendbar ist.**

Häufig sind andere Anspruchsgrundlagen ebenfalls einschlägig. Dabei gehen manche den §§ 812 ff. BGB konkurrenzmäßig vor, andere bestehen neben dem Bereicherungsrecht, können aber statt dessen Auswirkungen auf den Tatbestand der §§ 812 ff. BGB haben. Ausgeschlossen ist das Bereicherungsrecht durch das Bestehen von vertraglichen Beziehungen,[2] aber auch durch gesetzliche Spezialregelungen.[3] 8

### A. Verhältnis zu vertraglichen Beziehungen

#### I. Ergänzende Vertragsauslegung

*Bereicherungsrecht nicht neben vertragl. Erfüllungsanspruch, da dieser Rechtsgrund ist*

Ausgeschlossen ist das Bereicherungsrecht neben einem vertraglichen Erfüllungsanspruch, da dieser dann Rechtsgrund i.S.d. § 812 I BGB ist. 10

Wichtig ist, dass dies nicht nur für die ausdrücklichen vertraglichen Regeln gilt, sondern auch für solche, die sich erst über eine ergänzende Vertragsauslegung gemäß §§ 133, 157 BGB ergeben.[4]

***Bsp.:*** *B und A schließen einen Dienstvertrag. Eine bestimmte Nebenleistung war nicht ausdrücklich vereinbart. Sie ist aber bei derartigen Verträgen nach objektiver Betrachtungsweise üblich, auch A und B hatten daran gedacht und nur die ausdrückliche Vereinbarung vergessen. B hat diese auch ohne weiteres ausgeführt und will nun Bezahlung.* 11

§ 612 BGB alleine hilft hier nicht weiter. Denn § 612 BGB setzt eine grundsätzliche Einigung darüber, dass diese Nebenleistung ausgeführt werden soll, voraus; die Vorschrift ersetzt nur die Absprache über den Preis. Hier aber war über diese Nebenleistung des grundsätzlich Dienstverpflichteten gar nicht gesprochen worden.

Allerdings ergibt sich hier über die ergänzende Vertragsauslegung der vertragliche Erfüllungsanspruch gemäß § 611 BGB. Bezüglich der Höhe greift dann § 612 BGB ein.

Ein Anspruch aus Leistungskondiktion auf Wertersatz (§§ 812 I S. 1 1.Alt., 818 II BGB) scheidet daher von vornherein aus.

**hemmer-Methode: Umfassende Problemdarstellung. Sie sollten sich auch mit den „leisen Tönen" des Bereicherungsrechts beschäftigt haben. Nur so können Sie das Problem in einer Klausur richtig einordnen!** 12

---

2 Vgl. unten Rn. 10 ff.

3 Vgl. unten Rn. 32 ff.

4 Palandt, vor § 812, Rn. 6.

## II. Störung der Geschäftsgrundlage

*Verhältnis zur Störung der GG*

Auch dann, wenn sich die Rechtsfolgen vorhandener Lücken des Vertrages über § 313 BGB[5] ergeben, entfallen die §§ 812 ff. BGB. 13

*Abgrenzung: für Zweckkondiktion ist tatsächliche Einigung notwendig*

Schwierig kann im Einzelfall die Abgrenzung zwischen der Störung der GG und der Zweckkondiktion gemäß § 812 I S. 2, 2.Alt. BGB sein.[6] Anders als § 313 BGB erfordert die Zweckkondiktion eine – wenigstens tatsächliche – Einigung der Parteien über den Zweck.

> ***Bsp.:*** *So kann z.B. bei Scheitern einer Ehe bei Gütertrennung (bei gesetzlichem Güterstand gilt Zugewinnausgleich) ein Ausgleichsanspruch gemäß § 313 BGB bestehen, da es in der Regel an einer tatsächlichen Zweckvereinbarung fehlt.*[7] 14

**hemmer-Methode: Konfrontation mit examenstypischen Fallkonstellationen: Da häufig eine (vorrangige)[8] BGB-Gesellschaft zwischen den Eheleuten nicht begründet wurde (es fehlt der über die eheliche Lebensgemeinschaft hinausgehende gemeinsame Zweck) und auch § 812 I S. 2, 2.Alt. BGB an der fehlenden Zweckvereinbarung scheitert, bleibt nur noch ein Ausgleich nach § 313 BGB. Die Grundlage des familienrechtlichen Vertrages ist nach Scheitern der Ehe weggefallen. Achten Sie darauf: § 812 I S. 2, 2.Alt. BGB und Störung der GG schließen sich gegenseitig aus. Anders als im wirklichen Leben gilt: Probleme schaffen, nicht wegschaffen (Klausurtaktik): Prüfen Sie zuerst diejenige Anspruchsgrundlage, die Sie ablehnen, hier aus Bereicherungsrecht. Störung der GG ist dann der letzte „Billigkeitsanker“ und darf nur dann zur Anwendung kommen, wenn das eigentlich einschlägige Güterrecht zu absolut unbilligen Ergebnissen führen würde[9]. Merke also: Die beiden Rechtsinstitute stehen in einem „entweder – oder – Verhältnis“! Vergleichen Sie auch die ausführliche Darstellung der Problematik bei Hemmer/Wüst/Gold, Familienrecht, Rn. 227 ff.** 15

### 1. Rechtsfolge ist grds. Anpassung an veränderte Verhältnisse

*Rechtsfolge grds. Anpassung*

Rechtsfolge der Störung der GG ist in erster Linie gemäß § 313 I BGB der Anspruch auf Anpassung des Vertrages an die veränderten Verhältnisse. Anspruchsgrundlage für einen Rückzahlungsanspruch ist in diesem Fall der Änderungsvertrag. 16

*ausnahmsweise Auflösung des Rechtsgeschäfts, wenn Anpassung nicht möglich*

Wo eine Anpassung unmöglich oder unzumutbar ist, kommt gemäß § 313 III BGB ausnahmsweise die Auflösung des Rechtsgeschäfts durch Rücktritt bzw. bei Dauerschuldverhältnissen durch Kündigung in Betracht. Aus § 313 III BGB ergibt sich, dass die Vertragsanpassung Vorrang vor einer Kündigung aus wichtigem Grund gemäß § 314 BGB hat.

**hemmer-Methode: Denken Sie also an die richtige Einordnung der Störung der GG in das System der rechtsvernichtenden Einwendungen!**[10] 17

### 2. Folge: Rückabwicklung gemäß §§ 346 ff. BGB

*Rückabwicklung nach §§ 346 ff. BGB*

Die eigentliche Rückabwicklung nach der Vertragsauflösung aufgrund Rücktritts erfolgt nach §§ 346 ff. BGB, bei einer trotz Kündigung erbrachten Leistung nach Bereicherungsrecht bzw. nach gesetzlichen Spezialvorschriften, z.B. § 547, § 648 I S. 2 BGB.

---

5 Umfassend hierzu Hemmer/Wüst, Schuldrecht I, Rn. 607 ff.

6 Palandt, § 313, Rn. 15.

7 BGHZ 84, 361 sowie umfassend BGH, NJW 1999, 2962; OLG Frankfurt, FamRZ 2001, 158; vgl. auch Palandt, § 313, Rn. 52.

8 BGH, NJW 1999, 2962.

9 BGH, NJW 1999, 2962; OLG Frankfurt, FamRZ 2001, 158.

10 Vgl. zu den prozessualen Problemen rund um § 313 BGB im Zusammenhang mit der Schuldrechtsreform Dauner-Lieb/Dötsch, NJW 2003, 921 ff.

## III. Fehlerhafte Gesellschafts- und Arbeitsverträge

*fehlerhafte Arbeits- und Gesellschaftsverträge sind vorrangig*

Weitere wichtige „quasivertragliche“ Regelungen, die dem Bereicherungsrecht vorgehen, sind das fehlerhafte Arbeitsverhältnis und die fehlerhafte Gesellschaft. 21

*besondere Grundsätze*

Hier wurden im Wege richterlicher Rechtsfortbildung besondere Grundsätze entwickelt, die bei nichtigen Gesellschafts- oder Arbeitsverträgen eine Art vertragliche Haftung zur Folge haben. 22

**hemmer-Methode: Wer diesen Problemkreis nicht kennt, läuft Gefahr, vollständig an der Lösung des Falles vorbeizuschreiben. Achten Sie also darauf: Oft ist Bereicherungsrecht nur scheinbar einschlägig. Das „fehlerhafte“ Vertragsverhältnis ist Rechtsgrund i.S.d. § 812 BGB! Vergleichen Sie zu diesem wichtigen Problemkreis Hemmer/Wüst, Arbeitsrecht, Rn. 301 ff. und Gesellschaftsrecht, Rn. 73 ff.** 23

### 1. Unbillige Ergebnisse über Bereicherungsrecht

*wegen § 818 III BGB regelmäßig unbillige Ergebnisse*

Tragende Gesichtspunkte sind dabei der Schutz der Gesellschaftsgläubiger bzw. des Arbeitnehmers. Die Konstruktionen beruhen auf dem Gedanken, dass eine in Vollzug gesetzte Gesellschaft bzw. ein in Vollzug gesetztes Arbeitsverhältnis sich nicht einfach wieder rückgängig machen lässt. Die Rückabwicklung über die §§ 812 ff. BGB würde, vor allem wegen § 818 III BGB, regelmäßig zu unbilligen Ergebnissen führen. 24

*deshalb Anwendung von Vertragsrecht mit Besonderheiten*

Daher gilt in diesen Fällen nicht Bereicherungsrecht, sondern es ist Vertragsrecht anzuwenden, welches allerdings einige Besonderheiten aufweist.[11]

*(1) fehlerhafter Arbeitsvertrag*

*Bsp. 1: U und Arbeitnehmer A schließen einen Arbeitsvertrag. A arbeitet zwei Monate in dem Betrieb des U, bevor sich herausstellt, dass bei ihm zum Zeitpunkt des Abschlusses des Arbeitsvertrages die Voraussetzungen des § 104 Nr. 2 BGB vorlagen. Dem Lohnanspruch des A (vertreten durch den Vormund) hält U nun den Einwand entgegen, er sei nicht bereichert, weil die von A hergestellten Gegenstände fehlerhaft und damit so gut wie wertlos seien.* 25

Würde man hier nach Bereicherungsrecht abwickeln, hätte der U zwar etwas erlangt, nämlich die Dienste des A als vermögenswerten Vorteil. Da der U diese Dienste nicht herausgeben kann, kommt nur Wertersatz gem. § 818 II BGB in Betracht. Der Bereicherungsanspruch könnte aber daran scheitern, dass bei U wegen der Fehlerhaftigkeit der Produkte die Voraussetzungen des § 818 III BGB vorlägen.

*Rückabwicklung nach Bereicherungsrecht unbillig*

An diesem Beispielsfall zeigt sich, dass die Anwendung von Bereicherungsrecht, §§ 812 ff. BGB, zu einem unbilligen Ergebnis führt. Dies einmal, weil die Vorschrift des § 104 Nr. 2 BGB, die den Schutz des A bezweckt, sich zu seinem Nachteil auswirkt.

Zum anderen aber, weil der Arbeitnehmer dann über § 818 III BGB ein typisches Risiko des Arbeitgebers tragen würde: dessen Produktions- und Absatzrisiko.

*dann § 611 BGB anwendbar*

Daher ergibt sich über die Grundsätze des fehlerhaften Arbeitsvertrages hier die Anwendbarkeit des § 611 BGB. Danach wird das fehlerhafte Arbeitsverhältnis nach Beginn der Arbeitsleistung wie ein wirksames behandelt. A kann demnach Lohnzahlung gem. § 611 BGB verlangen, die §§ 812 ff. BGB scheiden von vornherein aus. Mögliche Gegenansprüche des U wegen der mangelhaften Arbeit setzen, anders als § 818 III BGB, Rechtswidrigkeit und Verschulden voraus.

11 Vgl. Palandt, § 611, Rn. 22.

*aber Auflösung des Arbeitsverhältnisses ex nunc ohne weiteres möglich*

Der Unterschied zum wirksamen Arbeitsverhältnis besteht dann nur in der leichteren Auflösbarkeit für die Zukunft: Die engen Grenzen der §§ 620 ff. BGB und des KSchG gelten dann grundsätzlich nicht.[12] Das Arbeitsverhältnis ist durch einfache Erklärung für die Zukunft auflösbar.[13]

*BAG: Rückwirkung der Anfechtung, bei Außerfunktionssetzung des ArbV (z.B. Krankheit)*

**Life&Law:** Die Grundsätze des fehlerhaften Arbeitsverhältnisses gelten aber nur insoweit, als das Arbeitsverhältnis *in Vollzug gesetzt* wurde. Eine Rückwirkung der Anfechtung eines Arbeitsvertrages (z.B. wegen arglistiger Täuschung) wird daher dann bejaht, wenn das Arbeitsverhältnis - aus welchen Gründen auch immer - zwischenzeitlich wieder *außer Funktion gesetzt* worden ist. Für diesen Zeitraum bestehen regelmäßig keine Rückabwicklungsschwierigkeiten[14]. Das BAG hat in diesem Zusammenhang seine Rechtsprechung an einem entscheidenden Punkt geändert: Es bejaht mittlerweile bei *Krankheit des Arbeitnehmers* eine *Außerfunktionssetzung* des Arbeitsverhältnisses und hat einem Arbeitnehmer, der bei Abschluss des Arbeitsverhältnisses arglistig getäuscht hat, dann arbeitsunfähig krank war, nach der Anfechtung des Arbeitsverhältnisses keinen Anspruch auf Entgeltfortzahlung zugesprochen.[15] **25a**

*(2) fehlerhafte Gesellschaft*

**26** **Bsp. 2:** *A, B und C gründen eine OHG und schließen Verträge mit dem G ab, der daraufhin Waren anliefert. C bezahlt die Lieferung zunächst aus eigener Tasche. Dann stellt sich heraus, dass dem A bei der Unterzeichnung des Gesellschaftsvertrages ein Erklärungsirrtum i.S.d. § 119 I BGB unterlaufen ist. Er ficht den Gesellschaftsvertrag wirksam an. C verlangt von A und B Ausgleich für die Zahlung an den G. Diese verweisen auf die Unwirksamkeit des Gesellschaftsvertrages und wenden ein, sie seien nicht mehr bereichert, weil ein Blitz das Warenlager völlig zerstört habe.*

*im Außen- und Innenverhältnis ist die Gesellschaft für die Vergangenheit als wirksam anzusehen*

Nach der Bezahlung durch C ist es unbillig, dass er allein das Risiko der Unwirksamkeit des Gesellschaftsvertrages trägt. Daher sind nach Invollzugsetzung einer Gesellschaft *im Außen- und im Innenverhältnis* i.d.R. die Grundsätze der fehlerhaften Gesellschaft anzuwenden. Sie ist also für die Vergangenheit wie eine voll wirksame Gesellschaft zu behandeln, wenn nicht der Zweck der Unwirksamkeitsnorm ausnahmsweise entgegensteht (z.B. §§ 104 ff. BGB, Schutz des Geschäftsunfähigen bzw. Minderjährigen).[16]

Hier heißt das dann: Der Fall muss so behandelt werden, als sei die OHG wirksam gewesen. Da C in diesem Fall A und B gem. § 128 HGB als Gesamtschuldner nach § 426 I und II BGB in Regress hätte nehmen können,[17] muss das auch hier für C gelten.

Die Gesellschaft kann für die Zukunft aufgelöst werden, denn die Fehlerhaftigkeit des Gesellschaftsvertrags stellt grds. einen wichtigen Auflösungsgrund i.S.d. § 723 BGB (für BGB-Gesellschaft) und § 133 HGB (für die OHG und KG) dar.[18]

## 2. Voraussetzungen des fehlerhaften Arbeitsverhältnisses

*aber Ausnahmen möglich*

**27** **Achtung**: Nicht bei jeder tatsächlich vollbrachten Arbeitsleistung greifen die Grundsätze des fehlerhaften Arbeitsverhältnisses ein, sondern nur unter bestimmten Voraussetzungen. Es gibt Fälle, wo auch hier über Bereicherungsrecht abzuwickeln ist.

12 Palandt, a.a.O.

13 Vgl. zum Ganzen auch Hemmer/Wüst, Arbeitsrecht, Rn. 301 ff.

14 Vgl. BAGE 41, 54

15 Life&Law 08/1999, 507 ff. **Unser Service-Angebot an Sie: kostenlos hemmer-club-Mitglied werden (www.hemmer-club.de) und Entscheidungen der Life&Law lesen und downloaden.**

16 Palandt, Einf. v. § 104, Rn. 36.

17 Vgl. Hemmer/Wüst, Gesellschaftsrecht, Rn. 436 ff.

18 Vgl. auch Hemmer/Wüst, Gesellschaftsrecht, Rn. 106.

*z.B. im Kündigungsschutzverfahren*

**Bsp. 3:** *Der von B gekündigte Arbeitnehmer A hat mit seiner Kündigungsschutzklage in 1. Instanz Erfolg; gleichzeitig wird der B verurteilt, den A bis zur Rechtskraft des Urteils vorläufig weiter zu beschäftigen.*[19] 28

*Später wird das Urteil zu Ungunsten des A vom LAG in vollem Umfang aufgehoben und die Kündigung des B für wirksam erklärt.*

*Voraussetzungen des fehlerhaften Arbeitsverhältnisses*

Ein fehlerhaftes (zum Teil zu Unrecht auch „faktisches" genannt) Arbeitsverhältnis hat drei Voraussetzungen:

- *einen beiderseitigen – wenn auch eben fehlerhaft gebildeten – Willen zum Abschluss eines Arbeitsvertrages,*
- *dessen tatsächlichen Vollzug und*
- *das Fehlen entgegenstehender zwingender Rechtsvorschriften.*

*fehlender Wille*

Hier fehlt es am Willen des B zum Abschluss eines solchen Arbeitsvertrages zur Weiterbeschäftigung. Es handelt sich allenfalls um ein rein „faktisches" Weiterbeschäftigen. Daher greifen hier nach der Rechtsprechung des BAG nicht die Grundsätze des fehlerhaften Arbeitsverhältnisses ein. Stattdessen will das BAG[20] nach Bereicherungsrecht abwickeln!

*Wertersatz gem. § 818 II BGB*

Folge u.a.: Nur Wertersatz gemäß § 818 II BGB für die geleistete Arbeit, keine Lohnfortzahlung bei Krankheit, kein Urlaubsanspruch! Nach einer Entscheidung des BAG[21] soll aber das 13. Monatseinkommen i.R.d. § 818 II BGB zu ersetzen sein.

*Problem: schlechte Arbeit des AN*

*Was aber, wenn der Arbeitgeber argumentiert, die Arbeit sei nur wenig wert gewesen, weil es sich um einen unterdurchschnittlich leistungsfähigen Arbeitnehmer handle, oder weil er selbst – der Arbeitgeber – die in dieser Zeit hergestellten Waren gar nicht mehr habe absetzen können?* 29

*Tariflohn oder konkreter Wert?*

Konsequenterweise müsste man hier fragen, was als Wertersatz i.S.d. § 818 II BGB in Betracht kommt. Fraglich ist dabei, ob auf den Tariflohn (so BAG: genereller objektiver Wert) oder auf den Wert der konkreten (fehlerhaften) Arbeitsleistung abzustellen ist. Legt man den generellen Tariflohn zugrunde, muss eine fehlerhafte Arbeitsleistung bei § 818 III BGB berücksichtigt werden.

Darüber hinaus könnten zusätzlich die Grundsätze der aufgedrängten Bereicherung in Betracht kommen (dazu später bei Rn. 471), weil dem Arbeitgeber durch das erstinstanzliche Urteil eine Arbeitsleistung (Bereicherung) aufgedrängt wurde, die er gar nicht wollte. Das BAG lehnt aber ohne schlüssige Begründung die Anwendbarkeit dieser Grundsätze ab und gewährt den Tariflohn nach § 812 I S. 1, 1.Alt. BGB ohne jegliche Abzüge. Es verweist den Arbeitgeber auf einen Schadensersatzanspruch nach § 717 II ZPO.

**hemmer-Methode: Entscheiden Sie sich in der Klausur wertkonservativ für das BAG. Diese Entscheidung muss als wichtige Ausnahme zum fehlerhaften Arbeitsverhältnis bekannt sein.** 30
**Die Grundsätze über das fehlerhafte Arbeitsverhältnis bzw. über die fehlerhafte Gesellschaft kommen – wie eben aufgezeigt – auch dann nicht zur Anwendung, wenn zwingende gesetzliche Wertungen – insbesondere der Schutz des Geschäftsunfähigen bzw. beschränkt Geschäftsfähigen – entgegenstehen. Auch dann kommt eine Rückabwicklung über Bereicherungsrecht in Betracht!**

19 Weiterbeschäftigungsanspruch, vgl. hierzu Hemmer/Wüst, Arbeitsrecht, Rn. 582 ff.

20 NJW 1987, 2251.

21 NZA 1990, 696.

*Bereicherungsrecht ist nur eine von mehreren Möglichkeiten der Rückabwicklung*

Die §§ 812 ff. BGB sind nur eine mögliche Art der Rückabwicklung fehlgeschlagener Verträge. Wie das Bereicherungsrecht zu verwandten Rechtsgebilden, insbesondere zur Störung der GG abzugrenzen ist, sollte als festes Wissen im Examen vorhanden sein. Gehen Sie im Kopf die anderen Möglichkeiten der Rückabwicklung noch einmal durch. 31

### 3. Keine Geltung der Grundsätze im Mietrecht

*§§ 123 I, 812 ff. BGB möglich*

Keine Anwendung finden die Grundsätze des fehlerhaften Vertragsverhältnisses im Mietrecht. Wurde eine Partei arglistig getäuscht, bleibt ihr Anfechtungsrecht auch dann erhalten, wenn die Mietsache übergeben wurde. Die Möglichkeit zur außerordentlichen Kündigung ändert daran nichts. Denn Anfechtung und Kündigung regeln unterschiedliche Bereiche. Während es bei § 123 BGB um die Entschließungsfreiheit geht, sanktioniert man mit der Kündigung Vertragsverletzungen.[22]

## B. Verhältnis zu gesetzlichen Regelungen

*gesetzl. Spezialregelungen*

Gesetzliche Spezialregelungen, die die Anwendbarkeit der §§ 812 ff. BGB grundsätzlich ausschließen, sind: 32

### I. Eigentümer-Besitzer-Verhältnis, §§ 987 ff. BGB

*§§ 987 ff. BGB*

**Wichtig** sind zunächst die §§ 987-1003 BGB, die besondere Regelungen für das Eigentümer-Besitzer-Verhältnis (EBV) enthalten. In diesen Vorschriften ist vor allem die Privilegierung des gutgläubigen, unrechtmäßigen Besitzers vorgesehen, die durch andere Vorschriften nicht einfach unterlaufen werden darf (dies gilt genauso für die §§ 823 ff. BGB). 33

### 1. Grundsätzlicher Ausschluss des Bereicherungsrechts durch das EBV

*Ausschluss im Umfang des Regelungsbereichs des EBV*

Daher schließen die §§ 987 ff. BGB den Anwendungsbereich der §§ 812 ff. BGB grundsätzlich aus. Dieser Ausschluss geht aber wiederum nur soweit, als der Regelungsbereich der §§ 987 ff. BGB überhaupt reicht. 34

*insbes. bei Nutzungsersatz, §§ 987, 988 BGB*

Im Einzelnen heißt das: Der Anspruch des Eigentümers auf Nutzungsersatz (§§ 987, 988 BGB) ist grundsätzlich abschließend geregelt, ein Nutzungsersatz gem. §§ 812, 818 I BGB scheidet im Regelfall aus (vgl. § 993 I, 2.Hs. BGB).

*und Verwendungsersatz, §§ 994, 996 BGB (-)*

Ebenso entfällt auch ein bereicherungsrechtlicher Gegenanspruch des Besitzers auf Verwendungsersatz (Sonderregelung: §§ 994, 996 BGB). 35

Soweit solche Ansprüche bestehen, scheiden die §§ 812 ff. BGB also von vornherein aus.

> **Bsp. 1:** *Der 17-jährige M veräußert ein teures Moped an den B. B gibt das Moped zur Inspektion. Als die Eltern des M das Moped von B wieder herausverlangen, will dieser Wertersatz für die Inspektion.* 36
>
> Hier scheiterte nicht nur der Kaufvertrag, sondern auch die Übereignung des Mopeds an § 108 I BGB (Nichtgenehmigung liegt im Herausgabeverlangen).

---

22 BGH, Life&Law 2009, 1 ff.

Daher hat M einen Anspruch aus § 985 BGB, dem § 986 I S. 1, 1.Alt. BGB nicht entgegensteht (kein Besitzrecht aus dem Kaufvertrag wegen § 108 I BGB). Es liegt also ein Eigentümer-Besitzer-Verhältnis vor, weshalb die Frage nach dem Ersatz der Inspektionskosten ausschließlich nach §§ 994, 996 BGB zu beurteilen ist.

Diese Sonderregelung mit ihren besonderen Anforderungen und Differenzierungen darf durch die §§ 812 ff. BGB grundsätzlich nicht ausgehöhlt werden.

*unentgeltlich = rechtsgrundlos?*

*Problematisch ist der Fall, wenn die Eltern im Bsp. (1) auch Ersatz der durch den B gezogenen Nutzungen verlangen.* 37

Da ein Eigentümer-Besitzer-Verhältnis vorliegt, sind §§ 987 I, 990 I BGB einschlägig. Nach diesen Vorschriften kann von B hier kein Nutzungsersatz verlangt werden, weil er redlich war. Die §§ 812 ff. BGB werden an sich aber vom Eigentümer-Besitzer-Verhältnis verdrängt.[23]

Das Ergebnis erscheint dann als eigenartig, wenn man es mit einem anderen Fall vergleicht:

Wäre nur der Kaufvertrag unwirksam gewesen, nicht auch die Übereignung, dann hätte kein EBV vorgelegen.

Daher wäre hier § 812 I S. 1, 1.Alt. BGB anwendbar gewesen; es wäre gemäß § 818 II BGB grundsätzlich der objektive Wert der Nutzungen zu ersetzen, da die erlangten Gebrauchsvorteile nicht mehr vorhanden sind.

Soll also derjenige, der – wegen Nichtigkeit auch der Übereignung – noch Eigentümer ist, schlechter stehen, als wenn er das Eigentum verloren hätte? Um dieses merkwürdige Ergebnis zu verhindern, werden zwei Lösungsansätze vertreten:

*nach BGH (+)*
*⇨ § 988 BGB analog*

Der BGH[24] will die Sperrwirkung der §§ 987 ff. BGB nicht durchbrechen und stellt deshalb den rechtsgrundlosen Besitzer einem unentgeltlichen Besitzer gleich. Dann ergibt sich ein Anspruch in entsprechender Anwendung der §§ 988, 818 I, II BGB.

*nach h.M. (-),*
*aber dann § 812 BGB*
*neben §§ 987 ff. BGB anwendbar*

Die h.M. in der Literatur lässt in diesem Fall Bereicherungsansprüche neben den §§ 987 ff. BGB zu. Ein Bereicherungsanspruch wegen erlangter Nutzungen ist nur für den Fall der Eingriffskondiktion durch die Sonderregelung der §§ 987 ff. BGB ausgeschlossen.[25] Die Sperrwirkung des § 993 I, 2.Hs. BGB gilt für die Leistungskondiktionen nicht, weil die Rückabwicklung unwirksamer Leistungsverhältnisse – jedenfalls was die Nutzungen betrifft – nur in den §§ 812 ff. BGB geregelt und von den §§ 987 ff. BGB überhaupt nicht erfasst ist. Es besteht aus §§ 812 I S. 1, 1.Alt., 818 I, II BGB ein Anspruch auf Wertersatz der Nutzungen.

*im Zweipersonenverhältnis*
*unproblematisch*

Die Entscheidung, ob § 988 BGB analog oder §§ 812 ff. BGB neben den §§ 987 ff. BGB anwendbar ist, braucht im Zweipersonenverhältnis nicht getroffen zu werden, wenn es nur um die bloße Herausgabe der Nutzungen geht, da beide Ansichten zum selben Ergebnis führen.

Denn auch nach BGH ist der Anspruch des Eigentümers auf Herausgabe der Nutzungen analog §§ 988, 818 I BGB mit dem Anspruch des Besitzers auf Rückzahlung des Kaufpreises aus § 812 I S. 1, 1.Alt. BGB nach den Grundsätzen der Saldotheorie zu verrechnen.[26]

Ansonsten käme es zu einem vom Gesetz nicht gewollten Wertungswiderspruch zwischen dem Bereicherungs- und Vindikationsrecht. Anders ist es aber, wenn zusätzlich zu den Nutzungen (Zimmer) andere Leistungen (Frühstück) rechtsgrundlos erbracht wurden. In diesem Fall erfasst nur die direkte Anwendung des Bereicherungsrechts auch das Frühstück (Wertersatz gem. § 818 II BGB).

23 Siehe oben Rn. 34.

24 BGHZ 32, 76 ff.

25 Vgl. Palandt, § 988 Rn. 8 m.w.N.

26 Vgl. BGH, NJW 1995, 454, NJW 1995, 2627. Zur Saldotheorie vgl. ausführlich unten Rn. 491 ff.

**hemmer-Methode: Zeigen Sie in der Klausur, dass im Zweipersonenverhältnis bei Nutzungen im Ergebnis Übereinstimmung besteht. Eine zu breite Diskussion des Problems wäre hier überflüssig!** 38

*Problem: Mehrpersonenverhältnis.*

Anders aber, wenn der Besitzer den Besitz durch die Leistung eines Dritten und nicht durch den Eigentümer erlangt hat:

***Bsp. 2:***[27] *Dieb D hat eine Sache des E an den redlichen B verkauft. Der Kaufvertrag ist unerkannt nichtig.* 39

Nach der Meinung des BGH müsste E von B nach § 988 BGB analog Nutzungsersatz verlangen können, ohne dass sich der B auf den an D gezahlten Kaufpreis berufen kann.

Die Literatur, welche eine analoge Anwendung des § 988 BGB (unentgeltlich = rechtsgrundlos) nicht zulässt, lehnt hier §§ 812 ff. BGB ab, da zwischen E und B keine Leistungsbeziehung vorliegt. B hat den Besitz nur durch Leistung des D erhalten, nur D kann kondizieren, dabei wird die ihm seitens B erbrachte Gegenleistung saldiert. Eine mögliche Nichtleistungskondiktion E/B (Durchgriff) scheidet aus, da diese zur Leistungskondiktion subsidiär ist.[28] Vorteil: so droht B kein Einwendungsverlust.

Es bleibt damit bei der abschließenden Regelung der §§ 987 ff. BGB.[29]

**hemmer-Methode: Immer wenn eine Leistungsbeziehung vorliegt, ist beim Nutzungsersatzanspruch die Anwendung der §§ 812 ff. BGB neben den §§ 987 ff. BGB zu erörtern.** 40

*bei Eingriffskondiktion §§ 987 ff. BGB abschließend*

Bei der Eingriffskondiktion bleibt es bei der abschließenden Regelung der §§ 987 ff. BGB. Konfliktfelder sind hier gar nicht denkbar.

***Bsp. 3:*** *Dieb fährt mit gestohlenem Wagen.* 41

Hier ergibt sich der Nutzungsersatzanspruch schon aus §§ 987, 990 BGB, für Bereicherungsrecht besteht kein Bedürfnis.

## 2. Regelung der Rechtsfolgen im EBV

*Regelung der Rechtsfolgen im EBV nicht abschließend*

Allerdings sind nicht alle Rechtsfolgen, die bei Vorliegen eines EBV auftreten können, in den §§ 987 ff. BGB geregelt. 42

### a) §§ 816; 951, 812 ff. BGB

*§ 816 BGB*

Vor allem fehlt eine Regelung wegen Herausgabe des Veräußerungserlöses (§ 816 I S. 1 BGB) oder des Verbrauchs (vgl. § 812 I S. 1, 2.Alt. BGB) der Sache selbst.[30] 43

*§ 951 BGB*

Auch §§ 951, 812 ff. BGB werden grds. durch §§ 987 ff. BGB nicht ausgeschlossen, denn §§ 987 ff. BGB regeln nur Schadensersatz, Nutzungen und Verwendungen, nicht aber den gesetzlichen Eigentumserwerb.[31]

---

27 Medicus, BR, Rn. 600.

28 Vgl. unten Rn. 81.

29 Zur Abwicklung im Übrigen (E/D und D/B) vgl. Medicus, BR, Rn. 600.

30 Dazu Beispiele unten Rn. 348, 370.

31 Vgl. aber die stark umstrittene Fallkonstellation unter Rn. 45, die schon häufig Examensgegenstand war.

*§ 1004 BGB*

**Merke:** Auch § 1004 BGB enthält keine die §§ 812 ff. BGB ausschließende Sonderregelung. Deshalb sind z.B. die Kosten der Selbstbeseitigung einer Eigentumsstörung nach § 812 I S. 1, 2.Alt. BGB (Befreiung von einer Verbindlichkeit) bzw. nach den Grundsätzen der GoA zu erstatten.

**hemmer-Methode: Problematisch ist dies allerdings im Falle des Eindringens bzw. Hinüberwachsens von Wurzeln und Zweigen. § 910 BGB bestimmt nämlich für diesen Fall, dass der Grundstückseigentümer die abgeschnittenen Wurzeln und Zweige behalten darf. Nach der Auffassung des historischen Gesetzgebers sollten sich seine Rechte darin erschöpfen.**

Es ist daher in allen oben genannten Fallkonstellationen anerkannt, dass insoweit keine Sperrwirkung gegeben ist, das Bereicherungsrecht ist anwendbar. Dies ergibt sich aus § 993 I, 2.Hs. BGB.[32]

*Bsp.: B hatte den Besitz an einer Sache des A erworben, ohne ein Besitzrecht (auch kein abgeleitetes gemäß § 986 I S. 2 BGB) zu haben. Nun übereignet er die Sache wirksam an den gutgläubigen C. A verlangt daraufhin von B Herausgabe des Veräußerungserlöses.* 44

Es handelt sich um einen Anspruch aus § 816 I S. 1 BGB. Bevor mit der Prüfung von dessen Tatbestandsvoraussetzungen begonnen werden kann, muss aber erörtert werden, ob hier nicht die Anwendbarkeit aus Konkurrenzgründen schon deswegen ausscheidet, weil ein Eigentümer-Besitzer-Verhältnis vorliegt.

Dies ist aber nicht der Fall: Die §§ 987 ff. BGB enthalten keine Regelung über die Folgen der Veräußerung der Sache selbst (Wortlaut des § 993 I, 2.Hs. BGB bezieht sich nur auf Nutzungen und Schadensersatz, nicht auf den Veräußerungserlös, d.h. den Wertersatz).

**hemmer-Methode: Für die Anwendbarkeit des Bereicherungsrechts spricht auch ein Erst-recht-Schluss aus § 993 I, 1.Hs. BGB: Wenn bereits die Übermaßfrüchte nach Bereicherungsrecht zu ersetzen sind, muss das erst recht für die Sachsubstanz gelten!**

Deswegen ist der Anwendungsbereich des § 816 I S. 1 BGB hier eröffnet. Auch sein Tatbestand liegt unproblematisch vor.[33]

### b) Verhältnis §§ 951, 812 ff. zu §§ 994 ff. BGB

*Problem: Verwendungen*

Ein wichtiges Problem ist das Verhältnis von § 951 BGB zu den EBV-Regelungen hinsichtlich der Verwendungen gem. §§ 994 ff. BGB. 45

*h.M.: § 951 BGB subsidiär, wenn § 994 BGB (+)*

Zunächst ist ganz herrschende Meinung, dass der § 951 BGB dann zurücktritt, wenn ein Fall der §§ 994 ff. BGB tatsächlich vorliegt. Bei diesen Vorschriften handelt es sich um eine Sonderregelung für das EBV, das dem § 951 BGB grundsätzlich vorgeht.

*strittig, wenn § 994 BGB wegen engem Verwendungsbegriff (-)*

Sehr fraglich ist aber, ob dies auch gelten kann, wenn wegen Anwendung des sog. „engen Verwendungsbegriffes" der h.M. ein Anspruch nach §§ 994 ff. BGB gar nicht gegeben ist. Die Frage ist stark umstritten. 46

32 Vgl. Medicus, BR, Rn. 597.

33 Im Einzelnen dazu später Rn. 366 ff.

**Bsp.:** *P besitzt ein Grundstück des E auf Grund unwirksamen Pachtvertrags. Er baut eine unterkellerte Hütte auf dieses Grundstück. Als der E Rückgabe des Grundstücks verlangt, will der P die Kosten des Baus ersetzt haben.* 47

P könnte Ersatz nach §§ 994, 996 BGB verlangen.

**hemmer-Methode: Vergleichen Sie aber § 1001 BGB! Danach ist der Verwendungsersatzanspruch aufschiebend bedingt durch die Genehmigung oder die Wiedererlangung durch den Eigentümer; vorher besteht nur das Zurückbehaltungsrecht gem. § 1000 BGB.**

Ein Eigentümer-Besitzer-Verhältnis liegt vor, weil P aufgrund der Unwirksamkeit des Pachtvertrags kein Besitzrecht i.S.d. § 986 I BGB an dem überbauten Grundstück hatte.

Nach BGH[34] scheitert dieser Anspruch hier aber schon daran, dass gar keine Verwendungen vorliegen.

*BGH: enger Verwendungsbegriff*

Verwendungen liegen nach BGH vor, wenn eine willentliche Vermögensaufwendung vorliegt, die der Sache zugutekommen soll, indem sie sie wiederherstellt, erhält oder verbessert, sie aber *nicht grundlegend verändert* (sog. enger Verwendungsbegriff, str.). Durch den Gebäudebau liegt hier aber eine grundlegende Veränderung des vorher unbebauten Grundstücks vor.

**hemmer-Methode: Diese Auffassung des BGH ist zwar mit dem Willen des historischen Gesetzgebers sicherlich nicht zu vereinbaren, da bereits im Römischen Recht das Errichten eines Gebäudes unstreitig als nützliche Verwendung auf das Grundstück anerkannt war.[35] Dennoch ist es klausurtaktisch sinnvoll, ihr zu folgen, weil man nur so die bereicherungsrechtlichen Folgeprobleme diskutieren kann.[36]**

Daher ist fraglich, ob wegen §§ 946, 94 BGB (der Eigentümer des Grundstücks hat das Eigentum an der Hütte erworben) stattdessen auf § 951 BGB i.V.m. § 812 I S. 1, 2.Alt. BGB zurückgegriffen werden kann.

Zu prüfen ist daher, wie weit die Sperrwirkung der §§ 994 ff. BGB geht. Hierzu werden verschiedene Auffassungen vertreten:

**(1)** Theorie der absoluten Sperrwirkung der §§ 994 ff. BGB: 48

*Theorie der absoluten Sperrwirkung*

Nach Auffassung des BGH schließen die §§ 994 ff. BGB die Anwendbarkeit aller Vorschriften, die auf demselben Sachverhalt beruhen, aus. Der Ausschluss erstreckt sich nicht nur auf Ansprüche aus Geschäftsführung ohne Auftrag und aus direkter Anwendung der §§ 812 ff. BGB, sondern auch auf den Anspruch aus § 951 I BGB.[37] In einigen Fällen bleibt hiernach lediglich das Wegnahmerecht aus § 997 BGB.[38]

*Grd. 1: Wertung d. §§ 994 ff. BGB abschließend*

Begründung: Eine uneingeschränkte Zulassung des § 951 BGB neben den §§ 994 ff. BGB würde die in den §§ 994 ff. BGB enthaltene sorgfältig abgestufte und ausgewogene Regelung praktisch ausschalten und damit die in diesen Vorschriften getroffenen gesetzgeberischen Wertentscheidungen unterlaufen. Da es sich auch bei dem über § 951 BGB gegebenen Anspruch um einen Bereicherungsanspruch handle, müsse auch hier der Satz gelten, dass Ansprüche aus Bereicherungsrecht nicht neben EBV anwendbar sind.

34 BGH, NJW 1996, 52; a.A. Palandt, § 994, Rn. 4 sowie § 951, Rn. 23. Hier wird von einem weiten Verwendungsbegriff ausgegangen. Etwaige Unbilligkeiten können über die Grundsätze der „aufgedrängten Verwendung“ ausgeglichen werden, vgl. § 996, Rn. 2.

35 Vgl. Johow, Begründung, S. 924; Motive II, S. 934; Protokolle S.3993 = Mugdan III, S. 681 f.

36 Vgl. aber Fn. 38 zur a.A. von Palandt, der die Grundsätze der aufgedrängten Bereicherung auch bei § 996 anwenden möchte.

37 BGH, NJW 1996, 52; dieser Ausschluss bezieht sich nach BGH indes nicht auf die Zweckverfehlungskondiktion gem. § 812 I S. 1 1.Alt. BGB, vgl. dazu Life&Law 2002, 12 ff.; vgl. auch BGH, Life&Law 2015, 14 ff.: hier schließt der BGH den bereicherungsrechtlichen Anspruch mit vertraglichen Wertungen aus, geht also auf die Theorie der absoluten Sperrwirkung gar nicht ein.

38 So BGHZ 41, 157 ff.

*Grd. 2: Interessenlage*

Auch die Interessenlage spreche für diesen Ausschluss: Eine Zulassung des § 951 BGB würde dazu führen, dass selbst ein bösgläubiger unrechtmäßiger Besitzer für Maßnahmen, die nicht unter den Verwendungsbegriff fallen, Ersatz verlangen könnte.

Daher stehe der bösgläubige Besitzer hier bei völliger Umgestaltung des Eigentums besser als bei weniger einschneidenden Maßnahmen, die man als Verwendungen ansehe. Bei diesen kann er nur unter den engen Voraussetzungen der §§ 994 ff. BGB Ersatz verlangen (vgl. §§ 994 II, 996 BGB).

*a.A.: Verwendungskondiktion mögl.*

**(2)** Nach der überwiegend in der Literatur vertretenen Auffassung stehen dem Besitzer dagegen für solche Aufwendungen, die keine Verwendungen im engeren Sinne sind und daher nicht unter die §§ 994 ff. BGB fallen, Ansprüche auf Wertersatz nach §§ 951, 812, 818 II BGB zu.[39] 49

Die Sperrwirkung der §§ 994 ff. BGB setze also voraus, dass der Anspruch des Besitzers überhaupt eine Verwendung i.S.d. §§ 994 ff. BGB betreffe.

*Grd. 1: Ausschlusswirkung ist ohne weiteres nicht anzunehmen*

Begründung: Es sei zwar nicht ausgeschlossen, dass die Ausschlusswirkung einer Norm auch dort eingreifen könne, wo ihr eigener Tatbestand nicht erfüllt sei, da sich aus der Nichterwähnung anderer Sachverhalte dann ein Umkehrschluss ergeben könne. An den Nachweis, dass eine derartig weitgehende Ausschlusswirkung vom Gesetz gewollt ist, müssten jedoch immer ganz besonders hohe Anforderungen gestellt werden.

*Grd. 2: Wegnahmerecht (§ 997 BGB) wegen regelm. hoher Kosten für Verwender kein ausreichender Schutz*

Dies könne man hier nicht annehmen, da andernfalls unbillige Ergebnisse die Folge wären. Die Unbilligkeit bestehe darin, dass der Besitzer für Umgestaltungsmaßnahmen nie Ersatz verlangen könne, auch wenn diese eine erhebliche Wertsteigerung des Eigentums bewirkt hätten, während er andererseits bei einem etwas geringeren Grad der Einwirkung auf die Sache, der sich noch i.R.d. Verwendungsbegriffes gehalten hätte, diese Wertsteigerung voll nach den §§ 994 ff. BGB hätte abschöpfen können. Das Wegnahmerecht gemäß § 997 BGB sei kein ausreichender Schutz, weil hiermit regelmäßig hohe Kosten verbunden seien.

*Grd. 3: ansonsten Schlechterstellung des besitzenden ggü. dem nichtbesitzenden Verwender*

Durch die Rechtsprechung werde außerdem der besitzende Verwender wesentlich schlechter gestellt als der nichtbesitzende, da für diesen mangels Anwendbarkeit der §§ 994 ff. BGB keine Sperrwirkung in Frage komme.

*besser: aufgedrängte Bereicherung*

Der Schutz des Eigentümers kann in einem solchen Fall durchaus auch anders erreicht werden, nämlich über die Anwendung der Grundsätze der „aufgedrängten Bereicherung“ (dazu später bei § 818 II BGB).

Die sich hieraus ergebende Lösung erscheint eher interessengerecht, weil sie flexibler den Besonderheiten des jeweiligen Einzelfalles Rechnung tragen kann.

*und Rechtsgedanke des § 814 BGB*

Weiterhin kann man zum Schutz des Eigentümers den Rechtsgedanken des § 814 BGB heranziehen. Dies hat zur Folge, dass ein Anspruch aus §§ 951, 812, 818 II BGB nur bei einer Fehlbeurteilung der Sachlage in Frage kommt, nicht aber bei einer bewussten unbefugten Einmischung in die Angelegenheiten des Eigentümers.[40]

Auch der BGH ist nicht in allen einschlägigen Urteilen von der absoluten Sperrwirkung ausgegangen.[41]

### c) Sonderproblem bei sog. schwebenden Vindikationslagen: Verhältnis der §§ 987 ff. BGB zu den §§ 812 ff. BGB

*Besitzübertragung aufgrund formnichtigen Kaufvertrages in Erwartung der Heilung*

Relevant wird diese Fallkonstellation, wenn z.B. eine Besitzübertragung auf Grund formnichtigen Kaufvertrages in Erwartung einer Heilung der Formnichtigkeit stattfindet. 49a

39 Vgl. etwa Medicus, BR, Rn. 895 ff. ; Klauser, NJW 1965, 514.

40 Vgl. Klauser, NJW 1965, 513.

41 Anders etwa noch in BGHZ 10, 171,179. Ebenso in BGHZ 55, 176 für einen Fall der Verarbeitung gemäß § 950.

Das Gleiche gilt, wenn die Besitzübertragung in dem Glauben erfolgt, eine ausstehende behördliche Genehmigung des Kaufvertrages und der Übereignung werde demnächst erteilt.

*Rückabwicklungsprobleme bei Verwendungen oder Nutzungen*

Hier entstehen dann Rückabwicklungsprobleme, wenn der Besitzer zwischenzeitlich beispielsweise Nutzungen gezogen oder Verwendungen auf die Sache gemacht hat. Fraglich ist, ob dann das Eigentümer-Besitzer-Verhältnis Anwendung findet und welche Konsequenzen sich daraus im Verhältnis zu §§ 812 ff. BGB ergeben. 49b

*e.A.: EBV (-), da Besitzrecht*

**aa)** Überwiegend wird angenommen, dass ein Besitzrecht besteht, da das einverständliche Geben und Nehmen in Kenntnis des Schwebezustands keinen besitzrechtslosen Zustand darstellt.[42] Konsequenz: §§ 987 ff. BGB entfallen, es bleibt bei §§ 812 ff. BGB. Der rechtmäßige Besitz endet ohne Rückwirkung ab Fehlschlagen des Vertragsschlusses bzw. Abstandnahme von ihm. 49c

Für die Bösgläubigkeit ist ab dem entsprechenden Zeitpunkt § 990 I S. 2 BGB maßgeblich.

*h.M.: EBV grds. (+), aber i.d.R. keine Bösgläubigkeit*

Eine a.A.[43] nimmt dagegen grundsätzlich ein Eigentümer-Besitzer-Verhältnis an, lehnt die Haftung nach den §§ 987 ff. BGB aber i.d.R. wegen fehlender Bösgläubigkeit ab. 49d

Es fehlt insbesondere dann an der Bösgläubigkeit, wenn eine anhaltende Bereitschaft des anderen Teils zur Durchführung des noch nicht geschlossenen Vertrages bzw. noch unwirksamen Vertrages besteht. Die Anwendung der §§ 812 ff. BGB, insbesondere auch der §§ 818, 819 BGB, kommt nach dieser Ansicht dann nicht in Betracht, soweit die §§ 987 ff. BGB abschließend sind.[44]

*Problem: ständiger Herausgabeanspruch*

**bb)** Die Problematik ist ähnlich, wenn der Besitzer zwar rechtmäßiger Besitzer ist, aber ständig einem Herausgabeanspruch des Eigentümers ausgesetzt ist. So muss z.B. der Entleiher wegen § 604 III BGB jederzeit die Sache herausgeben. Nach h.M.[45] besteht in diesen Fällen ein Besitzrecht. Die jederzeitige Beendigungsmöglichkeit stehe dem nicht entgegen (a.A. vertretbar).

*immer Wertung beachten!*

Aber **achten Sie** darauf: Wenn man der Meinung folgt, dass ein Recht zum Besitz besteht, dann darf aber im Ergebnis der rechtmäßige Besitzer nicht schlechter stehen als ein unrechtmäßiger. Deshalb ist aus Wertungsgesichtspunkten häufig dennoch eine analoge Anwendung der Bestimmungen aus dem EBV zu bejahen.

**hemmer-Methode: Das Verhältnis der §§ 987 ff. BGB zu §§ 812 ff. BGB ist eines der klassischen Prüfungsgebiete. Es ist bei den Professoren als festes Wissen vorhanden und damit wegen seiner Examenstypik immer wieder Bestandteil von Klausuren.** 50
**Es geht hierbei um genaue Subsumtion, insbesondere bei der Anwendbarkeit der §§ 987 ff. BGB (Eigentümer-Besitzer-Verhältnis, unrechtmäßiger Besitzer, Bösgläubigkeit, Nutzungen, Verschulden).**
**Anhand von Wertungsgesichtspunkten muss teilweise in der Klausur entschieden werden, ob noch ein Ausgleich nach §§ 812 ff. BGB erfolgen darf. Dies ist dann mit ein Schwerpunkt der Arbeit.**

## II. Besondere gesetzliche Rückabwicklungsvorschriften

*bes. gesetzl. Abwicklungsvorschriften*

Ausgeschlossen ist das Bereicherungsrecht auch, soweit besondere Rückgewährschuldverhältnisse entstehen. 51

42 Palandt, v. § 987 Rn. 6; BGH, NJW 1995, 2627.

43 OLG Hamm, ZfIR 2000, 198.

44 Z.B. Nutzungen: § 993 I, 2.Hs. BGB; strittig bei Verwendungen, vgl. oben Rn. 45 f.

45 Palandt, v. § 987 Rn. 5.

*Ausschluss durch Rücktritt, §§ 346 ff. BGB*

Dies gilt im Falle der Rückabwicklung nach Rücktritt gem. §§ 346 ff. BGB. 52

Dies gilt aber auch für die Rückabwicklung bei Verbraucherverträgen und bei Haustürgeschäften. Widerruft der Verbraucher (bspw. nach §§ 312g, 495) gem. § 355 BGB, so erfolgt die Rückabwicklung gem. §§ 357, 357a, b und c BGB. Mit Wirkung zum 13.06.2014 erfolgt die Rückabwicklung daher nach eigenen Vorschriften und nicht mehr über eine entsprechende Anwendung der Rücktrittsnormen. 53

***Bsp. 1:*** *V verkauft dem K ein Auto, doch dieses ist fehlerhaft. K setzt V eine Frist zur Nacherfüllung. Nach Ablauf der Frist will K von V sein Geld zurück. V verlangt Rückgabe und Rückübereignung des Autos.* 54

Gemäß § 437 Nr. 2 BGB erfolgt der Rücktritt nach § 323 BGB. Die gegenseitigen Ansprüche richten sich also allein nach §§ 346 ff. BGB.[46]

***Bsp. 2:*** *Vertreter V hat dem Hausmann H bei einem Hausbesuch einen Staubsauger verkauft. Als der H nach einem „Donnerwetter" seiner Frau merkt, dass er sich ein sehr ungünstiges Geschäft hat aufschwatzen lassen, widerruft er zwei Tage später den geschlossenen Vertrag.* 55

Hier handelt es sich um einen Widerruf nach § 312g i.V.m. § 355 BGB. Die gegenseitigen Ansprüche richten sich nach § 357 BGB.

**hemmer-Methode: Ein Sonderproblem kann auch die Rückabwicklung nach Kündigung eines nicht typisierten Dauerschuldverhältnisses darstellen.**
**Ist die Vergütung für die Zeit *nach* der Kündigung bereits im Voraus entrichtet, so ist sie analog §§ 547a I, 628 I S. 3 BGB nach Maßgabe der §§ 346 ff. BGB zurückzuerstatten, wenn die Kündigung wegen eines Umstandes erfolgt, den der Verpflichtete zu vertreten hat (§§ 276, 278 BGB), andernfalls nach § 812 I S. 2 Alt. 1 BGB.**

## III. Familienrecht

*familienrechtl. Vorschriften*

Auch im Familienrecht gibt es Spezialregeln, die den §§ 812 ff. BGB vorgehen. 56

### 1. Scheidung

*Scheidung, § 1372 BGB*

Bei der Abwicklung infolge Scheidung der Ehe gehen die Vorschriften über den Zugewinnausgleich gemäß §§ 1372 ff. BGB vor. 57

### 2. Schenkungsrecht

Bei anderen Güterständen würde u.U. zunächst einmal Schenkungsrecht anzuwenden sein (etwa § 530 BGB). 58

*unbenannte Zuwendungen*

Kein Schenkungsrecht wendet die Rechtsprechung aber bei den so genannten „unbenannten Zuwendungen" an. Diese werden weitgehend wie entgeltliche Zuwendungen behandelt. Es handelt sich hierbei um allgemeine Zuwendungen unter Ehegatten, die der ehelichen Lebensgemeinschaft dienen sollen, also nicht aus völlig uneigennützigen Motiven gewährt werden.

46 Umfassend zum Hemmer/Wüst, Schuldrecht BT I.

**hemmer-Methode: Die sog. „unbenannten Zuwendungen" gehören zum Problemkreis der vermögensrechtlichen Abwicklung der Ehe nach der Scheidung. Hierbei ist im gesetzlichen Güterstand der Vorrang der Regelungen über den Zugewinnausgleich zu berücksichtigen. Vgl. Sie dazu ausführlich Hemmer/Wüst/Gold, Familienrecht, Rn. 227 ff., 259 a.E.**

*h.M.: Störung der GG*

Hier arbeitet die h.M. – soweit ausnahmsweise überhaupt ein Ausgleich in Betracht kommt – in Einzelfällen mit den Regeln über die Störung der GG (§ 313 BGB), die ebenfalls dem Bereicherungsrecht vorgehen.[47]

***Bsp.:** Die Managerin F bringt nach Feierabend einen Staubsauger mit nach Hause und erklärt ihrem Mann M, sie „schenke" ihm den Staubsauger, damit er seine Haushaltstätigkeit besser ausüben könne. Nach der Scheidung will F den Staubsauger zurück. Es bestand Gütertrennung.* 59

Hier ist im Einzelfall fraglich, ob es sich um eine echte Schenkung handelt oder um eine sog. unbenannte Zuwendung. Für eine unbenannte Zuwendung spricht, dass der Staubsauger der ehelichen Lebensgemeinschaft dient. Eine solche Zuwendung ist nicht rechtsgrundlos, vielmehr geht der BGH ausdrücklich davon aus, dass eine causa vorliegt. Rechtsgrund ist ein im Gesetz nicht ausdrücklich geregelter familienrechtlicher Vertrag.[48] Damit entfällt eine Rückabwicklung nach § 812 I S. 1, 1.Alt. BGB, da ein Rechtsgrund besteht. § 812 I S. 2, 1.Alt. BGB scheidet ebenfalls aus, weil der familienrechtliche Vertrag nicht rückwirkend entfallen ist.

Eine Anwendung des § 812 I S. 2, 2.Alt. BGB wegen Zweckfortfalls kommt nur dann in Betracht, wenn ein über den mit jeder Leistung notwendigerweise verfolgten Zweck hinausgehender besonderer Erfolg von den Beteiligten vorausgesetzt wird. Im Regelfall fehlt aber die für § 812 I S. 2, 2.Alt. BGB erforderliche Zweckvereinbarung.[49] Auch eine konkludent geschlossene Zweckvereinbarung müsste so getroffen sein, dass die Aufrechterhaltung der Ehe der bezweckte Erfolg der Zuwendung war. Dies wird selten nachzuweisen sein. Stattdessen wird eine Anpassung gemäß § 313 BGB vorgenommen. Aufgrund der Sperrwirkung der §§ 1372 ff. BGB kommt dies aber nur in Betracht, wenn das Güterrecht zu absolut unbilligen Ergebnissen führt, denn die §§ 1372 ff. BGB sind grundsätzlich eine abschließende Ausgleichsregelung. Für § 313 BGB ist daher in der Regel nur Raum, wenn - wie hier - Gütertrennung besteht, da die §§ 1372 ff. BGB dann nicht gelten. Wie die Vertragsanpassung konkret vorzunehmen ist oder ob ein Rücktritt nach § 313 BGB in Betracht kommt, ist dann Frage des Einzelfalles.[50]

**hemmer-Methode: Die Abgrenzung von der Störung der Geschäftsgrundlage zu § 812 I S. 2, 2.Alt. BGB muss bekannt sein. Denken Sie an die Praxisrelevanz dieses Problems. Da sich Eheleute hervorragend für Examensklausuren eignen, sollten Sie vom Problem der unbenannten Zuwendungen zumindest schon einmal gehört haben.** 60
**In diesem Zusammenhang sei darauf verwiesen, dass der BGH 2007 und 2008 seine Rechtsprechung zur Auseinandersetzung der nicht-ehelichen Lebensgemeinschaft geändert hat. Zum einen fordert der BGH keinen über die Lebensgemeinschaft hinausgehenden Zweck mehr für die Annahme einer GbR, stellt aber an einen konkludenten Vertragsschluss strenge Anforderungen.[51] Bislang hat der BGH im Übrigen eine Lösung über § 313 BGB bzw. § 812 I S. 2 Alt. 2 BGB abgelehnt. Auch von dieser Rechtsprechung hat sich der BGH getrennt.[52] § 313 BGB wurde immer mit dem Argument abgelehnt, es gebe keine Vertag, dessen Grundlage gestört sein könne, weil die Parteien sich ja gerade nicht binden wollten. Auch § 812 I S. 2 Alt. 2 BGB sei nun relevant, wenn die Parteien eine Vermögensmehrung schaffen wollen, deren Zweck es sei, den anderen langfristig daran partizipieren zu lassen.[53]**

47 Siehe oben Rn. 13 ff.

48 Vgl. NJW 87, 1734.

49 Dazu näher unten Rn. 271 ff.

50 Umfassend zu diesem Problemkreis BGH, NJW 1999, 2962; OLG Frankfurt, FamRZ 2001, 158, vgl. auch schon oben Rn. 13 ff.

51 BGH, Life&Law 2008, 227 ff.

52 BGH, Life&Law 2008, 719 ff.; NJW 2011, 2280 ff.; Life&Law 2014, 16 ff.

53 Vgl. Rn. 287.

## C. Konkurrenz zu anderen Vorschriften

### I. GoA

#### 1. Berechtigte GoA

*berechtigte GoA ist Rechtsgrund i.S.v. § 812 BGB*

Die berechtigte GoA stellt regelmäßig einen Rechtsgrund i.S.d. § 812 BGB dar. Deswegen sind die §§ 812 ff. BGB zwar nicht aus Konkurrenzgründen ausgeschlossen, wohl aber vom Tatbestand her.[54] 61

**hemmer-Methode: Zeigen Sie, dass Sie das Problem „berechtigte GoA" als Rechtsgrund bei §§ 812 ff. BGB kennen. Daher – soweit der Fall dies nahelegt – in der Klausur immer erst die Ansprüche aus GoA anprüfen!** 62

*Flugreisefall*

***Bsp. 1:*** *Der Minderjährige M war als „blinder Passagier" nach New York geflogen. Nach seiner Entdeckung setzt ihn die Lufthansa wieder in ein Flugzeug zurück nach Frankfurt.[55] Die Lufthansa verlangt vom Minderjährigen nun die Kosten für den Rückflug.* 63

*Anspruch gegen Mj.*

Hier entsprach die Rücksendung des M dem mutmaßlichen Willen und dem objektiven Interesse der gesetzlichen Vertreter. Wegen der Rechtsgeschäftsähnlichkeit der GoA ist auf deren Willen abzustellen und nicht auf den Willen des Minderjährigen.

Daher lag bezüglich des Rückfluges gegenüber dem Minderjährigen eine berechtigte GoA vor, so dass ein Anspruch aus §§ 683, 670 BGB bestand. Für berufliche Aufwendungen gilt i.R.d. § 670 BGB der § 1835 III BGB analog.

*Anspruch gegen dessen Eltern*

**Merke:** Auch gegenüber den Eltern liegt eine berechtigte GoA vor, so dass auch diese in Anspruch genommen werden könnten. Bei den Eltern ergibt sich das objektiv fremde Geschäft aus § 1626 I BGB.

Die berechtigte GoA ist Rechtsgrund i.S.d. § 812 BGB. Daher besteht daneben gegen den Minderjährigen nicht auch noch ein Anspruch der Lufthansa aus Leistungskondiktion.[56]

*GoA/nichtiger Vertrag*

Der „Flugreisefall" wird jedoch häufig (fälschlicherweise) auch als Grundfall der Geschäftsführung ohne Auftrag auf Grund nichtigen Vertrags zitiert. 64

Beim *Rückflug* lag aber ein Wille zumindest des Minderjährigen, einen (wenn auch unwirksamen) Beförderungsvertrag zu schließen, gar nicht mehr vor. Es handelt sich vielmehr um einen typischen Fall der GoA.

In der Originalentscheidung steht auch nur Folgendes: „Wenn sich die Lufthansa irrig zur Rückbeförderung des Minderjährigen verpflichtet gehalten haben sollte, so steht das ihrer Geschäftsführung ohne Auftrag nicht entgegen."

*Anwendbarkeit der GoA beim nichtigen Vertrag nach Rspr. (+)*

Fraglich ist generell in den Fällen des *nichtigen Vertrages* die Anwendbarkeit der GoA. 65

Die Rspr. nimmt im wortgetreuen Verständnis des § 677 BGB das Merkmal „ohne Auftrag" an und wendet bei Dienst-/Werkleistung auf Grund nichtigen oder beendeten Vertrags die Grundsätze der GoA an. Die irrige Annahme auf Grund Vertrages zur Erfüllung einer eigenen Verpflichtung tätig zu werden, schließe nicht den Willen aus, auch ein Geschäft des Vertragspartners mitzubesorgen.

---

54 Palandt, v. § 812 Rn. 7.

55 BGHZ 55, 128; vgl. Medicus, BR, Rn. 176.

56 Zu den Problemen hinsichtlich des Hinfluges siehe unten Rn. 112 ff. sowie Tyroller, Das Problem: Minderjährigenrecht, Life&Law 2006, 358 ff.

Begründen lässt sich die Rspr. damit, dass derjenige, der auf Grund unwirksamen Vertragsschlusses tätig wird, nicht schlechter stehen darf als der, bei dem jeglicher Vertragsschluss fehlt.

*dagegen: §§ 812 ff. BGB ggü. GoA beim nichtigen Vertr. spezieller*

Dagegen spricht jedoch, dass die §§ 812 ff. BGB bei nichtigen Verträgen die spezielleren Rückabwicklungsvorschriften beinhalten. Bei Anwendung der GoA würde man die Einschränkungen der §§ 814, 817 S. 2, 818 III BGB umgehen. Außerdem würde sie dazu führen, dass die Zuwendung von Sachen infolge eines nichtigen Vertrages nach anderen Regeln abzuwickeln wäre, als diejenige von Dienstleistungen.

*Korrektiv zugunsten des Mj.*

Jedenfalls aus Wertungsgesichtspunkten könnte man bei Minderjährigen Ansprüche aus GoA ablehnen, da der Minderjährige über §§ 670, 1835 III BGB analog wie bei einem wirksamen Vertrag auf Zahlung haftet. Ein gewisses Korrektiv zugunsten des Minderjährigen stellt aber das Abstellen auf das Interesse und den Willen der Eltern dar.

***Bsp. 2:*** *Der Minderjährige M (ohne gesetzliche Krankenversicherung) sucht den Arzt wegen einer Fußballverletzung auf. Der Arzt verlangt von M Bezahlung.* 66

*Arztbesuch eines Mj.*

Vertragliche Ansprüche entfallen wegen der Minderjährigkeit, § 107 BGB.

Umstritten ist, ob hier die Vorschriften der GoA, §§ 677 ff. BGB, oder Bereicherungsrecht, §§ 812 ff. BGB, anzuwenden ist.

*gegen GoA: quasivertragl. Haftung*

Gegen einen Anspruch aus berechtigter GoA gem. §§ 677, 683, 670 BGB (es ist dabei auf den Willen der Eltern abzustellen) spricht, dass man über § 1835 III BGB analog zu Lasten des Minderjährigen zu einer quasivertraglichen Regelung gelangt.[57]

*deshalb Bereicherungsrecht*

Daher erscheint es besser, im Fall des fehlgeschlagenen Leistungsverhältnisses §§ 812 ff. BGB anzunehmen. Die §§ 812 ff. BGB stellen für die Rückabwicklung die spezielleren Vorschriften dar, insbesondere sieht §§ 818 IV, 819 BGB keine Haftungsverschärfung zu Lasten des Minderjährigen vor.[58]

***Bsp. 3:*** *Minderjähriger besucht ohne Einverständnis der gesetzlichen Vertreter eine Fahrschule und fällt durch die Prüfung.* 67

*ebenso: Fahrschulbesuch von Mj.*

Würde man in diesem Fall zur Haftung des Minderjährigen nach §§ 683, 670, 1835 III BGB analog kommen, so würde die GoA wiederum dazu führen, dass der Minderjährigenschutz in sein Gegenteil verkehrt wird. GoA ist deswegen abzulehnen, die Lösung kann sich nur aus §§ 812 ff. BGB ergeben, womit auch möglicherweise § 818 III BGB in Betracht kommt.

**hemmer-Methode: Achten Sie neben der bloßen Subsumtion auch auf Wertungsaspekte. Der Minderjährigenschutz muss nach der gesetzlichen Wertung Vorrang haben. Dies erreicht man eher über die Anwendung von Bereicherungsrecht.** 68
**Des Weiteren spricht das Prinzip der Retardation (Verzögerung des Gedankenablaufs) gegen die Annahme der GoA. Nur die Ablehnung der GoA eröffnet hier die Folgediskussion über §§ 812 ff. BGB und führt damit zur bekannten Problematik der Entreicherung und der verschärften Haftung. Stets gilt in der Fallbearbeitung: Probleme schaffen, nicht wegschaffen! Nur wer den intellektuellen Rahmen der Klausur voll ausschöpft, schreibt die gute Klausur!**

57 Siehe oben Rn. 65.

58 Siehe unten Rn. 188: Bei der verschärften Haftung wird i.R.d. Leistungskondiktion auf die Kenntnis des gesetzlichen Vertreters abgestellt.

### 2. Angemaßte Eigengeschäftsführung

*anders: unechte GoA*

Etwas anderes gilt bei der „unechten" GoA des § 687 II BGB, der unberechtigten Eigengeschäftsführung. 69

*§ 687 II BGB besondere Regelung für Ansprüche des GF*

Geht es um den Anspruch des *Geschäftsführers gegen den Geschäftsherrn*, so enthält § 687 II BGB besondere Regelungen, neben denen die §§ 812 ff. BGB ausgeschlossen sind.[59]

*anders bei Ansprüchen des GH*

Geht es allerdings um den umgekehrten Fall, können durchaus Bereicherungsansprüche neben solchen aus § 687 II BGB bestehen. 70

***Bsp.:*** *A verwertet ein Bild des Schauspielers X zu Werbezwecken, ohne Rücksprache mit diesem zu nehmen.* 71

Neben Schadensersatzansprüchen aus § 823 I BGB kommt § 687 II i.V.m. § 678 bzw. § 667 BGB in Betracht.

Herauszugeben wären dann möglicherweise i.R.d. § 667 BGB erhaltene Werbegelder. Diese Ansprüche verdrängen aber nicht § 812 I S. 1, 2.Alt. BGB. Hier liegt möglicherweise auch ein Eingriff in den Zuweisungsgehalt eines fremden Rechts vor. § 812 I S. 1, 2.Alt. BGB führt dann aber nicht zur Herausgabe des Gewinns, sondern nur zu Wertersatz i.R.d. § 818 II BGB.

## II. § 179 BGB

*Verhältnis zu § 179 BGB*

Besteht gemäß § 179 BGB ein Anspruch gegen den falsus procurator, kann daneben auch ein Bereicherungsanspruch gegen den scheinbar Vertretenen denkbar sein.[60] 72

***Bsp.:*** *E war lange Jahre als Einkäufer des K tätig. Auch nachdem K die Vertretungsmacht widerrufen hat, tätigt er weiterhin Geschäfte. Unter anderem kontrahiert er im Namen des K mit V, welcher die bestellte Ware direkt an K liefert.* 73

Vertragliche Ansprüche des V gegen K könnten in Ermangelung einer Genehmigung des vollmachtlosen Vertreterhandelns, §§ 177 I, 184 BGB, nur nach den Grundsätzen der Rechtsscheinvollmacht (§§ 170 ff. BGB; Duldungsvollmacht; Anscheinsvollmacht) bestehen, für deren Eingreifen hier aber nichts ersichtlich ist. 74

V hat folglich gegen E den Anspruch aus § 179 I BGB. Daneben hat er gegen K einen Anspruch aus Leistungskondiktion, § 812 I S. 1, 1. Alt. BGB.

**hemmer-Methode: Anders dagegen, wenn die Lieferung des V sich nach dem maßgeblichen Empfängerhorizont als (entgeltliche) Leistung des E darstellt, vgl. unten Rn. 157 ff.**

Wird allerdings dieser Bereicherungsanspruch gegen den Vertretenen vom Vertragspartner geltend gemacht, dann mindert sich insoweit der Umfang der Verpflichtung des vollmachtlos Handelnden aus § 179 BGB.

59 Vgl. Palandt, vor § 812, Rn. 7.

60 Palandt, § 812, Rn. 55.

## III. § 546a BGB

*Verhältnis zu § 546a BGB*

Auch § 546a BGB enthält eine Regelung, die einen weiter gehenden Bereicherungsanspruch nicht ausschließt.[61] Seit der Mietrechtsreform dürften die Fälle aber eher selten sein, in denen es auf die Anwendbarkeit ankommt, weil nun für alle Mietgegenstände nicht nur die vereinbarte, sondern auch die ortsübliche Miete verlangt werden kann, wenn der Tatbestand des § 546a I BGB verwirklicht wird. Das dürfte sich i.d.R. mit dem objektiven Wertersatz im Sinne des § 818 II BGB decken. Vor der Mietrechtsreform war dies bei Grundstücken anders: vertraglich konnte nur die vereinbarte Miete verlangt werden, so dass es auf die Anwendbarkeit des Bereicherungsrechts stärker ankam. Der BGH hat aber auch nach alter Rechtslage die Anwendbarkeit bejaht. 75

61 Palandt, § 546a, Rn. 19; siehe auch BGH, Life&Law 2006, 90 ff.; zum Verhältnis des EBV zu § 546a BGB vgl. BGH, Life&Law 2010, 80 ff.

## § 3 ANSPRUCHSGRUNDLAGEN / ÜBERBLICK:

### A. Unterscheiden Sie folgende Grundtypen:

*Leistungskondiktionen*

Sog. Leistungskondiktionen (LK): 76

- ⇨ § 812 I S. 1, 1.Alt. BGB (condictio indebiti)
- ⇨ § 812 I S. 2, 1.Alt. BGB (condictio ob causam finitam)
- ⇨ § 812 I S. 2, 2.Alt. BGB (condictio ob rem)
- ⇨ § 817 S. 1 BGB (condictio ob turpem vel iniustam causam)
- ⇨ § 813 I S. 1 BGB (Sonderfall der condictio indebiti)

*Nichtleistungskondiktionen*

Sog. Nichtleistungskondiktionen (NLK): 77

- ⇨ § 812 I S. 1, 2.Alt. BGB
- ⇨ § 816 I S. 1 BGB
- ⇨ § 816 I S. 2 BGB
- ⇨ § 816 II BGB
- ⇨ § 822 BGB (auch als Sonderfall der LK bezeichnet)

### B. Grund für die Trennung zwischen Leistungskondiktion und Nichtleistungskondiktion:

*Erfordernis der Unmittelbarkeit entfällt*

Sie macht das Unmittelbarkeitserfordernis der alten Lehre entbehrlich, die von einem einheitlichen Bereicherungstatbestand ausgegangen ist. Mit dem Unmittelbarkeitserfordernis, das aus dem Tatbestandsmerkmal „auf Kosten" gefolgert wurde, sollten die bereicherungsrechtlich relevanten Parteien bestimmt werden. Diese Lehre forderte, dass der Verlust des Bereicherungsgläubigers und der Erwerb des Bereicherungsschuldners auf demselben Vorgang beruhen müssen.[62] Nur dann lag Unmittelbarkeit vor und ein Bereicherungsanspruch war möglich. 78

*Trennungslehre: „Auf dessen Kosten" nur bei NLK*

Das Unmittelbarkeitserfordernis führte gerade dort zu Schwierigkeiten, wo sich der Leistende zur Leistung eines Dritten bediente (z.B. Bank) oder nicht an den eigentlichen Leistungsadressaten, sondern an einen anderen, z.B. die Bank des Leistungsadressaten leistete. Die Unmittelbarkeitsformel der alten Lehre wird daher als zu unbestimmt angesehen.[63] 79

Nach nunmehr h.M., die zwischen den einzelnen Bereicherungstatbeständen unterscheidet (sog. Trennungslehre), gilt das Merkmal „auf dessen Kosten" nur für die Nichtleistungskondiktion. 80

Grund: Dieses weitere Merkmal ist bei der Leistungskondiktion gar nicht mehr nötig, weil sich die Personen des bereicherungsrechtlichen Rückabwicklungsverhältnisses bei der Leistungskondiktion aus dem Begriff der Leistung selbst ergeben.

62 Vgl. dazu Medicus, BR, Rn. 663.

63 Vgl. Medicus, BR, Rn. 663.

**hemmer-Methode: Zum besseren Verständnis: Systematisch betrachtet stehen Leistungs- und Nichtleistungskondiktionen in unterschiedlichen Zusammenhängen. Die Leistungskondiktion gehört dem System des Güterumsatzes an (Rückabwicklungsanspruch), während die Eingriffskondiktion zum System des Rechtsgüterschutzes (Rechtsfortwirkungsanspruch wegen des Verlustes einer Rechtsposition) gehört.**

## C. Subsidiarität

*im Zweipersonenverhältnis*

**Beachte** bereits an dieser Stelle: Im Zweipersonenverhältnis schließen sich Leistungs- und Nichtleistungskondiktion gegenseitig aus. Liegt eine Leistung vor, so ist nichts „in sonstiger Weise" erlangt. *81*

*im Mehrpersonenverhältnis*

In Mehrpersonenverhältnissen ist die Nichtleistungskondiktion gesperrt, wenn die Vermögensmehrung beim Empfänger auf einer Leistung basiert. D.h. eine Abwicklung über sie kommt i.d.R. nur in Betracht, wenn keine Leistung an den Bereicherungsschuldner vorliegt. Grund: Es soll nur im jeweiligen Schuldverhältnis rückabgewickelt werden. Dabei verdrängt eine Leistungsbeziehung in einem anderen Personenverhältnis die Nichtleistungskondiktion. *82*

**hemmer-Methode: Als gesetzliche Grundlage des Subsidiaritätsprinzips wird § 816 I BGB angenommen. Diese Vorschrift regelt ausdrücklich den Fall, dass der Erwerber „etwas" (nämlich das Eigentum an einer Sache) „durch Leistung" (nämlich des Nichtberechtigten) und gleichzeitig „in sonstiger Weise" auf Kosten des Berechtigten erlangt. Indem das Gesetz nur für den Ausnahmefall des § 816 I S. 2 BGB eine Durchgriffskondiktion (Eingriffskondiktion) des Altberechtigten zulässt, stellt es zugleich klar, dass derjenige, welcher durch Leistung erworben hat, grundsätzlich nur der Leistungskondiktion (des Leistenden), nicht aber einer Nichtleistungskondiktion (eines Dritten) ausgesetzt ist. Auf die Subsidiaritätsproblematik kommt es allein in den bereicherungsrechtlichen Mehrpersonenverhältnissen (vgl. Rn. 157 ff.) an, da sich im Zweipersonenverhältnis der Erwerb „durch Leistung" und derjenige „in sonstiger Weise" bereits logisch ausschließen.**

## § 4 BEREICHERUNGSGEGENSTAND

*„etwas erlangt"*

Für alle Kondiktionsarten muss der Bereicherungsschuldner überhaupt „etwas erlangt" haben. 83

„Etwas erlangt" ist dabei jeder vermögenswerte Vorteil.

Es muss eine Verbesserung der Vermögenslage des Bereicherungsschuldners eingetreten sein. Im Einzelnen sind als mögliche Bereicherungsgegenstände folgende Positionen bedeutsam: 84

### A. Rechte aller Art

*insbesondere dingliche Rechte*

**Wichtig** sind dabei vor allem dingliche Rechte wie Eigentum, Pfandrechte oder Anwartschaftsrechte. 85

Ob der Besitz ein solches Recht ist oder nur ein tatsächliches Verhältnis, ist streitig.[64] Lehnt man die Stellung als Recht ab, ist er jedenfalls eine vorteilhafte Rechtsstellung.[65]

*auch persönliche Rechte*

Auch persönliche Rechte fallen hierunter, vor allem also Forderungen, aber auch Nutzungsrechte. 86

*Beachte:*
*§ 812 II BGB ist keine eigene Anspruchsgrundlage!*

Von Bedeutung ist hier auch § 812 II BGB, wonach die Anerkennung des Bestehens oder Nichtbestehens eines Schuldverhältnisses als Leistung gilt. Diese Vorschrift ist keine eigene Anspruchsgrundlage, kein Sonderfall einer Leistungskondiktion (in der Klausur also nie „Anspruch aus § 812 II BGB" prüfen!). Richtige Anspruchsgrundlage ist auch hier i.d.R. § 812 I S. 1, 1.Alt. BGB. Es handelt sich bei § 812 II BGB um eine gesetzliche Erläuterung des Begriffs des Leistungsgegenstandes; die Vorschrift hat praktisch nur Klarstellungsfunktion. 87

*wichtig im Bankverkehr: §§ 780, 781 BGB*

**Wichtig** als erlangte Rechtsposition ist vor allem das (abstrakte) Schuldversprechen/-anerkenntnis gemäß §§ 780, 781 BGB. Von einem solchen erlangten Anspruch ist vor allem bei der Gutschrift einer Bank auf dem Girokonto eines Kunden auszugehen,[66] wobei es der Schriftform gem. § 782 BGB nicht bedarf.[67] 88

> **Bsp.:** *A weist die Bank B an, dem C einen bestimmten Betrag gutzuschreiben. Die B belastet das Konto des A mit diesem Betrag und schreibt ihn auf einem Girokonto des C gut, das dieser auch bei B eingerichtet hat.* 89
>
> Hier hat der C zunächst einen Anspruch auf Gutschrift gem. § 675t I BGB und nach Gutschrift den Auszahlungsanspruch erlangt. Diese Gutschrift stellt nach h.M. ein abstraktes Schuldanerkenntnis i.S.d. §§ 780, 781 BGB dar.[68]
>
> Da das Schuldanerkenntnis nicht herausgegeben werden kann, ist Wertersatz gem. § 818 II zu leisten. Eine danach möglicherweise erfolgte Auszahlung seitens der Bank ist dann für die in Frage stehende Rückabwicklung bereicherungsrechtlich unerheblich. Merken Sie sich aber: Die Bank begründet mit der Auszahlung an ihren Kunden ein eigenes, hier außer Betracht bleibendes Leistungsverhältnis. Erlangt hat dieser Eigentum und Besitz am Geld.

---

64 Vgl. Medicus, BR, Rn. 663.

65 Siehe unten Rn. 91 ff.; insbesondere zu der Frage, welchen Wert der Besitz hat (§ 818 II BGB), wenn die Sache nicht mehr zurückgegeben werden kann.

66 Näher dazu Palandt, § 675 t, Rn. 4.

67 Palandt, § 782, Rn. 2.

68 Vgl. oben Rn. 88.

**hemmer-Methode: Vermeiden Sie eine allzu laienhafte Sprache: Bei Geldzahlungen ist niemals „erlangt“ das Geld als solches. Vielmehr muss klargestellt werden, ob Eigentum und/oder Besitz erlangt wurde oder aber ein Schuldversprechen i.S.d. § 780 BGB. Insbesondere dann, wenn es in der Klausur um bereicherungsrechtliche Dreiecksverhältnisse geht, ist die Gefahr sehr groß, frühzeitig aus den Schwerpunktproblemen der Arbeit „auszusteigen“, wenn man hier nicht genau differenziert. So gilt z.B. der Vorrang der Leistungsbeziehung nur hinsichtlich des „erlangten Etwas“. Das muss genau herausgearbeitet werden. Denken Sie immer an die Möglichkeit, durch Problemkreise zu punkten und damit Ihr „Guthaben“ zu verbessern.** 90

## B. Vorteilhafte Rechtsstellungen

### I. Besitz

*Besitz*

Hierunter fällt zunächst einmal der Besitz, wenn man ihn nicht bereits als Recht ansieht.[69] 91

**1.** Dies gilt für den unmittelbaren wie für den mittelbaren Besitz gleichermaßen, nicht aber für die bloße Besitzdienerschaft, vgl. § 855 BGB. 92

*nach h.M. nur bei LK*

**2.** Allerdings ist eine Kondiktion des Besitzes nicht ausnahmslos möglich. Unproblematisch kann der Besitz Gegenstand einer Leistungskondiktion sein. Bei der Eingriffskondiktion besteht ein Konkurrenzverhältnis zu §§ 858 ff.[70] 93

Eine Eingriffskondiktion soll möglich sein, wenn der entzogene Besitz durch ein Recht zum Besitz einen bestimmten Zuweisungsgehalt bekommen hat.[71]

*Verhältnis Bereicherungsrecht zu §§ 858 ff. BGB*

Grund: Ließe man die Eingriffskondiktion am Besitz immer zu, so würde man die besonderen Regelungen und Anforderungen unterlaufen, die in den §§ 858 ff. BGB aufgestellt sind. Bei der Leistungskondiktion besteht diese Gefahr nicht, weil bei dieser Fallgestaltung ein Konkurrenzverhältnis ausscheidet.

> ***Bsp.:*** *A hat dem B ein Buch weggenommen, das dieser sich von E geliehen hatte. Noch bevor der A mit dem Buch verschwinden kann, holt B sich das Buch gewaltsam zurück.* 94
>
> Hier kommt ein Anspruch des A gegen B aus Eingriffskondiktion gem. § 812 I S. 1, 2.Alt. BGB schon deswegen nicht in Betracht, weil diese Frage ausschließlich in den §§ 858 ff. BGB geregelt ist. Wenn eine Besitzkehr gem. § 859 II BGB gestattet ist, dann dürfen sich die Grundsätze der ungerechtfertigten Bereicherung nicht über diese Wertung hinwegsetzen.

**hemmer-Methode: Denken Sie bei der Besitzkondiktion schon in diesem Zusammenhang an den Umfang der Bereicherung: Über die Kondiktion des Besitzes kann dann, wenn gemäß § 818 II BGB Wertersatz zu leisten ist, i.d.R. natürlich nicht das Gleiche herauskommen, wie mit einer Kondiktion des Eigentums, weil der „nackte“ Besitz wertmäßig nicht dem Eigentum gleichsteht. Das wird häufig übersehen. Nach zutreffender Ansicht des BGH besteht im Vermögen aufgrund des Besitzes kein selbständiger Wert, der als ungerechtfertigte Bereicherung herauszugeben wäre. In Betracht kommen daher nur Nutzungen aufgrund des Besitzes, die gem. § 818 II BGB durch ihren Wert zu ersetzen sind.[72]** 95

---

69 Siehe oben Rn. 85.

70 Palandt, § 812, Rn. 9; § 861, Rn. 2.

71 Palandt, § 812, Rn. 99.

72 BGH, Life&Law 2014, 176 ff.

## II. Grundbuchstellung (Buchposition)

*Buchberechtigung*

Vorteilhafte Rechtsstellung i.S.d. § 812 BGB ist auch die sog. Buchberechtigung, also die vorteilhafte Stellung, die jemand auf Grund einer unrichtigen Grundbucheintragung hat. Vorteilhaft deswegen, weil sie die Wirkung hat, dass der eingetragene Nichtberechtigte über das betreffende Recht wirksam verfügen kann (vgl. § 892 BGB: gutgläubiger Erwerb ist möglich!). Auch diese Buchposition (etwa als eingetragener Eigentümer, Grundpfandgläubiger) kann aus ungerechtfertigter Bereicherung herausverlangt werden. 96

**Wichtig** für die Klausur:

*§§ 812 ff. BGB unabhängig von Anspruch aus § 894 BGB*

Dieser Anspruch aus §§ 812 ff. BGB besteht unabhängig von dem dinglichen Grundbuchberichtigungsanspruch aus § 894 BGB. Beide können auch gleichzeitig gegeben sein. In der Klausur sind also – sofern der Sachverhalt Anlass dazu bietet – immer beide zu prüfen (Anspruchsgrundlagenkonkurrenz).[73] 97

Eigenständige Bedeutung neben § 894 BGB hat dieser bereicherungsrechtliche Berichtigungsanspruch vor allem deswegen, weil materiell-rechtlich die Inhaber der beiden Ansprüche auseinander fallen können. Der Anspruch aus § 812 BGB kann auch einer Person zustehen, die nicht Inhaber des dinglichen Rechts ist.[74] 98

> ***Bsp.:*** *V hat vom Eigentümer E ein Grundstück erworben und wurde auch als Eigentümer eingetragen. Später stellt sich heraus, dass der E zu diesem Zeitpunkt nach § 104 Nr. 2 BGB geschäftsunfähig war. V hatte mittlerweile dem K ein dingliches Vorkaufsrecht bestellt, ficht aber nun die diesbezüglich erklärte dingliche Einigung gem. §§ 873, 1094 BGB wirksam wegen arglistiger Täuschung nach § 123 BGB an.* 99
>
> Wegen §§ 104 Nr. 2, 105 I BGB war der V hier nicht Eigentümer geworden. Betroffen i.S.d. § 894 BGB ist hier aber nur das Eigentum am Grundstück, das also nach wie vor dem E zusteht. Folge: V wäre nicht Berechtigter i.S.d. § 894 BGB, er kann nach dieser Norm von K nicht Berichtigung des Grundbuchs verlangen.
>
> Allerdings liegt im Verhältnis V-K wegen der Anfechtung nach §§ 123, 142 I BGB eine rechtsgrundlose Leistung vor.[75] Bereicherungsgegenstand ist hierbei die vorteilhafte Stellung, die sich formal-rechtlich aus dem eingetragenen Vorkaufsrecht, das materiell-rechtlich nach Anfechtung nicht mehr besteht, ergibt.
>
> V kann von K daher aus § 812 I S. 1, 1.Alt. BGB „Herausgabe" dieser Grundbuchstellung verlangen, also Bewilligung (wegen § 19 GBO formalrechtlich für die Eintragung erforderlich) der (Wieder-) Eintragung verlangen. Der Rechtsgrund fehlt aber nur dann, wenn gleichzeitig auch die schuldrechtliche causa wirksam angefochten wurde. Wird auf Klage der Verpflichtete zur Abgabe dieser Bewilligung verurteilt, so ersetzt die Rechtskraft des Urteils diese Erklärung, vgl. § 894 ZPO.

**hemmer-Methode: Achten Sie immer darauf, auf was der Bereicherungsanspruch gerichtet ist! Kommt als Herausgabe die Abgabe einer Erklärung in Betracht, so denken Sie immer an § 894 ZPO. Zeigen Sie so, insbesondere dem Praktiker, dass Ihnen nicht nur klar ist, welche Anspruchsgrundlage in Betracht kommt, sondern auch, welche Rechtsfolge sich aus der Anspruchsgrundlage ergibt, und wie diese zivilprozessual durchsetzbar ist.** 100

---

73 Diese Kombination ist häufig Staatsexamensgegenstand. Demgegenüber gilt § 894 BGB ggü. § 1004 BGB als lex specialis.

74 Vgl. Palandt, § 812, Rn. 9.

75 Zum Leistungsbegriff später Rn. 124 ff.

### III. Auflassung

*Auflassung*

Auch die bloße Auflassung eines Grundstücks gem. §§ 873, 925 BGB kann vermögenswerte Rechtsposition i.d.S. sein. Dies gilt unabhängig von der Streitfrage, ob die Auflassung allein schon ein Anwartschaftsrecht gibt.[76] 101

Grund: Wenn die Bindung gemäß § 873 II BGB eingetreten ist, ist aufgrund dessen schon etwas Vermögenswertes vorhanden und damit „etwas erlangt" i.S.d. §§ 812 ff. BGB.

Rechtsfolge: „Herauszugeben" wäre dieser Vermögensvorteil dann durch Aufhebungsvertrag. Dieser bedarf nicht der Form des § 925 BGB.[77]

## C. Befreiung von Verbindlichkeiten

*Befreiung von Verbindlichkeiten, insbes. Leistung gem. § 267 BGB*

**I.** Wichtigster Fall, in dem der Bereicherungsgegenstand die Befreiung von Verbindlichkeiten ist und damit die §§ 812 ff. BGB in Betracht kommen, ist die rechtswirksame Leistung eines Dritten auf die Forderung des Gläubigers gegen den Schuldner gemäß § 267 BGB. 102

**hemmer-Methode: Aber Achtung! In diesen Fällen kommt unter Umständen auch nur eine Lösung über GoA in Betracht! Dabei wäre die berechtigte GoA Rechtsgrund i.S.d. §§ 812 ff. BGB.[78] Liegt nämlich eine Fremdtilgungsbestimmung gemäß § 267 BGB vor, so wird regelmäßig auch von einem entsprechenden Fremdgeschäftsführungswillen auszugehen sein. Rechtsfolge ist dann der Anspruch aus §§ 683, 670 BGB bzw. §§ 684 S. 1, 818 ff. BGB.**

Examenstypisch ist weiterhin folgende Fallgestaltung:

***Bsp.:*** *A beseitigt Störungen, die vom Nachbargrundstück ausgehen und zu deren Beseitigung der Nachbar N verpflichtet war, sich aber weigerte.*[79] 103

Hier hat N die Befreiung von seiner Beseitigungspflicht nach § 1004 BGB erlangt, insoweit könnte man an einen Anspruch aus § 812 I S. 1, 2.Alt. BGB (Rückgriffskondiktion als Nichtleistungskondiktion) denken.

**hemmer-Methode: Auch in so einer Konstellation sind immer zuerst die Voraussetzungen der berechtigten GoA gemäß §§ 677, 683 BGB zu prüfen. Häufig wird diese vorliegen und dem Bereicherungsrecht vorgehen, da sie Rechtsgrund i.S.d. § 812 BGB ist.[80] Im vorliegenden Fall scheidet berechtigte GoA aber aus, weil der Wille des N entgegenstand und damit die Geschäftsführung nicht dem wirklichen Willen des N entsprach.**

Da die berechtigte GoA entfällt, A aber ein objektiv fremdes Geschäft mit Fremdgeschäftsführungswillen geführt hat, greift der Rückgriff aus unberechtigter GoA gem. §§ 684, 812 ff. BGB ein.

§ 684 BGB ist nach h.M. Rechtsfolgenverweisung, da schon § 684 S. 1 BGB die Voraussetzung für den Rechtsgrund enthält. Innerhalb des § 684 BGB ist dann zu erörtern, was N schon erlangt hat (vgl. Wortlaut des § 684 BGB: „alles, was er durch die Geschäftsführung erlangt hat").

---

76 Hierzu Palandt, § 925, Rn. 23.

77 Vgl. Palandt, § 925, Rn. 29.

78 Dazu schon oben Rn. 61.

79 Vgl. NJW 86, 2648: Baumwurzeln waren hier in die Abwasserleitung des Nachbargrundstücks gelangt.

80 Siehe oben Rn. 91.; BGH, NJW 2004, 603. Ein Klausurbeispiel dazu finden Sie in der Life&Law 2005, 444 ff.

Dies kann dann nur die Befreiung von einer Verbindlichkeit sein. Da diese auf Grund der Beschaffenheit des Bereicherungsgegenstandes nicht herausgegeben werden kann, besteht ein Anspruch des A auf Wertersatz gem. § 818 II BGB.

§ 684 BGB ersetzt insoweit § 812 I BGB. Eine direkte Anwendung von Bereicherungsrecht entfällt.

*andere Konstellationen*

**II.** Es sind aber als „Befreiung von einer Verbindlichkeit" auch andere Konstellationen anerkannt: 104

- ⇨ Grundloser Schulderlass, vgl. § 397 BGB
- ⇨ Verzicht auf dingliche Rechte (etwa ein Pfandrecht)
- ⇨ Befreiung von einer Erfüllungsübernahmeverpflichtung
- ⇨ Befreiung von der gesetzlichen Unterhaltspflicht
- ⇨ Befreiung von der Barzahlungspflicht des § 817 II ZPO

**Bsp.:** *G lässt einen von S genutzten PKW wegen einer titulierten Forderung (§§ 704, 794 ZPO) gegen den S pfänden. S hatte den PKW aber von dem Eigentümer E nur geliehen. Bevor der E sich mit der Drittwiderspruchsklage gemäß § 771 ZPO gegen die Zwangsvollstreckung wehren kann, kommt es zur Verwertung. Diese erfolgt im Wege des § 817 IV ZPO, indem der G den PKW selbst ersteigert.*[81] 105

Da nach Abschluss der Zwangsvollstreckung die zwangsvollstreckungsrechtlichen Rechtsbehelfe nicht mehr eingreifen, ist in solchen Fällen vor allem eine Eingriffskondiktion gemäß § 812 I S. 1, 2.Alt. BGB zu prüfen.

**hemmer-Methode: Daneben können auch noch eventuell Schadensersatzansprüche eingreifen; Ansprüche aus EBV scheiden jedoch aus, da § 771 ZPO in der Zwangsvollstreckung den §§ 985 ff. BGB vorgeht. Vergleichen Sie zu dem wichtigen Problemkreis des materiellrechtlichen Ausgleichs nach der Zwangsvollstreckung in schuldnerfremde Sachen: Hemmer/Wüst/Gold, ZPO II, Rn. 275 ff.**

Schwierig ist es nun, den Bereicherungsgegenstand genau zu bestimmen. Hier muss nämlich wegen der „Doppelrolle", die der G inne hat (einerseits als der die Pfändung betreibende Gläubiger, andererseits als Ersteigerer), gewissermaßen „zweigleisig" geprüft werden:

Erlangt hat er zum einen das Eigentum.

Dieses aber hat er mit Rechtsgrund erlangt, da der Zuschlag im Wege der Zwangsversteigerung gemäß § 817 I ZPO die Wirkung eines obligatorischen Geschäfts hat, also wie ein Kaufvertrag wirkt.

Erlangt hat er aber gemäß § 817 IV ZPO zusätzlich noch die Befreiung von der Barzahlungspflicht des § 817 II ZPO.

Und dies ist letztlich auch derjenige Bereicherungsgegenstand, den der G wegen Fehlens eines Pfandrechtes rechtsgrundlos erlangt hatte. Es gilt hier der Grundsatz der h.M. (gemischt öffentlich-rechtlich-privatrechtliche Pfändungstheorie): Kein Pfändungspfandrecht an schuldnerfremden Sachen.[82]

81 Nach BGH, NJW 1987, 1880; vgl. auch K. Schmidt, JuS 1987, 655.

82 Vgl. Hemmer/Wüst/Gold, ZPO II, Rn. 131.

Rechtsgrund im Sinne des Bereicherungsrechts kann aber nur ein tatsächlich bestehendes Pfandrecht sein, nicht aber die bloße Verstrickung, die nach der h.M. mit der erfolgten „Pfändung" eingetreten war. Diese bedeutet nur die Beschlagnahme des betreffenden Gegenstandes und bedeutet nicht „behalten dürfen" i.S.d. materiellen Rechts.

Da die Zahlungsbefreiung auf Grund ihrer Beschaffenheit nicht herausgegeben werden kann, ist gem. § 818 II BGB ihr Wert zu ersetzen, wobei nicht auf den Wert der versteigerten Sache abzustellen ist, sondern auf die Verrechnung des Erlöses mit dem Anspruch des Gläubigers, da die Auszahlung das den Bereicherungsanspruch auslösende Moment ist.

**hemmer-Methode: Beachten Sie, dass in diesem Zusammenhang stets auch die Frage relevant wird, ob die Kosten der Zwangsvollstreckung i.R.d. § 818 III BGB abzugsfähig sind. Obwohl die wohl h.M. hier pauschal von einer Abzugsfähigkeit ausgeht,[83] ist richtigerweise zwischen den Kosten der Pfändung, welche jedenfalls angefallen wären, und den eigentlichen Versteigerungskosten, die *unmittelbar* dem Erwerb des Erlöses dienen, zu differenzieren. Vgl. Sie zur Gesamtproblematik des materiell-rechtlichen Ausgleichs nach der Zwangsvollstreckung in schuldnerfremde Sachen Hemmer/Wüst/Gold, ZPO II, Rn. 275 ff. sowie unten Rn. 401.**

## D. Gebrauchs- und Nutzungsvorteile

*Gebrauchs- und Nutzungsvorteile*

Bereicherungsgegenstand können auch bloße Gebrauchs- oder Nutzungsvorteile sein, oder auch Dienst- und Werkleistungen des Berechtigten. Es ist nämlich nicht erforderlich, dass es sich bei dem Bereicherungsgegenstand um ein gegenständlich fassbares Etwas handelt. 106

**Wichtige Fälle:**

**I.** Arbeitsleistung (wobei § 812 BGB tatbestandlich nur erfüllt ist, wenn die Grundsätze des fehlerhaften Arbeitsvertrages nicht eingreifen[84]).

*Bsp.: Arbeitgeber A hat den S auf Grund eines Weiterbeschäftigungsurteils weiter beschäftigt, doch später wird die Kündigungsschutzklage des S vom LAG abgewiesen und das Weiterbeschäftigungsurteil aufgehoben.* 107

Hier greifen nach der Rechtsprechung des BAG – wie oben gezeigt – nicht die Grundsätze des fehlerhaften Arbeitsvertrages ein. Daher ist hier nach Bereicherungsrecht abzuwickeln. Bereicherungsgegenstand ist die Arbeitsleistung als solche. Da diese nicht herausgegeben werden kann, greift § 818 II BGB ein.[85]

**II.** Nutzung eines Mietwagens aufgrund nichtigen Mietvertrages, Flugreise als Gebrauchsvorteil,[86] u.Ä. 108

**III.** Unbefugte Verwertung des Fotos einer bekannten Persönlichkeit zu Werbezwecken. 109

**IV.** Vertragslose Benutzung fremder Räume. 110

83 Palandt, § 818, Rn. 42.

84 Siehe oben Rn. 21 ff., Rn. 27.

85 Für den Fall, dass der AN keinen Weiterbeschäftigungsantrag stellt und vom Arbeitgeber gleichwohl aufgefordert wird, bis zur Beendigung des Rechtsstreits bei ihm weiterzuarbeiten, kommt ein befristeter Arbeitsvertrag als Rechtsgrund in Betracht, vgl. BAG, Life&Law 2005, 303 ff.

86 Siehe unten Rn. 112.

## E. Ersparnis von Aufwendungen

*Ersparnis von Aufwendungen*

Sehr problematisch ist, ob die Ersparnis von Aufwendungen als solche „erlangtes etwas“ sein kann. 111

*BGH teilweise zustimmend*

**I.** Der BGH hat dies teilweise bejaht. 112

**Bsp.:** *(Flugreisefall[87]) Es ging um den Flug eines Minderjährigen als „blinder Passagier“ in die USA, also den Hinflug.*

Ein Anspruch aus §§ 683, 677, 670, i.V.m. § 1835 III BGB analog scheidet aus. Anders als beim Rückflug,[88] konnte hier mangels Vorliegen der Voraussetzungen (da „blinder Passagier“) schon kein Fremdgeschäftsführungswillen der Fluggesellschaft vorliegen.

**Beachten Sie**: Außerdem entspricht der Hinflug nicht dem (hier maßgeblichen) Interesse und dem Willen der Eltern als gesetzliche Vertreter.

Daher war Bereicherungsrecht zu prüfen. Dieses war auch nicht durch §§ 987 ff. BGB ausgeschlossen, da es an einer Besitzposition des Minderjährigen gefehlt hat (vom BGH gar nicht erörtert). Hierbei war zunächst die Frage nach dem Bereicherungsgegenstand zu stellen. Nach BGH liegt die Bereicherung in der Ersparnis des üblichen Flugpreises (= ersparte Aufwendungen).

**II.** Mit Recht äußert die Literatur durchweg Bedenken.[89] 113

*Lit.: Problem des § 818 III BGB*

Die Ersparnis von Aufwendungen ist ein Problem des § 818 III BGB und nicht des Tatbestands von § 812 BGB. Ansonsten würde man die vom Gesetz vorgegebene Trennung zwischen der Frage der Entreicherung und der Bereicherung i.S.d. § 812 BGB unzulässigerweise miteinander vermengen. Zudem handelt es sich auch um eine völlig überflüssige Konstruktion.

Erlangt ist schon die bloße Gebrauchsmöglichkeit als Vermögenswert,[90] so dass § 812 BGB auch nach Auffassung der Lit. bejaht werden kann.

*unwirksame Kfz-Vermietung*

**III.** Ein weiterer Problemfall in diesem Zusammenhang ist der unwirksame Kfz-Mietvertrag mit einem Minderjährigen, etwa einem 17-jährigen mit vorzeitigem Führerschein. 115

Hier geht es neben dem Problem, was der Minderjährige überhaupt erlangt hat, um das Verhältnis von §§ 987 ff. BGB zu §§ 812 ff. BGB.

Ein Nutzungsersatzanspruch könnte sich aus §§ 987 I, 990 BGB (Eigentümer-Besitzer-Verhältnis) ergeben.

Auch wenn Nutzungen (§ 100 BGB) nicht mehr vorhanden sind, ist gem. §§ 987 I, 990 BGB Geldersatz in Höhe des objektiven Werts zu leisten.[91]

Fraglich ist aber, ob i.R.d. §§ 987, 990 BGB bei Bösgläubigkeit auf den Minderjährigen oder auf den gesetzlichen Vertreter analog § 166 BGB abzustellen ist.

87 BGHZ 55, 128.

88 Siehe oben Rn. 63 ff.

89 Vgl. Palandt, § 812, Rn. 11.

90 Siehe oben Rn. 106.

91 Vgl. Palandt, § 987, Rn. 4.

*e.A.: bei Nutzungsersatz § 166 I BGB analog*

Anders als im Fall des Schadensersatzanspruchs gem. §§ 989, 990 BGB ist nach einer Ansicht beim Nutzungsersatz gem. §§ 987, 990 BGB auf den gesetzlichen Vertreter abzustellen. Nach dieser Ansicht ist der Nutzungsersatz einer rechtsgeschäftlichen Vergütung wesentlich ähnlicher als dem deliktischen Handeln, wie es in § 828 BGB gemeint ist. Für das Rechtsgeschäft aber müssen die Wertungen der §§ 104 ff. BGB (Schutz auch des 17-jährigen) dem § 828 BGB vorgehen.[92]

*Überzeugend: Art der Besitzerlangung maßgeblich*

Nach überzeugender Ansicht ist nach der Art der Besitzerlangung zu differenzieren. Kommt dem EBV die Aufgabe zu, einen fehlgeschlagenen Vertrag abzuwickeln, gilt der Schutzzweck der §§ 104 ff. BGB auch hier. Dann ist § 166 I BGB analog, und damit der Kenntnisstand der Eltern heranzuziehen. Hat sich jedoch der Minderjährige den Besitz durch eine unerlaubte Handlung verschafft, kommt es auf den bösen Glauben beim Minderjährigen selbst entsprechend § 828 BGB an.[93]

**hemmer-Methode: Die Differenzierung zwischen Schadensersatz und Nutzungsersatz (erste oben genannte Ansicht) erscheint wenig überzeugend. Schließlich geht es i.R.d. § 990 I BGB nicht um die Art des Anspruchs, sondern um die Besitzerlangung. Und diese kann auch bei einem Anspruch auf Schadensersatz vertragsähnlich bzw. bei einem Anspruch auf Nutzungsersatz deliktsähnlich sein.**[94]

*§ 988 BGB analog, rechtsgrundlos = unentgeltlich?*

Lehnt man einen Anspruch aus §§ 987, 990 BGB ab (entweder Gutgläubigkeit der Eltern, oder wenn man der anderen Ansicht folgt, bei Gutgläubigkeit des Minderjährigen bzw. fehlender Einsichtsfähigkeit), so könnte man an eine analoge Anwendung des § 988 BGB denken, der nach der Rechtsprechung auch auf die rechtsgrundlos erlangte Nutzung anwendbar ist. Grund für die analoge Anwendung des § 988 BGB „rechtsgrundlos gleich unentgeltlich" ist die abschließende Regelung, die sich zugunsten des unrechtmäßigen Besitzers aus dem Eigentümer-Besitzer-Verhältnis ergibt, vgl. § 993 I, 2.Hs. BGB. Danach könnte über das EBV hinaus kein Nutzungsersatz verlangt werden, deshalb besteht nach der Rechtsprechung ein Bedürfnis für eine analoge Anwendung.

*bei LK: § 812 I S. 1, 1.Alt. BGB (+)*

Die h.M. in der Literatur löst das Problem des fehlgeschlagenen Leistungsverhältnisses nach § 812 I S. 1 BGB, da kein Bedürfnis für eine Analogie besteht.

Fehlgeschlagene Leistungsbeziehungen werden trotz des Eigentümer-Besitzer-Verhältnisses nach §§ 812 ff. BGB rückabgewickelt. Für diese Fälle sei das Eigentümer-Besitzer-Verhältnis nicht abschließend.[95]

Streitig ist dann i.R.d. § 812 I S. 1, 1.Alt. BGB, ob der Minderjährige auch um die rechtsgrundlose Nutzung des Kfz bereichert ist.

Dies wird teilweise mit der Begründung abgelehnt, dass der Minderjährige keine anderweitigen Ausgaben erspart habe.

Diese Lösung ist zum einem schon deshalb abzulehnen, weil auch hier der Tatbestand des § 812 BGB mit § 818 III BGB vermengt wird.[96]

---

92 Vgl. Medicus, JuS 74, 222.

93 BGH, NJW 1971, 609.

94 Vgl. dazu zusammenfassend auch Tyroller, Life&Law 05/2006, „Das Problem: Minderjährigenrecht".

95 Vgl. oben Rn. 37 m.w.N.

96 Siehe oben Rn. 113.

I.R.d. § 818 III BGB ist zu differenzieren:

*Aufwendungsersparnis*

Ersparte der Minderjährige Aufwendungen, so ist er nicht entreichert, er haftet nach § 818 II BGB.

*Luxusaufwendungen*

Liegen aber sogenannte „Luxusaufwendungen" vor, so hat der Minderjährige keine Aufwendungen erspart, er ist damit entreichert. Seine Haftung besteht nur dann, wenn i.R.d. verschärften Haftung gem. §§ 819 I, 818 IV BGB i.R.d. § 819 I BGB auf seine Kenntnis abgestellt wird.

Dies muss im Rahmen einer Leistungskondiktion (anders bei der Eingriffskondiktion, die gleichzeitig eine unerlaubte Handlung darstellt) aber abgelehnt werden, weil das Abstellen auf die Kenntnis des Minderjährigen den Wertungen der §§ 106 ff. BGB, also dem Schutzzweck des Minderjährigenrechts, widersprechen würde.[97] Die Entscheidung, ob eine *zu vergütende* Nutzung vorgenommen wird, muss grundsätzlich bei den Eltern liegen. Damit ist bei der Leistungskondiktion auf deren Kenntnis gem. § 166 I BGB abzustellen. Der Minderjährige ist damit bei fehlender Kenntnis der Eltern hinsichtlich der Nutzungen, die Luxusaufwendungen darstellen, entreichert.[98]

**hemmer-Methode: Nur richtiges Fallmaterial führt zur richtigen Schwerpunktbildung: Minderjährigenrecht, Eigentümer-Besitzer-Verhältnis und §§ 812 ff. BGB sind examenstypisch. Gerade beim Minderjährigen stellt sich dann immer das Problem, was das Erlangte i.S.d. § 812 BGB ist. Diese Problematik muss bekannt sein. Auch die Klassiker „Entreicherung", „verschärfte Haftung" und „auf wessen Kenntnis ist abzustellen" sind häufig Prüfungsgegenstand.** 116

*Beschädigung des benutzten Gegenstandes*

Aber **Achtung:** Häufig wird in der Examensarbeit in diesen Fällen gleichzeitig eine Beschädigung des benutzten Gegenstandes vorliegen. Denken Sie dann i.R.d. Schadensersatzes an §§ 280 I, 311 II, 241 II; §§ 989, 990 BGB sowie §§ 823 ff. BGB. Im Regelfall wird die Haftung aus § 280 I i.V.m. §§ 311 II, 241 II BGB mit der Begründung scheitern, dass es sonst zur quasivertraglichen Haftung des Minderjährigen kommt.[99] 117

## F. Bereicherungsanspruch als „erlangtes Etwas"

*Bereicherungsanspruch als Bereicherungsgegenstand*

Auch ein Bereicherungsanspruch kann selbst Bereicherungsgegenstand sein. Dies wird vor allem in den Fällen des sog. „Doppelmangels" relevant. 119

*Doppelmangel*

**Bsp.:** *A weist die Bank B, bei der er ein Konto hat, an, eine Kaufpreisforderung des C gegen A zu erfüllen. Diese zahlt an den C. Dann stellt sich heraus, dass sowohl der Kaufvertrag A-C, als auch die Anweisung A-B nichtig sind, etwa wegen unerkannter Geisteskrankheit des A.* 120

Hier ist das Hauptproblem, ob die B unmittelbar von C kondizieren kann, oder ob die sog. Abwicklung „übers Eck" eingreift. Letzteres bedeutet: A kondiziert bei seinem Vertragspartner C, und die B kondiziert von ihrem Vertragspartner A.

Schließt man sich der zweiten Möglichkeit an (Abwicklung „übers Eck"), wäre „erlangtes Etwas" des A dessen eigener Bereicherungsanspruch gegen C. Diesen könnte dann die B im Wege der Abtretung herausverlangen.

Allerdings hat auch diese Lösung ihre Nachteile (Stichwort: „Kumulierung von Risiken und Einwendungen", § 404 BGB).[100]

97 Palandt, § 819, Rn. 4.

98 Vgl. Tyroller, Life&Law 05/2006, „Das Problem: Minderjährigenrecht, Teil 2".

99 Vgl. Tyroller, Life&Law 03/2006, „Das Problem: Minderjährigenrecht, Teil 1".

100 Zu dieser Frage vgl. ausführlich unten Rn. 192 ff.

## § 5 DIE LEISTUNGSKONDIKTION[101]

*die Leistungskondiktion (LK)*

Bei der Leistungskondiktion handelt es sich um die Rückabwicklung fehlgeschlagener Leistungen (§§ 812 I S. 1, 1.Alt. / 812 I S. 2, 2.Alt. / 817 S. 1 BGB) oder um die Rückabwicklung von Leistungen nach Erledigung des Kausalverhältnisses (§ 812 I S. 2, 1.Alt. BGB). 121

**hemmer-Methode: Denken in Zusammenhängen! Folgt man i.R.d. Erfüllungslehre (§§ 362 ff. BGB) der Theorie der finalen Leistungsbewirkung, so handelt es sich bei der Leistungskondiktion um das exakte Spiegelbild der Erfüllungslehre.**

*Unterscheidung der verschiedenen LK wichtig für Ausschlussgründe*

Bedeutung hat die Einteilung in verschiedene Fallgruppen der Leistungskondiktionen vor allem für den Ausschluss der Kondiktionen, §§ 814, 815, 817 S. 2 BGB, und für die Haftungsverschärfung (§§ 819, 820 BGB). Diese Vorschriften gelten nicht durchweg für alle Arten der Leistungskondiktion.[102] 122

Teilweise ist die Abgrenzung schwierig bzw. strittig. So ist etwa nach erfolgter Anfechtung umstritten, ob § 812 I S. 1, 1.Alt. BGB oder § 812 I S. 2, 1.Alt. BGB (h.M.) eingreift. Auswirkungen hat dies vor allem wegen des Ausschlusstatbestandes § 814 BGB. Dazu später. 123

### A. Leistungskondiktion gem. § 812 I S. 1, 1.Alt. BGB

### I. Leistungsbegriff

#### 1. Die herrschende Meinung

*bewusste und zweckgerichtete Mehrung fremden Vermögens*

Moderner Leistungsbegriff der h.M.: Leistung i.S.d. § 812 I BGB ist eine bewusste (Rn. 125) und zweckgerichtete (Rn. 129) Mehrung fremden Vermögens. 124

Der Leistungsbegriff enthält also mehrere Elemente. Erforderlich ist eine „doppelte Finalität“.[103]

**hemmer-Methode: Die *Leistung* steht im Gegensatz zur bloßen *Zuwendung*. Bei dieser handelt es sich um eine bewusste Mehrung fremden Vermögens, welche *nicht* zweckgerichtet ist.[104] Die Zweckgerichtetheit ergibt sich aus einer (konkludenten) Tilgungsbestimmung. In der Klausur ist deshalb eine genaue Auslegung des Sachverhalts anhand der Definition erforderlich. Wer juristisch sauber arbeitet, schreibt nachvollziehbar und punktet damit!**

#### a) Leistungsbewusstsein

*Leistungsbewusstsein*

Erstens muss die Vermögensmehrung bewusst erfolgen. Wenn der Bereicherungsgläubiger gar nicht wusste, dass er fremdes Vermögen mehrte, kommt also nur eine Nichtleistungskondiktion in Betracht. 125

**Bsp.:** *Landwirt L will mit dem Hubschrauber sein Weizenfeld mit Herbiziden besprühen. Er verwechselt aber sein eigenes Feld mit dem seines Nachbarn N, der über diesen „Service“ sehr erfreut ist.* 126

---

101 Die größte Bedeutung i.R.d. Leistungskondiktion haben die bereicherungsrechtlichen Drittbeziehungen, die nachfolgend der Schwerpunkt der Darstellung einnehmen. Zu diesem Thema finden Sie auch eine lehrreiche Zusammenfassung von Tyroller in der Life&Law 2005, 432 ff. und 839 ff.

102 Im Einzelnen später unter Rn. 430 ff.

103 Palandt, § 812, Rn. 14.

104 Ausführlich zur Terminologie Kötter, Die Rechtsnatur der Leistungskondiktion, AcP 153 (1954), 198.

Da der L gar kein Leistungsbewusstsein hatte, kommt nur eine Nichtleistungskondiktion in Betracht.

Auf die weiteren, sich aus diesem Fall ergebenden Probleme (Verwendungskondiktion, aufgedrängte Bereicherung) wird noch zurückgekommen.

Im Einzelfall kann auch hier die Abgrenzung schwierig sein.

*Flugreisefall*

**Bsp.:** *(der schon mehrmals zitierte „Flugreisefall“[105]) M fliegt als „blinder Passagier“ im Flugzeug der L mit.* 127

Wenn der „Leistende“ den Empfänger gar nicht bemerkt, kann er wohl auch nicht bewusst dessen Vermögen mehren. Dagegen wird aber teilweise vertreten, die Fluggesellschaft habe hier ein generelles Leistungsbewusstsein bezüglich jeder an Bord befindlichen Person; also erfasse dies auch den „blinden Passagier“.

Das erscheint problematisch, weil mit solchen Konstruktionen die Grenze zwischen Leistungs- und Nichtleistungskondiktion verwischt werden kann. Diese Abgrenzung ist auch nicht nur von rein akademischer Bedeutung. Gerade beim Minderjährigen kann sie fallentscheidend sein.

Während man bei der Eingriffskondiktion für die Frage, wessen Kenntnis maßgeblich ist, auf § 828 BGB zurückgreift, gilt bei der Leistungskondiktion wegen deren Rechtsgeschäftsähnlichkeit regelmäßig § 166 BGB entsprechend. Ist nur der Minderjährige bösgläubig, nicht aber der gesetzliche Vertreter, dann ist bei Annahme einer Eingriffskondiktion von Bösgläubigkeit auszugehen, wenn die Voraussetzungen des § 828 BGB erfüllt sind, bei Annahme einer Leistungskondiktion dagegen nicht.[106]

*Schwarzfahrender Mj.*

**Weiteres Bsp.:** *Ein Minderjähriger benutzt die Straßenbahn, hat aber kein gültiges Ticket gelöst.*[107] 128

Ob man in diesen Fällen eine Leistungskondiktion oder eine Eingriffskondiktion annehmen will, ist strittig.

Nach einer Auffassung will die Straßenbahngesellschaft nur gegenüber zahlungswilligen und zahlungsfähigen Fahrgästen leisten und nicht gegenüber Schwarzfahrern. Nach dieser Auffassung handelt es sich also um eine Eingriffskondiktion.[108]

Für das Vorliegen einer Leistungskondiktion könnte sprechen, dass die Straßenbahn-Gesellschaft ohne individuelle Kontrolle allen Fahrgästen gegenüber (ad incertas personas), die die Straßenbahn besteigen, bewusst und zweckgerichtet eine Beförderungsleistung erbringen will. Anders als im Flugreisefall fehlt die individuelle Kontrolle beim Einstieg. Es handelt sich insoweit um eine Leistungskondiktion.[109]

## b) Leistungszweck

*Leistungszweck*

**Wichtig** ist aber vor allem die Zweckrichtung der Handlung. Leistungszweck ist grundsätzlich jeder von der Rechtsordnung erlaubte Zweck. 129

*bestimmt Parteien des Bereicherungsanspruchs*

**aa)** Konsequenz dieses zweiten Elements des modernen Leistungsbegriffs ist damit, dass sich die Person des Leistenden und des Leistungsempfängers unmittelbar aus dem Zweck der mit der Leistung verbundenen Vermögenszuwendung ergibt. 130

105 Siehe oben Rn. 63; 112.

106 Vgl. zur verschärften Haftung ausführlich Rn. 511; bei der Eingriffskondiktion pauschal auf die Bösgläubigkeit des Minderjährigen abzustellen, ist nicht unproblematisch.

107 Vgl. zum Klassiker "Der minderjährige Schwarzfahrer" auch Life&Law 05/2000, 295 ff.

108 Vgl. Harder, NJW 1990, 863 m.w.N.

109 Vgl. Winkler v. Mohrenfels, JuS 87, 692, wo aber nicht näher auf die bereicherungsrechtliche Problematik eingegangen wird.

Besteht der Zweck in der Erfüllung einer Verbindlichkeit des A gegenüber B, sind A und B die Parteien des Bereicherungsanspruchs.

**bb)** Deswegen ist bei der Leistungskondiktion das Tatbestandsmerkmal „auf dessen Kosten“ nicht zu prüfen,[110] weil es nach der Absicht des Gesetzgebers nur die Aufgabe hatte, die Parteien des Anspruches zu bestimmen. *131*

**cc)** Im Grundfall des § 812 I S. 1, 1.Alt. BGB besteht der Zweck in der Erfüllung einer (vermeintlichen) Verbindlichkeit. *132*

*Geschäftsfähigkeit erforderlich?*

**dd)** Fraglich ist, ob die Zwecksetzung Willenserklärung ist, da dann Geschäftsfähigkeit erforderlich wäre. Die wohl h.M. verneint das. *133*

***Bsp.:*** *Der 6-jährige M kauft sich bei V für 5 € ein Spielzeug. Der (bereicherungsrechtliche) Rückforderungsanspruch, den die Eltern für den M geltend machen, ist einer aus Leistungskondiktion, weil der M durch Hingabe der 5 € die Erfüllung einer Verbindlichkeit bezweckt und damit geleistet hat.* *134*

Beachten Sie dabei den unter Zugrundelegung der wohl h.M. bestehenden Unterschied zur Tilgungsbestimmung i.S.d. §§ 362, 366 BGB: Sie ist der bereicherungsrechtlichen Zwecksetzung sehr ähnlich, nur ist dort ein Rechtsgrund (bzw. mehrere denkbare) gegeben. Diese Tilgungsbestimmung wird allgemein als Willenserklärung bzw. zumindest rechtsgeschäftsähnliche Handlung angesehen, mit der Folge, dass etwa Anfechtbarkeit gegeben ist.[111]

## 2. Kritik der Literatur

*Kritik der Literatur*

*Canaris* kritisiert den modernen Leistungsbegriff als zu starr.[112] *135*

**a)** Im Vordergrund stehe zu sehr die begriffliche Anwendung des Leistungsbegriffs unter Außerachtlassung materieller Wertungsgesichtspunkte. Seiner Ansicht nach lassen sich zu viele Probleme mit dem Leistungsbegriff gar nicht lösen.

*Risikozurechnung / Abstraktionsprinzip*

Er versucht die Problematik mit Hilfe allgemeiner Rechtsprinzipien wie der Risikozurechnung und dem Abstraktionsprinzip zu lösen, indem er auf die hinter dem Leistungsbegriff stehenden Wertungskriterien abstellt.

**b)** *Canaris* hat insofern Recht, als tatsächlich nicht in jedem Fall allein mit dem Leistungsbegriff ein sachgerechtes Ergebnis erzielt werden kann.[113] Der Leistungsbegriff ist lediglich ein „dogmatisches Kürzel“ für die hinter ihm stehenden Wertungen, er kann nur diejenigen Fälle lösen, die bei seiner Formulierung berücksichtigt worden sind.[114] *136*

*dagegen: Praktikabilität*

**c)** Für die Klausurlösung ist diese Ansicht von *Canaris* jedoch nicht handhabbar, es fehlt die Griffigkeit der Anwendung für die Praxis. *137*

*ausnahmsweise Korrektur des Ergebnisses aufgrund Wertungsgesichtspunkten*

Immerhin spricht für die h.M., dass der Leistungsbegriff in den meisten Fällen zu angemessenen Ergebnissen führt. Ist das ausnahmsweise nicht der Fall, dann muss man von dem schematisch zu findenden Ergebnis abweichen und auf Wertungsgesichtspunkte abstellen. *138*

110 Siehe oben Rn. 78.

111 BGH, NJW 1989, 1792.

112 Larenz/Canaris, SchuldR II/2, § 70.

113 Im Einzelnen siehe unten bei den bereicherungsrechtlichen Dreiecksverhältnissen, Rn. 148 ff.

114 Vgl. Larenz/Canaris, SchuldR II/2, § 70.

Dies wird vor allem relevant unter den Stichworten Minderjährigenschutz, Verlagerung des Liquiditätsrisikos, Einwendungsverlust bzw. -kumulierung.[115]

Auf diese Weise wird dem Richter in der Praxis genauso wie dem Studenten in der Klausur eine einfache dogmatische Figur an die Hand gegeben, die es ermöglicht, die meisten Fälle praktisch durch mechanische Subsumtion zu lösen, ohne jedes Mal alle möglichen Zurechnungsprobleme durchdenken zu müssen. *139*

Nur wenn der konkrete Sachverhalt Anlass dazu bietet, muss eine Art „Gegenprobe" gemacht werden, also etwa geprüft werden, ob das durch schematische Lösung gefundene Ergebnis mit dem Minderjährigenschutz vereinbar ist. Dabei dürfte es wiederum nicht überaus schwer fallen, etwas Gespür für solche Problemsituationen zu entwickeln, wenn man sich nur einmal etwas mit den „klassischen" Problemfällen befasst hat. *140*

**hemmer-Methode: Auf diese Weise hat man letztlich auch alles in die Klausur „gepackt", Leistungsbegriff und Wertungskriterien, und damit das Optimale an Punkten herausgeholt!**

*BGH: es verbietet sich jede schematische Lösung*

**d)** Der BGH verwendet stereotyp die Formel, es verbiete sich „jede schematische Lösung", und es sei auf die Umstände des Einzelfalles abzustellen. Das heißt aber nicht, dass nach dem BGH allein Wertungsgesichtspunkte entscheiden. Vielmehr orientiert sich auch der BGH grundsätzlich am Leistungsbegriff und weicht nur in Ausnahmefällen davon ab. *141*

**hemmer-Methode: Als Fallbearbeiter einer bereicherungsrechtlichen Klausur sollten Sie diesen Meinungsstreit zum „Punktesammeln" aufwerfen, das Problemfeld knapp skizzieren und sich dann konservativ für die h.M. entscheiden.** *142*
**Zeigen Sie, dass Sie bereicherungsrechtliches Problembewusstsein haben.**
**Passen Sie bei einfach gelagerten Fällen auf: Hier erübrigt sich eine Diskussion des Lösungsansatzes von Canaris. Pressen Sie daher diese Frage nicht gewaltsam in die Arbeit, wenn der Fall insofern unproblematisch ist und die wirklichen Probleme der Arbeit erkennbar andere sind.**

*Problem: Mehrpersonenverhältnis*

Bei Zweipersonenverhältnissen bereitet die Feststellung, wer Leistender und wer Leistungsempfänger ist, keine Schwierigkeiten. Problematisch und daher klausurrelevant sind insoweit aber die Drei- bzw. Mehrpersonenverhältnisse. Sie sollen im Folgenden behandelt werden. *143*

## 3. Prüfungsschritte in der Klausur:

*Prüfungsaufbau*

Unter Zugrundelegung des modernen Leistungsbegriffs empfiehlt sich bei Drei- und Mehrpersonenverhältnissen folgendes Vorgehen: *144*

⇨ Bestehen Leistungsbeziehungen? Welche?

*Leistungsbeziehung?*

Zunächst gilt es zu untersuchen, ob überhaupt Leistungsbeziehungen bestehen und gegebenenfalls zwischen welchen Personen. Da bei § 812 I S. 1, 1.Alt. BGB Zweck der Leistung die Erfüllung einer Verbindlichkeit ist, muss also untersucht werden, welche schuldrechtlichen Beziehungen zwischen den Parteien tatsächlich oder vermeintlich vorliegen. *145*

115 Siehe unten z.B. Rn. 231; vgl. auch Larenz/Canaris, SchuldR II/2, § 70.

Liegt also etwa eine (vermeintliche) Kaufpreisschuld vor, besteht der Zweck des (vermeintlich) Verpflichteten in der Erfüllung dieser Schuld gegenüber dem Partner des Kaufvertrages.

⇨ In welcher Leistungsbeziehung fehlt der Rechtsgrund?

*wo fehlt Rechtsgrund?*

Hat man so die jeweiligen Leistungsverhältnisse herausgearbeitet, ist als zweites zu fragen, in welchem von ihnen der Rechtsgrund fehlt. In diesem ist dann grundsätzlich bereicherungsrechtlich rückabzuwickeln.[116] 146

*„Gegenprobe"*

⇨ „Gegenprobe" anhand von Wertungskriterien

Als drittes muss man dann noch die genannte „Gegenprobe" vollziehen und das Ergebnis – sollte es im Einzelfall erforderlich sein – anhand der genannten Wertungskriterien korrigieren oder präzisieren. 147

Auf diesem Prüfungsschema aufbauend werden im Folgenden die einzelnen möglichen bereicherungsrechtlichen Dreiecksverhältnisse durchgeprüft.

## II. Maßgeblicher Horizont:

*maßgeblicher Horizont*

Insbesondere in Dreipersonenverhältnissen kann der Leistungsbegriff zu einem weiteren Problem führen, wenn der Leistende selbst einen anderen Zweck verfolgte, als sich dies aus der Sicht des Empfängers darstellte. Dann ist fraglich, ob die Zweckbestimmung aus der Sicht des Leistenden oder aus der des Leistungsempfängers bestimmt werden muss. 148

***Bsp.:*** *Bauherr B bestellte beim Werkunternehmer U ein schlüsselfertiges Haus. U lässt Teile durch Lieferant L direkt an die Baustelle liefern. U war gegenüber dem L als Vertreter des B aufgetreten, ohne Vertretungsmacht zu haben. L verlangt von B Zahlung. Zu Recht?* 149

Da vertragliche Ansprüche wegen fehlender Vertretungsmacht und berechtigte GoA wegen fehlenden Interesses und mutmaßlichen Willens (schlüsselfertiges Haus) ausscheiden, kommt Bereicherungsrecht in Betracht.

L meinte, einen Vertrag mit B zu erfüllen, weil er den U für einen Vertreter des B hielt. Hier lag aus seiner Sicht also der Zweck der Lieferung und damit läge eine Leistungsbeziehung zwischen L und B vor.

B aber ging davon aus, dass der L nur einen Vertrag mit dem U erfüllen will; aus der Sicht des B waren weder tatsächliche noch vermeintliche vertragliche Beziehungen zu L vorhanden. Weil der U ihm das schlüsselfertige Haus erstellen sollte, hatte er aus seiner Sicht nur Beziehungen zu U, und nur der U stand aus seiner Sicht in vertraglichen Beziehungen zu L. Aus der Sicht des B erfüllte der L mit der Lieferung also nur einen Zweck gegenüber dem U, und damit läge nur hier eine Leistungsbeziehung vor.

Es stellt sich die Frage, ob auf die Sicht des L abzustellen ist (dann liegt eine Leistung des L an B vor) oder auf die Perspektive des B (dann hat der L nur an U geleistet und der U schließlich das fertige Haus an B).

*e.A.: Wille des Leistenden*

**1.** Nach einer Mindermeinung ist auf die Sicht des Leistenden abzustellen. 150

116 Zu Besonderheiten beim sog. „Doppelmangel" siehe unten Rn. 192.

Hierfür spricht, dass der Zweck von demjenigen gesetzt wird, der die Leistung vornimmt. Auch § 267 BGB enthalte eine vergleichbare Regelung, bei der nach e.A. auf die Sicht des Leistenden abgestellt werde.[117] Auch § 812 I S. 1 BGB scheint seinem Wortlaut nach auf die Willensrichtung des Leistenden abzustellen.

Unbilligkeiten die sich daraus ergeben, löst diese Meinung über § 818 III BGB. So kann z.B. der gutgläubige Leistungsempfänger (hier B), der an den aus seiner Sicht Leistenden (hier U) das Entgelt zahlt, dieses als Entreicherungsposten abziehen.[118]

*h.M.: Empfängerhorizont*

**2.** Nach der h.M. ist der objektive Empfängerhorizont entscheidend. *151*

**a)** Es kommt nicht allein auf den inneren Willen des Leistenden an, sondern maßgeblich sei die Erkennbarkeit der Person des Leistenden aus der Sicht des Zuwendungsempfängers.

*objektiv*

Andererseits heißt dies dann aber auch, dass nicht die jeweilige subjektive (vielleicht verzerrte) Vorstellung des Empfängers ausschlaggebend sein soll, sondern eine sich an objektiven Kriterien ausrichtende Beurteilung. *152*

Es ist danach zu fragen, wen ein verständiger Beurteiler aus der Situation des Leistungsempfängers als Leistenden betrachtet hätte.

*§§ 133, 157 BGB analog*

**b)** Begründen kann man dies am besten mit einer Analogie zu §§ 133, 157 BGB.

**hemmer-Methode: Eine direkte Anwendung dieser Vorschriften scheidet unter Zugrundelegung der wohl h.M. aus, weil es sich danach – wie gesehen – bei der Zweckbestimmung nicht um eine Willenserklärung oder rechtsgeschäftsähnliche Handlung handelt.** *153*

Man kann hinter den §§ 133, 157 BGB einen allgemeinen Grundsatz sehen, der auch hier gelten muss. Das Bereicherungsrecht ist, soweit es um die Leistungskondiktion geht, die Fortsetzung fehlgeschlagenen Vertragsrechts – ein Gedanke, der auch hier von Bedeutung sein muss. *154*

*Wertungskriterien*

In der Literatur werden außerdem auch noch materielle Wertungskriterien zur Stützung der Lehre vom objektiven Empfängerhorizont herangezogen. Insbesondere erfordere der Verkehrsschutz eine solche Lösung. *155*

Ergebnis des Beispielsfalles: Nach h.M. liegt keine Leistung des L an den B vor. Damit käme in diesem Personenverhältnis allenfalls eine Nichtleistungskondiktion in Frage. Diese aber ist hier subsidiär, weil bezüglich des gleichen Bereicherungsgegenstandes (Eigentum an den gelieferten Gegenständen) im Verhältnis zwischen U und B eine Leistungsbeziehung gegeben ist. L kann von B also nicht Zahlung verlangen.

**hemmer-Methode: Punkten Sie in der Klausur, indem Sie beide Meinungen anführen. Der Meinungsstreit kann im Ergebnis allerdings dann dahinstehen, wenn die Zahlung des B an den U erfolgt ist, da nach beiden Meinungen kein bereicherungsrechtlicher Anspruch besteht. Nach h.M. scheitert der Anspruch L gegen B an der Alternativität der Kondiktionen, nach der a.A. an § 818 III BGB.** *156*
**Achten Sie noch darauf: Das Bereicherungsrecht stellt im Gegensatz zum Schadensersatzrecht immer wieder auf den Bereicherungsschuldner ab. So kommt es etwa für die Frage, ob etwas erlangt ist, auf eine Vermögensmehrung beim Schuldner an; bei der Frage der Entreicherung ist ebenfalls auf die Vermögensverhältnisse des Schuldners abzustellen. So ist hier auch beim Leistungsbegriff die Sicht des Schuldners maßgeblich.**
**Nur wenn Sie das notwendige Verständnis für den Zusammenhang und die Konsequenzen der jeweiligen Auffassung haben, erfassen Sie die in der Klausur angelegten Problemfelder.**

117 Vgl. aber Palandt, § 267, Rn. 3, sowie die ausführliche Darstellung bei Rn. 203 ff.

118 Vgl. Medicus, BR, Rn. 688.

*Ergebnis: Auslegung der Zweckbestimmung aus obj. Empfängerhorizont*

Das entscheidende Kriterium liegt also in der Auslegung der Tilgungsbestimmung. Der Dritte erklärt bei Auslegung aus dem objektiven Empfängerhorizont, §§ 133, 157 BGB analog, als Leistungsmittler eines anderen leisten zu wollen, obwohl er in Wirklichkeit für sich selbst leisten will. Der Empfänger wird nach allgemeinen Grundsätzen in seinem Glauben an das objektiv Erklärte geschützt. Dabei ist jedoch zu beachten, dass der sich irrende Leistungsmittler sich die Direktkondiktion gegen den Empfänger dadurch verschaffen kann, dass er seine Tilgungsbestimmung wegen Inhaltsirrtums anficht, § 119 I BGB, weil es dann an einer vorrangigen Leistungsbeziehung fehlt. § 164 II BGB schließt die Anfechtung nur für den umgekehrten Fall, dass der Erklärende im fremden Namen zu handeln glaubt, aber objektiv im eigenen Namen handelt, aus. Das Vertrauen des Empfängers auf die Richtigkeit des Erklärten wird dann nicht durch die Subsidiarität der Nichtleistungskondiktion, sondern durch § 122 BGB geschützt. Regelmäßig wird es aber an einer unverzüglichen Erklärung der Anfechtung, § 121 BGB, fehlen.

Im Folgenden sollen nun die wichtigsten Fallgruppen bereicherungsrechtlicher Dreiecksverhältnisse besprochen werden. 157

## III. Anweisungsfälle[119]

*Dreiecksverhältnisse*

Die Anweisungsfälle sind die – jedenfalls in der Praxis – wohl wichtigste Fallgruppe der bereichungsrechtlichen Dreiecksverhältnisse. Hauptbeispiel ist die Überweisung im Giroverkehr der Banken. 158

### 1. Terminologie

*Abgrenzung der Anweisung i.w.S. zu §§ 783 ff. BGB*

Wenn von den Anweisungsfällen gesprochen wird, ist dies i.d.R. im weiteren Sinne zu verstehen. D.h. es müssen nicht unbedingt die Anforderungen vorliegen, die das BGB in den §§ 783 ff. BGB an die Anweisung im engeren Sinne stellt. Diese ist eine – selten gegebene – bürgerlich-rechtliche Form eines Wertpapiers, also der BGB-Grundfall von Wechsel und Scheck.[120] 159

Der wichtigste Fall der bereicherungsrechtlichen „Anweisungsfälle", die Erteilung eines Zahlungsauftrages gegenüber einer Bank gem. § 675f III S. 2 BGB, ist gerade keine Anweisung i.S.d. §§ 783 ff. BGB.[121]

Folgende Rechtsbeziehungen sind bei den Anweisungsfällen zu unterscheiden:

- ⇨ Verhältnis Anweisender/Anweisungsempfänger (sog. Valutaverhältnis)
- ⇨ Verhältnis Anweisender/Angewiesener (sog. Deckungsverhältnis)
- ⇨ Verhältnis Angewiesener/Anweisungsempfänger (sog. Zuwendungsverhältnis)

119 Vgl. hierzu Life&Law 2010, 204 ff.

120 Vgl. Palandt, § 783, Rn. 3.

121 Palandt, § 783, Rn. 4 a.E.

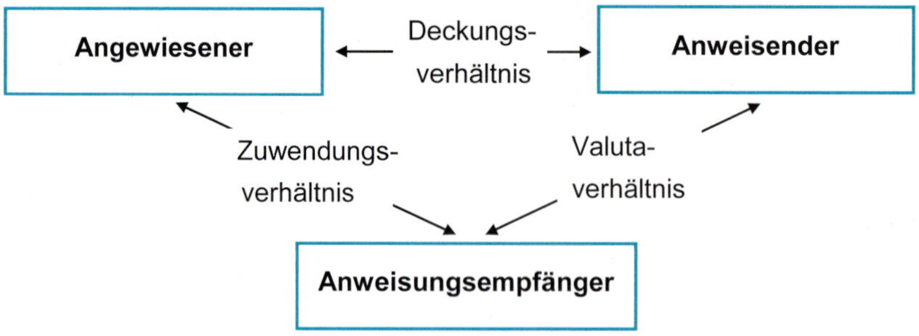


*autorisierter Zahlungsvorgang*

Die §§ 675c ff. BGB behandeln das Deckungsverhältnis. Hier besteht zunächst ein Zahlungsdiensterahmenvertrag als besonderer Fall des Geschäftsbesorgungsvertrages, § 675f II BGB (Girovertrag). Dieser Vertrag verpflichtet die Bank zur Ausführung entsprechender Zahlungsaufträge. 160

Die Anweisung i.S.d. Anweisungsfälle liegt in der Erteilung des Zahlungsauftrages. Dadurch wird ein Zahlungsvorgang autorisiert, durch den der Dritte zunächst einen Anspruch auf die Gutschrift auf seinem Konto erlangt, § 675t I S. 1 BGB. Durch die Gutschrift erfolgt sodann ein Schuldversprechen gem. §§ 780, 781 BGB. 161

## 2. Abgrenzungen

*Abgrenzung zu anderen Konstellationen*

Die Anweisungsfälle müssen weiterhin von zwei anderen Konstellationen unterschieden werden. 162

*zu unselbst. Mittler*

**a)** Erforderlich ist zum einen eine selbständige Mittelsperson (hier die Bank; sog. Leistungsmittler). Handelt es sich um einen unselbständigen Mittler (Vertreter, Empfangsbote usw.), kommen von vornherein nur Beziehungen zwischen den dahinterstehenden Personen (Vertretenen) in Frage. Dass ein Vertreter oder Empfangsbote keinen eigenen Zweck verfolgt, liegt auf der Hand. 163

*zu Leistungskette*

**b)** Zu unterscheiden sind die Anweisungsfälle auch von der Leistungskette. A erbringt eine Leistung an den B und der B wiederum an den C. 164

Auch hier kann von vornherein keine Leistung von A an den C vorliegen. Der Unterschied zu den Anweisungsfällen besteht darin, dass keine unmittelbaren Beziehungen zwischen A und C vorliegen, also gar kein Dreieck besteht.

## 3. Vorgehen in der Klausur:

*Klausuraufbau*

Bei den Anweisungsfällen kann man im Ausgangspunkt schulmäßig mit dem modernen Leistungsbegriff arbeiten und so weitgehend zu treffenden Ergebnissen kommen. 165

***Bsp.:*** *A weist die Bank B an, eine Überweisung an den C vorzunehmen, mit der er (A) eine Kaufpreisschuld von 100 € bei C tilgen will. Als A später den Kaufvertrag wirksam wegen Irrtums angefochten hat, verlangt er von seiner Bank die Rückgängigmachung seiner schon zuvor erfolgten Kontobelastung (auch C hat ein Konto bei derselben Bank). Die B wiederum will den Betrag von C direkt zurück.* 166

*Herausarbeiten der Leistungsbeziehungen*

***Erster Schritt:*** Herausarbeiten der jeweiligen Beziehungen der Beteiligten, um damit auf den Zweck der Leistung zu schließen. 167

Hier ist zu unterscheiden:

*Deckungsverhältnis*

**a)** Deckungsverhältnis (Verhältnis Anweisender (A) zum Angewiesenen (B)) 168

Zwischen der Bank (B) und dem Anweisenden (A) besteht ein Zahlungsdiensterahmenvertrag. Dieser verpflichtet die Bank, den Zahlungsauftrag hinsichtlich der Überweisung zu erfüllen, vgl. § 675f II BGB. Dieser Verpflichtung will die Bank durch die Vornahme der Überweisung nachkommen; das ist für sie der Zweck der Vornahme der Überweisung.

Damit besteht zwischen Bank und Anweisendem auch ein Leistungsverhältnis.

⇨ Leistung Bank an Anweisenden (B an A)

*Valutaverhältnis*

**b)** Valutaverhältnis (Verhältnis Anweisender (A) zum Empfänger (C)) 169

Zwischen dem Anweisenden und dem Empfänger bestehen vertragliche Beziehungen, etwa ein Kaufvertrag, aus dem der Anweisende zur Zahlung verpflichtet ist (§ 433 II BGB). Diesen will der Anweisende durch die tatsächliche Auszahlung über die Bank erfüllen.

Der Anweisende verfolgt somit einen eigenen Zweck gegenüber dem Empfänger der Überweisung. Dieser Zweck besteht im Grundfall sowohl aus Sicht des Leistenden wie auch des Leistungsempfängers. Also liegt hier zweifellos eine Leistung vor.

⇨ Leistung Anweisender an Empfänger (A an C)

*Zuwendungsverhältnis*

**c)** Zuwendungsverhältnis (Verhältnis Angewiesener (B) zum Empfänger (C)) 170

Ein Rechtsverhältnis zwischen Bank (Angewiesene) und dem Empfänger kann zwar bestehen, wenn der Empfänger ebenfalls Kunde dieser Bank ist (Girovertrag). Dieses Rechtsverhältnis muss aber bereicherungsrechtlich außer Betracht bleiben. Es hat mit den hier interessierenden Rechtsbeziehungen nichts zu tun. Es kann bereicherungsrechtlich keinen Unterschied machen, ob der Empfänger ein Girokonto bei dieser Bank hat oder bei einer anderen Bank oder ob er sich das Geld gar in bar auszahlen lässt.

Abzustellen ist vielmehr auf die Sicht eines objektiven Empfängers in der Position des C. Nach ihr stellt sich die Überweisung allein als Leistung des A dar.

⇨ Keine bereicherungsrechtlich beachtliche Leistung der Bank an den Empfänger.

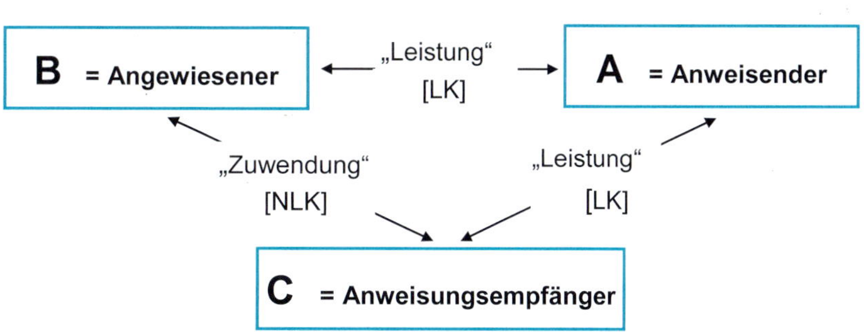

*in welcher Beziehung fehlt Rechtsgrund?*

171 ***Zweiter Schritt:*** Nun ist zu prüfen, in welcher dieser Beziehungen der Rechtsgrund fehlt. Grundsätzlich ist nur dort die Rückabwicklung vorzunehmen.

*fehlerhaftes Deckungsverhältnis*

172 **a)** Liegt der Fehler im Verhältnis zwischen Anweisendem und Bank (Deckungsverhältnis), dann hat die Bank grundsätzlich von ihrem Vertragspartner zu kondizieren (zur Beeinflussung dieses Grundsatzes durch die neuere Rechtsprechung des BGH vgl. die folgenden Ausführungen).

*fehlerhaftes Valutaverhältnis*

173 **b)** Liegt der Fehler im Verhältnis zwischen Anweisendem und Empfänger (Valutaverhältnis), dann muss der Anweisende vom Empfänger kondizieren. Die Bank, die nur rein tatsächlich als sogenannter Leistungsmittler geleistet hat, hat mit dieser Rückabwicklung nichts zu tun.

*z.B. nichtiger Kaufvertrag*

174 ***Bsp.:*** *Der Kaufvertrag, der mit der Überweisung erfüllt werden soll, ist nichtig.*

*LK Bank ⇨ Empf. (-)*

**c)** Eine Leistungskondiktion der Bank vom Empfänger kommt nicht in Betracht. Im Verhältnis der Bank zum Empfänger ist – wie gesehen – keine Leistungsbeziehung gegeben. Die Bank ist nur Leistungsmittler.

*NLK subsidiär*

Daher könnte hier allenfalls eine Nichtleistungskondiktion eingreifen. Diese ist aber subsidiär, kann also nicht eingreifen, wenn bezüglich desselben Bereicherungsgegenstandes eine Leistungsbeziehung vorliegt. Eine solche liegt aber gerade vor im Verhältnis Anweisender - Empfänger.

*aber: Direktkondiktion (NLK), wenn keine Leistung vorliegt*

Liegt jedoch auf Grund besonderer Umstände[122] überhaupt keine Leistung vor, dann ist auf diese Nichtleistungskondiktion der Bank zurückzugreifen (Direktkondiktion).

175 **Merken Sie sich:** Bereicherungsrechtlich wird die „Leistung" der Bank nicht dadurch zu einer bereicherungsrechtlichen Leistung i.S.d. § 812 I S. 1 1.Alt. BGB, dass sie dem Hintermann nicht zugerechnet werden kann. Es bleibt bei der Nichtleistungskondiktion.

Sie kommt immer dann in Betracht, wenn eine der Empfänger nicht von einer Leistung ausgehen darf, etwa weil er weiß, dass ein wirksamer Zahlungsauftrag nicht vorliegt.

**Ergebnis des Falles (Rn. 166):** Hier sind also Leistungsbeziehungen zwischen A und B gegeben sowie zwischen A und C, nicht aber zwischen B und C. Daher kann die B nicht direkt von C kondizieren, sondern muss sich mit dem A auseinandersetzen. In diesem Verhältnis hat die Bank einen Aufwendungsersatzanspruch aus dem Zahlungsdiensterahmenvertrag mit A, §§ 675c I, 670 BGB.

Der A kann daher die Rückgängigmachung seiner Kontobelastung schon deswegen nicht verlangen, weil ein wirksamer Zahlungsauftrag, § 675f III S. 2 BGB, also ein Rechtsgrund vorliegt.

Stattdessen muss nun der A von C Rückgängigmachung der Leistung verlangen, da es wegen der Anfechtung am Rechtsgrund fehlt (§ 142 BGB).

*Wertungskriterien*

176 ***Dritter Schritt:*** Hier ist zu fragen, ob das Ergebnis aufgrund besonderer Wertungen zu revidieren ist (dazu sogleich).

**Im Fall bei Rn. 166** ist dies nicht der Fall. A hatte sich den C als Vertragspartner des Kaufvertrages ausgesucht. Daher muss er sich auch mit dem C auseinandersetzen. Wenn der A hier das Liquiditätsrisiko des C trägt, dann ist das nur die Folge der Tatsache, dass er mit ihm in geschäftlichen Kontakt getreten ist.

---

122 Siehe unten Rn. 180 ff., 184 ff.

**hemmer-Methode: Nur klares Durchstrukturieren der Rechtsbeziehungen führt zur guten Note. Bereicherungsrecht ist insoweit eine Ordnungsaufgabe. Wenn Sie die unwirksamen Rechtsbeziehungen genau herausarbeiten, ist die Examensarbeit nicht unter dem Strich.** 177

## 4. „Abwicklung übers Eck“

*grds. „Abwicklung übers Eck“*

Damit ergibt sich aus der bisherigen Erörterung, dass die Direktkondiktion regelmäßig ausscheidet. Stattdessen gilt der Grundsatz der „Abwicklung übers Eck“. 178

Dieser Grundsatz ist kein eigener – und dementsprechend auswendig zu lernender – Lehrsatz, sondern letztlich nur die Folge konsequenter Anwendung des modernen Leistungsbegriffs auf dem Boden der Lehre vom objektiven Empfängerhorizont. Er lässt sich also logisch aus all dem oben Gesagten ableiten. 179

## 5. Ausnahmen vom Leistungsbegriff her

*Ausnahme bei positiver Kenntnis*

Zur „Abwicklung übers Eck“ kommt es dann nicht, wenn der Empfänger den Fehler positiv kannte (siehe bereits oben, Rn. 175). 180

*Grd.: aus Sicht des Empfängers dann keine Leistung!*

**a)** Dies ergibt sich wieder klar aus dem Leistungsbegriff, wie ihn die Lehre vom objektiven Empfängerhorizont versteht. Weiß etwa der Empfänger, dass sein Vertragspartner gar keinen wirksamen Zahlungsauftrag an die Bank herausgegeben hat, kann sich die Zahlung aus seiner Sicht auch nicht als Leistung darstellen. 181

Die Absicht, irgendeinen Zweck zu erfüllen, ist dann auch aus seiner Sicht nicht gegeben. Das Gleiche ist dann der Fall, wenn die Anweisung dem scheinbar Anweisenden nicht zurechenbar ist.

*dann NLK Bank ⇨ Empf.*

**b)** Da natürlich aber auch die Bank – auch aus der Sicht des Empfängers – keinen eigenen Zweck verfolgt, kommt nur eine Nichtleistungskondiktion der Bank gegenüber dem Empfänger in Frage (Direktkondiktion). Der Grundsatz der Subsidiarität der Nichtleistungskondiktion steht dann nicht entgegen, weil gar keine Leistung an den Empfänger vorliegt, auch nicht durch eine andere Person. 182

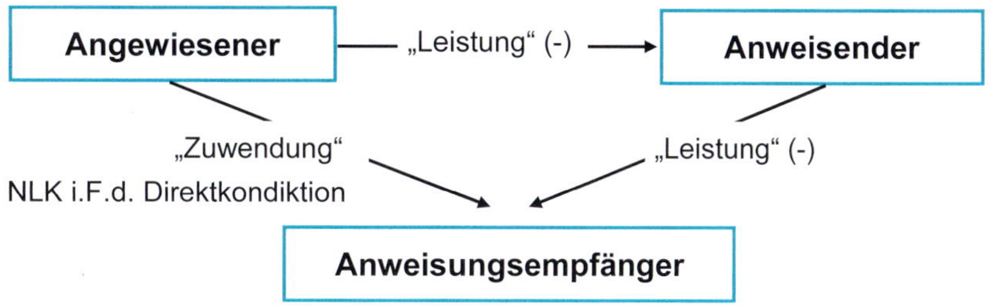


***Beispielsfälle:*** 183

*(1) Empfänger kennt Nichtvorliegen einer wirksamen Anweisung (Unterschrift auf Scheck fehlt).*[123]

*(2) Empfänger kennt den Widerruf eines Zahlungsauftrags gem. § 675p III BGB durch den Anweisenden.*[124]

123 BGHZ 66, 362.

124 OLG Köln NJW 1983, 1500; Fall nach Rechtslage vor Einführung des § 675p III BGB: frühere Diktion: Kündigung eines Überweisungsvertrages.

*(3) Bank überweist versehentlich den zehnfachen Betrag der wirklichen Anweisung, und der Empfänger „musste von diesem Versehen überzeugt sein".*[125]

*(4) Bank überweist an den falschen Adressaten (etwa bei Namensgleichheit), und der Empfänger erkennt den Fehler.*[126]

*Begründung auch über § 675u S. 1 BGB möglich*

In allen diesen Fällen könnte man das Ergebnis auch über die Wertung des § 675u S. 1 BGB begründen. Denn in all diesen Fällen fehlt es an einer wirksamen Autorisierung durch den Anweisenden. Eine Kontobelastung des Anweisenden darf nicht stattfinden, so dass die Bank gehalten ist, sich an den Empfänger zu wenden, der insoweit aufgrund der Kenntnis von einer fehlenden Leistung auch nicht schutzwürdig erscheint.

Diese Erwägung ist aber in den oben genannten Beispielsfällen nicht fallentscheidend, weil – wie ausgeführt – bereits die konsequente Anwendung des Leistungsbegriffs zum richtigen Ergebnis führt. In den folgenden Fällen ist dies anders:

## 6. Ausnahmen aus Wertungsgründen

*Korrektur aus Wertungsgründen*

Es sind auch bei den Anweisungsfällen Ausnahmekonstellationen denkbar, wo man allein mit dem Leistungsbegriff zu Ergebnissen gelangt, die nicht interessengerecht erscheinen. Damit sind Fälle gemeint, in denen der Empfänger durchaus von einer Leistung ausgehen darf, ein Durchgriff der Bank also eigentlich am Vorrang der Leistungsbeziehung scheitern müsste. 184

Hier ist dann auf die genannte „dritte Stufe" der Prüfung zurückzugreifen, also eventuell eine Korrektur aus Wertungsgesichtspunkten vorzunehmen.

*Anweisung eines Minderjährigen*

**Bsp.:** *Der minderjährige A und der C schlossen vor längerer Zeit wirksam mit Zustimmung der Eltern einen Kaufvertrag, der von C erfüllt wurde. Die Kaufpreisforderung des C ist von A noch nicht erfüllt worden, mittlerweile aber nach §§ 195, 199 I BGB verjährt. Nun weist der 17-jährige A ohne Einverständnis seiner Eltern die Bank B an, an den C zu zahlen. C hielt den A bei Erhalt der Zahlung für schon volljährig.* 185

*obj. Empf.-Horizont: Leistung (+)*

**a)** Erster Schritt: Leistungsverhältnisse sind gegeben zwischen B und A, sowie zwischen A und C.[127] Da C die Minderjährigkeit nicht kannte, konnte er auch nicht die Unwirksamkeit der Anweisung. Damit liegt aus seiner Sicht (objektiver Empfängerhorizont) eine Leistung des A vor. Die Minderjährigkeit steht der Annahme einer Leistung nicht entgegen, da Geschäftsfähigkeit für die Zweckbestimmung nicht erforderlich ist.[128] 186

*Zahlungsauftrag aber wegen § 107 BGB unwirksam*

**b)** Zweiter Schritt: Der Zahlungsauftrag ist unwirksam, da für die Erklärung wegen des mit der Überweisung verbundenen Nachteils § 107 BGB gilt. Daher wäre hier eine Rückabwicklung möglich. 187

*Problem: § 214 BGB*

Problematisch ist aber das Verhältnis zwischen A und C. Wegen §§ 214 II S. 1, 813 I S. 2 BGB ist die Zahlung nach ihrer Durchführung trotz der Verjährung so zu behandeln, als sei sie mit (voll durchsetzbarem) Rechtsgrund erfolgt. Folge: A könnte von C nicht kondizieren, obwohl er selbst einem Erstattungsanspruch der Bank B ausgesetzt ist.

**c)** Dritter Schritt: Ist dieses Ergebnis wertungsmäßig haltbar? 188

125 BGH NJW 1987, 185.

126 BGHZ 66, 372.

127 Siehe oben Rn. 167, 206 ff.

128 Siehe oben Rn. 129 ff.

*Wertungsaspekt: Mj.-Schutz*

**aa)** Bedenken tun sich deswegen auf, weil vor dieser Überweisung gemäß § 214 I BGB ein Leistungsverweigerungsrecht des A bestanden hatte. Diese Einrede würde ihm bei dieser Lösung genommen; das aber steht im Widerspruch zum Minderjährigenschutz. Dem Minderjährigen sollen nach dem Willen des Gesetzes (§§ 106 ff. BGB) grundsätzlich keine Nachteile aus Rechtsgeschäften entstehen, die er ohne Mitwirkung des gesetzlichen Vertreters vorgenommen hat.

*Folge: Verlust der Einrede*

Hier aber hätte die vorgenommene Anweisung trotz ihrer Unwirksamkeit den Verlust der Einrede zur Folge. Über das Bereicherungsrecht wäre letztlich also genau das erreicht, was der Minderjährigenschutz bezüglich des Rechtsgeschäftes verhindern will.

*§ 828 III BGB nach h.M. nur bei der Eingriffskondiktion*

**bb)** Dagegen lässt sich auch nicht mit der (eventuell gegebenen) Einsichtsfähigkeit des immerhin schon 17-jährigen A argumentieren. Es ist anerkannt, dass der Rechtsgedanke des § 828 III BGB nur bei der Eingriffskondiktion eine Rolle spielen kann. Für Minderjährigkeitsfragen, die sich aus Rechtsgeschäften ergeben, enthalten die §§ 106 ff. BGB allein die entscheidende Wertung, und die sieht eben grundsätzlich vollen Schutz auch noch des 17-jährigen vor. Das muss hier gelten, weil es bei der Leistungskondiktion – anders als bei der Eingriffskondiktion – um die Rückabwicklung von Rechtsgeschäften geht.

**cc)** Folge: Aus Wertungsgründen (Minderjährigenschutz) kann es nicht bei dem auf der „zweiten Stufe" gefundenen Ergebnis bleiben; es ist zu korrigieren. Bleibt man bei der Abwicklung „übers Eck", müsste man dem C die Berufung auf §§ 813 I S. 2, 214 II S. 1 BGB versagen, was klar contra legem wäre.

*ohne Rechtsgrund*

Daher muss ausnahmsweise die Direktkondiktion der Bank gegen C zugelassen werden. Diese würde dann auch nicht am Tatbestandsmerkmal „fehlender Rechtsgrund" scheitern, weil der Kaufvertrag im Personenverhältnis des C gegenüber der B eben keine Rolle spielt und ein anderer Rechtsgrund nicht ersichtlich ist. Der Zahlungsauftrag als Basis für die Gutschrift bei C ist ja unwirksam aufgrund der Minderjährigkeit des A.

*ebenso BGH*

**d)** In gleicher Weise hat auch der BGH[129] entschieden: Wenn die Anweisung an die Bank wegen Geschäftsunfähigkeit des Anweisenden nichtig ist, kommt es nicht zu einer „Abwicklung übers Eck". Der BGH hat einen Kondiktionsanspruch der Bank gegen den geschäftsunfähigen Anweisenden abgelehnt.

*Grd.:*
*Mj.-Schutz ggü. Vertrauensschutz von Empf. vorrangig*

Zwar stellt sich die Zahlung durch die Bank vom objektiven Empfängerhorizont her als Leistung des Anweisenden dar. Auf den objektiven Empfängerhorizont dürfe hier aber nicht abgestellt werden, denn ein etwaiger Vertrauensschutz des Zahlungsempfängers muss hier dem Schutz des Geschäftsunfähigen weichen. Im Ergebnis muss der Geschäftsunfähige also aus der Rückabwicklung herausgehalten werden.

Diese – zugegeben sehr ausführliche – Argumentation steht auch im Einklang mit der gesetzlichen Regelung des § 675u S. 1 BGB. Danach hat die Bank bei fehlender Autorisierung, § 675j I BGB, keinen Erstattungsanspruch gegen A. Diese Regelung bezieht sich nach h.M. nicht nur auf den Aufwendungsersatzanspruch aus §§ 675c, 670 BGB, sondern auch auf den Anspruch aus § 812 I S. 1 Alt. 1 BGB. Im Umkehrschluss ergibt sich dann denknotwendig, dass die Bank beim Empfänger kondizieren muss.

*fehlende Anweisung*

***Weiteres Bsp.:*** *Es wurde überhaupt keine Anweisung erteilt.* **189**

*Direktkondiktion?*

Hier wird meist vertreten, es sei immer Direktkondiktion des Zahlenden möglich.[130] Das ist im Ergebnis sicher korrekt, jedoch ist bei den Prüfungsschritten wohl etwas genauer zu differenzieren.

---

129 BGHZ 111, 382 (= NJW 1990, 3195); vgl. auch Medicus, BR, Rn. 675 ff.

130 Vgl. Palandt, § 812, Rn. 58.; vgl. zuletzt zu exakt dieser Fallgruppe **BGH, Life&Law 2003, 219 ff. = NJW 2003, 582 ff.**

*unproblematisch: Kenntnis des Empfängers*

**aa)** Wird der Empfänger von der Zahlung völlig überrascht, lässt sich der Fall schon mit dem Leistungsbegriff interessengerecht lösen. Vom objektiven Empfängerhorizont liegt eben keine Leistung des „Anweisenden“ vor, wenn ein verständiger Empfänger nach den Umständen gar nicht vom Vorliegen einer Anweisung ausgehen konnte.[131]

*problematisch: verständiger Anlass*

**bb)** Lag aber durchaus ein verständiger Anlass vor, an eine Anweisung zu glauben (etwa: es war in der Tat eine noch offene Kaufpreisforderung gegen den Anweisenden vorhanden), dann würde der Leistungsbegriff wieder zu einer Abwicklung „übers Eck“ führen.

*z.B. Zahlung der Bank auf bald verjährende Forderung des Käufers*

***Bsp.:*** *V hat eine noch offene Kaufpreisforderung gegen den K. K hat noch gar nicht vor zu zahlen; er hofft, dass demnächst die Verjährung eintritt. Durch ein Versehen des Bankangestellten wird eine Überweisung auf ein Konto des V vorgenommen, ohne dass der K dies veranlasst hat. V freut sich und denkt, dass der widerspenstige Schuldner K sich nun offenbar doch eines Besseren besonnen habe.* 190

*aus Sicht des Empf. Leistung (+)*

**(1)** Aus der Sicht des V liegt hier durchaus eine Leistung vor, da er meinte, der K verfolge mit der Zahlung den Zweck der Erfüllung der Verbindlichkeit aus § 433 II BGB. Diese Leistungsbeziehung würde den Ausschluss einer Nichtleistungskondiktion im Verhältnis zwischen der Bank und dem V zur Folge haben (Subsidiarität).

*aber kein Anspruch B ⇨ K*

**(2)** Andererseits würde die B sich wohl schwer tun, ihr Geld von K zu bekommen. Er hat keinen Zahlungsauftrag erteilt, so dass der Zahlungsvorgang nicht als autorisiert angesehen werden kann, § 675j I S. 1 BGB. Für diesen Fall schließt § 675u S. 1 BGB einen Anspruch gem. §§ 675c I, 670 BGB gegen den K aus.

*K hat Zahlung nicht veranlasst*

In Betracht käme dann nur ein bereicherungsrechtlicher Anspruch der Bank gegen K. Unterstellt, die Bank hätte diesen Anspruch gegen K, drängt sich als weiteres Problem die Frage auf, ob es überhaupt gerechtfertigt wäre, den vermeintlich Anweisenden in die Rückabwicklung einzubeziehen. Hat er überhaupt nichts getan, was zu dieser Überweisung führte, muss er aus der Rückabwicklung völlig herausgehalten werden. Dieses Ergebnis hat der BGH zuletzt bestätigt und sich dabei noch der Klärung der Frage entzogen, ob das Ergebnis nicht auch über § 675u S. 1 BGB begründbar wäre.[132] In einer späteren Entscheidung wurde diese Frage dann aber geklärt (dazu sogleich).

**hemmer-Methode: Vergleichbar ist folgende Situation, die der BGH zu beurteilen hatte: Eine Bank hatte einen Überweisungsauftrag verfälscht, indem sie das angegebene Konto durch ein anderes ersetzt hatte. Hier hat der BGH einen Direktanspruch der Bank gegen den Zahlungsempfänger bejaht.[133]**
**Anders stellt sich die Rechtslage aber dar, wenn die falsche Bankverbindung durch den Auftraggeber selbst eingegeben wird. Im entsprechenden Fall hatte der Überweisende die Sonderbedingungen für die Datenfernübertragung (SB-DFÜ) akzeptiert, wonach die Bank nicht verpflichtet ist, die eingegebenen Daten zu überprüfen. Hier hatte der Auftraggeber daher die Fehlbuchung veranlasst, so dass ihm auch zugemutet werden kann, in die bereicherungsrechtliche Rückabwicklung einbezogen zu werden.[134]**

---

131 Eine interessante Entscheidung dazu: A tritt Forderungen gegen seine Kunden an die Bank ab. Kunde K hat die Geschäftsbeziehung zu A abgebrochen, arbeitet jetzt mit C zusammen. Die Buchhaltung von K weiß nichts von dem Wechsel in der Geschäftsbeziehung und überweist nach Offenlegung der Globalzession Rechnungen von C irrtümlich an die Bank, weil sie meint, A sei Gläubiger, nicht C. Die Bank wiederum glaubt, es werde auf abgetretene Forderungen gezahlt. Hier hat der BGH zutreffend einen Anspruch gegen die Bank bejaht. A hat diese Zahlung nicht veranlasst. Er durfte auch nicht von einer Leistung ausgehen, weil es keine offenen Forderungen gegenüber K mehr gab. Urteil vom 26.01.2006, AZ: I ZR 89/03. Vgl. weiterhin (ggfs. zur Vertiefung) die Entscheidungen des BGH in NJW 2005, 3213 sowie NJW 2006, 503 ff., die sich jeweils mit Sonderkonstellationen der Anweisungsfälle beschäftigen, systematisch aber nichts Neues bringen.

132 BGH, Life&Law 2015, 726 ff.

133 BGH, NJW 2005, 3213.

134 BGH, NJW 2006, 503 ff.; vgl. in einer vergleichbaren Konstellation die kritische Besprechung von OLG Dresden, Life&Law 2007, 736 ff.

Außerdem kann es ja auch nicht richtig sein, ihm die Erfüllung durch einen Dritten praktisch aufzuzwingen.

Ob er die Kaufpreisforderung vor Verjährung erfüllt bzw. ob der V durch Klageerhebung oder Mahnbescheid rechtzeitig für Verjährungshemmung gemäß § 204 BGB sorgt, ist allein eine Angelegenheit von V und K!

*⇨ keine „Abwicklung übers Eck“*

**(3)** Folge: Eine „Abwicklung übers Eck“ würde hier zu unlösbaren Schwierigkeiten bzw. absurden Ergebnissen führen. Es muss daher auf Grund wertungsmäßiger Korrektur die Direktkondiktion der Bank gegen V zugelassen werden.

*nach h.L. NLK (+)*

Nach wohl h.M. ist von einer Nichtleistungskondiktion auszugehen. Der Grundsatz der Subsidiarität darf aber aus den gezeigten Gründen hier nicht eingreifen, obwohl vom Empfängerhorizont her eine Leistung vorliegt.

Eine sehr interessante Entscheidung des BGH nimmt Bezug auf die zuvor genannten Fälle und erweitert die Anwendung dieser Ausnahmegruppe auf Gestaltungen, in denen zwar eine Anweisung vorliegt, diese aber nicht dem Anweisenden zurechenbar ist, weil sie unwirksam ist.[135]

In diesem Fall hatte ein Mitarbeiter einer AG Kontovollmacht von einem geschäftsunfähigen Vertreter der AG erlangt und die entsprechende (mangels Vollmacht unwirksame) Anweisung an die Bank erteilt, die daraufhin an den Empfänger auszahlte (stark vereinfacht). Die Bank verlangt Rückzahlung direkt vom Empfänger.

Hier liegt zwar eine Anweisung vor, diese ist indes unwirksam. Allerdings steht der BGH auf dem Standpunkt, diese könne der AG nicht „zugerechnet“ werden.

Denn der Vertreter habe aufgrund der Geschäftsunfähigkeit keine Vertretungsmacht gehabt. Er konnte daher nicht wirksam für die AG tätig werden. Wertungsmäßig solle daher die AG aus der Rückabwicklung herausgehalten werden.

**hemmer-Methode: Die Einordnung in die Gruppe der Veranlassungsfälle ist nicht ganz eindeutig. Denn vorliegend ist eine „Anweisung“ gegeben, sie ist „nur“ unwirksam. Daher sollte für diesen Fall ein anderer Begründungsansatz gewählt werden, auch wenn das Ergebnis identisch ist (dazu sogleich).**

Es gibt des Weiteren Fälle, in denen zwar eine Veranlassung durch den Anweisenden vorlag, die Ausführung diesem also zurechenbar ist, aber gleichwohl die Frage geklärt werden muss, ob nicht der Durchgriff stattzufinden hat.

***Bsp.:** Es besteht eine Kaufpreisforderung des C gegen A. A weist die Bank mittels Terminüberweisung an, die Forderung zu begleichen. Sodann überlegt er es sich jedoch anders und widerruft den Zahlungsauftrag wirksam, d.h. noch rechtzeitig i.S.d. § 675p III BGB. Gleichwohl schreibt die Bank des A dem C den entsprechenden Betrag gut.*

Dies ist eigentlich das Paradebeispiel für die „Abwicklung über's Eck“, d.h. dafür, dass die Bank sich mit A auseinandersetzen muss, weil der Durchgriff gegen C am Vorrang der Leistungsbeziehung A/C scheitert.

Dem steht jedoch § 675u S. 1 BGB entgegen. Danach hat die Bank bei fehlender Autorisierung – und vorliegend fehlt diese wegen des wirksamen Widerrufs – keinen Anspruch gegen den A.

135 BGH, NJW 2004, 1315 ff. = Life&Law 2004, 503 ff.

Lange Zeit umstritten war die Frage, ob sich § 675u S. 1 BGB auch auf den bereicherungsrechtlichen Anspruch der Bank gegen A bezieht, oder nur auf den Anspruch aus §§ 675c, 670 BGB. Der BGH geht mittlerweile davon aus, dass § 675u S. 1 BGB auch den Anspruch aus § 812 I S. 1 Alt. 1 BGB erfasst. Damit steht jedoch zwingend fest, dass eine Abwicklung gegenüber C stattzufinden hat, und zwar trotz Vorliegens einer Leistung des A an C.[136]

**hemmer-Methode: Diese Entscheidung vereinfacht die Anweisungsfälle extrem. Es lässt sich nämlich eine allgemeingültige Aussage aus § 675u S. 1 BGB ableiten: Immer, wenn es an einer wirksamen Autorisierung im Verhältnis Anweisender / Bank fehlt, erfolgt die Abwicklung im Verhältnis der Bank zum Empfänger. Der Grund für die fehlende Autorisierung ist dabei ohne Belang, so dass es obiger Differenzierung in den Beispielsfällen eigentlich nicht mehr bedarf (Minderjährigkeit, fehlende Veranlassung). Zum einen muss Ihnen aber die Entwicklung dieser Grundzüge bekannt sein. Zum anderen kann es in der Klausur von Vorteil sein, das an dem Gesetz (§ 675u S. 1 BGB) entwickelte Ergebnis noch mit wertenden Argumenten zu verstärken. Auch der folgende Fall lässt sich problemlos in diese Systematik eingliedern.**

**c)** Unentgeltliche Zuwendung im Valutaverhältnis.[137] 191

*unentgeltliche Zuwendung im Valutaverhältnis*

***Drittes Bsp.:*** *A erteilt der Bank B eine Anweisung, 1.000 € an den C zu zahlen.* ***Der Zahlungsauftrag ist unwirksam****. Im Valutaverhältnis A-C sollte eine unentgeltliche Zuwendung (Schenkung) vorliegen. Nach Durchführung der Überweisung erfährt B den Fehler der Anweisung und will nun direkt von C kondizieren. C hatte nichts vom Fehler der Anweisung gewusst.*

*aus Sicht des Empf. Leistung (+), ⇨ grds. Abwicklung übers Eck*

**aa)** Löst man den Fall allein nach dem Leistungsbegriff und dem objektiven Empfängerhorizont, kommt man zu dem Ergebnis, dass eine Leistung von B an A und von A an C vorliegt. Denn die B verfolgt gegenüber dem A den Zweck der Erfüllung des Zahlungsdiensterahmenvertrages, und der A verfolgt gegenüber dem C den Zweck der Begründung und Erfüllung einer Schenkung (vgl. § 518 II BGB). Folge wäre: Abwicklung „übers Eck".

*dagegen: BGH + Lit.: Direktkondiktion*

**bb)** Anders der BGH (schon früher) und ein Großteil der Lit.:[138] Hier sei ausnahmsweise eine Direktkondiktion der B von C möglich.

*Grund: Rechtsgedanke der §§ 816 I S. 2, 822 BGB*

Grund: Das Gesetz zeige in §§ 822, 816 I S. 2 BGB, dass der unentgeltliche Erwerb weniger schutzwürdig ist. Bei unentgeltlichem Erwerb müssten die Interessen des Empfängers zurücktreten.

§ 822 BGB direkt ist hier zwar nicht anwendbar, weil keine zwei „hintereinander geschalteten" Vermögensverschiebungen vorliegen, wie sie die Vorschrift voraussetzt, sondern eine einzige, die sich nur im Dreiecksverhältnis auswirkt.

Auf den Grundgedanken der Norm kann aber auch hier zurückgegriffen werden. Der hinter §§ 822, 816 I S. 2 BGB stehende allgemeine Rechtsgedanke bewirkt nach dem BGH, dass es dem Empfänger hier zumutbar ist, sich ausnahmsweise nicht allein mit seinem eigentlichen Vertragspartner auseinanderzusetzen. Es wird das mit dem Leistungsbegriff gefundene Ergebnis also mit den in den §§ 822, 816 I S. 2 BGB enthaltenen Wertungen wieder korrigiert („dritte Stufe").

*Ergebnis wiederum auch über § 675u S. 1 BGB begründbar*

**cc)** Dieses Ergebnis lässt sich nun wieder problemlos mit § 675u S. 1 BGB stützen.

Denn ist die Anweisung unwirksam, wird im Verhältnis zum Empfänger abgewickelt und dies vollkommen unabhängig davon, ob im Verhältnis A/C eine unentgeltliche oder entgeltliche Leistungspflicht bestanden hat.

136 BGH, Life&Law 2015, 896 ff.

137 Vgl. BGHZ 88, 232; Medicus, BR, Rn. 676.

138 Etwa Palandt, § 812, Rn. 58 a.E.

## 7. Sonderproblem: Doppelmangel

*Doppelmangel: beide Kausalverhältnisse unwirksam*

Während bisher weitgehend davon ausgegangen wurde, dass lediglich eines der Leistungsverhältnisse fehlerhaft war, sind auch Fälle möglich, bei denen beide Kausalverhältnisse unwirksam sind. 192

*z.B. KV und Anweisung nichtig*

***Bsp.:** A weist seine Bank B an, eine Zahlung an den C zu erbringen, um einen Kaufvertrag zu erfüllen. Sowohl der Kaufvertrag als auch der Zahlungsauftrag sind nichtig. Kann die Bank das Geld direkt von C zurückverlangen?* 193

*ganz früher h.M.: Direktkondiktion*

**a)** Ursprünglich galt nach h.M. die Einheitskondiktion; d.h. es wurde der unmittelbare Durchgriff des Handelnden bzw. des die Zahlung Erbringenden an den Empfänger zugelassen. Die Bank durfte direkt von C kondizieren.[139]

*zwischenzeitlich h.M.: Doppelkondiktion*

**b)** Zwischenzeitlich hatte sich eine andere Meinung durchgesetzt: Es sei auch hier grundsätzlich im Wege der sog. Doppelkondiktion rückabzuwickeln. D.h. der Angewiesene und tatsächlich Leistende (hier Bank B) habe einen Bereicherungsanspruch nur gegen den Anweisenden (hier A).[140]

Leistungsbeziehungen sind nur gegeben zwischen A und der Bank (Girovertrag) sowie zwischen A und C (vermeintlicher Kaufvertrag); also wäre nur hier rückabzuwickeln.

Die Bank B kann also nicht von C das gezahlte Geld herausverlangen, sondern muss einen Bereicherungsanspruch gegen A geltend machen.

*Wertungsgesichtspunkte*

Diese h.M. erschien aus dogmatischen wie auch aus wertungsmäßigen Gesichtspunkten zwingend:

*Abwicklung im jeweils fehlerhaften Verhältnis*

**aa)** Die Direktkondiktion widerspricht dem oben aufgestellten Grundsatz, dass jeweils nur in dem Verhältnis selbst rückabzuwickeln ist, in dem der Fehler liegt.

*Subsidiarität der NLK*

**bb)** Weiter spricht für die h.M., dass die Direktkondiktion letztlich nur eine Nichtleistungskondiktion ist (auch bei Doppelmangel verfolgt der Zahlende ja keinen eigenen Zweck gegenüber dem Empfänger). Daher widerspricht hier ihre Zulassung dem Grundsatz der Subsidiarität der Nichtleistungskondiktion: Denn es liegen in den beiden anderen Personenverhältnissen eindeutig Leistungen vor!

**hemmer-Methode: An dieser Stelle müssen Sie genau zwischen einer Drittzahlung nach § 267 BGB (vgl. unten Rn. 203) und einer Zahlung auf Weisung unterscheiden: Bei letzterer erklärt B: „*A leistet* durch mich", bei ersterer würde sie erklären: „*Ich leiste* für A".**

*Verlust von Einwendungen*

**cc)** Wertungsmäßig (dritte Stufe) ist schließlich noch die Gefahr des Verlustes von Einwendungen zu berücksichtigen. Dem Empfänger werden bei der Direktkondiktion seine Einwendungen gegen die Zwischenperson abgeschnitten, und der Zwischenperson werden ihre Gegenrechte gegen den Leistenden genommen.[141] 194

Der BGH[142] hatte vor allem das dritte Argument für „beachtlich" erklärt.

*Problem: Was ist Bereicherungsgegenstand? Kondiktion der Kondiktion*

Sehr problematisch ist bei dieser Lösung dann aber, auf was sich dieser Bereicherungsanspruch der B gegen den A richtet: Da dieser wiederum nur einen Bereicherungsanspruch gegen den C erlangt hat, wäre grundsätzlich dieser Bereicherungsanspruch im Wege der Abtretung gemäß § 398 BGB herauszugeben (Schlagwort: „Kondiktion der Kondiktion").Herausgabe des Bereicherungsanspruches des A gegen C durch Abtretung (Kondiktion der Kondiktion) oder unmittelbar Herausgabe von Geld gem. § 818 II BGB (Wertersatz).

139 So noch BGHZ 5, 281; 36, 30.

140 Palandt, § 812, Rn. 67.

141 V.a. Begrenzung durch Saldotheorie, siehe unten Rn. 489 ff.

142 BGHZ 48, 70.

*oder: Wertersatz*

Nach der Lösung, welche die Abtretung des Bereicherungsanspruchs favorisiert, trägt B das Insolvenzrisiko des C. Daneben käme es auch zu einer Kumulation der Einwendungsrisiken. Deswegen wurde überwiegend dem B ein Anspruch gegenüber A auf Wertersatz zugesprochen, § 818 II BGB.

*heute: wegen § 675u S. 1 BGB Durchgriff*

**c)** Die Diskussion dürfte sich mittlerweile jedoch erledigt haben. Auch wenn der BGH speziell diesen Fall noch nicht entschieden hat, ergibt sich wiederum allein aus der Unwirksamkeit des Zahlungsauftrages, dass eine Rückabwicklung im Verhältnis der Bank zum Empfänger auf Basis einer Nichtleistungskondiktion stattzufinden hat. Denn gem. § 675u S. 1 BGB besteht bei unwirksamem Zahlungsauftrag gerade kein Erstattungsanspruch gegenüber dem Anweisenden, s.o.

*Erst-Recht-Schluss*

Anders formuliert: Für die Durchgriffslösung kommt es gar nicht darauf an, ob neben dem Zahlungsauftrag auch im Verhältnis des Anweisenden zum Empfänger der Rechtsgrund fehlt. Man könnte auch wie folgt argumentieren: Wenn der BGH schon von einem Durchgriff ausgeht, wenn der Rechtsgrund zwischen Empfänger und Anweisendem besteht, muss dies erst recht gelten, wenn auch hier der Rechtsgrund fehlt.

## 8. Wertpapierrechtliche Besonderheiten

*wertpapierrechtliche Besonderheiten*

Anzusprechen ist nochmals das Verhältnis der bislang diskutierten „Anweisungsfälle" zu den wertpapierrechtlichen Anweisungen nach §§ 783 ff. BGB, Wechselgesetz und Scheckgesetz. 195

*Anweisung i.S.v. § 783 BGB*

**a)** Bei der – seltenen! – Anweisung i.S.d. § 783 BGB ist zu unterscheiden: 196

*Normalfall unproblematisch*

**aa)** Handelt es sich um den normalen Fall, bei dem der Anweisungsempfänger keinen unmittelbaren Anspruch gegen den Angewiesenen erhält, dann gilt grundsätzlich das bislang Gesagte. Leistungsbeziehungen liegen dann nur vor zwischen Angewiesenem und Anweisendem, sowie zwischen Anweisendem und Anweisungsempfänger.

*anders § 784 BGB, da Zweck auch ggü. Empf. besteht*

**bb)** Anders im Fall des § 784 BGB: Hier bekommt der Anweisungsempfänger einen unmittelbaren Anspruch gegen den Angewiesenen. Folge: Der Angewiesene erfüllt mit der Zahlung nicht nur einen Zweck gegenüber seinem Vertragspartner (dem Anweisenden), sondern auch gegenüber dem Empfänger selbst!

*Lösung ähnlich wie bei Vertrag zugunsten Dritter*

Damit liegt hier eine ähnliche Konstellation vor wie beim echten Vertrag zugunsten Dritter. Man hat mit Leistungsbeziehungen in allen drei denkbaren Personenverhältnissen zu tun. Lösen kann man diese Fälle dann mit ähnlichen Wertungsargumenten wie beim echten Vertrag zugunsten Dritter.[143]

**hemmer-Methode: Der unmittelbare Anspruch gegen den Angewiesenen soll die Stellung des Anweisungsempfängers verbessern. Die Zulassung einer Direktkondiktion des Angewiesenen gegen den Anweisungsempfänger würde entgegen dieser ratio zu einer (bereicherungsrechtlichen) Schlechterstellung des Anweisungsempfängers führen, vgl. unten Rn. 215 ff., 221 ff.**

*ebenso beim Wechsel*

**b)** Gleiches wie bei § 784 BGB gilt beim Wechsel: Auch hier ist wegen Art. 28 WG ein unmittelbarer Anspruch gegen den Annehmenden (Bezogener) gegeben. Auch hier könnte man also drei Leistungsbeziehungen bejahen. Die bereicherungsrechtliche Abwicklung entspricht also grundsätzlich der bei § 784 BGB. 197

143 Vgl. auch Medicus, BR, Rn. 679.

**c)** Anders wiederum beim Scheck:

*anders Scheck*

Wegen Art. 4 SchG entsteht hier gerade kein solcher unmittelbarer Anspruch des Schecknehmers gegen die bezogene Bank. 198

*ähnlich den Anweisungsfällen*

Folge: Hier sind wieder nur Leistungsbeziehungen zwischen Bank und Scheckaussteller sowie zwischen Scheckaussteller und Schecknehmer gegeben. Die bereicherungsrechtliche Rückabwicklung läuft also grundsätzlich so wie bei den „Anweisungsfällen“.[144]

## IV. Lastschriftverfahren

*Lastschriftverfahren*

Gleiches wie bei den Anweisungsfällen gilt auch für das Lastschriftverfahren. 199

*bzgl. Empf. Einzugsermächtigung*

**1.** Hier erteilt nicht der (vermeintlich) Verpflichtete einen Zahlungsauftrag per Überweisung oder Scheck, sondern der Empfänger lässt über die Bank einen bestimmten Betrag vom Konto eines (vermeintlich) Verpflichteten abheben.

Hierzu hat der Empfänger vom Schuldner eine Einziehungsermächtigung analog § 185 BGB[145] erhalten. Die Einzugsermächtigung ist aber keine Ermächtigung oder Vollmacht, das Weisungsrecht des Schuldners gegenüber seiner Bank auszuüben und über sein Guthaben zu verfügen; sie ist nur die Gestattung, das von der Kreditwirtschaft entwickelte technische Verfahren des Lastschrifteinzugs zu benutzen.

Daher muss die Schuldnerbank, solange eine wirksame Weisung ihres eigenen Kunden noch nicht vorliegt, bis zur Genehmigung durch diesen einen etwaigen Widerspruch durch den Kontoinhaber beachten, ohne etwa die Wirksamkeit der Einziehungsermächtigung prüfen zu dürfen.[146]

*ähnlich wie bei den Anweisungsfällen zu lösen*

**2.** Hieraus – oder aus anderen Unwirksamkeitsgründen – können sich dann ähnliche Rückabwicklungsprobleme ergeben, wie bei den Anweisungsfällen. 200

*Problem: obj. Empf.-Horizont*

Es ist dann also wieder zu prüfen, ob der Empfänger der Gutschrift diese vom objektiven Empfängerhorizont als Leistung des Kontoinhabers an sich verstehen durfte.

Widerspricht der Schuldner gegenüber seiner Bank der Kontobelastung, liegt keine ihm zurechenbare Leistung vor, auch wenn eine Einzugsermächtigung erteilt wurde.[147]

In dieser Konsequenz erlangt die Schuldnerbank, die den Lastschriftbetrag zunächst dem Girokonto des Schuldners belastet, auf dessen Widerspruch aber wieder gutgeschrieben hat, einen unmittelbaren Bereicherungsanspruch gegenüber dem Empfänger gem. § 812 I S. 1 Alt. 2 BGB.

---

144 Der oben unter Rn. 190 besprochene Fall des BGH hat eine Scheckeinreichung zum Gegenstand, wurde zur besseren Einordnung aber wegen des grundsätzlichen Gleichlaufs oben behandelt.

145 Vgl. Palandt, § 398, Rn. 29 ff.

146 Vgl. Palandt, § 675f, Rn. 38.; letztlich muss hier wiederum zwischen innerdeutschen Verfahren (Abbuchungsauftragsverfahren und Einzugsermächtigungsverfahren) und dem auf europäischer Ebene entwickelten SEPA-Verfahren unterschieden werden, vgl. dazu im Detail Palandt, § 675f, Rn. 32 ff.

147 BGH, Life&Law 2006, 517 ff.

Eine weitere Konstellation, in der eine Leistung zwischen Schuldner und Gläubiger abzulehnen ist, beschreibt folgender BGH-Fall:

**Bsp.:**[148] *A hat dem C gar keine Einziehungsermächtigung erteilt, und dennoch hat die Bank B die Einziehung vorgenommen.* 201

Vom Standpunkt des Empfängers aus liegt dann keine Leistung des Kontoinhabers vor, weil er das Fehlen der Ermächtigung kennen musste, also vom Fehlen eines Zwecks ausgehen musste.

**hemmer-Methode: Vor dem Hintergrund der oben dargestellten neuen BGH-Rechtsprechung erscheint dies natürlich zwingend: wenn schon bei Vorliegen einer Einzugsermächtigung und späterem Widerspruch keine Leistung vorliegt, muss dies erst Recht gelten, wenn es schon an einer Einzugsermächtigung fehlt!**

Ebenso konnte der Kontoinhaber die Abbuchung nicht als Leistung der Bank verstehen.

Da also überhaupt keine Leistung vorliegt, ist wieder über eine Nichtleistungskondiktion der Bank gegen den Empfänger C rückabzuwickeln. Der Kontoinhaber A kann (aus dem Bankvertrag) Rückgängigmachung der Buchung von seiner Hausbank verlangen. Das entspricht wiederum der Wertung des § 675u S. 1 BGB.

## V. Tilgung fremder Schulden (§ 267 BGB)[149]

*befreiende Drittleistung ohne Erfüllungsübernahme*

Praktisch relevant kann die Rückgriffskondiktion nach befreiender Drittleistung (§ 267 BGB) ohne Erfüllungsübernahme (vgl. §§ 329, 415 III BGB) werden. Dies aber nur, wenn man nicht vorrangig von einem Durchgriff ausgeht, wie das folgende Beispiel verdeutlichen soll. 202

*e.A.: Zahlender bestimmt den Leistungszweck*

**1.** Allerdings muss hier in der Klausur zunächst eine Streitfrage angesprochen werden. Mittlerweile wohl überwiegend wird hier – anders als in den Anweisungsfällen – vertreten, dass der Zahlende den Leistungszweck bestimme, und deswegen sei im Verhältnis Zahlender-Empfänger wegen § 267 BGB ein eigener Zweck („Tilgung fremder Schuld“) und damit eine Leistung gegeben. Diese Leistung soll dann zur Direktkondiktion führen.

*z.B.: Onkel zahlt auf vermeintliche Mietschuld seines Neffen*

**Bsp.:** *Onkel O zahlt die vermeintlichen Mietschulden seines Neffen N, die dieser kurz zuvor aber selbst schon gegenüber dem Vermieter V erfüllt hatte.*[150] 203

Hier wird mit den gerade aufgezeigten Argumenten vertreten, dass der O mit der Zahlung einen eigenen Zweck verfolge. Er sei dem V gegenüber als Dritter i.S.d. § 267 BGB aufgetreten, damit habe er den Leistungszweck selbst bestimmt. Daher könne der O schon aus diesem Grund generell direkt von V gem. § 812 I S. 1 Alt. 1 BGB kondizieren.

Im Verhältnis des Drittzahlers zum (vermeintlichen) Schuldner fehlt es nach dieser Ansicht an der für eine Leistung erforderlichen Finalität, da der Drittzahler gerade *nicht* an den (vermeintlichen) Schuldner, sondern direkt an den (vermeintlichen) Gläubiger, wenn auch nicht auf eine *eigene* Verpflichtung leisten will. Eine Vermögensmehrung soll primär zunächst im Vermögen des (vermeintlichen) Gläubigers bewirkt werden. Die Vermögensmehrung beim (vermeintlichen) Schuldner durch Schuldbefreiung ist demgegenüber nur ein – zwar gewollter, aber nicht bezweckter – Reflex.

148 BGHZ 69, 286.

149 Vgl. hierzu auch den Aufsatz von Ettlich in Life&Law 01/2000, 69 ff.

150 Vgl. auch Medicus, BR, Rn. 684.

Folgt man dieser Ansicht, liegt eine Direktkondiktion in Form einer Leistungskondiktion zwischen Zahlendem und Empfänger vor.

Im Unterschied zu den Anweisungsfällen ist der Dritte also nicht nur Leistungsmittler, sondern verfolgt einen eigenen Zweck. 204

*BGH: Leistungskondiktion Zahlender zu Empfänger*

Diesem Ansatz folgt seit einiger Zeit auch der BGH,[151] wobei er sich nicht mehr an dem klassischen Leistungsbegriff orientiert, wonach es entscheidend auf die Sichtweise eines verständigen Empfängers ankommen soll für die Frage, ob eine Leistung vorliegt. Der Empfänger kann aber eigentlich nicht von einer Leistung des Onkels ausgehen, weil in der Beziehung nie eine Verbindlichkeit bestand. Dem Empfänger muss vielmehr klar sein, dass die Zahlung anstelle des Neffen erfolgen sollte und der Grund dafür im Innenverhältnis zwischen Onkel und Neffe zu suchen ist.

**hemmer-Methode: Der BGH schränkt seinen Ansatz auch wieder ein für den Fall, dass der vermeintliche Schuldner den Dritten zur Zahlung veranlasst hat. Dann sei die Zahlung eine dem vermeintlichen Schuldner zurechenbare Leistung. Aber auch im entschiedenen Fall, dass es an einer solchen Weisung fehlt, ist die Lösung des BGH wenig dogmatisch, denn er begründet sie damit, dass der vermeintliche Schuldner nichts veranlasst habe und deshalb aus der Rückabwicklung herauszuhalten sei. Das mag sein, führt aber nicht automatisch zur Annahme einer Leistung des Dritten an den vermeintlichen Gläubiger. Kurzum: Leistungsdefinition und Wertungsebene verschwimmen beim BGH, so dass es auch vertretbar erscheint, die Lösung wie folgt zu wählen:**

*a.A.: Leistung Zahlender / Empfänger (-)*

Nach anderer Ansicht sollen in diesen Fällen die verfolgten Zwecke anders zu bestimmen sein. Leistungsbeziehungen sollen nur zwischen Onkel/Neffe einerseits und Neffe/Vermieter andererseits anzunehmen sein. Diese Vorgehensweise entspricht im Ausgangspunkt der Lösung der Anweisungsfälle, die generell Modellcharakter für das Bereicherungsrecht entfalten. 205

Der nach § 267 BGB Zahlende verfolge nur gegenüber dem wirklichen Schuldner einen eigenen Zweck; er leiste entweder mit dem Ziel, Ausgleichsansprüche zu erwerben (z.B. aus GoA, datio negotii gerendi causa) oder aber, um ein Schenkungsverhältnis zum vermeintlichen Schuldner zu begründen.[152] 206

**hemmer-Methode: Die Problematik der Drittzahlung nach § 267 BGB braucht dann nicht erörtert zu werden, wenn *jedenfalls* ein eigener Zweck des Zahlenden gegenüber dem Empfänger vorliegt. Dies ist jedenfalls dann zu bejahen, wenn er etwa wegen eines Ablöserechts gemäß §§ 268, 1142 BGB ein eigenes Interesse hat.[153] Für diesen Fall ist nach allen Ansichten eine Direktkondiktion gem. § 812 I S. 1 Alt. 1 BGB zu bejahen.**

Demnach liegt im Verhältnis Zahlender / Empfänger keine Leistungsbeziehung vor, weshalb eine Direktkondiktion wegen Vorrangs einer Leistungsbeziehung Schuldner / Empfänger eigentlich ausscheiden müsste. 207

**a)** Es liegen im Fallbeispiel zwei Vertragsverhältnisse vor, hinsichtlich derer die Zahlung von Bedeutung ist. Das Mietverhältnis N-V und eine zu begründende Schenkung im Verhältnis O-N. In der Erfüllung des Mietvertrages bzw. Erfüllung und/oder Begründung des Schenkungsvertrages liegt der Zweck der tatsächlichen Zahlung von O an V, also liegt nach dieser Ansicht auch nur zwischen O und N bzw. zwischen N und V eine Leistung vor. Die Tatsache, dass O selbst den Zweck setzt, kann danach nicht maßgeblich sein.[154] 208

**b)** Fehlerhaft – wegen vorheriger Erfüllung – ist hier das Verhältnis N-V.

151 BGHZ 113, 62 (68 ff.)

152 Wieling, JuS 1978, 803 f.

153 Medicus, BR, Rn. 684.

154 Siehe oben Rn. 203.

Wegen § 362 I BGB hat kein Zahlungsanspruch mehr bestanden. Daher besteht grundsätzlich, streng nach dem Leistungsbegriff, nur ein Bereicherungsanspruch des N gegen den V. O leistet solvendi causa, i.d.R. um eine Schenkung gegenüber N zu begründen. Damit ist er im Verhältnis N zu V nur sog. Leistungsmittler.

Problematischer ist hier, ob auch bezüglich der Leistung O an N der Rechtsgrund fehlt. Dann käme *zusätzlich* noch eine Rückabwicklung zwischen O und N in Betracht.

**hemmer-Methode: Aufpassen: Hier kann es nicht auf das Fehlschlagen der Erfüllung des Mietvertrages ankommen; vielmehr ist in diesem Personenverhältnis allein der Schenkungsvertrag maßgeblich. Dies wird in der Klausur/Hausarbeit häufig verkannt.**

Hier kommt es darauf an, ob O dem N nur für den Fall etwas schenken wollte, dass auch die Verbindlichkeit im Verhältnis zu V besteht. Man müsste dann den Schenkungsvertrag als bedingt durch das Ausstehen der Mietzinsforderung ansehen. Dieses Ergebnis wird sich über eine ergänzende Vertragsauslegung des Schenkungsvertrages wohl häufig gewinnen lassen (sicher aber nicht immer, vielleicht wollte der Onkel dem Neffen jedenfalls etwas schenken[155]).

**c)** Geht man aber vom Fehlen des Rechtsgrundes auch in diesem Verhältnis aus, dann hätte eigentlich die Abwicklung von V an den N und von N an den O zu erfolgen.

N müsste dem O seinen eigenen Bereicherungsanspruch gegen den V herausgeben (Kondiktion der Kondiktion) bzw. (wenn man der a.A. folgt) Wertersatz für die Forderung leisten.[156]

Hier setzt nun eine verbreitete Meinung aber wieder mit Wertungsgesichtspunkten an (dritter Prüfungsschritt!): Da der N die Zahlung nicht veranlasst habe, sei er aus der Rückabwicklung herauszuhalten. Dies sei nicht anders, als wenn von vornherein keine Anweisung gegeben sei; in einem solchen Fall gehe man ja auch nicht von einer Leistung des „Anweisenden" aus (Modellcharakter der Anweisungsfälle).[157]

*Veranlassungsprinzip*

Diesen Wertungsgrundsatz könnte man auch – wohl treffender – als „Veranlassungsprinzip"[158] bezeichnen:

Wer nichts veranlasst hat, soll auch nicht in die bereicherungsrechtliche Abwicklung hereingezogen werden.[159]

**hemmer-Methode: Und genau hier treffen sich die Ansichten wieder: Der BGH schließt aus der fehlenden Veranlassung des N auf eine Leistung des O an V, was man – wie oben erwähnt – dogmatisch kritisieren kann. Die andere Ansicht versucht im Ausgangspunkt die „Abwicklung übers Eck" und revidiert das Ergebnis wertungsmäßig mit dem Veranlasserprinzip.**

Ergebnis: Folgt man dieser Lösung, käme man wieder zu einer Direktkondiktion des Zahlenden (O) gegen den Empfänger (V), aber auf Basis einer Nichtleistungskondiktion.

Außerdem ist zu bedenken, dass vom objektiven Empfängerhorizont die Fehl-(Doppel-)Leistung ersichtlich ist, so dass es fraglich erscheint, ob man überhaupt eine Leistung des N annehmen kann. Dann würde schon formal eine Nichtleistungskondiktion des O gegen V nicht am Vorrang der Leistungsbeziehung scheitern.

Damit ist der Anspruch wegen Bereicherung in sonstiger Weise gem. § 812 I S. 1, 2.Alt. BGB gegeben. V hat das Erlangte an den O herauszugeben, d.h. die entsprechende Geldsumme zurück zu übereignen.

155 Vgl. auch Medicus, BR, Rn. 685.

156 Vgl. JuS 82, 912.

157 Vgl. Medicus, BR, Rn. 685.

158 Vgl. die „Checkliste" unten Rn. 249.

159 BGH Z 113, 69.

**hemmer-Methode: Klausurtaktisch erscheint es sinnvoller, der zuletzt genannten Ansicht zu folgen, um die sog. „Onkel-Fälle" materiellrechtlich voll auszuschöpfen. Wiederum gilt - anders als im wirklichen Leben: Probleme schaffen, nicht wegschaffen. Punkten Sie, indem Sie den Problemkreis diskutieren. Entscheiden Sie sich nicht für die „schnelle" Lösung des Falles. Gerade im Ersten Examen müssen Sie nicht zwingend dem BGH folgen.** 209

**2.** Tilgungsbestimmung[160]

*Tilgungsbestimmung*

**a)** Allerdings ist hier für das Entstehen der bisher diskutierten Dreiecksverhältnisse Voraussetzung, dass der Zahlende tatsächlich mit dem Willen leistet, die Verpflichtung des (vermeintlichen) Schuldners zu tilgen. 210

Leistet der Zahlende etwa in der unzutreffenden Annahme, selbst dazu verpflichtet zu sein, dann kommt von vornherein keine Befreiung des (wahren) Schuldners in Frage. Es fehlt an den Voraussetzungen des § 267 BGB:

Dritter in diesem Sinne ist nur, wer im eigenen Namen auf eine fremde Schuld zahlt. Mangels Vermögensverschiebung zwischen Zahlendem und Drittem hat der Zahlende hier dann nach h.M.[161] keinen Bereicherungsanspruch gegen den wahren Schuldner. Dieser hat ja nichts erlangt.

Da der Rechtsgrund fehlt, hat der Zahlende stattdessen den Anspruch gegen den Empfänger selbst.

> ***Bsp.:*** *A glaubt, sein Hund habe G gebissen und ersetzt diesem den Schaden. In Wahrheit ist G vom Hund des S gebissen worden. Da der Rechtsgrund des § 833 BGB fehlt, kann A von G gem. § 812 I S. 1, 1.Alt. BGB direkt kondizieren.*[162] 211

*nachträgl. Tilgungsbestimmung*

**b)** Aber: Über eine nachträgliche Tilgungsbestimmung, mittels derer die Zahlung zur Drittschuldnerzahlung i.S.d. § 267 I BGB gemacht werden kann, ließe sich möglicherweise doch wieder das skizzierte Dreiecksverhältnis herstellen.

Streit besteht allerdings, ob ein nachträgliches „Umfunktionieren" der Leistung auf eine Nichtschuld in eine Leistung auf eine bestehende fremde Schuld möglich ist.[163]

Wenn die nachträgliche Tilgungsbestimmung möglich ist, hätte der Putativschuldner A die Schuld des S aus § 833 BGB getilgt (§§ 267, 362 I BGB) und könnte gegen diesen aus GoA (§§ 677, 683, 670 BGB) oder mit der Aufwendungskondiktion gem. §§ 684, 812 I S. 1, 2.Alt. BGB, sofern die Voraussetzungen des § 683 BGB nicht vorliegen sollten, vorgehen. Damit ist ein Rückgriff des Putativschuldners bei dem wirklichen Schuldner möglich. Die vorher bestehende Leistungskondiktion gegen G entfällt. Er hat sich mit der nachträglichen Tilgungsbestimmung die Stellung eines Dritten i.S.d. § 267 BGB verschafft.

Dies ist immer dann von Interesse, wenn bei G kein Vermögen mehr vorhanden ist. Die Anwendung der GoA-Regeln setzt aber voraus, dass die nachträgliche Tilgungsbestimmung auch dazu führt, dass nachträglich durch die Erklärung die Zahlung ein objektiv fremdes Geschäft darstellt.

---

160 Vgl. auch das Beispiel unten Rn. 361.

161 Palandt, § 812, Rn. 63.

162 Vgl. Medicus, BR, Rn. 948.

163 Palandt, § 812, Rn. 63; vgl. auch Stolte, JURA 1988, 246.

Dies ist zu bejahen, da der wirkliche Schuldner durch die nachträgliche Tilgungsbestimmung von seiner Verbindlichkeit befreit wird.

*e.A.: (-), da weder zu § 144 BGB noch zu § 182 BGB Analogie mögl.*

Teilweise wird die nachträgliche Tilgungsbestimmung abgelehnt. Weder passt eine Analogie zu § 144 BGB noch zu §§ 182 ff. BGB.

§ 144 BGB schützt das Vertrauen des Erklärungsgegners, hier geht es aber um den Schutz des Erklärenden. Die Genehmigung bezieht sich auf die Sanktionierung fremder Verfügungen, hier geht es aber um die Berichtigung eigener Leistungsbestimmungen.

Außerdem wird vorgebracht, dass sich die Lage des wirklichen Schuldners verschlechtern könne, wenn er zwischenzeitlich selbst an G gezahlt hat. Er wäre dann auf einen Bereicherungsanspruch gegen G verwiesen und trüge dessen Insolvenzrisiko. Außerdem würden bestehende Aufrechnungsmöglichkeiten verloren gehen.[164]

*h.M.: Fall kann nicht anders beurteilt werden, als wenn von Anfang an auf fremde Schuld gezahlt worden wäre*

Für die h.M. spricht: Der Gläubiger hat erhalten, was ihm gegenüber dem wirklichen Schuldner zustand. Entsprach die nachträgliche Tilgungsbestimmung dem wirklichen oder mutmaßlichen Willen des wirklichen Schuldners, dann entspricht der Rückgriff nach GoA dem Gesetz.

Der Fall kann nicht anders gesehen werden, als wenn von Anfang an eine fremde Schuld getilgt worden wäre. Dogmatisch lässt sich dieses Wahlrecht außerdem mit einer Rechtsanalogie zu §§ 995, 2022 II, III BGB begründen.[165]

Das gilt insbesondere für die Fälle, in denen von Anfang an mit der Absicht bezahlt wird, auch ohne Abtretung einen Anspruch gegen den wirklichen Schuldner in Form des aufgedrängten Rückgriffs zu erhalten:

> ***Bsp.:***[166] *D will das Grundstück seines Nachbarn N erwerben. Jedoch ist der zu einem Verkauf nicht bereit. D zahlt die Schulden des N bei G und geht gegen N vor, um im Wege der Zwangsvollstreckung dessen Grundstück zur Zwangsversteigerung zu bringen und dann zu erwerben.*
>
> In diesem Fall stellt die Zahlung keine berechtigte GoA dar, da es nicht dem Willen des N entspricht, dass D die Schulden bezahlt, um das Grundstück erwerben zu können. Damit kommt die Rückgriffskondiktion gem. §§ 684, 812 I S. 1, 2.Alt. BGB in Betracht. **212**

Dass der wirkliche Schuldner aus GoA in Anspruch genommen werden kann, ist auch nicht unbillig. Bei berechtigter GoA müssen als Voraussetzungen objektives Interesse, wirklicher oder mutmaßlicher Wille und Erforderlichkeit (vgl. § 670 BGB) vorliegen. Bei unberechtigter Übernahme der GoA wird der Bereicherungsschuldner durch die Grundsätze der aufgedrängten Bereicherung geschützt.

Das ist nicht unbillig, da der Schuldner über eine analoge Anwendung der §§ 404 ff. BGB geschützt ist.

**hemmer-Methode: Die Rückgriffskondiktion bildet nach cessio legis und GoA die schwächste Regressmethode. Wenn die stärkere Regressmethode über cessio legis gem. § 412 BGB zur Anwendung der §§ 404 ff. BGB führt, müssen diese Vorschriften im Falle des Bereicherungsregresses zumindest entsprechend anwendbar sein. Schuld und Rückgriff sind materiell identisch, mit der Folge, dass sich alle Gegenrechte gegen die Schuld auch gegen den Regress richten.**[167]

164 Vgl. Medicus, BR, Rn. 951.

165 Ausführlich Stolte, JURA 1988, 246, 249 ff.

166 Nach Medicus, BR, Rn. 952.

167 Vgl. unten Rn. 363.

Der Rückgriff kommt einer Abtretung durch G gleich. Eine solche hätte der Schuldner nicht verhindern können. Im Beispielsfall hätte der D gegen den N dann aus dem abgetretenen Anspruch vorgehen können. Dann wären aber die §§ 404 ff. BGB anwendbar. Damit kann auch analog § 407 BGB eine Leistung an den alten Gläubiger befreien.

**hemmer-Methode: Der Vergleich Abtretung / Rückgriffskondiktion zeigt, dass die Lösung wertungsmäßig passt. Auch bei der Abtretung wird der Schuldner nicht gefragt. D hätte also dem G auch die Ansprüche gegen N abkaufen und nach Übertragung gegen den N vorgehen können.**

*Bsp.: A zahlte an den B in dem Glauben, eine eigene vertragliche Verbindlichkeit zu erfüllen. Dabei dachten beide Parteien (A und B) nicht daran, dass diese Schuld schon zuvor von dem Prokuristen des A bezahlt worden war. Als A aber hört, dass der C noch eine gleich hohe Verbindlichkeit bei dem B habe, erklärt er nachträglich, dass seine Zahlung als Zahlung auf die Schuld des C gelten soll. Niemand widerspricht dem.* 213

*A will nunmehr bereicherungsrechtlich gegen C vorgehen.*

*Quasiwirkung wie Abtretung*

Die nachträgliche Tilgungsbestimmung kommt in der Folge einer Abtretung gleich. Soweit die Forderung des B gegen C abtretbar wäre, ist der Rückgriff zulässig (vgl. § 399 BGB). Gegenrechte bleiben gem. §§ 404, 406 BGB erhalten.[168]

Es scheidet dann nach h.M. die bereicherungsrechtliche Rückabwicklung zwischen A und B aus, weil für diese Erfüllung die Tilgungsbestimmung nachträglich entfallen ist. Stattdessen ist der Fall grundsätzlich so zu behandeln, als habe der A von vornherein als Drittschuldner i.S.d. § 267 BGB an den B geleistet.

Folge: Bestand diese Forderung des B gegen C, dann greift der Rückgriff aus GoA des A gegen C bei Vorliegen der Voraussetzungen. Bestand auch diese Forderung nicht, dann ergeben sich die gleichen Fragen wie in dem oben diskutierten „Onkel-Fall".[169]

**hemmer-Methode: Im Prinzip ist das Verhältnis von Bereicherungsrecht und GoA in diesen Fällen nicht vollständig durchdacht. So wird teilweise von „Rückgriffskondiktion" gesprochen, obwohl der Rückgriff ein Fall der GoA darstellt. Merken Sie sich aber: Nur im Fall des § 684 BGB gelangt man bei unberechtigter Übernahme ins Bereicherungsrecht.** 214

Schwer verständlich erscheint auch Medicus,[170] der bei der nachträglichen Tilgungsbestimmung die Rückgriffskondiktion ablehnt, während er bei aufgedrängtem Rückgriff den Regress zulässt.

Konsequenter ist es aber, beide Fälle gleich zu behandeln und den Schuldnerschutz über §§ 398 ff. BGB analog zu verwirklichen.

## VI. Unechter Vertrag zugunsten Dritter[171]

*unechter Vertrag zug. Dritter*

**1.** Beim unechten Vertrag zugunsten Dritter verpflichtet sich der Schuldner (Versprechender) gegenüber dem Gläubiger (Versprechensempfänger), die geschuldete Leistung an einen Dritten zu erbringen. 215

168 Medicus, BR, Rn. 603j; vgl. oben Rn. 190, 212.

169 Vertieft Medicus, BR, Rn. 684 ff.

170 Vgl. Rn. 950 ff.

171 Vgl. hierzu auch den Aufsatz von Ettlich in Life&Law 01/2000, 69 ff.

Aus diesem Vertrag erlangt jedoch der Dritte – anders als beim echten Vertrag zugunsten Dritter – keinen eigenen Anspruch auf die Leistung. Nur der Gläubiger kann vom Schuldner Leistung an den Dritten verlangen.

*Fehler im Deckungs- oder Valutaverhältnis*

Liegt dann im Deckungs- (Versprechender/Versprechensempfänger) oder Valutaverhältnis (Versprechensempfänger/Dritter) ein Fehler vor, ist die bereicherungsrechtliche Abwicklung i.d.R. nicht schwierig, wenn man wieder den üblichen Weg geht.

***Bsp.:** A hatte sich von seinem Freund F am Wochenende einen Kasten Bier „geliehen". Am Montag vereinbart er mit Bierhändler B, dass dieser bei F einen Kasten Bier vorbeibringen solle. Allerdings verschreibt A sich bezüglich der Biersorte und ficht deswegen kurz nach Auslieferung den Kaufvertrag mit B wirksam an.* 216

Nach den Umständen (Auslegung!) ist hier nicht davon auszugehen, dass die Parteien ein eigenes Forderungsrecht des F gegenüber B wollten.

**2.** Zweck der Lieferung ist hier dann:

*Zweck der Lieferung*

- ⇨ Die Erfüllung einer vermeintlichen Pflicht des Versprechenden gegenüber dem Versprechensempfänger, hier also des B gegenüber dem A (Deckungsverhältnis). 217
- ⇨ Die Erfüllung des Kausalverhältnisses zwischen Versprechensempfänger und Drittem: Hier ein Anspruch aus Sachdarlehen gemäß § 607 I BGB im Verhältnis des A zu F (Valutaverhältnis).

Nur in diesen beiden Verhältnissen liegt also eine Leistung vor, nicht aber zwischen dem Versprechenden und dem Dritten.

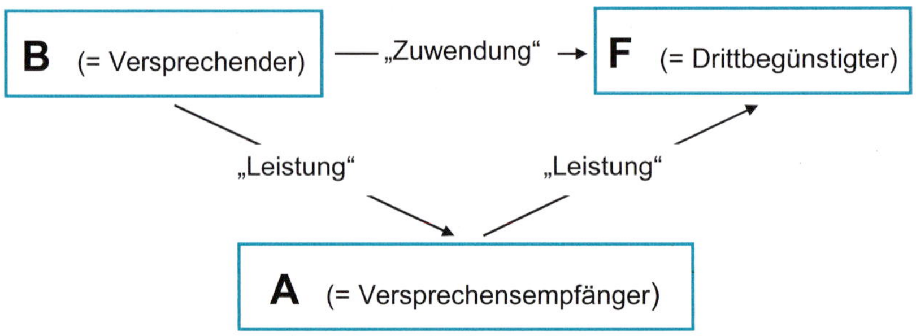


**3.** Es ist dann grundsätzlich wieder dort rückabzuwickeln, wo der Fehler liegt. 218

*Abwicklung grds. dort, wo Fehler ist*

Im Beispielsfall heißt das: A muss das Bier von F zurückfordern und B von A. Natürlich kann der A dem B auch gleich den Rückforderungsanspruch gegen F abtreten, wenn sich beide darüber einig sind.

**4.** Auch hier erscheinen aber in Einzelfällen Korrekturen aus Wertungsgründen nötig:

*aber: Wertungsgesichtspunkte beachten!*

***Bsp.:** A vereinbart mit Blumenhändler B, dass dieser einen Strauß Rosen an die F liefern soll. Beim Ausfüllen des von B üblicherweise verwendeten Formulars verschreibt sich der A; statt nur zehn bestellt er 30 Rosen.* 219

*Nach Auslieferung des Straußes ficht der A den Vertrag gegenüber dem B wirksam an. Die Rosen sind mittlerweile verwelkt.*

*Direktkondiktion, wenn Unentgeltlichkeit im Valutaverhältnis*

Hier liegt im Verhältnis A-F eine unentgeltliche Zuwendung vor. Deswegen erscheint es als konsequent, den vom BGH bei den Anweisungsfällen herangezogenen Gedanken der Analogie zu § 822 BGB auch hier heranzuziehen.

Das hat zur Folge, dass eine Direktkondiktion (§ 812 I S. 1, 2.Alt. BGB) des B von der Beschenkten F als möglich erscheint. Er kann sich die Blumen also direkt bei F zurückholen. Ist dieser Anspruch wirtschaftlich wertlos – was hier wegen Entreicherung der F nahe liegt! – dann bleibt ihm immer noch § 122 BGB gegen den A.

**hemmer-Methode: Lernen Sie nie zu schematisch und pauschal. Achten Sie immer auf die im Gesetz getroffene Wertung. Hier muss auf alle Fälle die Wertung des § 822 BGB durchschlagen. Bei schematischem Vorgehen müsste genau herausgearbeitet werden, was der A erlangt hat i.S.d. §§ 812 ff. BGB. Dies ist nicht einfach zu beantworten. Erlangt haben kann er die Befreiung von einer Verbindlichkeit aus Schenkung, die als Handschenkung mit dem Vollzug begründet und geheilt wurde.** 220

## VII. Echter Vertrag zugunsten Dritter

*echter Vertrag zug. Dritter*

Dieser Fall des § 328 I BGB ist bereicherungsrechtlich problematisch, weil hier eine Verpflichtung des Schuldners gegenüber dem Vertragspartner besteht, aber auch ein eigener Zahlungsanspruch des Dritten gegen den Schuldner. 221

**Bsp.:** *K schließt mit V einen Kaufvertrag über eine Brosche, die der K der D zum Geburtstag schenken will. D soll nach dem Willen der Parteien selbst die Möglichkeit haben, die Übereignung der Brosche von V zu verlangen. V liefert die Brosche an die D. Später stellt sich heraus, dass der Vertrag unwirksam war, weil zu diesem Zeitpunkt bei K die Voraussetzungen der §§ 104 Nr. 2, 105 I BGB vorlagen.* 222

*mehrere Zwecke gleichzeitig*

**1.** Bereicherungsrechtliche Folge dieser Besonderheit beim echten Vertrag zugunsten Dritter ist dann, dass der Leistende mit seiner Zahlung mehrere Zwecke gleichzeitig erfüllt: 223

Erfüllung einer Verbindlichkeit des Versprechensempfängers (K) gegenüber dem Dritten (D) (etwa Schenkung).

Erfüllung einer eigenen Verbindlichkeit des Versprechenden (V) gegenüber dem Versprechensempfänger (K).

Erfüllung einer eig. Verbindlichkeit des V gegenüber dem Dritten D.

*⇨ in jedem Verhältnis Leistung i.S.v. § 812 I S. 1, 1.Alt. BGB*

Es liegt also in allen drei denkbaren Personenverhältnissen ein Zweck vor; also liegt auch in jedem Verhältnis eine Leistung i.S.d. § 812 I S. 1, 1.Alt. BGB vor.

Im Beispielsfall kann man also eine Leistungsbeziehung sowohl zwischen V und K (vermeintlicher Kaufvertrag), als auch zwischen K und D (Schenkung), vor allem aber auch zwischen V und D (vermeintlicher Anspruch gemäß §§ 433 I, 328 I BGB) bejahen.

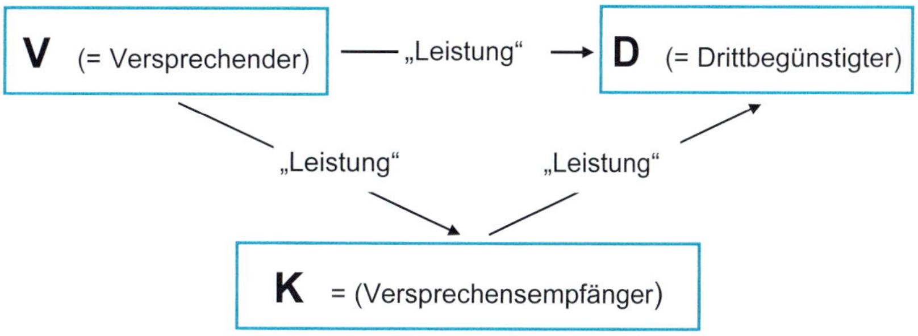

*Leistungsbegriff allein nicht ausreichend für Rückabwicklungsverhältnis*

**2.** Daher stellt sich hier die Frage, welche dieser Leistungen für die Rückabwicklung maßgeblich sein soll. Man steht hier also vor dem Problem, dass der Leistungsbegriff allein nicht genügt, die Personen des Rückabwicklungsverhältnisses festzulegen. 224

*Grds.: „Abwicklung übers Eck"*

Als Grundsatz gilt auch hier: Der Dritte ist keinem Direktanspruch des Zahlenden ausgesetzt, sondern braucht nur mit seinem eigenen Vertragspartner abzurechnen, also dem Versprechensempfänger („Abwicklung übers Eck").

*Grd.: Anspruch dient Besserstellung; ansonsten Schlechterstellung*

Grund: Durch den eigenen Anspruch wird ja bezweckt, den Dritten besser zu stellen. Wäre er (auch) einem bereicherungsrechtlichen Direktanspruch des Versprechenden ausgesetzt, würde er aber u.U. ein zusätzliches Risiko tragen. Er würde einem anderen Gläubiger gegenüberstehen, der möglicherweise „aggressiver" wäre oder gegen den er bestimmte Einwendungen, die er gegen den Versprechensempfänger (im Fall K) hätte, nicht vorbringen kann. Er würde insofern also möglicherweise schlechter stehen, als beim unechten Vertrag zugunsten Dritter.

*aber: Ausnahmen möglich*

**3.** Aber: Hiervon werden in Einzelfällen aus Wertungsgesichtspunkten Ausnahmen gemacht. Es geht um zwei verschiedene Fallgruppen, in denen die Direktkondiktion des Zahlenden vom Empfänger möglich sein soll. 225

*enge Verbindung*

**a)** Beim echten Vertrag zugunsten Dritter ist der Dritte dann Empfänger der Leistung des Versprechenden (und damit Schuldner eines Direkt-Kondiktionsanspruches des Versprechenden!), wenn er „in enger Verbindung zu dem mit dieser Leistung verfolgten Zweck steht". Das Rechtsverhältnis Versprechender – Dritter muss dem Rechtsverhältnis Versprechender – Versprechensempfänger ganz übergeordnet sein.

*Maklercourtage-Fall*

**Bsp. 1:** *(„Maklercourtage-Fall"[172]) Ein Angestellter V einer Baufirma B hatte als deren Vertreter mit einem Käufer K Verträge über die Erstellung eines Hauses geschlossen. Dabei hatte er – so dass sein Arbeitgeber davon nichts erfuhr – auch eine Maklergebühr für eine X-GmbH vereinbart. Die existierte aber nicht und das angegebene Konto war sein eigenes. Nachdem der K davon erfuhr, forderte er den Betrag von V zurück.* 226

Würde man hier nach den aufgezeigten Grundsätzen abwickeln, hieße das: Vertragspartner waren B und K, während der V nur als Vertreter auftrat (hinsichtlich der Maklergebühr als falsus procurator). Folge: Die Rückabwicklung müsste zwischen dem K und B erfolgen. B wiederum müsste sich mit dem V auseinandersetzen.

Hier aber wird allgemein die Direktkondiktion des K von V zugelassen. Dass die X-GmbH nicht existierte, ist unerheblich. Es wird auf den V als hinter der GmbH stehende Person abgestellt.

Nur er kann etwas erlangt haben. Weil die B nicht einmal von diesen Vorgängen wusste, stehe der V „in engerer Verbindung" zu dem mit der Zahlung verfolgten Leistungszweck (Erfüllung einer vermeintlichen Forderung aus Maklervertrag). Das Verhältnis V zu K sei dem Verhältnis der B zu K übergeordnet. Die Leistung an den Dritten (V) habe eine auf diesen bezogene Zweckrichtung, der Dritte ist damit Leistungsempfänger.[173]

**Bsp. 2:** *G und S (Verpflichteter) schließen einen echten Vertrag zugunsten des D. Der Anspruch soll auf Zahlung von 1.000 € gehen.*

*Später drängt der D den S auf Zahlung von 10.000 €; es handle sich – was der D wirklich glaubt – nur um einen Schreibfehler, in Wirklichkeit gehe der Anspruch auf 10.000 €. S kann sich ebenfalls nicht mehr genau erinnern und zahlt die 10.000 €.* 227

172 Medicus, BR, Rn. 683.

173 Vgl. Medicus, BR, Rn. 683.

*Nachdem der Irrtum ans Licht kommt, verlangt der S von D 9.000 € zurück.*[174]

*Lösungsvorschlag:* Vom objektiven Empfängerhorizont lägen wieder zwei Zwecke vor, die der S erfüllen wollte, nämlich einen Anspruch des Vertragspartners G und einen Anspruch des D (§ 328 I BGB). Es soll grundsätzlich zwischen den Vertragspartnern, also im Verhältnis zwischen G und S abzuwickeln sein. G wiederum müsste sich bei dieser Lösung das Geld von D zurückholen.[175]

Aber: Hier wird man argumentieren müssen, dass entscheidender Anlass für die Überzahlung die Initiative des D war. Mit der Überzahlung hat der S eine vermeintliche Pflicht erfüllt, die mit dem Vertragsschluss mit dem G wesentlich weniger zu tun hat, als mit dem Verhalten des D selbst, dem Drängen auf Zahlung. D steht also praktisch bezüglich der 9000 € „in engerer Verbindung" zu S als der G.

Entsprechend der Argumentation von Medicus im „Maklercourtage-Fall" ist hier also aus Wertungsgründen zu korrigieren. Die Direktkondiktion der 9.000 € durch S von D ist ausnahmsweise möglich.[176]

*Rechtsgedanke des § 822 BGB*

**b)** Die zweite Ausnahme wurde oben schon diskutiert. Auch hier drängt es sich auf, auf den Rechtsgedanken des § 822 BGB zurückzugreifen. **228**

Dies wird vor allem dann relevant, wenn der echte Vertrag zugunsten Dritter zur Versorgung des Dritten verwendet wird. D.h. der Versprechensempfänger hatte vom Dritten keine Gegenleistung erhalten.

Auch hier erscheint es richtig, dann über § 822 BGB eine Direktkondiktion anzunehmen. Es kann wiederum nichts anderes gelten, als wenn er zunächst die Leistung selbst erlangt hätte und sie dann unentgeltlich weitergibt.

*unentgeltlicher Erwerb weniger schutzwürdig*

Auch hier ist der unentgeltliche Erwerb weniger schutzwürdig, so dass eine Direktkondiktion möglich ist. **229**

**hemmer-Methode heißt beispielhaft die Probleme aufwerfen. Nur wer überhaupt gelernt hat mit einer Fragestellung an den Fall heranzugehen, lernt problemorientiert. Wiederum gilt: Probleme schaffen, nicht wegschaffen. Nur wer gelernt hat Probleme aufzustöbern, kann eine gute Klausur schreiben.**
**Schwerpunkt muss in diesen Fällen die Problematik von § 822 BGB sein. Der Fall ist mit Schemata schwer lösbar. Leisten Sie gute Begründungsarbeit. Der Versprechensempfänger ist nur deswegen möglicherweise nicht bereichert, weil an ihn selbst nicht geleistet worden ist. Keinesfalls richtig ist die Begründung, der Versprechensempfänger sei nicht bereichert, weil er ohne Entgelt an den Dritten hat leisten lassen.[177] Dies lässt außer Betracht, dass er der Gläubiger ist, und ihm gegenüber auch erfüllt worden ist. Etwas Erlangtes kann durchaus die Befreiung von der Schenkung im Valutaverhältnis sein.**

**c)** Auch beim echten Vertrag zugunsten Dritter ist also grundsätzlich „übers Eck" rückabzuwickeln, außer in folgenden Fällen:

- ⇨ Überordnung des Zuwendungsverhältnisses, in welchem der maßgebliche wirtschaftliche Erfolg eintreten soll
- ⇨ Unentgeltlichkeit im Valutaverhältnis

---

174 Fall in Anlehnung an BGH, NJW 1989, 161, wo es allerdings um eine Forderungszession geht.

175 Siehe oben Rn. 226.

176 Im Ergebnis ebenso der BGH a.a.O. in dem insoweit vergleichbaren Zessionsfall.

177 So aber Medicus, BR, Rn. 682.

## VIII. Forderungszession:[178]

*Forderungszession*

Mit zu den schwierigsten Problembereichen bereicherungsrechtlicher Dreiecksverhältnisse ist sicherlich die Forderungsabtretung zu rechnen. Dabei sind zwei verschiedene Konstellationen zu unterscheiden: 230

- ⇨ Abtretung einer nicht bestehenden Forderung
- ⇨ Unwirksame Abtretung einer tatsächlich existierenden Forderung

### 1. Abtretung einer nicht bestehenden Forderung

*Abtretung einer nicht bestehenden Forderung*

**Bsp.:** *G tritt dem Z eine angebliche Forderung über 1.000 € gegen den S ab. Überraschenderweise stellt sich plötzlich heraus, dass die Forderung gar nicht wirksam entstanden war. Bereits zuvor aber hatte der S an den Z bezahlt. S will den Betrag nun von G kondizieren.* 231

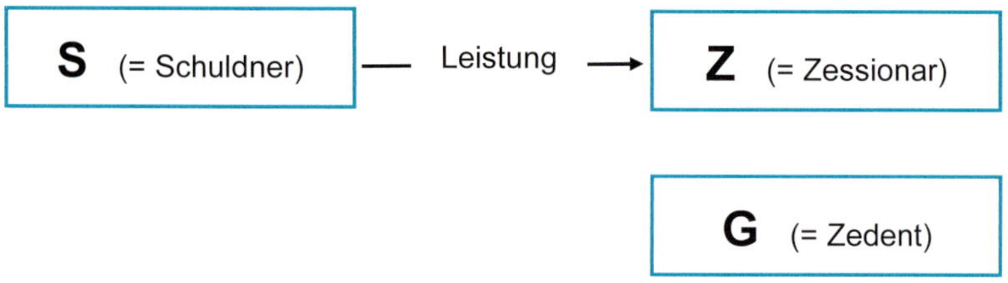


**a)** Entwickelt man hier die Lösung wieder streng am modernen Leistungsbegriff, dann ergibt sich Folgendes:

Nach der Abtretung hat der Schuldner keine Verpflichtung mehr gegenüber dem Zedenten, seinem eigentlichen Vertragspartner. Er ist nur noch einer Verbindlichkeit gegenüber dem Zessionar ausgesetzt.

*über Leistungsbegriff*

Folge: Mit seiner Zahlung verfolgt er auch nur noch einen Zweck (Erfüllung) gegenüber dem Zessionar. Die Leistung liegt also im Verhältnis zwischen Schuldner und Zessionar.

*Rückabwicklung zwischen Schuldner u. Zessionar; Zessionar u. Gläubiger*

Die Rückabwicklung müsste also im Verhältnis zwischen Schuldner und Zessionar erfolgen, hier also zwischen S und Z. Der Zessionar Z wiederum müsste sich mit dem Zedenten G auseinandersetzen.

*h.M.: mit Wertungsargumenten Rückabwicklung Schuldner - Zedent*

**b)** Dieses Ergebnis kehrt die h.M. aber mit Wertungsargumenten wieder um. Sie gelangt zum umgekehrten Ergebnis, also Abwicklung zwischen Schuldner und Zedent, den ursprünglichen Vertragspartnern.[179]

*Grund: Liquiditätsrisiko*

Hauptargument ist das Liquiditätsrisiko. Die Stellung des Schuldners darf sich durch die Zession nicht verschlechtern. Hier aber wäre der Schein-Schuldner, der sich den Betrag also selbst vom Schein-Zessionar zurückholen müsste, mit dessen Liquiditätsrisiko belastet, obwohl er sich diesen gar nicht als Vertragspartner ausgesucht hatte.

178 Vgl. hierzu auch den Aufsatz von Ettlich in Life&Law 02/2000, 128 ff.

179 Vgl. die Nachweise bei BGH, NJW 1989, 161.

**hemmer-Methode: Achten Sie auf die Besonderheit des Einzelfalls und auf die Gründe, warum hier anders entschieden wird. Lernen Sie zu argumentieren und Schutzbedürftigkeitsaspekte mit in Ihre Erwägungen einzubeziehen. Das Argument, dass die Stellung des Schuldners sich durch die Zession nicht verschlechtern darf, lässt sich aber auch umkehren: Sie soll sich auch nicht verbessern, indem er nun einen zahlungskräftigeren Kondiktionsschuldner erhält.**[180] 232

*BGH: Umstände des Einzelfalls*

**c)** Der BGH streifte die Problematik in zwei älteren Entscheidungen,[181] ohne sich dabei festzulegen. Einmal mehr zieht er sich auf seine stereotype Floskel zurück, es verbiete sich jede schematische Lösung, und es komme immer auf alle Umstände des Einzelfalles an.

In der Tat hatte vor allem der erste Fall so viele Besonderheiten, dass eine grundsätzliche Entscheidung nicht nötig war. (Die Überzahlung war im Wesentlichen durch das Verhalten des Zessionars veranlasst; daher Direktkondiktion vom Zessionar jedenfalls hier möglich.)

***Bsp. 1:***[182] *G tritt eine Forderung über 1.000 € an den Z ab. Z glaubt, die Forderung belaufe sich in Wirklichkeit auf 10.000 € und fordert den S zur Zahlung in dieser Höhe auf. Der ist sich unsicher und zahlt zunächst einmal. Später bemerkt er die Überzahlung und will 9.000 € von Z zurück.* 233

Hier stellt der BGH auf die Tatsache ab, dass entscheidend für die Überzahlung ein Verhalten des Z war. Dieser habe mit der Zahlung der 9.000 € wesentlich mehr zu tun als der G, zu dessen Gunsten die tatsächlich bestehende Verbindlichkeit über 1.000 € begründet worden war (beachte die vergleichbare Argumentation wie beim echten Vertrag zugunsten Dritter). Letztlich soll also der G aus der Rückabwicklung herausgehalten werden, weil er wesentlich weniger zu deren Verursachung beigetragen hat als der Z.

Ergebnis: Hier ist (Direkt-)Kondiktion des S gegen Z möglich. Dies ist ein Fall der Leistungskondiktion, § 812 I S. 1, 1.Alt. BGB.

***Bsp. 2:***[183] *Ein Versicherungsnehmer G hatte eine – vermeintlich bestehende - Forderung gegen die Versicherung S zur Sicherheit an den Z abgetreten. Diese zahlte an den Z und will nun von G kondizieren.* 234

Hier hat der BGH die Rückabwicklung im Verhältnis der S zu ihrem eigentlichen Vertragspartner G bejaht.

*keine generelle Aussage*

Dabei stützt er sich vor allem auch auf die Tatsache, dass eine bloße Sicherungsabtretung vorgelegen hatte. Letztlich „drückte" er sich also wieder um eine generelle Aussage.

**d)** Nicht um die Abtretung, sondern um die Pfändung einer nicht bestehenden Forderung ging es in folgendem Fall:[184] 235

***Bsp.:*** *VG pfändet einen vermeintlichen Anspruch des AN gegen AG. Der AG, der irrtümlich davon ausgeht, dass die Forderung bestehe, zahlt daraufhin an VG, dem die Forderung zur Einziehung überwiesen wurde. Kann AG von VG Rückzahlung verlangen?*

In Betracht kommt ein Anspruch aus § 812 I S. 1 1Alt. BGB. Da die Forderung nicht bestand, ging die Pfändung derselben ins Leere. Die Pfändung kann keine weiterreichenden Wirkungen haben als die Abtretung. Die Abtretung einer nichtbestehenden Forderung führt nicht zum Forderungserwerb, also ist auch die Pfändung nicht erfolgreich. Damit hat AG auf eine Nichtschuld gezahlt.

---

180 Vgl. BGH, NJW 1993, 1578.

181 NJW 1989, 161 und NJW 1989, 900.

182 BGH, NJW 1989, 161.

183 BGH NJW 1989, 900; Besprechung in JuS 90, 883 ff.; Vgl. auch BGH NJW 1993, 1578.

184 BGH Life&Law 2003, 13 ff.

Fraglich ist, ob im Verhältnis AG/VG eine Leistungsbeziehung vorliegt. Leistung ist die bewusste und zweckgerichtete Mehrung fremden Vermögens.

Laut BGH verfolge der AG hier den Zweck, das (vermeintliche) Einziehungsrecht des VG aufgrund des Pfändungs- und Überweisungsbeschlusses zum Erlöschen zu bringen, so dass eine Leistungsbeziehung vorliegt. AG kann demnach den gezahlten Betrag von VG kondizieren.

Dem steht auch nicht entgegen, dass AG nun das Liquiditätsrisiko des VG tragen muss. Denn gerade in diesem zwangsvollstreckungsrechtlichen Fall ist AN ja derjenige, von dem AG nichts zurückbekommen könnte. AN ist Vollstreckungsschuldner und daher im Zweifel „pleite“.

Fraglich ist nun, ob man daraus auch für die Abtretungsfälle eine generelle Wertung herleiten kann. Denn auch wenn es grundsätzlich überzeugend ist, den vermeintlichen Schuldner nicht mit dem Liquiditätsrisiko einer Person zu belasten, den er sich gar nicht als Vertragspartner ausgesucht hat, mag es Fälle geben, in denen er gerne auf den vermeintlichen neuen Gläubiger zugreifen möchte, weil dieser solventer ist als der Vertragspartner.

*BGH: Abwicklung im Verhältnis Schuldner / Zedent*

**e)** Der BGH hat diese Frage im Jahr 2005 umfassend geklärt.[185] Er bestätigt in der entsprechenden Entscheidung die h.L., nach der der vermeintliche Schuldner nicht mit dem Liquiditätsrisiko des vermeintlich neuen Gläubigers belastet werden soll. Trotz Vorliegens einer Leistungsbeziehung in dem entsprechenden Verhältnis, darf er sich also an den Vertragspartner wenden und von diesem kondizieren. **235a**

*kein Wahlrecht, aus § 812 I S. 1 Alt. 1 BGB gegen Zessionar vorzugehen*

Der BGH äußert sich in derselben Entscheidung dann zu der oben aufgeworfenen Frage, ob sich der Schuldner trotzdem an den vermeintlich neuen Gläubiger halten darf. Der BGH lehnt ein entsprechendes Wahlrecht ab.

Die Rechtstellung des Schuldners soll sich durch die Abtretung nicht verschlechtern, aber auch nicht verbessern. Dementsprechend hat der Schuldner das Risiko der Insolvenz seines Vertragspartners zu tragen, ohne auf einen am Vertrag nicht beteiligten Dritten zugreifen zu dürfen.

Diese Sichtweise entspricht auch der generellen Systematik der Anweisungsfälle, bei denen bei Fehlern im Deckungsverhältnis auch dort rückabzuwickeln ist, ohne auf andere Bereicherungsschuldner zurückgreifen zu können.

**f)** In einer Entscheidung aus dem Jahr 2012 hat der BGH diese Systematik auf den Fall übertragen, dass die (vermeintlich bestehende) abgetretene Forderung aus einem gesetzlichen Schuldverhältnis resultiert.[186] Hier kann man zwar nicht argumentieren, dass man sich eine bestimmte Person ausgesucht und für solvent befunden hat; letztlich können aber auch in gesetzlichen Schuldverhältnissen Einwendungen bestehen, so dass es überzeugend erscheint, die Abwicklung innerhalb dieses Schuldverhältnisses vornehmen zu lassen.

## 2. Fehlgeschlagene Abtretung einer bestehenden Forderung

*fehlgeschlagene Abtretung bestehender Forderung*

Besteht die Forderung, und nur die Zession selbst ist unwirksam, dann soll im Verhältnis Schuldner - Zessionar abgewickelt werden.

185 BGH Life&Law 2005, 427 ff.

186 BGH, Life&Law 2012, 853 ff.; die Entscheidung ist nicht zuletzt deshalb sehr examensrelevant, weil der Fall die Problematik des Abschleppens im Dreieck „Falschparker – Eigentümer – Abschleppunternehmer“ betrifft.

*z.B. Abtretung von Lohnanspruch durch Minderjährigen*

***Bsp. 1:** Der 17-jährige Arbeitnehmer M tritt den pfändbaren Teil seines Arbeitseinkommens ohne Mitwirkung seiner Eltern an den D ab. Er macht dem Arbeitgeber A davon Mitteilung, woraufhin der A diesen Betrag an den D auszahlt. Als die Eltern des M sich auf Unwirksamkeit dieser Abtretung berufen und volle Zahlung des Lohnes verlangen, will der A den gezahlten Betrag von D zurück.* 236

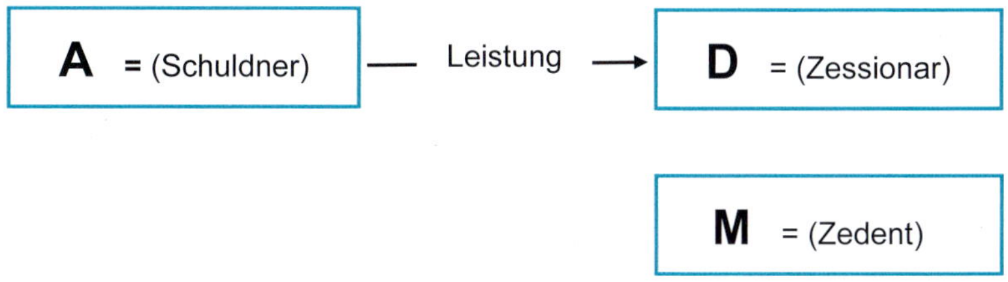


Hier besteht zwar der Lohnanspruch des M gegen den A, doch ist die Abtretung unwirksam, weil § 113 I BGB regelmäßig nicht auch zur Wirksamkeit einer solchen Abtretung führen kann.[187]

*Lit.: Direktkondiktion (+)*

**a)** Das Problem wird in der Literatur selten erörtert. Soweit es diskutiert wird, wird die Direktkondiktion des Arbeitgebers i.d.R. zugelassen. 237

Teilweise wird dies damit begründet, dass wegen der Unwirksamkeit der Zession auch die mit der Zession verbundene Tilgungsbestimmung des Zedenten entfalle, mit der Folge, dass im Verhältnis Zedent - Schuldner durch die Zahlung gar keine Tilgung eingetreten sei.

**b)** Stattdessen soll auch hier der Fall systematisch durchgeprüft werden:

*maßgebl. Leistungsbegriff*

**aa)** Zunächst ist festzuhalten, dass sich dieses Ergebnis von selbst wieder aus dem Leistungsbegriff ergeben würde: 238

*⇨ nur Leistung zwischen A + D*

Aus der Sicht des Empfängers will der Schuldner nur noch die (vermeintlich) ihm, dem Zessionar, gegenüber bestehende Verbindlichkeit erfüllen. Also verfolgt der Schuldner (hier A) einen Zweck nur noch gegenüber dem Schein-Zessionar D. Damit liegt nur hier eine Leistung i.S.d. Leistungsbegriffes vor.

**bb)** Da die Abtretung fehlschlug (§ 108 I BGB: die Genehmigung wurde konkludent verweigert; § 111 BGB greift bei der Abtretung nicht ein, weil diese ein (dinglicher) Vertrag ist!), hatte der D gar keine Forderung gegen den A. 239

Weil in diesem Personenverhältnis also kein Rechtsgrund gegeben ist, wäre die Direktkondiktion des A von D möglich.

*geändertes Liquiditätsrisiko*

**cc)** Dann aber ist zu prüfen, ob wieder eine wertungsmäßige Korrektur vorzunehmen ist. Dabei drängt sich natürlich auch hier zunächst der Einwand des geänderten Liquiditätsrisikos auf. 240

**Aber: Hier kommt es zum Konflikt zwischen diesen Gläubigerschutzgesichtspunkten mit anderen Schutzmotiven des Gesetzes. Denn meist wird die Unwirksamkeit auf Schutzvorschriften zugunsten des Zedenten beruhen.**

*contra Schutz des Mj.*

Im konkreten Fall gebietet es der Schutzzweck des Minderjährigenrechts, den geschützten M aus der bereicherungsrechtlichen Abwicklung herauszuhalten.

187 Zu § 409 I S. 1 BGB siehe unten Rn. 242.

*Vorrang der §§ 106 ff. BGB*

Letztlich existiert also ein Spannungsverhältnis zwischen dem Schutzzweck der Unwirksamkeitsnorm (hier Minderjährigenschutz) und dem Schuldnerschutz (geändertes Liquiditätsrisiko). Dieses Spannungsverhältnis wird wohl i.d.R. zu Gunsten des Schutzzwecks der Unwirksamkeitsnorm zu lösen sein. Hier müssen die §§ 106 ff. BGB eindeutig vorgehen.

**dd)** Da Wertungsgesichtspunkte hier also einer Korrektur gerade entgegenstehen, bleibt es bei dem Ergebnis, das durch den Leistungsbegriff gefunden wurde. **241**

Ergebnis: Der Schuldner A kann direkt beim Schein-Zessionar D kondizieren. Auch hier handelt es sich dann um eine Leistungskondiktion, § 812 I S. 1, 1.Alt. BGB.

*auch hier: Veranlasserprinzip*

Vergleichbar ist dies der Situation, in der der Zedent die Zahlung an den vermeintlich neuen Gläubiger gar nicht veranlasst hat.[188]

**c)** Auswirkung des § 409 I BGB **242**

*§ 409 BGB*

Unter Umständen scheidet aber bei dieser Fallgruppe die Abwicklung über § 812 I S. 1, 1.Alt. BGB völlig aus.

**aa)** Dies nämlich dann, wenn ein Fall des § 409 BGB (Abtretungsanzeige an den Schuldner – lesen!) vorliegt.

*Wirkung wie Rechtsgrund*

**(1)** § 409 BGB wirkt dann wie ein Rechtsgrund, d.h. es kommt gar keine bereicherungsrechtliche Abwicklung zwischen Schuldner und Zessionar in Betracht. Vielmehr muss der Gläubiger (Schein-Zedent), der unwirksam abgetreten hat, die Zahlung gegen sich gelten lassen. **243**

In diesem Personenverhältnis, in dem – wie oben festgestellt – die Leistung gegeben ist, liegt also praktisch ein Rechtsgrund vor. Damit scheidet dann hier die Rückabwicklung aus.

*⇨ § 816 II BGB*

Stattdessen kann er (der Schein-Zedent!) dann nur gemäß § 816 II BGB vom Empfänger (Schein-Zessionar) kondizieren.[189]

***Bsp. 2:** V hat eine Kaufpreisforderung gegen den K. Er tritt diese an den D ab und zeigt dies dem K an. Später ficht der V diese Abtretung wegen arglistiger Täuschung nach § 123 BGB durch Erklärung gegenüber dem D wirksam an. K weiß davon nichts und zahlt an den D.* **244**

Hier ist zwischen D und K wegen der Unwirksamkeit der Zession gem. § 142 I BGB eigentlich kein Rechtsgrund gegeben. Aber es wurde eine Anzeige nach § 409 I S. 1 BGB gemacht, auf die der K sich gegenüber dem V berufen kann. Er müsste also nicht noch einmal leisten. Entsprechend ist auch keine Rückforderung des K von D nötig. Stattdessen müsste der V nun gemäß § 816 II BGB Ersatz von D verlangen.

Daran ändert auch die Anfechtung nichts. Da sie nur gegenüber dem D erklärt worden war, kann sie gemäß § 143 I BGB schon aus diesem Grund nicht die Abtretungsanzeige erfassen. Diese könnte – wenn dafür überhaupt die Voraussetzungen gegeben wären – nur gegenüber dem Anzeigeempfänger K angefochten werden.

Dieses Ergebnis ist grundsätzlich auch wertungsmäßig gerechtfertigt, weil der K hier auf Grund seines vorhandenen Vertrauens schutzwürdiger ist als der arglistig getäuschte V.

---

188 Vgl. dazu BGH, NJW 2006, 1731.

189 Vgl. zu § 816 II BGB Rn. 397 ff.

Der Grundgedanke des § 409 BGB wirkt sich auch hier aus: Dem Schuldner wird ein „Ausgleich" dafür gewährt, dass er grundsätzlich nichts gegen die Abtretung unternehmen kann. Er soll sich nicht mit Risiken herumschlagen müssen, die sich aus diesem Rechtsgeschäft zwischen Zedent und Zessionar ergeben.

**Beachte aber:** § 409 BGB soll grundsätzlich auch dann gelten, wenn der Schuldner die Unwirksamkeit der Abtretung positiv kennt.[190]

*beachte: Abtretungsanzeige wirksam?*

**(2)** Aber aufpassen in der Klausur: Um die Wirkung des § 409 BGB herbeizuführen, reicht nicht allein die Tatsache, dass eine solche Abtretungsanzeige – wie meist – erfolgt ist. Vielmehr muss diese auch wirksam sein. 245

*rechtsgeschäftsähnliche Handlung*

Bei der Abtretungsanzeige handelt es sich um eine sog. rechtsgeschäftsähnliche Handlung,[191] d.h. es gelten für sie weitgehend die Regeln über Willenserklärungen,[192] vor allem ist Geschäftsfähigkeit erforderlich. Auch ist bei Vorliegen der Voraussetzungen eine Anfechtung möglich.[193]

Die Abtretungsanzeige des Minderjährigen im obigen Beispiel kann wegen der §§ 106 ff. BGB also die Wirkung des § 409 BGB grundsätzlich nicht herbeiführen.

*⇨ § 812 I S. 1, 1.Alt. BGB*

Es bleibt dann bei der Abwicklung über § 812 I S. 1, 1.Alt. BGB.

*Verzicht auf Schutz des § 409 BGB*

**(3)** Das Gleiche gilt auch dann, wenn der Schuldner sich auf § 409 BGB gar nicht berufen will, sondern – aus welchen Gründen auch immer – auf diesen Schutz verzichtet. Er kann auf die Wirkung des § 409 BGB verzichten, da die Vorschrift ausschließlich seinen Schutz bezweckt.[194] 246

**hemmer-Methode: Da § 409 BGB ausschließlich schuldnerschützend wirkt, hat der Schuldner also eine Wahlmöglichkeit. Er kann auch auf den Schutz des § 409 BGB verzichten und beim Scheinzedenten kondizieren.[195] An die einmal getroffene Wahl ist er allerdings gebunden.[196]**

*⇨ § 812 I S. 1, 1.Alt. BGB*

Auch in diesem Fall müsste bereicherungsrechtlich über § 812 I S. 1, 1.Alt. BGB rückabgewickelt werden.

**Bsp.:** *Im obigen Beispiel (2) hat der K selbst eine Forderung aus anderem Rechtsgeschäft gegenüber dem V. Um diese einfach eintreiben zu können, ist es dem K recht, einem Anspruch des V ausgesetzt zu sein.. Er will diese beiden Forderungen gegeneinander aufrechnen.* 247

*Daher verzichtet er auf § 409 BGB und erklärt die Aufrechnung seines Anspruchs gegen den Anspruch des V aus § 433 II BGB. Zugleich geht er gegen den D aus § 812 I S. 1 Alt. 1 BGB vor.*

*§ 409 BGB ist eine Schuldnerschutzvorschrift, auf die man sich berufen kann, aber eben nicht muss. Man kann auch die wahre Rechtslage akzeptieren (Abtretung ist wegen Anfechtung unwirksam, d.h. Leistung an D auf eine Nichtschuld).*

190 Str.; vgl. dazu Palandt, § 409 Rn. 5 m.w.N.

191 Palandt, § 409, Rn. 3.

192 Palandt, vor § 104, Rn. 6 ff.

193 Durch Erklärung gegenüber dem Empfänger der Anzeige, siehe oben Rn. 244.

194 Palandt, § 409, Rn. 5.

195 BGH, NJW 2005, 2159.

196 Vgl. Palandt, § 407, Rn. 5.

## IX. Zusammenfassung / „Checkliste" der Wertungskriterien

**hemmer-Methode: Wie gesehen, handelt es sich bei der Leistungskondiktion im Dreiecksverhältnis durchaus um eine Materie, in der mit Systematik jeder Fall gut lösbar ist, man also fürs Examen keine Einzelfälle auswendig lernen muss. Mit sicherem „Handwerkszeug" lässt sich jeder Fall mit dem aufgezeigten Dreierschritt in den Griff bekommen.** 248

Zur weiteren Erleichterung sei hier nun nach den ersten beiden Schritten (1. Feststellung der jeweiligen Leistungsbeziehungen; 2. Feststellung des bzw. der Fehler) der „dritte" Schritt noch einmal übersichtlich zusammengefasst.

*keine endlosen Wertungskriterien*

Die maßgeblichen Wertungskriterien sind nicht endlos. Vielmehr wird der aufmerksame Leser bereits festgestellt haben, dass es zum einen weitgehend immer wieder die gleichen Kriterien sind, die einen beschäftigen. Zum anderen lässt sich feststellen, dass bestimmte Kriterien nur bei bestimmten Fallgruppen überhaupt von Bedeutung sind.

Daher im Folgenden eine einprägsame „Checkliste" zur Überprüfung des mit dem Leistungsbegriff gefundenen Ergebnisses. 249

*Checkliste*

**(1)** Minderjährigenschutz

**(2)** Rechtsgedanke der §§ 816 I S. 2, 822 BGB: geringerer Schutz des unentgeltlichen Erwerbers.

**(3)** Einwendungsverlust bzw. Einwendungskumulierung (relevant v.a. beim Doppelmangel)

**(4)** Verlagerung des Liquiditätsrisikos (relevant bei der Forderungszession)

**(5)** Wertung der §§ 932 II, 935 BGB (Einbaufälle)

**(6)** Leistungsnähe (wichtig beim echten Vertrag zugunsten Dritter)

**(7)** Veranlassungsprinzip (wichtig bei der Drittschuldnerzahlung)

## X. Tatbestandsmerkmal „ohne rechtlichen Grund"

*„ohne rechtlichen Grund"*

**1.** Dieses Tatbestandsmerkmal bereitet bei der Leistungskondiktion fast keine spezifisch bereicherungsrechtlichen Probleme. Hier sind Fragen des wirksamen Vertragsschlusses, Minderjährigkeit, Anfechtung usw. zu prüfen.[197] 250

*Streit:*

**2.** Allerdings kann man, sofern die konkrete Klausur einem Zeit dafür lässt, kurz auf einen hier bestehenden Meinungsstreit eingehen: 251

Den Streit zwischen objektiver Rechtsgrundauffassung und subjektiver Rechtsgrundauffassung.

*früher: obj. Rechtsgrundauffassung*

**a)** Früher wurde allgemein allein die objektive Rechtsgrundauffassung angewendet. 252

Nach ihr kommt es allein auf das Fehlen eines die Vermögensverschiebung objektiv rechtfertigenden Grundes an. Rechtsgrund ist hiernach das Kausalverhältnis selbst, auf das geleistet wurde, also etwa die vermeintliche Zahlungsverpflichtung aus dem Kaufvertrag.

197 Zur Frage, ob gesetzliche Regelungen (z.B. § 937 BGB) einen Rechtsgrund darstellen, siehe unten Rn. 280 ff.

*heute: subj. Rechtsgrundauffassung*

**b)** Die heute h.M. in der Literatur bestimmt den Rechtsgrund nicht mehr rein objektiv, sondern führt subjektive Merkmale ein. 253

Da beim modernen Leistungsbegriff – wie gesehen – der Zweck der Leistung die entscheidende Rolle spielt, sieht man es als konsequent an, die darin liegende Zweckbestimmung auch im Rechtsgrundbegriff zum Ausdruck kommen zu lassen.

*⇨ maßgeblich ist Zweck*

Rechtsgrund ist nach der *subjektiven Rechtsgrundtheorie*[198] nicht das bloße der Leistung zugrundeliegende Schuldverhältnis (etwa der Kaufvertrag), sondern die Erreichung des mit der Leistung angestrebten Erfolgs.

*gleichwohl auch obj. Schuldverhältnis maßgebend*

**c)** Aber: Auch die subjektive Rechtsgrundauffassung muss natürlich in gewisser Weise auf das zugrunde liegende – objektive – Schuldverhältnis abstellen: Aus ihm ergibt sich der Leistungszweck, dessen Bestand oder Nichtbestand für die Zweckerreichung maßgeblich ist. 254

> **Bsp.:** *Bei einem Kaufvertrag besteht der Zweck der Zahlung des Käufers nach der subjektiven Rechtsgrundauffassung in der Tilgung dieser Verbindlichkeit aus § 433 II BGB. Ist der Kaufvertrag unwirksam, verfehlt die Leistung diesen Zweck der Schuldtilgung. Damit liegt auch nach dieser Auffassung kein Rechtsgrund i.S.d. § 812 I S. 1, 1.Alt. BGB vor.* 255

Nach der *objektiven Rechtsgrundauffassung*[199] ergibt sich das Fehlen des rechtlichen Grundes schon unmittelbar aus der Unwirksamkeit des Kaufvertrages.

*grds. nur kurze Stellungnahme*

**d)** Aus dem vorstehend Ausgeführten ergibt sich, dass der Streit in der Klausur regelmäßig nicht entschieden zu werden braucht. Anders verhält es sich aber dann, wenn trotz bestehenden Kausalverhältnisses der auf dieses bezogene Zweck nicht eintritt. 256

> **Bsp.:** *Wird an einen Minderjährigen geleistet, so tritt aufgrund § 131 II S. 1 BGB (Theorie der finalen Leistungsbewirkung) bzw. infolge fehlender Empfangszuständigkeit (§§ 362 II, 185, 1812, 1813 BGB analog; Theorie der realen Leistungsbewirkung) keine Erfüllung ein.*[200] *Wenn der Vertragspartner aber schon nicht nach § 362 BGB frei geworden ist, so muss er doch jedenfalls das bereits Geleistete - vorbehaltlich des § 818 III BGB - zurückverlangen und mit diesem Rückforderungsanspruch gegebenenfalls aufrechnen können.*
>
> *Ein Rückforderungsanspruch kann sich nur aus § 812 I S. 1, 1.Alt. BGB ergeben; die Zweckverfehlungskondiktion nach § 812 I S. 2, 2. Alt. BGB ist jedenfalls nicht einschlägig, da das Synallagma als solches kein „Zweck" i.S. dieser Vorschrift ist.*[201]
>
> *Sieht man nun als „Rechtsgrund" i.S.d. § 812 I S. 1, 1.Alt BGB das wirksame Grundgeschäft an, dann scheidet die Kondiktion aus (diese evident ungerechte Konsequenz zieht natürlich keiner der Anhänger der objektiven Rechtsgrundtheorie), nicht dagegen, wenn man an der Verfehlung des vorausgesetzten Erfüllungszwecks ansetzt (subjektive Rechtsgrundtheorie).*

**hemmer-Methode: Regelmäßig handelt es sich hier aber lediglich um eine dogmatische Frage ohne Entscheidungsrelevanz. Allerdings fügt sich nur die subjektive Rechtsgrundtheorie nahtlos in das System der Leistungskondiktion mit ihrem finalen Leistungsbegriff ein.** 257

198 Vgl. auch Löwenheim/Winckler, JuS 1983, 440.

199 Palandt, § 812, Rn. 6.

200 A.A. Schreiber, Jura 1993, S. 666, 667.

201 Vgl. unten Rn. 271 f.

## B. LK wegen späteren Wegfalles des Rechtsgrundes, § 812 I S. 2, 1.Alt. BGB

### I. Wichtige Beispiele: 258

- ⇨ Eintritt einer auflösenden Bedingung
- ⇨ Eintritt eines Endtermins
- ⇨ Vertragsaufhebung
- ⇨ Leistungen von nur vorläufiger Art
- ⇨ Widerruf vollzogener Schenkung nach §§ 530, 531 II BGB

***Bsp.:*** *V verkauft dem K einen Tank mit 1000 Liter Frankenwein unter der Bedingung, dass der Wein bei einem internationalen Wettbewerb nicht prämiert werden wird. Besitzverschaffung und Übereignung werden unbedingt vorgenommen. Kurz darauf wird der Wein tatsächlich als bester aller Konkurrenten prämiert.* 259

Hier ist die Bedingung eingetreten, damit ist nachträglich der Kaufvertrag unwirksam geworden. Daher liegt seit diesem Zeitpunkt kein Rechtsgrund für die Übereignung und Besitzverschaffung mehr vor. V kann gemäß § 812 I S. 2, 1.Alt. BGB kondizieren und so Rückübereignung und Besitzverschaffung verlangen.

### II. Anfechtung

*strittig: Anfechtung*

Streitig ist die Rückabwicklung im Fall einer Anfechtung:

*e.A.: Satz 1, 1.Alt.*

**1.** Eine Auffassung wendet hier wegen der Rückwirkung des § 142 I BGB den § 812 I S. 1, 1.Alt. BGB an, behandelt den Fall also so, als habe von Beginn an kein Rechtsgrund bestanden. 260

*a.A.: Satz 2, 1.Alt.*

**2.** Die Gegenmeinung will die Rückwirkung der Anfechtung hierfür nicht wirken lassen und wendet daher § 812 I S. 2, 1.Alt. BGB an. Begründung: Entscheidend sei, dass der Rechtsgrund rein tatsächlich bis zur Erklärung der Anfechtung bestanden habe. Außerdem sei anerkannt, dass die Rückwirkung der Anfechtung nicht ausnahmslos gelte (fehlerhaftes Arbeitsverhältnis, fehlerhafte Gesellschaft).[202] 261

*Bedeutung für § 814 BGB*

**3.** Bedeutung hat der Streit im Hinblick auf § 814 BGB, der nur für die Leistungskondiktion gemäß § 812 I S. 1, 1.Alt. BGB gilt.[203] Folgt man der Ansicht, die die Rückwirkung auch hierfür bejaht, scheint die Rückforderung ausgeschlossen, weil gemäß § 142 II BGB die Kenntnis der Anfechtbarkeit einer Kenntnis der Unwirksamkeit gleichgestellt wird. Das erscheint zumindest in den Fällen problematisch, in denen der Schuldner nicht der Anfechtungsberechtigte ist. Kennt er die Anfechtbarkeit, ändert das nichts daran, dass er zunächst zur Zahlung verpflichtet ist, wenn der Anfechtungsberechtigte noch nicht von seinem Anfechtungsrecht Gebrauch macht. 262

Da sich der Schuldner in diesen Fällen nicht der Zahlung entziehen kann, kann ihm auch nicht der Vorwurf widersprüchlichen Verhaltens gemacht werden, wenn er dann nach erfolgter Anfechtung Rückzahlung verlangt.

202 Palandt, § 812, Rn. 26.

203 Palandt, § 814, Rn. 1.

Selbst wenn man also hier § 812 I S. 1, 1.Alt. BGB anwenden will, so muss man dann doch wenigstens die Anwendbarkeit des § 814 BGB verneinen.

Grund: § 814 BGB ist eine Art Spezialfall des „venire contra factum proprium". Die Vorschrift kann nach ihrem Sinn und Zweck daher nicht eingreifen, wenn gar kein in sich widersprüchliches Verhalten vorliegt.[204]

**hemmer-Methode: Eine Erfüllung in Kenntnis der Anfechtbarkeit wird meist auf eine konkludente Bestätigung hinauslaufen, § 144 BGB.**

## III. Abgrenzung zu den Rücktrittsregeln

*Abgrenzung zu §§ 346 ff. BGB*

Grundsätzlich gelten für die Rückabwicklung nach Rücktritts- und Bereicherungsrecht die gleichen Prinzipien. Der Rücktrittsberechtigte soll auch dann zum Rücktritt berechtigt sein, wenn er zur Rückgewähr der empfangenen Leistungen außerstande ist. 263

Die Leistungskondiktion bleibt ebenfalls zulässig, wenn der zurückzugewährende Gegenstand beim Gläubiger untergegangen ist. Dieser muss sich i.R.d. Saldotheorie den Wert der untergegangenen Sache anrechnen lassen.

Diese „Rückabwicklung dem Wert nach" gilt auch beim Rücktritt, vgl. § 346 II Nr. 2, 3 BGB. Dennoch sind §§ 812 ff. BGB von §§ 346 ff. BGB zu trennen.

*Rücktritt vom Vertrag ⇨ §§ 346 ff. BGB*

**1.** Beim Rücktritt vom Vertrag gelten grundsätzlich die §§ 346 ff. BGB. Diese gelten sowohl für ein vertragliches als auch für ein gesetzliches Rücktrittsrecht, wobei bei letzterem die Privilegierung nach § 346 III Nr. 3 BGB zu berücksichtigen ist. Es entsteht ein Rückgewährschuldverhältnis. Die §§ 812 ff. BGB sind ausgeschlossen. 264

*Ausnahme: § 346 III S. 2 BGB*

**2. Beachte** im Fall der Privilegierungen nach § 346 III S. 1 BGB dann aber wieder die Ausnahme des § 346 III S. 2 BGB, der als Rechtsfolgenverweisung auf §§ 818 ff. BGB zu verstehen ist. 265

## IV. Zur Wiederholung: Abwicklung bei Fehlen bzw. Störung der GG

*Rechtsfolge bei Störung der GG grundsätzlich Anpassung*

**1.** Rechtsfolge der Störung der GG ist grundsätzlich nicht die Auflösung des Vertrages, sondern seine Anpassung an die veränderten Umstände, vgl. § 313 I BGB. 266

**2.** Allerdings gibt es Fälle, in denen eine völlige Rückabwicklung nötig wird. 267

*Problem: völlige Rückabwicklung*

> ***Bsp.:*** *Rückzahlungsanspruch des Leasingnehmers gegen den Leasinggeber, wenn die Geschäftsgrundlage des Leasingvertrages durch Rücktritt vom Kaufvertrag entfallen ist.*[205] 268
>
> Gemäß § 313 III BGB ist ein Rücktritt vom Vertrag möglich. Da hierfür keine Sondervorschriften bestehen, sind §§ 346 ff. BGB anzuwenden.

204 Vgl. unten bei § 814, Rn. 430 ff.

205 Vgl. oben Rn. 19.

### V. Familienrecht

*§ 812 I S. 2, 1.Alt. BGB nicht bei Scheidung*

Keine Anwendung kann § 812 I S. 2, 1.Alt. BGB grundsätzlich bei Ehescheidung oder beim Scheitern einer noch nicht geschiedenen Ehe finden. 269

*Zuwendungen während der Ehe*

Dies gilt insbesondere für während der Ehe gemachte Zuwendungen oder einen Rechtserwerb nach § 956 BGB. Die Ansprüche der Ehegatten untereinander regeln sich grundsätzlich nur nach den Vorschriften über den Zugewinnausgleich (sog. Ausschließlichkeitsgrundsatz).[206]

*Wegfall des Grundes für die Zukunft*

Unter Umständen kommt aber der Wegfall des rechtlichen Grundes für die Zukunft und damit § 812 I S. 2, 1.Alt. BGB in Betracht, so wenn ein Ehegatte eigene Mittel dem anderen zum Bau eines Familienhauses auf dessen Grundstück zugewendet hat.

Voraussetzung ist aber eine, wenn auch stillschweigende, auflösende Bedingung (Scheidung). Abzugrenzen sind diese Fälle stets von § 812 I S. 2, 2.Alt. BGB und Störung der GG.

Die Problematik ist die gleiche wie bei Gütertrennung und der nichtehelichen Lebensgemeinschaft.[207]

Unterscheiden Sie aber: Fallen die nach § 812 I S. 2, 1.Alt. BGB oder § 812 I S. 2, 2.Alt. BGB oder Störung der GG durch den einen Ehegatten zurückerhaltenen Mittel in den Zugewinnausgleich, so findet im Nachhinein der Ausgleich über §§ 1373 ff. BGB statt.

*unbenannte Zuwendungen*

Die Abwicklung „unbenannter Zuwendungen“ (Def.: allgemeine Zuwendungen unter Ehegatten, die der ehelichen Lebensgemeinschaft dienen sollen[208]) soll nach den Regeln über die Störung der GG erfolgen.[209]

**hemmer-Methode: Vergleichen Sie zu diesem wichtigen Überschneidungsbereich von Familienrecht und allgemeinem Vermögensrecht die ausführliche Darstellung bei Hemmer/Wüst/Gold, Familienrecht, Rn. 227 ff., 259 f.**

## C. Nichteintritt des mit der Leistung bezweckten Erfolges, § 812 I S. 2, 2.Alt. BGB

### I. Bestimmung des Zwecks i.S.d. § 812 I S. 2, 2.Alt. BGB

*e.A.: Beschränkung auf Leistung ohne vertragliche Verpflichtung*

Teilweise wird die condictio ob rem auf die Fälle beschränkt, in denen die Leistung nicht auf eine Verpflichtung hin erfolgt. Dann muss der Leistende etwas anderes beabsichtigen als die Erfüllung einer Verbindlichkeit. 270

> **Bsp.:** *Arbeiten am Haus der Tante ohne vertragliche Verpflichtung, um als Erbe eingesetzt zu werden.* 271
>
> **Bsp.:** *Errichtung eines Gebäudes durch Pächter in Erwartung späteren Erwerbs.[210] Voraussetzung ist aber stets eine tatsächliche Vereinbarung über den später fehlgeschlagenen Zweck. Der Umfang der Herausgabe beschränkt sich dann allerdings auf den tatsächlichen Wertzuwachs, welchen das Grundstück durch das Gebäude erfahren hat.*

---

206 Ausführlich Hemmer/Wüst/Gold, Familienrecht, Rn. 217 ff.

207 Vgl. unten Rn. 287.

208 Palandt, § 516, Rn. 10.

209 Vgl. Hemmer/Wüst/Gold, Familienrecht, Rn. 227 ff.

210 BGH, Life&Law 2013, 883 ff.

Konsequenz: Immer wenn ein Vertrag vorliegt, wird ein weiterer, über den Erfüllungszweck hinausgehender Zweck i.R.d. § 812 I S. 2, 2.Alt. BGB als bereicherungsrechtlich unbeachtlich angesehen. Entweder ist der bezweckte Erfolg Vertragsinhalt geworden, wodurch man häufig zur Anwendung von §§ 320 ff. BGB oder zur Annahme einer auflösenden Bedingung kommt, oder der Zweck ist nur gemeinsame Vorstellung der Parteien, wodurch man zur Störung der GG gelangt.

*Grd.: Zwitterstellung zwischen Vertrag und Störung der GG*

Für diese Meinung spricht, dass sie die Zwitterstellung des § 812 I S. 2, 2.Alt. BGB zwischen Vertrag und Störung der GG auf ein Minimum reduziert und damit eine klarere Struktur vorgibt.

*h.M.: auch neben Erfüllungsgrund möglich*

Nach h.M. ist es möglich, neben dem eigentlichen Erfüllungsgrund eine weitere causa zu schaffen (sog. „Anstaffelungstheorie“). 272

Für die h.M. spricht, dass es auf Grund der Vertragsfreiheit zulässig sein muss, gleichsam eine weitere causa zu vereinbaren, deren Nichteintritt (lediglich) die Kondiktion begründet. Im Gesetz ist die Beschränkung der condictio ob rem nicht geregelt. Vielmehr geht das Gesetz davon aus, dass es zwischen vertraglicher Bindung und Störung der GG etwas gibt, was nur zu § 812 BGB führt.

**hemmer-Methode: Es gibt keine schlagenden Argumente für die eine oder andere Meinung. Ergeben sich aber typische bereicherungsrechtliche Folgeprobleme aus dem Sachverhalt, wie Untergang der Sache oder aufgedrängte Bereicherung, so ist bei der Lösung § 812 I S. 2, 2.Alt. BGB zugrunde zu legen. Denken Sie nicht zu theoretisch, sondern klausurtaktisch.** 273

## II. Abgrenzung zu verwandten Rechtsinstituten

*aber: Zweck muss über bloße Erfüllung einer Verbindlichkeit hinausgehen*

**1.** Allerdings nimmt auch diese Meinung § 812 I S. 2, 2.Alt. BGB nur an, wenn es sich um einen Zweck handelt, der über den mit jeder Leistung notwendigerweise verfolgten Zweck hinausgeht.

Die *bloße Erfüllung einer Verbindlichkeit* ist dann also kein Zweck i.d.S.! Dieser Zweck ist ja bereits von § 812 I S. 1, 1.Alt. BGB erfasst.

*⇨ nicht lediglich Beweggrund*

**2.** Dagegen genügt es für § 812 I S. 2, 2.Alt. BGB nicht, dass die Zweckbestimmung lediglich der Beweggrund der Leistung geblieben ist. Das *bloße Motiv* ist nach der gesetzlichen Wertung unbeachtlich. Vielmehr muss nach dem Willen der Parteien eine tatsächliche Einigung als wesentlicher Teil ihrer Abmachungen gegeben sein.[211] Es fehlt beim bloßen Motiv die erforderliche Zweckvereinbarung. 274

*⇨ Nichterzwingbarkeit des Erfolges notwendig*

**3.** Ferner darf nach dieser Meinung nicht Zweck der Leistung sein, den Empfänger zu einer *rechtlich erzwingbaren Gegenleistung* zu veranlassen. Für diesen Fall sind die §§ 320 ff. BGB Spezialregelungen. § 812 I S. 2, 2.Alt. BGB zeichnet sich gerade durch die Nichterzwingbarkeit des angestrebten Erfolges aus. 275

**4.** Bei der Störung *der Geschäftsgrundlage* darf der verfehlte Zweck nur ein „vorausgesetzter“, nicht ein „vereinbarter“ sein.

211 Palandt, § 812, Rn. 30.

*Bsp.: Ehemann M überträgt sein Vermögen an seine Ehefrau F, um es vor dem Zugriff seiner Gläubiger zu sichern. Später wird die Ehe geschieden.* 276

Das RG[212] hat hier § 812 I S. 2, 2.Alt. BGB abgelehnt, weil die Leistung des M an die F nicht im Hinblick auf eine Zweckvereinbarung erfolgte. Zu lösen war der Fall dann über die Grundsätze von der Störung der GG.

Aber aufpassen: Selbst dies kann heute nicht ausnahmslos gelten, weil die Ausgleichsregelungen der §§ 1372 ff. BGB grundsätzlich vorgehen und dort ja gerade auch für Schenkungen unter Ehegatten Sonderregeln bestehen. Allerdings wird man bei Gütertrennung wohl in Einzelfällen (!) mit der Störung der GG arbeiten können. In den meisten Fällen wird es aber auch an deren Voraussetzungen fehlen, vor allem wegen der bewussten Risikoverteilung innerhalb der jeweiligen Ehe.

*⇨ kein Zweck aus gesetzlicher Bestimmung*

**5.** Sonderproblem: Dass der Zweck Inhalt der Einigung der Parteien sein muss, heißt andererseits, dass er sich nicht schon von selbst aus einer *gesetzlichen Bestimmung* ergeben darf, ohne dass weitere Vereinbarungen vorliegen. 277

*Bsp.:[213] S ist in dem Betrieb des A beschäftigt. A erfährt nun, dass der S während seines Sommerurlaubs in dem Betrieb des B (andere Branche) gearbeitet hat. Er (A) verlangt das gezahlte Urlaubsentgelt zurück.* 278

**a)** Das BAG prüfte zunächst die Anspruchsgrundlage § 812 I S. 1, 1.Alt. BGB i.V.m. § 134 BGB, lehnte diese aber ab.

*§ 8 BUrlG kein Gesetz i.S.v. § 134 BGB*

Nach BAG ist § 8 BUrlG, gegen den verstoßen wurde, kein Verbotsgesetz i.S.d. § 134 BGB; die Nichtigkeit ist nicht gewollt, weil keine passende Folge besteht. Die Erholung kann bei Anwendung dieser Vorschrift auch nicht wieder gesichert werden. Nur dies aber ist der Zweck des § 8 BUrlG.

Denkbar wäre wohl überhaupt auch nur eine Nichtigkeit des zweiten – vertragswidrigen – Arbeitsverhältnisses, nicht des Hauptarbeitsverhältnisses. Das würde dem A hier dann auch nichts nützen!

*§ 812 I S. 2, 2.Alt. BGB (-)*

**b)** Daher hatte das BAG nun als zweite mögliche Anspruchsgrundlage § 812 I S. 2, 2.Alt. BGB (Zweckkondiktion) zu prüfen. Mögliche Begründung wäre, dass der Zweck des vom Arbeitgeber gewährten Urlaubs (Erholung) nicht eingetreten sei.[214]

Dies lehnt das BAG ab: § 812 I S. 2, 2.Alt. BGB erfordert nach allgemeinen Grundsätzen eine tatsächliche Einigung der Parteien über den Zweck als Inhalt ihres Rechtsgeschäftes. Hier aber ist dies nicht der Fall, denn den Zweck des Urlaubs bestimmt das Gesetz selbst in § 8 BUrlG, nicht die Parteien!

Ergebnis daher: Kein Zahlungsanspruch des Arbeitgebers. (Statt dessen bei schwerwiegendem Verstoß evtl. Kündigungsgrund).

## III. Abgrenzung zu § 812 I S. 2, 1.Alt. BGB

*keine auflösende Bedingung*

**1.** Um die Zweckkondiktion § 812 I S. 2, 2.Alt. BGB anwenden zu können, darf es sich andererseits aber auch nicht um eine auflösende Bedingung handeln. Dann würde § 812 I S. 2, 1.Alt. BGB eingreifen. 279

*Frage des Parteiwillens*

**2.** Ob die Parteien wirklich eine auflösende Bedingung gewollt haben, ist letztlich Frage der Auslegung des Einzelfalles. Man muss also den Willen der Parteien in der Klausur genau prüfen.

212 RGZ 168, 249.

213 BAG, NJW 1988, 2757.

214 BAG, NJW 1973, 1995.

Dabei sollte man sich an folgender Richtschnur (Auslegungshilfe) orientieren: Bei einer Zweckkondiktion vertrauen die Parteien auf den Erfolgseintritt. Bei einer Bedingung zweifeln sie gerade daran, ob das Rechtsgeschäft auch wirklich endgültig durchgeführt wird.

## IV. Fallgruppen des § 812 I S. 2, 2.Alt. BGB

*Fallgruppen*

Es bleiben einige Fallgruppen, die im Detail allerdings nicht unumstritten sind. 280

*Austauschvertrag mit interner causa*

**(1)** Austauschverträge, die mit einem weiteren Zweck, quasi einer internen causa verknüpft sind.[215]

*unentgeltliche Leistungen*

**(2)** Unentgeltliche Leistungen, die mit der Erwartung an ein bestimmtes nicht geschuldetes Verhalten des Empfängers verbunden sind.

*Vorleistungen*

**(3)** Vorleistungen im Hinblick auf ein in Aussicht genommenes Rechtsverhältnis.

*e.A.: Verwendungsfälle*

Eine teilweise angeführte vierte Fallgruppe, die sog. Verwendungsfälle (also Leistungen, die in bestimmter Weise verwendet werden sollen), kann hierbei vernachlässigt werden. Selbst diejenigen, die dies als eigene Fallgruppe anführen, gehen davon aus, dass ihr wohl keine praktische Bedeutung zukommt.

### 1. Fallgruppe (1):

*interne causa als weiterer Erfolg notwendig*

Auszugehen ist davon, dass bei gegenseitigen Verträgen die Nichterfüllung des einen Teils dem anderen Teil grundsätzlich keinen Bereicherungsanspruch gibt. Denn hier greifen die §§ 320 ff. BGB ein. 281

Also muss über die Gegenleistung hinaus ein weiterer Erfolg bezweckt und als vereinbart anzusehen sein.

*Erbeinsetzung*

***Bsp. 1:*** *A hatte von seiner Tante T ein Grundstück gepachtet. Ihm wurde gestattet, auf diesem Grundstück einen Anbau an das auf dem Nachbargrundstück stehende Haus zu errichten. Kurz darauf errichtete die T ein Testament, in dem der A zum Alleinerben eingesetzt wurde.* 282

*Daraufhin errichtete A den Anbau auf eigene Kosten. Die T hatte erkannt, dass der A diese Baumaßnahme deswegen vornahm, weil er davon ausging, eines Tages das Grundstück zu erben. T unternahm nichts dagegen. Nach einem Zerwürfnis zwischen A und T wurde der A von der T noch kurz vor ihrem Tod enterbt. A verlangt nun vom Erben E der T für die Wertsteigerung des bebauten Grundstückes Ersatz gemäß § 812 I S. 2, 2.Alt. BGB.*

**a)** Weiter gehender Zweck über die gegenseitigen Vereinbarungen des Pachtvertrages hinaus könnte die erwartete Erbeinsetzung bzw. Aufrechterhaltung des Testaments des A durch T gewesen sein.

**b)** Problematisch war an diesem Fall aber vor allem, ob dieser Zweck auch von einer Einigung der Parteien erfasst worden war.

Der BGH[216] hat dies und damit den Anspruch aus § 812 I S. 2, 2.Alt. BGB bejaht.

*nicht bloß einseitige Erwartung*

Über diesen Erfolg des künftigen Eigentums sei hier eine Einigung zwischen A und T gegeben gewesen. Es handele sich nicht bloß um eine einseitige Erwartung (Motiv) des Leistenden, die nach allgemeiner Ansicht nicht genügt.

---

215 Argumente für die h.M. vgl. oben Rn. 272.

216 BGHZ 44, 321 = NJW 1966, 540.

*Umstände des Einzelfalls*

Ob eine Willenseinigung vorliegt, sei nach den Umständen des Einzelfalles zu ermitteln. Diese Einigung müsse nicht ausdrücklich erklärt werden, sondern kann auch stillschweigend zustande kommen.

Eine solche stillschweigende Einigung sei insbesondere dann anzunehmen, wenn der eine Teil mit seiner Leistung einen bestimmten Erfolg bezweckt, der andere dies erkennt und durch die Annahme zu verstehen gibt, dass er die Zweckbestimmung billigt. Wolle der Empfänger die Leistung nicht unter der ihm bekannten Voraussetzung annehmen, so müsse er dies sagen; andernfalls würden Treu und Glauben es verlangen, dass sein Verhalten als Einverständnis gewertet wird.

*auch stillschweigendes Einverständnis*

Hier sah der BGH ein solches stillschweigendes Einverständnis als gegeben an. Nach dem BGH war der Anspruch aus § 812 I S. 2, 2.Alt. BGB begründet.

**c)** Kritisch hierzu Medicus:[217]

*e.A.: Zweckkondiktion als Sonderfall der LK ⇨ Leistung Voraussetzung*

Die Errichtung des Gebäudes sei keine Leistung des A gegenüber der T gewesen, da er das Haus alleine nutzen wollte und daher keinen Zweck gegenüber der T verfolgte. Da die Zweckkondiktion aber ein Sonderfall der Leistungskondiktion ist, setze sie eine Leistung voraus. Konsequenterweise müsste sie hier ausscheiden.

Weiterhin habe der A mit der Errichtung des Gebäudes nicht die Erbeinsetzung bezweckt. Deswegen könne er allenfalls die Testamentskosten kondizieren. Nur diese habe er übernommen, um die Erbeinsetzung zu erreichen.

*gegen Medicus: Leistung obj. (+)*

Medicus übersieht jedoch, dass eine Leistung gegenüber der Erblasserin vorliegt, da ihr das Haus wegen der fehlenden Sonderrechtsfähigkeit desselben zugutekommt. Nur so kann auch die Tante, als objektiver Empfänger, die Leistung verstehen (§§ 133, 157 BGB analog). Der von A bezweckte Erfolg war zumindest auch die Aufrechterhaltung des Testaments, so dass der Ansicht des BGH gefolgt werden kann (beachte weiteres Problem der aufgedrängten Bereicherung – auf wessen Sicht ist dabei abzustellen?).

*krähender Hahn*

***Bsp. 2:*** *A hat sich schon seit Wochen über den lauten Hahn seines Nachbarn N geärgert, den dieser als reines Haustier hält. Er bietet daher dem N einen weit überhöhten Kaufpreis für den Hahn (400 € statt der angemessenen 100 €) und lässt ihn schlachten.* **283**

*Als sich der N eine Woche später für 100 € einen neuen, ebenso lauten Hahn zulegt, meint der A, dass N nun wenigstens 300 € zu viel gezahlten Kaufpreis zurückgeben müsse.*

Hier liegt ein gegenseitiger Vertrag vor, nämlich ein Kaufvertrag. Dieser ist auch wirksam, so dass § 812 I S. 1, 1.Alt. BGB nicht in Frage kommt.

*Zahlung von überhöhtem Preis*

Allerdings kann man von der Einigung über einen über die bloße Erfüllung hinausgehenden Zweck ausgehen. Dieser Zweck besteht im Nichtvorhandensein eines solch lautstarken Hahnes auf dem Nachbargrundstück.

Aufgrund der Zahlung eines derart überhöhten Preises hat der N auch erkennen können, worum es dem A ging. Auch ohne ausdrückliche Vereinbarung liegt hier also eine Einigung vor, nämlich eine stillschweigende. Die Umstände dieses Einzelfalles ergeben mehr als ein bloßes einseitiges Motiv des A.

*Erfolg nicht eingetreten*

Da der bezweckte Erfolg durch den Kauf des neuen Hahnes nicht eingetreten ist, ist der Anspruch auch begründet.

217 Medicus, BR, Rn. 693.

## 2. Fallgruppe (2):

*unentgeltliche Zuwendung von Gegenständen*

284 *Bsp. 1: A lässt seiner kranken Tante T während ihrer letzten Jahre ständig unentgeltlich Gegenstände aus seinem orthopädischen Geschäft zukommen, wobei beide davon ausgehen, dass der A später das gesamte Vermögen der T als ihr scheinbar einziger Erbe bekommen soll. Nach dem Tod der T wird ein Testament der T zugunsten der E gefunden, an dessen Existenz die T nicht mehr gedacht hatte. A verlangt nun Herausgabe der Gegenstände von E.*

E ist Erbin der T, also haftet sie für Verbindlichkeiten nach § 1967 BGB. Fraglich ist nur, ob ein solcher Anspruch besteht.

*§ 812 I S. 1, 1.Alt. BGB (-)*

Eine Kondiktion nach § 812 I S. 1, 1.Alt. BGB scheidet hier aus, weil für eine Unwirksamkeit des Schenkungsvertrages zugunsten der T nichts ersichtlich ist.

Allerdings kann eine Kondiktion nach § 812 I S. 2, 2.Alt. BGB in Frage kommen.

Es liegt kein gegenseitiger Vertrag vor, weil sich die T nicht zu einer Erbeinsetzung als Gegenleistung verpflichtet hat.

*Erbeinsetzung als Zweck*

Allerdings gingen beide Seiten davon aus, dass die Leistung dieser Gegenstände nur deswegen unentgeltlich erfolgte, weil der A mit der späteren Erbeinsetzung rechnete. Die Erbeinsetzung wurde also als Zweckvereinbarung in Aussicht gestellt. Also war dies bezweckter Erfolg i.S.d. § 812 I S. 2, 2.Alt. BGB.

*⇨ § 812 I S. 2, 2.Alt. BGB (+)*

Der Herausgabeanspruch (gegen den Erben) gemäß § 812 I S. 2, 2.Alt. BGB ist dann gegeben.

*anders, wenn gegenseit. Vertrag*

285 Anders liegt der Fall, wenn Erbeinsetzung und z.B. Dienstleistung als gegenseitiger Vertrag (atyp. Dienstvertrag) vereinbart wurden. Dieser ist nach § 2302 BGB unwirksam. Es gelten dann aber nicht die Grundsätze des Bereicherungsrechts, sondern die des fehlerhaften Dienstvertrages.[218]

*nicht bei einmaligen Geschenken, da i.d.R. bloß einseitiges Motiv*

Macht A der T aber nur ein „großzügiges" Geschenk in Erwartung der späteren Erbeinsetzung, so ist i.d.R. nicht von einer Einigung auszugehen. Bei einmaligen oder in wenigen Fällen vorgenommenen Schenkungen liegt es fern, hier ein konkludentes Einverständnis mit dem vom Leistenden bezweckten Erfolg anzunehmen.

In solchen Fällen liegt ein bloß einseitiges Motiv vor, dessen Nichteintritt für die Anwendung des § 812 I S. 2, 2.Alt. BGB nicht ausreicht.

*Abgrenzung: bedingte Schenkung*

Weitere Abgrenzung: Ergibt allerdings die Auslegung im Einzelfall, dass es sich nicht um eine Zweckschenkung, sondern um eine bedingte Schenkung gehandelt hat, dann ist nachträglich der Rechtsgrund entfallen. Es handelt sich dann wieder um einen Fall des § 812 I S. 2, 1.Alt. BGB.

*Ersatz für geleistete Dienste*

286 *Bsp. 2: M und F haben sich verlobt. Kurz nach der Verlobung gibt die F ihre Arbeitsstelle auf, um unentgeltlich bei M mitzuarbeiten und diesem so den Aufbau seines eigenen Betriebes zu ermöglichen. Als die Eheschließung schließlich scheitert, weil der M eine neue Geliebte hat, will die F Ersatz für die im Betrieb geleisteten Dienste.*[219]

*Anspruch aus Gesellschafts- oder Arbeitsvertrag (-)*

Hier käme zunächst einmal ein Anspruch aus einem konkludent geschlossenen Arbeitsvertrag in Betracht. Ob ein solcher vorliegt, ist durch Auslegung der Umstände des Einzelfalles zu klären. War man sich – wovon hier nun ausgegangen werden soll – über die Unentgeltlichkeit einig, scheidet ein solcher Anspruch (i.V.m. § 612 BGB) aus.

218 Vgl. oben Rn. 21 ff.

219 Vgl. OLG Stuttgart, NJW 1977, 1779.

Ein Anspruch aus einem konkludent geschlossenen Gesellschaftsvertrag scheidet ebenfalls aus. Zwar besteht hier ein von beiden gemeinsam verfolgter Zweck, der über den typischen Rahmen der nichtehelichen Lebensgemeinschaft hinausgeht, nämlich der Aufbau eines Betriebs.

Doch fehlt es hier an einer gleichrangigen Tätigkeit der F. Die F sollte hier nur unterstützende Tätigkeit leisten. Aus diesem Grund kann eine Gesellschaft nicht angenommen werden.

*aber § 812 I S. 2, 2.Alt. BGB*

Allerdings ergibt sich dann ein Anspruch aus § 812 I S. 2, 2.Alt. BGB, der gemäß § 818 II BGB auf den objektiven Wert geht. Man kann eine – zumindest tatsächliche – Einigung der Verlobten über den Zweck der Tätigkeit (Aufbau eines Betriebes als Grundlage gemeinsamer Lebensführung) annehmen. In der Klausur müssen Sie dann dazu Stellung nehmen, dass verwandte Rechtsinstitute, wie § 812 I S. 2, 1.Alt. BGB und Störung der GG, entfallen.

***Bsp. 3:***[220] *Steuerberater S finanziert einem bei ihm beschäftigten Mitarbeiter M eine Ausbildung zum Steuerberater. Er erhofft sich dadurch einzig und allein, dass der Mitarbeiter nach Erlangung der entsprechenden Qualifikation mit ihm in Sozietät verbindet. Nach Abschluss der Ausbildung und Erlangung der Qualifikation macht der Mitarbeiter ein eigenes Steuerbüro auf. S verlangt die Bezahlung der Ausbildungskosten. Zu Recht?* ***286a***

S war zu den gegenüber M erbrachten Leistungen nicht verpflichtet. Für M war offenkundig, dass S mit der Finanzierung der Ausbildung den Zweck verfolgte, eine Steuerberatungsgesellschaft zu gründen.

Andere Beweggründe sind nicht ersichtlich. Auch hat M zu keinem Zeitpunkt klargemacht, dass er dieser für ihn erkennbaren Erwartung nicht entsprechen werde. Es kam demnach keinen Zweifel über die offensichtliche Zielsetzung der Vereinbarung.

Da dieser Zweck verfehlt wurde, ist der Anspruch aus § 812 I S. 2.Alt. 2 BGB gegeben.

**hemmer-Methode: Häufig wird in solchen Situationen eine vertraglichen Vereinbarung getroffen (und nicht nur eine außervertragliche, dann § 812 I S. 2 Alt. 2 BGB). Dann kann Rückzahlung u.U. unmittelbar aus Vertrag verlangt werden. Ist der Zweck indes nicht einmal vereinbart worden, sondern lediglich vorausgesetzt, kommt allenfalls § 313 BGB in Betracht.**
**Der BGH prüft in obiger Entscheidung zunächst Ansprüche aus Vertrag, verneint diese aber zutreffend, da sich aus dem Mitarbeitervertrag (Arbeitsvertrag) kein übereinstimmender Wille herleiten ließ, der eine entsprechende Vereinbarung getragen hätte. Der Fall eignet sich sehr gut, das Verhältnis von § 812 I S. 2 Alt. 2 BGB zu anderen Anspruchsgrundlagen aufzuarbeiten!**

*mitfinanzierter Pkw*

***Bsp. 4:*** *Nachdem der A und die B 5 Jahre lang in nichtehelicher Lebensgemeinschaft (neLG) zusammengelebt haben, verlässt A die B. B will nun von A einen Ausgleich dafür, dass sie den PKW des A, den dieser zu seiner beruflichen Tätigkeit benötigte, in Höhe von 10.000 € mitfinanziert hat. Sie habe das nur deshalb getan, weil A versprochen hat, bei ihr zu bleiben. Ansprüche der B?* ***287***

Anspruch aus §§ 525, 527 I, 323, 818 ff. BGB?

*Schenkung (-)*

Fraglich ist schon, ob überhaupt eine echte Schenkung vorliegt. Diese setzt Unentgeltlichkeit der Zuwendung voraus. Innerhalb einer neLG werden aber finanzielle Zuwendungen i.d.R. deshalb gemacht, damit auch der andere seinen Teil zur gemeinsamen Lebensführung beiträgt. Es handelt sich daher hier um eine so genannte unbenannte Zuwendung, die keine Schenkung i.S.d. § 516 BGB darstellt.[221]

220 Nach BGH, NJW 2004, 514 = Life&Law 2004, 283 ff.

221 Palandt, Einf. v. § 1353, Rn. 37.

*mit Auflösung muss gerechnet werden*

Aus dem oben genannten Grund entfällt auch ein Anspruch aus §§ 530, 531 II, 812 I S. 2, 1.Alt. BGB. Darüber hinaus wird die Auflösung der neLG allein nicht als Widerrufsgrund anerkannt, da mit der Auflösung jederzeit gerechnet werden muss.

Anspruch aus § 488 I, III BGB?

*§ 488 I, III BGB*

Dafür fehlt es an einer entsprechenden vertraglichen Einigung. A war mit dem von B mitfinanzierten PKW beruflich tätig und verdiente so den gemeinsamen Lebensunterhalt.

Bei Leistungen aber, die der gemeinsamen Lebensführung dienen, kann nicht angenommen werden, dass diese nach Beendigung der LG vollständig von dem Empfänger zurückgewährt werden sollen.[222]

Anspruch aus §§ 1298, 1301 BGB analog?

*§§ 1298, 1301 BGB analog (-)*

Eine Analogie zu diesen Vorschriften ist nicht möglich, da es an einer vergleichbaren Interessenlagen fehlt. Bei der neLG liegt gerade kein Eheversprechen vor und es fehlt ein entsprechender Wille sich zu binden.

*§§ 730 ff. BGB analog?*

Der BGH bejaht unter bestimmten Voraussetzungen einen Anspruch aus §§ 730 ff. BGB analog.

Analog deshalb, weil hier keine Außengesellschaft, sondern allenfalls eine Innengesellschaft vorliegen kann, d.h. es besteht kein Gesamthandsvermögen; die Beteiligten sind untereinander lediglich schuldrechtlich so zu stellen, als läge eine Außengesellschaft vor.[223]

*in neLG grds (-)*

Grundsätzlich fehlt den Partnern einer neLG jedoch der Wille, sich rechtlich zu binden. Dies zeigt sich gerade an der Weigerung, eine Ehe einzugehen und die daraus folgenden rechtlichen Bindungen auf sich zu nehmen.

Nur dann, wenn die Partner einen Vermögensgegenstand erworben haben, der von ihnen nicht nur gemeinschaftlich genutzt werden, sondern der ihnen auch gemeinsam gehören soll, kann ein (konkludent geschlossener) Gesellschaftsvertrag angenommen werden.[224]

Bei – wie in diesem Fall – bloß finanzieller Beteiligung ist diese Voraussetzung i.d.R. nicht gegeben.[225]

*§§ 749, 753, 1233 BGB (-)*

Ein Anspruch aus §§ 749 I, 753 I S. 1, 1233 ff. BGB kommt in Betracht, wenn eine Sache zu Miteigentum erworben wurde. Dafür ist hier jedoch nichts ersichtlich.

**hemmer-Methode: Denken Sie in solchen Fällen aber auch an § 1006 I S. 1 BGB, der für den Fall des Mitbesitzes zu einer Vermutung von Miteigentum i.S.d. § 1008 BGB führt. Für die Höhe der Anteile gilt dann § 742 BGB.**

*§ 812 I S. 1, 1.Alt. BGB?*

Anspruch aus § 812 I S. 1, 1.Alt. BGB

Geht man von einer subjektiven Rechtsgrundauffassung aus,[226] mit der Folge, dass die nichteheliche Lebensgemeinschaft ein Rechtsgrund sein kann, so scheidet § 812 I S. 1, 1.Alt. BGB aus.

*neLG kein Rechtsgrund*

Geht man aber davon aus, dass es nur darauf ankommt, ob objektiv ein Rechtsgrund vorliegt, kann man hier das Fehlen eines Rechtsgrundes annehmen: die neLG kann für sich nicht als Rechtsgrund i.d.S. angesehen werden.

222 Krause, JuS 89, 458.

223 Palandt, § 516, Rn. 10.

224 BGHZ 77, 55; Krause, JuS 89, 457.

225 Beachten Sie aber, dass der BGH einen über die Lebensgemeinschaft hinausgehenden Zweck - anders als bei der Ehe - nicht als zwingend ansieht, Life&Law 2008, 227 ff. Aber es werden strenge Voraussetzungen an einen konkludenten Vertragsschluss gestellt.

226 Siehe oben Rn. 250.

*aber § 814 BGB*

Der Anspruch scheitert jedenfalls spätestens an § 814 BGB: Die B wusste, dass sie nicht zur Leistung verpflichtet war.

*§ 812 I S. 2, 1.Alt. BGB (-), da Bedingung (-)*

Ein Anspruch aus § 812 I S. 2, 1.Alt. BGB scheitert daran, dass die Parteien keine auflösende Bedingung (§ 158 II BGB) vereinbart haben. Bei der Bedingung zweifeln die Parteien an der Zweckerreichung, dagegen vertrauen sie bei der Zweckbestimmung i.S.d. § 812 I S. 2, 2.Alt. BGB darauf. A und B vertrauten hier aber auf den Fortbestand ihrer Lebensgemeinschaft.

Anspruch aus § 812 I S. 2, 2.Alt. BGB

Vor dem Hintergrund, dass der BGH an eine konkludente Abgabe von Willenserklärungen gerichtet auf den Abschluss eines Gesellschaftsvertrages strenge Anforderungen stellt (s.o.)., soll nach neuer Rechtsprechung von einer tatsächlichen Einigung, welche für § 812 I S. 2, Alt. 2 BGB erforderlich ist, eher auszugehen sein, wenn die Partner gemeinsame Vermögenswerte schaffen wollen.[227]

*§ 812 I S. 2, 2.Alt. BGB?*

Abgrenzung zur Störung der GG: Bei der GG handelt es sich um Zweckvorstellungen, die vorausgesetzt, aber weder rechtlich (dann ggfs. GbR) noch tatsächlich (dann ggfs. § 812 I S. 2 Alt. 2 BGB) vereinbart werden (**die Abgrenzung im Einzelfall ist freilich schwierig und nicht immer eindeutig durchführbar; nicht selten nimmt der BGH die Abgrenzung gar nicht vor und „stürzt sich" direkt auf § 313 BGB**[228]).

*nach BGH jetzt zwar möglich, aber vorliegend wohl (-)*

Ein über das bloße Führen der Lebensgemeinschaft auf unbestimmte Dauer (dieser Zweck wurde erreicht) hinausgehender Zweck ist vorliegend nicht gegeben.

*Störung der GG (+) da Vereinbarung*

Damit wäre es denkbar, einen Anspruch aus § 313 I BGB herzuleiten. Bislang hat sich der BGH bei der nicht-ehelichen Lebensgemeinschaft geweigert, einen Vertragsschluss anzunehmen, weil die Parteien sich gerade nicht binden wollten. Allerdings hat er sich davon mittlerweile gelöst und geht auch den Weg über § 313 I BGB. Die Parteien schließen einen familienrechtlichen Kooperationsvertrag, dessen Grundlage das Fortbestehen der Beziehung ist. Fällt diese Beziehung weg, ändern sich die Umstände. Allerdings kann eine Ersatzmöglichkeit nur bestehen, wenn die Aufwendungen über das hinausgehen, was das tägliche Zusammenleben erfordert.[229] Davon dürfte bei der vorliegenden Größenordnung der Zuwendung auszugehen sein. In Abzug zu bringen ist allerdings der Vorteil, den auch der ausgleichsberechtigte Partner durch die Zuwendung erlangt hat.

### 3. Fallgruppe (3):

*Vorleistungen Schuldschein*

***Bsp. 1:** Hingabe einer Quittung oder eines Schuldscheines in der Erwartung einer Zahlung, die dann aber doch unterbleibt.* **288**

In diesem Fall hat das RG[230] den Anspruch auf Rückgabe des Schuldscheines aus § 812 I S. 2, 2.Alt. BGB bejaht.

*Bauarbeiten ohne Vertragsschluss*

***Bsp. 2:** Bauunternehmer B beginnt nach Vorbesprechungen mit dem Bauherrn H mit den Bauarbeiten; es kommt dann aber nicht zum Vertragsschluss.* **289**

Auch hier kann gemäß §§ 812 I S. 2, 2.Alt., 818 II BGB Wertersatz verlangt werden (wenn nicht § 815, 2.Alt. BGB entgegensteht). Allerdings ist immer zu prüfen, ob die Erwartung nicht selbst schon Gegenstand der vertraglichen Vereinbarung geworden ist. Dann würde Vertragsrecht vorgehen.

227 BGH, Life&Law 2008, 719 ff.

228 So auch in der Entscheidung Life&Law 2014, 26 ff.; hier wurden Darlehensraten für das im Alleineigentum eines Partners befindlichen Hauses vom Konto dieses Partners gezahlt, wobei das Gehalt des anderen Partners auch auf dieses Konto floss. Der BGH bejaht einen Anspruch nur dann, wenn mehr gezahlt wird, als die typische Miete. Wird nicht mehr gezahlt, verwirklicht sich letztlich nur die Lebensgemeinschaft, ohne dass der andere dauerhafte Vermögensvorteile verbuchen kann.

229 BGH Life&Law 2008, 719 ff.; im entschiedenen Fall wurde ein Haus gebaut. Die Frau war Architektin und hatte den Bau fachmännisch begleitet.

230 JW 1909, 415.

*Anzahlung bei nichtigem Grundstückskauf*

*Bsp. 3: V und K schließen einen notariellen Kaufvertrag über ein Grundstück, geben aber bewusst zur Steuerersparnis einen geringeren Kaufpreis an. Beide erwarten, dass es zur Auflassung und Grundbucheintragung kommen wird und gehen auch davon aus, dass der K später den wirklich gewollten Betrag zahlen wird. K leistet in dieser Erwartung eine Anzahlung. Nach dem Entstehen von Streitigkeiten aber scheitert die weitere Durchführung des Geschäftes. K will seine Anzahlung zurück.*[231] 290

*KV (-), da §§ 311b, 125 BGB*

Hier fehlte es zunächst an einem Rechtsgrund, weil der gewollte Kaufvertrag an §§ 311b I S. 1, 125 BGB scheitert, der andere (notariell beurkundete) als Scheingeschäft gemäß § 117 I BGB nichtig ist.

*auch Leistung (-)*

Es handelt sich jedoch nicht um eine Leistung i.S.d. § 812 I S. 1, 1.Alt. BGB. Die Parteien wussten von der Nichtigkeit, deswegen passt § 812 I S. 1, 1.Alt. BGB (solvendi causa) nicht. Bei diesem wäre im Übrigen § 814 BGB problematisch.

*⇨ § 812 I S. 2, 2.Alt. BGB*

Der Rückforderungsanspruch ergibt sich aus § 812 I S. 2, 2.Alt. BGB: Zweck i.d.S. ist die spätere Heilung des (wirklich gewollten) Kaufvertrages gemäß § 311b I S. 2 BGB. Problematisch ist in solchen Fällen dann häufig § 815, 2.Alt. BGB.[232]

**hemmer-Methode: § 812 I S. 2, 2.Alt. BGB ist wegen seiner Abgrenzungsprobleme besonders examensrelevant.** 291
**Examensklausuren sind im Regelfall kritische Grenzfälle. Da § 812 I S. 2, 2.Alt. BGB zwischen vertraglicher Vereinbarung im Sinne eines gegenseitigen Vertrags und Störung der Geschäftsgrundlage liegt, hat § 812 I S. 2, 2.Alt. BGB einen kritischen Anwendungsbereich. Es stellt sich die Frage, wann diese Zweckvereinbarung vorliegt bzw. was dafür genügt.**
**Wir wiederholen wegen der Wichtigkeit: Gibt der Sachverhalt noch weitere Hinweise auf Bereicherungsrecht, wie z.B. Untergang bzw. Verschlechterung der Sache (Saldotheorie), oder der Bereicherte kann mit der Bereicherung nichts anfangen (aufgedrängte Bereicherung), so spricht dies als Indiz für die Anwendung des § 812 I S. 2, 2.Alt. BGB.**
**Anders ist es, wenn eine Vertragsanpassung die in Betracht kommende Rechtsfolge darstellt.**

## D. Die Regelung des § 813 BGB

### I. Anwendungsbereich:

*§ 813 BGB nur für § 812 I S. 1, 1.Alt. BGB*

§ 813 BGB erweitert nur den Anwendungsbereich der Kondiktion wegen Nichtschuld (§ 812 I S. 1, 1.Alt. BGB), nicht auch den von anderen Leistungskondiktionstatbeständen. 292

Der Leistende, dem gegenüber zwar eine Forderung besteht, deren Geltendmachung aber eine dauernde Einrede entgegenstand, kann nach § 813 BGB kondizieren.

### II. Dauernde Einreden

*nur dauernde Einreden*

§ 813 BGB gilt nur für dauernde Einreden, etwa § 821 BGB oder § 853 BGB. Vorübergehende Einreden (etwa § 320 BGB oder § 273 BGB) reichen nicht. Besteht eine dauernde Einrede, soll über § 813 BGB i.V.m. § 812 I S. 1, 1.Alt. BGB die Rückforderung genauso möglich sein, als habe überhaupt kein Rechtsgrund vorgelegen.

**hemmer-Methode: Als dauernde (peremptorische) Einreden i.S.d. § 813 BGB kommen insbesondere diejenigen aus §§ 242, 821, 853, 1166, 1973, 1975, 1990, 2083, 2345 BGB in Betracht.** 293

231 Vgl. BGH, NJW 1952, 144 und zuletzt Life&Law 12/1999, 770.

232 Zu diesem unten Rn. 442.

## III. Ausnahme des § 813 I S. 2 BGB

*Ausnahme: § 813 I S. 2 BGB*

§ 813 I S. 2 BGB ist wiederum eine Ausnahme hiervon: Obwohl die Verjährung gemäß § 214 I BGB eine dauernde Einrede ist, ist hier keine Kondiktion möglich. 294

Dies ergibt sich durch die ausdrückliche Verweisung auf § 214 II BGB, die klarstellt, dass § 813 BGB als Vorschrift des besonderen Schuldrechts der eigentlich allgemeineren Vorschrift des § 214 II BGB nicht vorgehen soll.

Wer auf eine verjährte Forderung gezahlt hat, kann seine Zahlung also nicht zurückverlangen.

**hemmer-Methode: Beachten Sie auch die entsprechende Anwendbarkeit des § 214 II BGB im Fall des § 218 BGB, vgl. § 218 II BGB. Ist ein Rücktritt nach § 218 I BGB unwirksam, werden die Leistungen nach §§ 346 ff. BGB mangels Rückgewährverhältnis rechtsgrundlos erbracht. Aufgrund der entsprechenden Anwendbarkeit des § 214 II BGB sind sie dennoch nicht kondizierbar.**

## IV. Sonstige Nichtanwendbarkeit des § 813 BGB

*sonstige Nichtanwendbarkeit*

**Zu beachten** sind einige weitere Fallgestaltungen, bei denen § 813 I S. 1 BGB nicht eingreift: 295

*nicht bei § 438 IV S. 2 BGB*

**1.** § 438 IV S. 2 BGB. Die Mängeleinrede ist auch eine dauernde Einrede, die für § 813 BGB genügen würde. Dennoch kann sich aus ihr kein Rückforderungsanspruch bezüglich des Kaufpreises ergeben, wenn die Verjährungsfrist gemäß § 438 IV S. 1, 218 BGB eingetreten ist.[233]

*Grd.: § 438 IV S. 1, 218 BGB*

**a)** Grund: Andernfalls würde man die Wirkung der Verjährung über § 813 BGB weitgehend aus den Angeln heben.

***Bsp.:*** *V hatte dem K eine mangelhafte Sache verkauft. K hatte sofort bezahlt. V meint, aus seiner Sicht liege gar kein Mangel vor; er weigert sich, auf Mängelrechte einzugehen. Erst nach Ablauf der Frist des § 438 BGB erhebt der K Klage auf Rückzahlung des Kaufpreises.* 296

**aa)** Eine Rückabwicklung über §§ 437 Nr.2, 323 BGB i.V.m. §§ 346 ff. BGB kommt nicht in Betracht, weil dieser § 438 IV S. 1, 218 BGB entgegensteht. Hätte K noch nicht bezahlt, könnte er die Einrede des § 438 IV S. 2 BGB der Kaufpreisforderung des V aus § 433 II BGB entgegenhalten.

Der Rücktritt ist nur möglich, wenn der Anspruch auf die Leistung und der Nichterfüllungsanspruch noch nicht verjährt sind oder wenn er diese rechtzeitig gemäß § 204 BGB gehemmt hat.

Da K hier schon bezahlt hatte, kommt man also kaufrechtlich zu dem Ergebnis, dass dem K die Einrede des § 438 IV S. 2 BGB nichts mehr nützt. Er kann den gezahlten Kaufpreis nicht mehr zurückverlangen.

**bb)** Dieses Ergebnis darf man dann nicht wieder über § 813 BGB auf den Kopf stellen. Zwar wäre § 438 IV S. 2 BGB grundsätzlich eine dauernde Einrede. Würde man § 813 BGB anwenden, würde man aber die differenzierte Regelung, die der Gesetzgeber in §§ 438 IV S. 1, 218 BGB und § 438 IV S. 2 BGB bewusst getroffen hat, aushöhlen. Bei Vorliegen der Rücktrittsvoraussetzungen würde der Käufer auch noch nach Verjährung des Leistungs- und Nichterfüllungsanspruchs sein Geld zurückbekommen.

Daher kann § 438 IV S. 2 BGB nicht als Einrede i.S.d. § 813 BGB herangezogen werden.

233 Vgl. Palandt, § 813, Rn. 4.

§ 813 BGB hätte sonst die Wirkung des Rücktritts, obwohl § 438 IV S. 2 BGB nur eine Einrede beinhaltet. Die Anwendung des § 438 IV S. 2 BGB bei § 813 BGB würde zur Umgehung des § 218 BGB führen.

Ergebnis: K kann den Kaufpreis von V weder nach §§ 437 Nr.2, 323 BGB i.V.m. § 346 I BGB zurückfordern, noch nach §§ 812 I S. 1, 1.Alt. i.V.m. 813 BGB. Die Klage wäre als unbegründet abzuweisen.

*auch bei Unkenntnis von Aufrechnungslage (-)*

**b)** Auch bei Zahlung in Unkenntnis einer Aufrechnungslage greift § 813 I S. 1 BGB nicht ein. Grund: Die Aufrechnungsbefugnis ist keine Einrede, sondern ein Gestaltungsrecht. Bei Ausübung eines rechtsvernichtenden Gestaltungsrechts gilt § 812 I S. 1, 1.Alt. BGB. *297*

*bei Kenntnis bestehender Anfechtungsmöglichkeit (-)*

**c)** Schließlich greift § 813 I S. 1 BGB auch bei Zahlung in Kenntnis einer bestehenden Anfechtungsmöglichkeit nicht ein. Trotz § 142 I BGB bestand ja bis zur Anfechtungserklärung (Gestaltungsrecht) eine wirksame Verpflichtung. *298*

*Ausnahme § 813 II BGB*

**d)** Eine weitere Ausnahme von der Rückforderungsmöglichkeit des § 813 I S. 1 BGB enthält § 813 II BGB. Danach gilt: Wird eine betagte Verbindlichkeit vorzeitig erfüllt, so ist die Rückforderung ausgeschlossen. *299*

Eine betagte Verbindlichkeit i.d.S. liegt vor, wenn die Verbindlichkeit zwar bereits entstanden, sie aber noch nicht fällig ist. Wichtig ist hier die Stundung, vgl. § 205 BGB. Stundung ist nur die nach Verjährungsbeginn getroffene Vereinbarung, durch die die Fälligkeit des Anspruchs hinausgeschoben wird.

Da diese allerdings ohnehin nur eine vorübergehende Einrede geben kann, käme man schon nach den oben genannten Grundsätzen zu keinem Rückforderungsanspruch. § 813 II BGB stellt dies noch einmal klar und sagt zusätzlich, dass auch andere Rechtsfolgen aus einer verfrühten Zahlung nicht entstehen sollen.

## E. Kondiktion gemäß § 817 S. 1 BGB

*§ 817 S. 1 BGB Fall der LK*

**I.** Auch § 817 S. 1 BGB ist ein Sonderfall der Leistungskondiktion und gewährt einen selbständigen Bereicherungsanspruch neben § 812 I S. 1, 1.Alt. BGB. *300*

Obwohl vom Wortlaut nicht gefordert, müssen daher alle sonstigen Tatbestandsmerkmale der LK gegeben sein. Bereicherungsgegenstand und Leistungsbegriff müssen also auch hier geprüft werden.

*„Annahme“ verboten oder sittenwidrig*

**II. Wichtig:** § 817 S. 1 BGB gilt nur, wenn gerade durch die Annahme („der Empfänger“!) gegen Gesetz oder gute Sitten verstoßen wird; der Hauptzweck der Leistung muss verboten oder sittenwidrig sein. Handelt allein der Leistende sittenwidrig, greift nicht § 817 S. 1 BGB ein, sondern evtl. § 812 I S. 1, 1.Alt. BGB i.V.m. § 138 BGB. *301*

*bzgl. schuldr. Rechtsgeschäft*

„Gerade durch die Annahme“ heißt allerdings nicht, dass es zwingend notwendig ist, dass auch das dingliche Rechtsgeschäft von der Sittenwidrigkeit bzw. dem Gesetzesverstoß erfasst wird. Gemeint ist, dass der Empfänger – u.U. schon beim schuldrechtlichen Geschäft – sitten- oder gesetzwidrig handelt. *302*

*§ 812 I S. 1, 1.Alt. BGB und § 817 S. 1 BGB nebeneinander (+)*

Sind aber die Voraussetzungen gegeben, können § 812 I S. 1, 1.Alt. BGB und § 817 S. 1 BGB durchaus nebeneinander vorliegen.[234] **303**

*sittenwidriger Ratenkredit*

**Bsp. 1:** *Sittenwidriger Ratenkredit*[235] **304**

*Die Bank B gewährt dem A ein Darlehen mit einem Zinssatz, der 200 % über dem durchschnittlichen Marktzins liegt.*

In Betracht kommt hier eine Nichtigkeit des Darlehensvertrages nach § 134 BGB i.V.m. § 291 StGB und nach § 138 II BGB.

Jedoch ist der Darlehensvertrag auch ohne die strengen subjektiven Voraussetzungen des § 138 II BGB und des § 291 StGB nichtig, nämlich nach § 138 I BGB (sog. wucherähnliches Geschäft[236]). Der BGH hat hier eine eigenständige Rechtsprechung zum sog. „sittenwidrigen Ratenkredit" entwickelt.

Ab Überschreitung des durchschnittlichen Marktzinses (Schwerpunktzins der Bundesbank) um 100 Prozent liegt i.d.R. ein „auffälliges Missverhältnis" zwischen Leistung und Gegenleistung vor. Dann greift § 138 I BGB ein, wenn sich die Bank zumindest leichtfertig der Erkenntnis verschließt, dass der andere Teil sich nur auf Grund einer Zwangslage auf den ungünstigen Vertrag eingelassen hat. Bei einem sog. „besonders groben Missverhältnis" wird die verwerfliche Gesinnung sogar vermutet; dies wird bei einer Überschreitung um 200 % angenommen.

Beim sittenwidrigen Ratenkredit handelt i.d.R. allein die Bank, die das Darlehen gewährt, sittenwidrig, nicht auch der Empfänger. Daher ist für einen Rückforderungsanspruch der Bank hier nicht § 817 S. 1 BGB einschlägig, sondern allein § 812 I S. 1, 1.Alt. BGB.

**hemmer-Methode: Liegt ein „wucherähnliches Geschäft" vor, das nach § 138 I BGB nichtig ist, so sind die dinglichen Erfüllungsgeschäfte (insbes. die Zinszahlungen) dennoch dinglich wirksam und die Leistungen lediglich kondizierbar. Anders dagegen im Fall des § 138 II BGB, da dieser nach seinem Wortlaut („sich ... gewähren lässt") auch das dingliche Erfüllungsgeschäft erfasst. Hier greift dann § 985 BGB bzw. ein Fortwirkungsanspruch aus §§ 951, 812 I S. 1, 1.Alt. BGB.**

*§§ 331, 332 StGB*

**Bsp. 2:** *Klassischer Fall des § 817 S. 1 BGB sind die Straftatbestände der §§ 331, 332 StGB (Vorteilsannahme, Bestechlichkeit). Allerdings ist hier i.d.R. auch § 817 S. 2 BGB gegeben.* **305**

Daneben kann zwar auch noch § 812 I S. 1, 1.Alt. BGB gegeben sein, wenn man das Kausalgeschäft als unwirksam ansieht,[237] doch würde diesem Anspruch in vielen Fällen dann jedenfalls § 814 BGB entgegenstehen, der für § 817 S. 1 BGB nicht gilt. **306**

*Bordellkauf*

**Bsp. 3:** *Verkauf eines Bordells zu einem bewusst extrem überhöhten Preis.* **307**

Hier liegt nach der Rechtsprechung § 138 I BGB und damit nur Nichtigkeit des Kaufvertrages und nicht auch des sittlich neutralen Erfüllungsgeschäfts (anders § 138 II BGB, vgl. Wortlaut) und damit grundsätzlich auch § 812 I S. 1, 1.Alt. BGB vor.[238]

An der Sittenwidrigkeit sind hier aber beide Parteien beteiligt. Also handelt jedenfalls auch der Empfänger der jeweiligen Leistung sittenwidrig, so dass § 817 S. 1 BGB vorliegt.

234 Wichtig wegen der Anwendbarkeit des § 814 BGB siehe unten Rn. 430 ff.

235 Dazu Palandt, § 138, Rn. 25.

236 Vgl. Hemmer/Wüst, BGB AT II, Rn. 129 ff.

237 Str. ist, ob ein Gesetzes- oder Sittenverstoß allein durch den Empfänger für §§ 134, 138 BGB ausreicht.

238 Palandt, § 138, Rn. 52.

*positive Kenntnis notwendig*

**III.** Notwendig ist die positive Kenntnis des Empfängers vom Gesetzesverstoß bzw. der Sittenwidrigkeit. 308

Wohl auf Grund von Beweisschwierigkeiten hat der BGH[239] diese Voraussetzung allerdings etwas abgeschwächt: Wer leichtfertig die Augen verschließe vor der Sittenwidrigkeit seines Handelns, muss sich so behandeln lassen, als habe er bewusst sittenwidrig gehandelt.

Das bloße „Kennenmüssen“ eines Verbots soll andererseits aber wiederum nicht genügen.

*⇨ Details prüfen*

Die Grenze ist sicherlich fließend. In der Klausur kommt es damit darauf an, die aufgezeigten Grundsätze voranzustellen und sich dann an den Details des Sachverhaltes „festzubeißen“. Dann kann das Ergebnis nur noch mehr oder weniger vertretbar sein, aber nicht mehr falsch. 309

239 NJW 83, 1420.

## § 6 NICHTLEISTUNGSKONDIKTIONEN

### A. Zur Wiederholung: Grundsatz der Subsidiarität

*Grundsatz der Subsidiarität der NLK*

Wichtig ist der Grundsatz der Subsidiarität der Nichtleistungskondiktion (NLK). Diese kann von vornherein dann nicht zum Zuge kommen, wenn eine Leistung bezüglich desselben Bereicherungsgegenstandes gegeben ist. Grund: Es soll im jeweiligen Leistungsverhältnis rückabgewickelt werden. Jeder soll nur mit dem zu tun haben, den er sich als Partner schuldrechtlich ausgesucht hat. 310

#### I. Leistung in anderem Personenverhältnis

Dabei ist nicht notwendig, dass diese Leistung gerade zwischen den beiden betreffenden Personen gegeben ist.

*Dreiecksverhältnisse*

***Bsp.:*** *Es besteht ein bereicherungsrechtliches Dreiecksverhältnis*[240] *zwischen dem Anweisenden A, der angewiesenen Bank B und dem Empfänger C.* 311

Kommt man bei der Prüfung des Leistungsbegriffes zu dem Ergebnis, dass zwischen A und C sowie zwischen B und A eine Leistung vorliegt, nicht dagegen zwischen B und C, dann kommt die Nichtleistungskondiktion zwischen B und C nicht in Frage. Sie muss zurücktreten, weil sie gegenüber den möglichen Leistungsbeziehungen A-C und/oder B-A subsidiär ist.

Zu einem anderen Ergebnis kommt man natürlich dann, wenn vom objektiven Empfängerhorizont aus gesehen gar keine Leistung vorliegt.[241] Das ist aber keine Ausnahme vom Grundsatz der Subsidiarität, sondern gerade seine logische Konsequenz: Wenn keine Leistung vorliegt, kann einer solchen auch keine verdrängende Wirkung zukommen.

*Überweisung ohne Auftrag*

***Bsp.:*** *Die Bank B schreibt dem C eine angebliche Überweisung des A gut, obwohl dieser gar keinen Auftrag erteilt hatte. C wundert sich über die Gutschrift.*

Hier ist selbst vom objektiven Empfängerhorizont des C her keine Leistung des A gegeben. Daher kann die Nichtleistungskondiktion B gegen C auch nicht verdrängt werden.

#### II. Derselbe Bereicherungsgegenstand

*derselbe Bereicherungsgegenstand*

Erforderlich ist aber, dass gerade derselbe Bereicherungsgegenstand geleistet wurde. An dieser Stelle der Klausur zeigt sich dann, wie wichtig es war, beim Bereicherungsgegenstand genau zu prüfen, ob es um Eigentum und/oder Besitz geht. 312

*Jungbullenfall*

***Bsp. („Jungbullenfall“[242]):*** *D hat dem E Rinder gestohlen und an den gutgläubigen K veräußert. Dieser verarbeitet sie zu Fleischkonserven.* 313

Hier ist zunächst festzuhalten, dass auf §§ 951, 812, 818 II BGB zurückgegriffen werden kann. Da die §§ 987 ff. BGB keine Regelung über die Verarbeitung der Sache selbst enthalten, haben sie insoweit auch keine Sperrwirkung.[243]

240 Siehe oben Rn. 158.

241 Wegen Kenntnis des C vom Fehlen der Anweisung, siehe oben Rn. 180.

242 BGHZ 55,176.

243 Vgl. oben bei den Konkurrenzen, Rn. 32 ff.

**1.** Der Erwerber K, von dem der frühere Eigentümer über die Eingriffskondiktion gemäß §§ 951, 812 I S. 1, 2.Alt. BGB Ersatz verlangt, hat die Bullen zuvor durch Leistung des Diebes D erlangt.

**2.** Aber: Wegen § 935 BGB hat er durch Rechtsgeschäft mit D (und damit durch dessen Leistung) nur den Besitz erlangt; das Eigentum ging erst durch die Verarbeitung auf ihn über (§ 950 BGB), also durch einen Eingriff.

**a)** Bereicherungsgegenstand der Eingriffskondiktion und der Leistung sind also unterschiedlich: Geleistet wurde nur der Besitz, erlangt aber auch das Eigentum. Daher ist die Eingriffskondiktion gegenüber der Leistung von Besitz durch D auch nicht subsidiär.

**b)** Zum gleichen Ergebnis kommt man dann, wenn man mit Wertungskriterien argumentiert: Letztlich ist es die Wertung des § 935 BGB, die dazu führt, dass sich der K hier nicht auf die Subsidiarität der Nichtleistungskondiktion berufen darf.[244]

§ 951 BGB ist Rechtsfortwirkungsanspruch im Verhältnis zu § 985 BGB und ersetzt bei abhanden gekommenem Material den vorher bestehenden § 985 BGB. § 951 BGB stellt mit seiner Verweisung auf das Bereicherungsrecht klar, dass der nach §§ 946 ff. BGB erfolgte Eigentumserwerb nicht ersatzlos ist.

**hemmer-Methode: Den Jungbullenfall als Klassiker müssen Sie kennen. Immer dann, wenn ein Gegenstand abhanden gekommen ist und später von einem dritten Gutgläubigen verbunden, vermischt oder verarbeitet wurde, müssen Sie an diese Konstellation denken. Eine denkbare Variante wäre z.B. auch, dass ein Maler ein Haus mit gestohlener Farbe anstreicht.** 314

## III. Einschränkung des Subsidiaritätsprinzips

*Einschränkungen des Subsidiaritätsprinzips*

Es gibt allerdings Ausnahmen, wo aus Wertungsgründen einmal doch von diesem Subsidiaritätsprinzip abzuweichen ist, wo also auch die Differenzierung nach dem Bereicherungsgegenstand nicht mehr weiterhilft. 315

***Bsp.:***[245] *E verkauft Baumaterial unter Eigentumsvorbehalt an den Bauunternehmer U. Bauherr B hat dem U den Auftrag, ein Haus zu bauen, erteilt. Noch vor vollständiger Zahlung des Kaufpreises durch U geschieht Folgendes:* 316

***1.*** *U übereignet das Material des E an den gutgläubigen B und baut es anschließend ein.*

***2.*** *U baut das Material gleich ein, wobei der B auch hier die Beziehungen zu E nicht kennt.*

***3.*** *In der Konstellation a) kennt der B die Eigentumsverhältnisse.*

***4.*** *In der Konstellation b) kennt der B die Eigentumsverhältnisse.*

*Nach der Insolvenz des U will der E Bezahlung von B.*

**Zu 1.**: B hat nicht das bloße Anwartschaftsrecht nach § 929 S. 1 BGB erlangt, sondern gem. §§ 929, 932 BGB das Eigentum (Wäre allerdings die Eigentumsübertragung fehlgeschlagen, geht der Wille dahin, als „Weniger" zumindest das Anwartschaftsrecht zu übertragen, §§ 133, 157 BGB; a.A.: § 140 BGB). Es liegt eine Leistung des U an den B bezüglich Besitz und Eigentum vor, welche auch nicht ohne Rechtsgrund war. Eine Nichtleistungskondiktion des E gegen B kommt wegen Subsidiarität nicht in Frage.

244 Dazu ausführlich im Folgenden unter Rn. 315 ff.

245 Nach BGHZ 56, 226; vgl. Sie zu den sog. „Einbaufällen" auch Ettlich in Life&Law 02/2000, 128 ff.

**Zu 2.**: Hier geht es nicht um einen Eigentumsübergang nach §§ 929, 932 BGB, sondern das Eigentum ging nach § 946 BGB kraft Gesetzes über. Daher würde eigentlich §§ 951 i.V.m. § 812 I S. 1, 2.Alt., 818 II BGB eingreifen. Aber es stellt sich die Frage nach der Subsidiarität. Wenn im Verhältnis des U zu B eine Leistung vorliegt, dann scheidet diese Nichtleistungskondiktion aus.

Im Ergebnis wird in diesem Fall allgemein die Nichtleistungskondiktion nicht zugelassen. Es könne wertungsmäßig keinen Unterschied machen, ob erst übereignet und dann eingebaut (vgl. Fall a) werde oder ob der U gleich einbaut.

Dies ist wertungsmäßig überzeugend. Das Ergebnis kann man aber auch wohl schon allein aus dem Leistungsbegriff entwickeln: Man kann die Einbauhandlung des U als Leistung im Sinne des Bereicherungsrechts ansehen. Diese Handlung ist eine bewusste und gewollte Vermehrung des Vermögens des B. Dass das Eigentum nicht rechtsgeschäftlich übergeht, sondern „nur" kraft Gesetzes auf Grund einer bewussten Handlung des Leistenden, steht nach der allgemeinen Definition des Leistungsbegriffes wohl nicht entgegen.

**Zu 3.**: Hier kann im Ergebnis kein Ausschluss der Kondiktion des E in Frage kommen.

Gemäß §§ 929, 932 BGB ist kein rechtsgeschäftlicher Eigentumsübergang durch Leistung möglich gewesen. Durch Leistung ging nur der Besitz und das Anwartschaftsrecht gem. § 929 S. 1 BGB über. Daher wäre hier das Eigentum – genau wie im „Jungbullenfall" – erst beim nachfolgenden Einbau gemäß § 946 BGB übergegangen.

**Zu 4.**: Wird nicht erst ein Übereignungsversuch unternommen, sondern gleich eingebaut, kann dann aber im Ergebnis auch bei Bösgläubigkeit nichts anderes gelten als bei c: Die Nichtleistungskondiktion gemäß § 951 i.V.m. § 812 I S. 1, 2.Alt. BGB wird nicht von einer Leistungskondiktion verdrängt.

Schwieriger ist hier aber die dogmatische Begründung:

**a)** Der Leistungsbegriff hilft in diesem Fall wenig. Der B war zwar bösgläubig, aber immerhin mehrte der U aus seiner Sicht mit der Einbauhandlung bewusst das Vermögen des B. Und dies tat der U auch erfolgreich, weil § 946 BGB keine Gutgläubigkeit erfordert. Daher könnte man mit der Begründung von oben auch hier eine Leistung des U an den B annehmen. Die Nichtleistungskondiktion des E von B könnte dann wieder subsidiär sein.

**b)** Hier muss man zur Lösung also das Subsidiaritätsprinzip einschränken. Man wird hier sagen müssen, dass wegen der Wertung des § 932 II BGB (Bösgläubigkeit) das Subsidiaritätsprinzip nicht anwendbar ist.[246] Das Subsidiaritätsprinzip soll das Vertrauen des Empfängers schützen. Es muss daher zurücktreten, wenn kein Vertrauenstatbestand vorliegt.

Gleiches muss gelten, wenn die Voraussetzungen des § 935 BGB vorliegen und die Sache vom Dieb oder dessen Abnehmer sofort eingebaut wird. Es gilt obige Begründung.

Ergebnis: Hier muss Wertersatz des E gemäß § 951 i.V.m. §§ 812 I S. 1, 2.Alt., 818 II BGB möglich sein.

**hemmer-Methode: Maßgeblicher Aspekt bei der Frage nach dem Vorliegen von Leistungs- oder Nichtleistungskondiktion ist neben dem Begriff der Leistung das Wertungsmodell der §§ 932 ff. BGB. Denken Sie daran: Bereicherungsrecht darf den gutgläubigen Erwerb nicht aus den Angeln heben!** 317
**Merken Sie sich: Die §§ 946-950 BGB klären nur die Eigentumsfrage, um die unwirtschaftliche Trennung zu vermeiden. Sie wollen aber, wie § 951 BGB klarstellt, nicht auch schuldrechtlich zu einem ersatzlosen Verlust führen. I.R.d. § 951 BGB als Rechtsfortwirkungsanspruch gegenüber § 985 BGB bleiben die §§ 932 ff. BGB von Bedeutung.**

246 Vgl. Löwenheim/Winckler, Jus 1983, 687.

## B. Eingriffskondiktion gemäß § 812 I S. 1 2.Alt. BGB

*§ 812 I S. 1, 2.Alt. BGB*

§ 812 I S. 1, 2.Alt. BGB umfasst mehrere Nichtleistungskondiktionen (in sonstiger Weise). 318

*drei Möglichkeiten*

Drei Möglichkeiten bestehen: eigenes Verhalten des Bereicherten (sog. Eingriffskondiktion), Handlungen anderer, auch des Rechtsinhabers, die sich nicht als Leistung darstellen (sog. Aufwendungskondiktion) und Naturereignisse. 319

*wichtigster Fall der NLK: Eingriffskondiktion*

Die Eingriffskondiktion ist sicherlich der wichtigste Fall der Nichtleistungskondiktionen.

*vier Tatbestandsmerkmale*

Die Eingriffskondiktion gemäß § 812 I S. 1, 2.Alt. BGB hat vier Tatbestandsmerkmale: 320

- ⇨ Bereicherungsgegenstand („etwas erlangt“)
- ⇨ Eingriff (in sonstiger Weise)
- ⇨ Merkmal „auf dessen Kosten“
- ⇨ Fehlen des rechtlichen Grundes

Hier – wie bei den anderen Nichtleistungskondiktionen – spielt das Merkmal „auf dessen Kosten“ also durchaus eine Rolle. Es dient zur Bestimmung der Parteien des Anspruches. Bei der Leistungskondiktion ist es – wie gesehen – überflüssig, da sich die Parteien bereits aus dem Leistungsbegriff ergeben.

### I. Etwas erlangt

*„etwas erlangt“*

Wie die Leistungskondiktion bedarf es auch bei der Nichtleistungskondiktion einer Vermögensmehrung, z.B. Nutzung oder Verbrauch fremden Vermögens. 321

### II. Eingriff

*Eingriff*

Fraglich ist, wann ein kondiktionsauslösender Eingriff i.S.d. § 812 I S. 1, 2.Alt. BGB vorliegt. 322

*2 verschiedene Ansätze*

Hierzu existieren grundsätzlich zwei dogmatische Ansatzpunkte, bei denen dann allerdings wieder einige Abwandlungen existieren, die Elemente des anderen Ansatzes mitberücksichtigen.

#### 1. Rechtswidrigkeitstheorien

*M.M.: Rechtswidrigkeitstheorien*

Eine Mindermeinung nimmt die Abgrenzung danach vor, ob der Eingriff rechtswidrig war („Rechtswidrigkeitstheorien“).

*h.M.: kein brauchbares Kriterium*

Die in der Praxis – und damit auch in der Klausurlösung – häufig geringe Brauchbarkeit dieses Ansatzes zur Abgrenzung wurde vielfach nachgewiesen.[247]

Es hat sich nämlich gezeigt, dass es auch rechtmäßige Eingriffe gibt, die die Notwendigkeit eines bereicherungsrechtlichen Ausgleichs zur Folge haben.

247 Vgl. etwa Löwenheim/Winckler, JuS 1984, 117.

*z.B. bei § 816 II BGB*

Dies zeigt sich vor allem im Fall des § 816 II BGB, der wie die anderen Tatbestände des § 816 BGB einen Sonderfall der Eingriffskondiktion darstellt: Wenn hier der Schuldner wirksam (etwa wegen § 407 BGB) an einen Nichtberechtigten leistet, kann von Rechtswidrigkeit gewiss nicht gesprochen werden.[248] 323

**hemmer-Methode: Noch deutlicher wird dies in den Fällen des § 816 I S. 2 BGB: Der gutgläubig erwerbende Beschenkte handelt sicher nicht rechtswidrig! Im Übrigen lässt es nur die Formel vom Zuweisungsgehalt zu, das Bereicherungsrecht sachgerecht vom Deliktsrecht zu unterscheiden.**[249]

Umgekehrt gibt es Fälle rechtswidriger Eingriffe, in denen ein bereicherungsrechtlicher Anspruch unsinnig wäre.

> **Bsp.:**[250] *Wenn ein Geschäftsmann G einen anderen Verkehrsteilnehmer R StVO-widrig überholt und diesen dabei extrem behindert, um einen wichtigen Termin einzuhalten, ist dies sicherlich ein rechtswidriges Verhalten. Dem R kann doch aber wohl nur ein Anspruch aus Delikt zustehen, wenn ein Schaden entstanden ist. Ein (schadensunabhängiger) Anspruch auf Herausgabe des Gewinnes des G, den er bei dem Termin gemacht hat, kann keinesfalls richtig sein!* 324

## 2. Lehre vom Zuweisungsgehalt

*Lehre vom Zuweisungsgehalt*

Herrschend ist die „Lehre vom Zuweisungsgehalt“. Nach ihr liegt ein Eingriff i.S.d. § 812 I S. 1 2.Alt. BGB dann vor, wenn in einen Bereich eingegriffen wurde, der einem anderen gebührt. Es ist dabei immer festzustellen, ob die beeinträchtigte Rechtsposition einen Zuweisungsgehalt hat. 325

*Anknüpfung an Bereicherungsgegenstand*

Angeknüpft wird hier also nicht an die Handlung oder den Vorgang, der zur Bereicherung geführt hat, sondern an den betroffenen Gegenstand.

Auswirkung hat die Lehre vom Zuweisungsgehalt bei den Tatbestandsmerkmalen „Eingriff“, „auf dessen Kosten“ und „ohne Rechtsgrund“. Für die Prüfung der Tatbestandsmerkmale wird im Folgenden von dieser h.M. ausgegangen.

**hemmer-Methode: Sie sollten – sofern die Klausur überhaupt Zeit dafür lässt – die Rechtswidrigkeitstheorie allenfalls kurz ansprechen und dann die Prüfung der Tatbestandsmerkmale an der Lehre vom Zuweisungsgehalt aufbauen. Häufig liegt Rechtswidrigkeit des Eingriffs vor, dann können Sie kurz erwähnen, dass auch nach dieser Lehre ein Eingriff vorliegt.** 326

*Eingriff in fremde Rechtsposition*

Der Bereicherungsgegenstand muss also durch Eingriff in eine fremde Rechtsposition erlangt worden sein. Das ist dann der Fall, wenn der Bereicherungsgegenstand nicht vom Anspruchsteller geleistet wurde. Die Leistungskondiktion ist also vorher zu prüfen. 327

*Bestehen und Umfang von Zuweisungsgehalt prüfen*

**3.** Problematisch kann dann werden, wann es um eine Rechtsposition geht, die einen Zuweisungsgehalt in diesem Sinne hat und welcher Umfang dann dem Zuweisungsgehalt zukommt. 328

Zu prüfen ist, inwieweit der Inhaber des betroffenen Rechts über Substanz und Nutzung entgeltlich verfügen kann.

248 Vgl. Medicus, BR, Rn. 711.

249 Vgl. Medicus, BR, Rn. 712.

250 Nach Kleinheyer, JZ 1970, 471.

*absolutes Recht (+)*

**a)** Selbstverständlich kommt den „klassischen“ absoluten Rechten ein Zuweisungsgehalt zu. Das sind vor allem das Eigentum und die beschränkt dinglichen Rechte (Nießbrauch, Grunddienstbarkeit, Pfandrecht, usw.). Weiter sind anerkannt das Patent, Gebrauchsmuster-, Geschmacksmuster- und Urheberrecht. 329

*Untermietfall (-)*

**b)** Der klassische Fall, in dem die h.M. den Zuweisungsgehalt ablehnt, ist der „Untermietfall“: 330

*Der Mieter M hat unberechtigt einen Teil der Wohnung an einen Dritten (Untermieter) vermietet (§§ 549, 540 BGB). Der Vermieter will vom Mieter den erlangten Untermietzins.*[251]

*h.M.: Schadensersatz (-)*

Bedeutung hat dies vor allem, weil nach h.M. ein Schadensersatzanspruch nicht besteht.

Zwar liegt in der unberechtigten Untervermietung eine Pflichtverletzung i.S.d. § 280 I BGB, Schaden könnte der entgangene Gewinn gem. § 252 BGB sein, wenn der Mieter einer Vertragsänderung zustimmen müsste. Der Mieter ist aber nur verpflichtet, die Untervermietung zu unterlassen, nicht aber einem geänderten Vertrag zuzustimmen, vgl. § 553 BGB. Verweigert der Vermieter die Erlaubnis, kann der Mieter kündigen, § 540 I S. 2 BGB. Es fehlt die Kausalität zwischen Untervermietung und unterbliebener Mietzinserhöhung. Außerdem ginge die Vertragsänderung in der Regel nicht auf den geforderten Untermietzins.

*EBV (-)*

Auch §§ 987, 990 BGB auf Wertersatz für die Nutzungen (§ 100 BGB) entfällt. Der Mieter ist auf Grund des Mietvertrages zum Besitz berechtigt (§ 986 BGB). Dass er „nicht so“ berechtigt ist, genügt nach h.M. für die Anwendung der §§ 987 ff. BGB nicht.

**hemmer-Methode: Der Fall liegt indes anders, wenn der Fall nach wirksamer Kündigung des Mietverhältnisses spielt. Hier gerät das EBV dann mit § 546a BGB in Konflikt. Jedenfalls aber dann, wenn schon auf Rückgabe gem. § 546 I BGB geklagt wurde, findet über § 292 II BGB ein Ausgleich über § 987 BGB statt. Dies ist insbesondere in Fällen von Bedeutung, in denen der bezogene Untermietzins höher ist als der Betrag, der über § 546a BGB ersetzt verlangt werden könnte, vgl. dazu BGH, Life&Law, 2010, 80 ff.**

*§ 823 BGB (-)*

Eine Rechtsgutverletzung i.S.d. § 823 I BGB ist gegeben (Eigentumsverletzung). Wegen fehlender Kausalität von unbefugter Untervermietung und Schaden entfällt aber § 823 I BGB.

Des Weiteren fällt es nicht in den Schutzbereich des § 823 I BGB, einen quasi-vertraglichen Anspruch entgegen § 553 II BGB zu ermöglichen.

*auch §§ 687 II, 681, 687 BGB (-)*

Auch §§ 687 II, 681, 667 BGB kommt nach h.M. nicht in Betracht, da der (Haupt-)Vermieter den Besitz an der Wohnung dem (Haupt-)Mieter überlassen hat. Der Vermieter war gar nicht mehr befugt, den Besitz an einen Dritten zu überlassen. Daher hat der Mieter mit der Untervermietung kein objektiv fremdes Geschäft geführt.

*§ 816 I BGB analog (-)*

§ 816 I BGB analog (analog, weil die Vermietung als rein schuldrechtliches Rechtsgeschäft keine Verfügung ist) entfällt.

*keine vergleichbare Interessenlage*

Es fehlt schon bei der Vermietung und damit erst recht bei der Untervermietung die Endgültigkeit des Vermögensübergangs und damit eine vergleichbare Interessenlage.

Anders im Fall, dass ein Nichtberechtigter eine Sache vermietet, indem er sich als Eigentümer der Sache ausgibt. Nur dort wird von einem Teil der Literatur überhaupt eine Analogie zu § 816 I BGB angenommen, da nur dort dem Eigentümer die Möglichkeit genommen wird, die Sache zu nutzen.[252]

251 Dazu auch BGH, NJW 1996, S. 838.

252 Medicus, BR, Rn. 715.

Auch ein Anspruch aus § 812 I S. 1, 2.Alt. BGB scheidet nach h.M. aus.

*kein Eingriff in Zuweisungsgehalt*

Begründet wird dies damit, dass die Nutzung der Mietsache durch Untervermietung nicht dem Vermieter zugewiesen ist. Zwar hat der Vermieter die Befugnis, die Untervermietung zu erlauben oder zu versagen. Jedoch steht die Erteilung der Erlaubnis nicht im Belieben des Vermieters (vgl. § 540 I S. 2 BGB); ob die Untervermietung erlaubt ist oder nicht, ergibt sich allein aus dem Mietvertrag zwischen Vermieter und Mieter, nicht aber aus der Güterzuordnung.[253]

*Nutzungen an Sicherungseigentum*

**c)** Diesem Fall absolut vergleichbar ist folgende BGH-Konstellation:[254] 330

*SG überträgt SN zur Sicherung einer Darlehensrückzahlungsforderung das Eigentum an beweglichen Sachen gem. §§ 929, 903 BGB. Daraufhin vermietet SG die Sachen an einen Dritten. SN verlangt nun von SG den erzielten Mietzins gem. §§ 812 I S. 1 Alt. 2, 818 I BGB heraus.*

Der BGH hat hier einen Eingriff in den Zuweisungsgehalt eines Rechts des Sicherungsnehmers abgelehnt. Denn die Nutzung der Sache müsste durch die Sicherungsübereignung dem SN zugewiesen sein. Dies ist aber grundsätzlich nicht der Fall, wenn sich aus der vorrangigen Sicherungsabrede diesbezüglich nichts ergibt.

Die Befugnis, die der SN hat, ist in der Regel nur die Verwertung der Sache bei Verwertungsreife. Bis dahin soll gerade der SG die Sache weiter nutzen dürfen. Das ist mit ein Grund, warum man den Weg über §§ 929, 930 BGB wählt. Bei wirtschaftlicher Betrachtungsweise ist daher das Sicherungseigentum kein vollwertiges Eigentum.

**hemmer-Methode: Die Entscheidung ist aus anderem Grunde stark kritisiert worden. Der BGH diskutiert i.Ü. noch einen Anspruch auf Nutzungsersatz aus EBV. Dieser kann aber von vorneherein nicht bestehen, wenn der BGH davon ausgeht, dass SN kein Nutzungsrecht an der Sache zusteht.**[255]

*Problem: allgemeines Persönlichkeitsrecht*

**4.** Sehr umstritten ist, ob das allgemeine Persönlichkeitsrecht einen Zuweisungsgehalt hat. 331

Dies wird zunehmend bejaht, jedenfalls soweit es dabei um Aspekte des Persönlichkeitsrechtes geht, die einer Vermarktung zugänglich wären. Argument: Das Persönlichkeitsrecht ist mittlerweile in bestimmten Ausformungen Gegenstand des Wirtschaftsverkehrs geworden. Wo wirtschaftliche Nachfrage und Marktwert bestehen, muss dann auch ein bereicherungsrechtlicher Schutz eingreifen, weil sich ein Schaden (§ 823 I BGB) häufig nicht darlegen lässt.

*werbemäßige Verwertung von Fotos*

***Bsp. 1:*** *Sportartikelfabrikant A verwendet ein Foto des berühmten Tennisspielers B ohne dessen Einverständnis, um damit für eigene Produkte zu werben.* 332

Da die Zustimmung zur vielfachen werbemäßigen Verwertung bei bekannten Persönlichkeiten nur noch gegen Bezahlung erteilt wird, handelt es sich hier um einen marktmäßig erfassbaren Bereich des Persönlichkeitsrechts; also geht es um ein Recht mit Zuweisungsgehalt. (Beachte in diesem Zusammenhang dann auch noch § 687 II BGB!)

*Exklusivrechte*

***Bsp. 2:*** *Presseveröffentlichung der Lebensgeschichte einer bekannten Persönlichkeit mit allerlei intimen Daten.* 333

Auch das wird i.d.R. nur gegen Honorar erfolgen („Exklusivrechte“), so dass man einen Zuweisungsgehalt bejahen kann.

---

253 Medicus, BR, Rn. 707; BGH, NJW 1964,1853.

254 BGH, Life&Law 2007, 507 ff.

255 Dazu von Olshausen, ZIP 2007, 1145 ff.

In der Tendenz lässt sich wohl Ähnliches sagen wie bei der i.R.d. § 823 I BGB („sonstiges Recht") erforderlichen Interessenabwägung: Je intimer der betroffene Bereich, desto eher wird man einen Zuweisungsgehalt bejahen können. Andererseits kommt man aber bei den ohnehin schon „im Rampenlicht" stehenden Persönlichkeiten des öffentlichen Lebens am ehesten zu dem Ergebnis, dass ein Marktwert für den betroffenen Bereich existiert.

*Recht am Gewerbebetrieb, Wettbewerbsrecht (-)*

**5.** Kein Zuweisungsgehalt wird dagegen allgemein dem Recht am Gewerbebetrieb und dem Wettbewerbsrecht zuerkannt. 334

Hier handelt es sich nicht um Rechte, die absoluten Rechten angenähert sind. Soweit für diese Rechte ein Schutz anerkannt ist (wie etwa bei § 823 I BGB oder im UWG), geht es allein um den Schutz vor einem bestimmten (rechtswidrigen) Verhalten, nicht darum, einen bestimmten absoluten gegenständlichen Schutzbereich aufzubauen.

## III. „Auf dessen Kosten"

*früher: Unmittelbarkeitsgrundsatz*

**1.** Früher wurde dieses Tatbestandsmerkmal als Festlegung des Unmittelbarkeitsgrundsatzes interpretiert. Der Gewinn auf der einen und der Verlust auf der anderen Seite müssten durch ein und denselben Vorgang herbeigeführt worden sein. Es dürfte kein Drittvermögen zwischengeschaltet sein. 335

*heute: keine Unmittelbarkeit notw.*

**2.** Aufbauend auf der Lehre vom Zuweisungsgehalt hat dieses Merkmal heute eine andere Bedeutung: Weil eine Entreicherung nicht mehr gefordert wird (wo sollte sie beim Persönlichkeitsrecht etwa liegen?), kann auch keine Unmittelbarkeit einer Vermögensverschiebung mehr gefordert werden. 336

*Zuweisungsgehalt entscheidend*

Stattdessen wirkt sich auch hier wieder die Frage nach dem Zuweisungsgehalt aus.

Ein Eingriff findet „auf Kosten" eines anderen statt, wenn er in einen Rechtsbereich erfolgt, der diesem anderen zugewiesen ist. Hat die betroffene Rechtsposition aber keinen Zuweisungsgehalt, dann kann auch kein Eingriff „auf Kosten" eines anderen vorliegen.

## IV. Fehlen des rechtlichen Grundes

*Fehlen des rechtl. Grundes*

Auch bei diesem Tatbestandsmerkmal wirkt sich wieder die Frage nach dem Zuweisungsgehalt aus. 337

Ein Eingriff ist grundsätzlich dann ohne rechtlichen Grund erfolgt, wenn er in eine Rechtsposition erfolgte, die einem anderen zugewiesen ist. Anders nur dann, wenn ein besonderer Behaltensgrund besteht, der die Inanspruchnahme als rechtlich begründet erscheinen lässt.

*Behaltensgrund?*

Ein Behaltensgrund kann sich aus Gesetz oder aus einem vom Berechtigten abgeleiteten Recht ergeben.

> ***Bsp.:*** *Der „Bereicherte" hat gutgläubig Eigentum erworben (§§ 932 ff. BGB). Ein weiterer Fall wäre die (evtl. „erkaufte") Zustimmung des Betroffenen.* 338

Es zeigt sich also, dass sich die Frage, ob eine Rechtsposition einen Zuweisungsgehalt hat, mehrfach auswirkt. Beim Tatbestandsmerkmal „Eingriff" ebenso wie beim Merkmal „auf dessen Kosten" und beim Rechtsgrund.

## EXKURS

*Rechtsposition auf Grund Gesetzes*

Spezialprobleme ergeben sich, wenn eine Rechtsposition auf Grund Gesetzes erlangt wurde, etwa beim Rangerwerb gem. § 879 BGB oder beim Eigentumserwerb gem. § 937 BGB. **339**

*endgültige Verschiebung gewollt?*

Zu prüfen ist in diesen Fällen, ob nach dem Gesetz eine endgültige Vermögensverschiebung gewollt ist oder ob ein Ausgleich stattfinden soll.

**Bsp.:** *E bewilligt für A eine erstrangige Hypothek und für B eine zweitrangige Grundschuld, jeweils zur Sicherung eines Darlehens. A stellt den Antrag auf Eintragung in das Grundbuch beim Grundbuchamt einen Tag bevor B den Antrag stellt. Entgegen den §§ 17, 45 GBO trägt der Grundbuchbeamte den B zuerst in das Grundbuch ein. A verlangt nun von B Vorrangeinräumung.* **340**

Mit Stellung seines Antrages hat A eine Anwartschaft auf Erwerb des ersten Ranges erlangt. Es ist allerdings sehr fraglich, ob diese Anwartschaft bereits ein Anwartschafts*recht*, also eine schon als solche absolut geschützte Rechtsstellung darstellt. Nur wenn dies der Fall wäre, hätte B, als er zuerst in das Grundbuch eingetragen wurde, *auf Kosten* des A den ersten Rang erhalten (§ 879 BGB). Es ist also bereits fraglich, ob insoweit die Voraussetzungen des § 812 I S. 1, 2.Alt. BGB erfüllt sind.

Dies kann jedoch dann offen bleiben, wenn die Vermögensverschiebung nicht rechtsgrundlos war.

*h.M.: § 879 BGB ist Rechtsgrund i.S.d. § 812 BGB*

Dies hängt davon ab, ob mit § 879 BGB eine endgültige Regelung getroffen werden soll und § 879 BGB damit einen Rechtsgrund i.S.d. § 812 BGB darstellt, so die h.M.,[256] oder ob es sich um eine bloße Ordnungsvorschrift handelt, der keinerlei materiell-rechtliche Bedeutung zukommt.[257] Der h.M. ist insoweit zu folgen, da ein Gegenschluss aus §§ 951, 977 BGB ergibt, dass der Rangerwerb nach § 879 BGB nicht lediglich eine formale, sondern eine materiell gerechtfertigte Position darstellen soll.

**hemmer-Methode: Der fälschlich nachrangig Eingetragene hat insoweit also keine eigenen Ansprüche gegen den fälschlich vorrangig Eingetragenen. Allerdings hat ggf. der Grundstückseigentümer einen Anspruch aus § 812 I S. 1, 2. Alt. BGB gegen den fälschlich vorrangig Eingetragenen, weil dieser auf seine Kosten etwas erlangt hat, was ihm nach dem Sicherungsvertrag nicht gebührt. Da ihm gleichzeitig die Einräumung des Vorrangs an den fälschlich nachrangig Eingetragenen unmöglich geworden ist, § 275 BGB, muss er diesen Anspruch nach § 285 BGB abtreten. Kommt eine solche Vorgehensweise nicht in Betracht, weil die jeweiligen Sicherungsverträge keine Aussagen über den Rang enthalten, so kommen nur Amtshaftungsansprüche nach § 839 BGB in Betracht.**
**Das Spruchrichterprivileg des § 839 II S. 1 BGB greift hier nicht ein, da die Tätigkeit des Grundbuchamts *materiell* Verwaltung, nicht aber Rechtspflege darstellt.**

Bei § 937 BGB stellt sich das Problem allerdings nicht mehr.

*z.B. Ersitzung*

**Bsp.:** *Der unerkannt Geisteskranke G veräußert eine wertvolle Vase an den K. Nach 15 Jahren will der nunmehr gesunde G die Vase von K wiederhaben.* **341**

Da K nach § 937 BGB Eigentümer der Vase geworden ist, besteht kein Anspruch aus § 985 BGB.

Anspruch aus § 812 BGB? Eingriffskondiktion oder Leistungskondiktion? Zwar hat K das Eigentum an der Vase erst durch die Ersitzung erlangt, so dass bezüglich des Eigentums an sich keine Leistung vorliegt.

256 JuS 62, 60.

257 JZ 56, 655.

Geleistet wurde jedoch der Besitz[258] auf Grund dessen die Ersitzung erst möglich war; daher ist von einer Leistungskondiktion auszugehen, § 812 I S. 1, 1.Alt. BGB (a.A. vertretbar, weil ja Kondiktionsgegenstand das Eigentum sein soll).

Ohne Rechtsgrund? Nach einer Ansicht soll § 937 BGB Rechtsfrieden schaffen und daher einen endgültigen Vermögensübergang anordnen; zudem fehle eine den §§ 951, 977 BGB entsprechende Vorschrift.[259]

Nach anderer Ansicht ist die Leistungskondiktion bis zum Eintritt der Verjährung uneingeschränkt möglich. Andernfalls würde sich ein Wertungswiderspruch ergeben: Hätte G auch das Eigentum aufgrund eines nichtigen Vertrages übertragen, so würde ihm ein Bereicherungsanspruch zustehen.

Es kann nichts anderes gelten, wenn nur der Besitz geleistet wurde. Maßgeblich ist nach dieser Ansicht die Verjährung. Der Anspruch aus § 812 BGB verjährt nach § 195 BGB grundsätzlich in drei Jahren. Fristbeginn ist aber erst der Schluss des Jahres, in dem der Gläubiger von den anspruchsbegründenden Tatsachen und der Person des Schuldners Kenntnis erlangt bzw. aufgrund grober Fahrlässigkeit nicht erlangt. Wann dieser Fristbeginn hier genau vorliegt, kann nach den Sachverhaltsangaben nicht beantwortet werden. Allerdings gilt hier ohnehin die Höchstfrist nach § 199 IV BGB von zehn Jahren, wobei allerdings die Ablaufhemmung nach § 210 I BGB zu berücksichtigen ist.

**EXKURS ENDE**

## C. Andere Nichtleistungskondiktionen gemäß § 812 I S. 1, 2.Alt. BGB

### I. Verwendungskondiktion

*Verwendungskondiktion*

**1.** Bei der Verwendungskondiktion geht es um den Ersatz von Aufwendungen, die jemand aus eigenen Mitteln auf Sachen des Bereicherungsschuldners gemacht und dadurch dessen Vermögen rechtsgrundlos vermehrt hat, ohne dabei eine Leistung vorzunehmen. 342

*4 Tatbestandsmerkmale*

Zu prüfen sind vier Tatbestandsmerkmale: 343

- ⇨ Bereicherungsgegenstand
- ⇨ Verwendung
- ⇨ auf Kosten des Bereicherungsgläubigers
- ⇨ Fehlen eines Rechtsgrundes

*Verwendungsbegriff*

Eine Verwendung i.d.S. ist ein bewusstes Vermögensopfer, das einer Sache zugute kommt, ohne die Sache grundlegend zu verändern.[260] 344

Anders als bei der Leistung genügt das Bewusstsein des Verwenders, dass er überhaupt ein Vermögensopfer erbringt. Dagegen bedarf es nicht der sog. doppelten Finalität (bewusst und zweckgerichtet) des Leistungsbegriffs. Er braucht nicht das Bewusstsein zu haben, fremdes Vermögen zu mehren.

258 Die Geisteskrankheit steht nach wohl h.M. der Annahme einer Leistung nicht entgegen, siehe oben Rn. 133.

259 Palandt, vor § 937, Rn. 2.

260 Enger Verwendungsbegriff des BGH, BGHZ 41, 157; a.A. (m.w.N.) Palandt, § 994, Rn. 4.

*enger Anwendungsbereich*

**2.** Der Anwendungsbereich der Verwendungskondiktion ist allerdings eng begrenzt, da folgende Sonderregelungen vorrangig sind:

*Vorrang: Vertrag*

**a)** Zunächst sind immer vertragliche Anspruchsgrundlagen zu prüfen. Als solche kommen in Betracht die §§ 459, 601 und v.a. § 536a II Nr.2 BGB für Verwendungen des Mieters (bzw. des Pächters, § 581 II BGB). Diese Vorschriften sind allerdings dispositiv. 345

*GoA*

**b)** Greifen vertragliche Anspruchsgrundlagen nicht ein, so ist als nächster Schritt ein Anspruch aus GoA zu prüfen. 346

Handelt der Verwender im Interesse und gemäß dem mutmaßlichen Willen des Betroffenen, so kann er über §§ 677, 683, 670 BGB die vollen Verwendungskosten, soweit sie erforderlich waren, ersetzt verlangen, ohne Rücksicht darauf, ob die Verwendungen zu einer Werterhöhung geführt haben.

*Vorrang der berechtigten GoA (+)*

Die berechtigte GoA schließt die §§ 812 ff. BGB schon tatbestandsmäßig aus, da sie einen Rechtsgrund darstellt.

*bei unberechtigter GoA Rechtsfolgenverweisung ins Bereicherungsrecht*

Bei unberechtigter GoA kommt über § 684 S. 1[261] i.V.m. §§ 818 ff. BGB i.d.R. nur ein Anspruch auf Wertersatz in Betracht (§ 818 II BGB). Da der unberechtigte Geschäftsführer nicht besser stehen darf als der berechtigte, kann Wertersatz nicht über den Betrag der tatsächlich entstandenen Kosten hinaus verlangt werden.[262]

*§§ 812 ff. BGB daneben anwendbar*

Die §§ 812 ff. BGB werden durch die unberechtigte GoA nicht ausgeschlossen, jedoch haben sie daneben kaum eine Bedeutung, da § 684 BGB schließlich ins Bereicherungsrecht verweist.

Voraussetzung für eine GoA ist aber immer ein Fremdgeschäftsführungswille des Verwenders (vgl. § 687 BGB). Ein solcher fehlt etwa, wenn er nicht weiß, dass die Sache, auf die er Verwendungen macht, einem anderen gehört.

*Vorrang des EBV*

Weiterhin wird der „Verwender“ häufig unrechtmäßigen Besitz an der Sache haben; dann gehen die §§ 994, 996 BGB nach h.M. als abschließende Regelungen vor.[263]

*Vorrang der LK*

**d)** Schließlich liegt in vielen Fällen, in denen es um die Mehrung fremden Vermögens geht, eine Leistung vor. Dann geht die Leistungskondiktion vor. 347

**3.** Die Verwendungskondiktion findet etwa bei folgendem „klassischen“ Beispielsfall, der beim Leistungsbegriff schon einmal angesprochen wurde, Anwendung: 348

> *Winzer W verliert beim Besprühen seines Weinbergs mit Insektiziden vom Hubschrauber aus die Orientierung und besprüht, ohne es zu merken, den Weinberg seines Nachbarn.*
>
> Hier wäre zunächst GoA und EBV zu prüfen. Eine GoA kommt aber nicht in Frage, weil es dem Winzer/Hubschrauberpiloten am Fremdgeschäftsführungswillen fehlt, vgl. § 687 I BGB.
>
> Das Eigentümer-Besitzer-Verhältnis greift nicht ein, weil der Winzer vom Hubschrauber aus nicht Besitz an dem Grundstück ergriffen hat.

261 Nach h.M. Rechtsfolgenverweisung; a.A. Medicus, BR, Rn. 947.

262 Medicus, BR, Rn. 900.

263 Zur Konkurrenz von §§ 951, 812 zu den §§ 994 ff. BGB siehe oben Rn. 33 ff.

Da auch keine bewusste Vermehrung fremden Vermögens vorliegt, ist die Nichtleistungskondiktion zu prüfen. Erlangt hat der Nachbar die Insektizide auf Kosten des W. Eine Verwendung liegt vor, weil der W ein Vermögensopfer erbracht hat, das einer Sache (dem fremden Weinberg) zugute gekommen ist, ohne sie grundlegend zu verändern. Das Bewusstsein, fremdes Vermögen zu mehren, braucht W nicht gehabt zu haben.

Beim Umfang der Bereicherung ist insbesondere das Problem der aufgedrängten Bereicherung zu beachten.[264]

## II. Rückgriffskondiktion

*Rückgriffskondiktion*

Die Rückgriffskondiktion ist gegenüber den anderen Kondiktionsarten die mit der geringsten Bedeutung. 349

Bei der Rückgriffskondiktion geht es darum, dass jemand eine Leistung erbringt, und der Leistende von einer weiteren Person (nicht dem Leistungsempfänger), die durch die Leistung irgendwie begünstigt wurde, Ersatz verlangt (Rückgriff nimmt).

*i.d.R. Tilgung fremder Schulden*

In erster Linie sind das Fälle, in denen ein Dritter, der eine fremde Schuld getilgt hat (§§ 267, 362 BGB), Ersatz vom Schuldner verlangt.

Um Begriffsverwirrungen zu vermeiden, soll im Folgenden der Leistende „Dritter“ genannt werden, der Leistungsempfänger „Gläubiger“ und der Begünstigte „Schuldner“.

*nur, wenn Sonderregelungen (-)*

Für den Rückgriff kommt ein Anspruch aus dem Bereicherungsrecht nur in Betracht, wenn nicht Sonderregelungen eingreifen. Vorweg sind daher alle sonstigen Rückgriffsmöglichkeiten zu erörtern. 350

*cessio legis*

**1.** In einigen Fällen geht der Anspruch des Gläubigers gegen den Schuldner auf den Dritten kraft Gesetzes über (Legalzession, cessio legis). Es findet ein Gläubigerwechsel statt. 351

Da die Verpflichtung des Schuldners nicht erlischt, hat dieser keinen Vermögenswert erlangt. Daher hat der Dritte daneben keinen Anspruch aus § 812 BGB.

**hemmer-Methode: Hierbei ist jedoch zu beachten, dass für die Nebenkosten (§ 270 I BGB) kein Ersatz verlangt werden könnte, da diese nicht zur übergegangenen Forderung gehören. Insoweit bleibt es also beim GoA- bzw. Bereicherungsregress.**

Beispiele für eine cessio legis:

- ⇨ beim Bürgen § 774 I BGB;
- ⇨ bei Gesamtschuldnern § 426 II BGB (eigener Anspruch neben § 426 I BGB!);
- ⇨ beim Ablösungsberechtigten § 268 III BGB;
- ⇨ weitere Vorschriften: §§ 1143 I, 1150, 1225, 1249, 1584 S. 3, 1607 II S. 2, III BGB, § 86 I VVG, § 6 EntgFortzG, § 116 SGB X, § 93 SGB XII

Bei der Legalzession ist § 412 BGB zu beachten, der auf die wichtigen §§ 401, 404, 406 ff. BGB verweist.

264 Dazu unten Rn. 471 ff.

*rechtsgeschäftliche Übertragung*

**2.** Der Gläubiger kann zur rechtsgeschäftlichen Übertragung seines Anspruchs gegen den Schuldner an den Dritten verpflichtet sein. Beispiele hierfür: §§ 255, 285 BGB. 352

Auch hier besteht aus demselben Grund wie oben kein Bereicherungsanspruch gegen den Schuldner.

*gesetzlicher Anspruch*

**3.** Schließlich kann es sein, dass das Gesetz einen eigenen Anspruch des Dritten begründet, der der Rückgriffskondiktion vorgeht. 353

So hat z.B. der zahlende Gesamtschuldner einen Ausgleichsanspruch gegen die anderen Gesamtschuldner nach § 426 I BGB (neben § 426 II BGB).

Wurde der Dritte vom Schuldner beauftragt, so besteht ein Anspruch aus § 670 BGB.

Weiteres Beispiel ist der Anspruch aus berechtigter GoA nach §§ 677, 683, 670 BGB.

> ***Bsp.:*** *Der Onkel O kommt zufällig hinzu, als der Gerichtsvollzieher bei N erscheint. Er will die Vollstreckung verhindern, weil zu befürchten ist, dass einige schöne Sachen des N weit unter Wert versteigert werden. Daher zahlt er den geschuldeten Betrag an den Gerichtsvollzieher.* 354
>
> Hier lässt sich sicherlich der mutmaßliche Wille und das objektive Interesse des N bejahen. Auch dann, wenn der O letztlich selbst wieder bei N Regress nehmen will, wird in den meisten solcher Konstellationen wohl eine GoA gemäß § 683 BGB vorliegen, es sei denn, der N äußert einen entgegenstehenden Willen.

Auch § 684 S. 1 BGB gehört hierher, wobei § 812 BGB allerdings nicht ausgeschlossen wird (diese Frage stellt sich freilich nur, wenn man mit der h.M. eine Rechtsfolgenverweisung annimmt).

*häufig Vorrang der LK*

**4.** Bei Zahlung auf eine fremde Schuld wird häufig eine Leistung des Dritten an den Schuldner vorliegen. Die Leistungskondiktion geht dann der Rückgriffskondiktion vor. 355

> ***Bsp.:*** *Onkel O zahlt die Mietschulden seines Neffen N, weil er diesem etwas schenken will.* 356
>
> Hier liegt – wie oben schon gesehen[265] – eine Leistung des O an den N vor und eine Leistung des N an den Vermieter. Die Rückgriffskondiktion scheidet aus.

*e.A.: Rückgriffskond. grds. (-)*

**5.** Zum Teil wird eine Rückgriffskondiktion überhaupt verneint, weil der Dritte jedenfalls leiste, um eine berechtigte GoA gegenüber dem Schuldner entstehen zu lassen. Wird dieser Zweck nicht erreicht, so greife § 812 I S. 2, 2.Alt. BGB ein.[266] 357

Dem ist nicht zu folgen, denn dies erscheint nur konstruiert.

*h.M.: bei bestimmten Anwendungsfällen (+)*

Für die Rückgriffskondiktion nach § 812 I S. 1, 2.Alt. BGB bleiben jedenfalls folgende Anwendungsfälle:

**a)** Es liegt eine angemaßte Eigengeschäftsführung vor, § 687 II BGB.

*angemaßte Eigengeschäftsführung*

Hier fehlt es an einer zweckgerichteten Vermögensmehrung gegenüber dem Schuldner, so dass nur die Rückgriffskondiktion bleibt. Dieser Fall dürfte wenig bedeutsam sein. 358

---

265 Rn. 202 ff.

266 Siehe die Nachweise bei Medicus, BR, Rn. 949.

**b)** Wichtiger ist folgender Fall:

*Kenntnis des entgegenstehenden Willens*

Der Dritte leistet zwar mit Fremdgeschäftsführungswillen, jedoch kennt er den entgegenstehenden Willen des Schuldners. Hier kann also der Dritte nicht geleistet haben, um eine berechtigte GoA entstehen zu lassen. 359

***Bsp.:*** *D ist Gläubiger des S und will bei diesem einen PKW pfänden lassen, den der S von G unter Eigentumsvorbehalt gekauft hat. Um in den PKW ohne die Gefahr einer Drittwiderspruchsklage (§ 771 ZPO) vollstrecken zu können, zahlt D an G die noch ausstehenden Raten.* 360

*Welche Ansprüche hat D gegen S?*

Berechtigte GoA, §§ 677, 683, 670 BGB?

Mit der Zahlung der Schuld des S hat D ein objektiv fremdes Geschäft geführt. Er hatte auch Fremdgeschäftsführungswillen, da er als Dritter i.S.d. § 267 BGB Fremdtilgungswillen gehabt hat. Im Übrigen wird der Fremdgeschäftsführungswille bei objektiv fremden Geschäften vermutet (den Fremdgeschäftsführungswillen könnte man nur mit dem Argument verneinen, dass der D ausschließlich im eigenen Interesse handelte).

Es liegt jedoch nicht im Interesse des S, dass durch die Zahlung die Zwangsvollstreckung in seinen PKW ungehindert möglich wird. Daher scheidet ein Anspruch aus berechtigter GoA aus.

§ 684 S. 1 BGB?

Eine unberechtigte GoA liegt vor. § 684 BGB verweist auf §§ 818 ff. BGB (h.M.). Da die Befreiung von einer Verbindlichkeit ihrer Natur nach nicht herausgegeben werden kann, hat S Wertersatz zu leisten (§ 818 II BGB).

§ 812 I S. 2, 2.Alt. BGB?

Die §§ 812 ff. BGB sind neben der unberechtigten GoA anwendbar.[267] Die unberechtigte GoA ist kein Rechtsgrund i.S.d. § 812 BGB.

D könnte an G geleistet haben, um gegenüber S eine berechtigte GoA entstehen zu lassen. Dieser Zweck wäre hier fehlgeschlagen. D wusste jedoch, dass die Zahlung nicht dem Interesse und dem Willen des S entsprach. Daher scheidet dieser Leistungszweck aus. Eine andere Leistungskondiktion kommt hier nicht in Betracht.

§ 812 I S. 1, 2.Alt. BGB?

Die Voraussetzungen für die Rückgriffskondiktion sind hier gegeben: S hat auf Kosten des D die Befreiung von einer Verbindlichkeit ohne Rechtsgrund erlangt.

Neben § 684 BGB hat dieser Anspruch freilich kaum eine Bedeutung. Lehnt man jedoch oben den Fremdgeschäftsführungswillen ab, so wird die Rückgriffskondiktion relevant.[268]

*nachträgliche Tilgungsbestimmung*

**c)** Soweit man eine nachträgliche Tilgungsbestimmung zulässt,[269] könnte auch in diesen Fällen Raum für die Rückgriffskondiktion sein.

***Bsp.:*** *D ist gesetzlicher Alleinerbe des E. D zahlt eine Nachlassverbindlichkeit aus dem Nachlass des E in Höhe von 10.000 € an G. Nun findet sich ein Testament, nach dem D enterbt wird und S zum Alleinerben eingesetzt wird. D will von S die 10.000 € zurück.* 361

D hat unproblematisch einen Verwendungsersatzanspruch aus § 2022 I S. 1, II BGB.

267 Siehe oben Rn. 69.

268 Zum Problem der aufgedrängten Bereicherung in diesen Fällen s. gleich unten. Rn. 362 ff.

269 Siehe oben Rn. 211.

Fraglich ist, ob daneben auch ein Anspruch aus §§ 677, 683, 670 BGB gegeben ist.

D glaubte eine eigene Verbindlichkeit zu erfüllen. Mangels Fremdgeschäftsführungswillen scheidet ein Anspruch aus GoA aus (§ 687 I BGB).

In den Fällen einer Zahlung einer Erbschaftsschuld durch den Scheinerben wird die Möglichkeit der Nachholung einer Fremdtilgungsbestimmung durch § 2022 II, III BGB vorausgesetzt.[270]

Man könnte, sofern man eine nachträgliche Tilgungsbestimmung zulässt, auch nachträglich einen Fremdgeschäftsführungswillen fingieren.[271] Dann wäre zu prüfen, ob berechtigte oder unberechtigte GoA vorliegt. Da wohl eine berechtigte GoA anzunehmen ist, geht diese § 812 BGB vor. Eine Rückgriffskondiktion entfällt als subsidiär.

### 6. Problem: Der aufgedrängte Rückgriff

*Problem: aufgedrängter Rückgriff*

Dieses Problem soll bereits hier besprochen werden, da es bei der Rückgriffskondiktion anders gelöst werden muss als etwa bei der Verwendungskondiktion.[272] 362

**Bsp.:**[273] *D will unbedingt das Grundstück seines Nachbarn S haben, der sich jedoch weigert, es zu verkaufen. D weiß, dass S noch Schulden bei dem Handwerker G in Höhe von 100.000 € hat. Nun zahlt D die Schulden des S bei G (§ 267 BGB), um das begehrte Grundstück zur Zwangsversteigerung zu bringen und es zu ersteigern. Hat D gegen S einen Anspruch auf Zahlung von 100.000 €?* 363

Eine berechtigte GoA scheidet aus, weil die Zahlung an G nicht dem Interesse und dem Willen des S entsprach.

Dagegen sind die Ansprüche aus §§ 684 S. 1 und 812 I S. 1, 2.Alt. BGB gegeben.[274] Danach hätte S Wertersatz in Höhe 100.000 € zu leisten, § 818 II BGB.

Dem S wurde diese Bereicherung jedoch aufgedrängt. Fraglich ist, wie dieses Problem hier zu lösen ist.

§ 814 BGB, der nur für die Leistungskondiktion gilt, kann nicht analog angewendet werden, da die Rückgriffskondiktion v.a. gerade die Fälle betrifft, in denen der Zahlende weiß, dass er nicht zur Zahlung verpflichtet ist. Die Rückgriffskondiktion würde dann ihren Sinn verlieren.

Zu bedenken ist, dass ein Schuldner grundsätzlich keinen Anspruch auf einen bestimmten Gläubiger hat:

Der Anspruch kann, sofern kein Ausschlusstatbestand des § 399 BGB eingreift, jederzeit ohne Mitwirkung des Schuldners abgetreten werden. Daher wird man auch den aufgedrängten Rückgriff grundsätzlich für zulässig halten müssen.

Der Schuldner wird allerdings bei der Abtretung durch die §§ 404 ff. BGB geschützt.

*§§ 404 ff. BGB analog*

Auch in unserem Fall muss der S durch die §§ 404 ff. BGB (analog) geschützt werden, da die Zahlung durch D praktisch die gleiche Wirkung wie eine Abtretung hat (materielle Identität von Schuld und Regress). S kann daher auch gegenüber D die Einwendungen geltend machen, die er gegenüber G gehabt hat.

270 Vgl. Stolte, JURA 1988, 246, 249 ff. m.w.N.; Medicus, BR, Rn. 951.

271 Dazu ebenfalls Rn. 211 ff.

272 Dazu unten Rn. 471 ff.

273 Nach Medicus, BR, Rn. 952.

274 Siehe das Bsp. oben Rn. 360.

**hemmer-Methode: Denken Sie daran: Bei der Rückgriffskondiktion und der Verwendungskondiktion wird man häufig auch die Problematik der aufgedrängten Bereicherung erörtern müssen, die sich hier regelrecht aufdrängt. Die Rückgriffskondiktion versteht man nicht, wenn man nicht die anderen Möglichkeiten des Rückgriffs kennt. Da die Rückgriffskondiktion auch subsidiär ist, muss man in der Klausur/Hausarbeit die anderen Regressvarianten zumindest im Kopf durchgehen! Am häufigsten wird die Abgrenzung zwischen GoA und Rückgriffskondiktion in Betracht kommen, wobei die GoA die Rückgriffskondiktion ausschließt.** 364

## D. Eingriffskondiktion gemäß § 816 BGB

*bei § 816 BGB sind drei Fälle zu unterscheiden*

§ 816 BGB ist ein Spezialfall der Eingriffskondiktion. Im Abs 1 Satz 1 kommt Grundsatz der Subsidiarität zum Tragen. Denn die Vorschrift selbst geht davon aus, dass der gutgläubige Erwerb vom Nichtberechtigten für den Erwerber kondiktionsfest ist.[275] 365

Der Berechtigte darf sich nur an den Nichtberechtigten wenden. Anders im Satz 2 des Absatz 1. Hier wird der Durchgriff zugelassen. Der Vorrang der Leistungsbeziehung wird durchbrochen. Grund: derjenige der unentgeltlich erlangt, ist weniger schutzwürdig.

Zu unterscheiden sind drei Fälle: §§ 816 I S. 1, 816 I S. 2 und 816 II BGB. Hierbei handelt es sich um jeweils eigene Anspruchsgrundlagen.

*§ 816 I S. 1 BGB*

### I. Anspruch aus § 816 I S. 1 BGB

Bei § 816 I S. 1 BGB sind vier Tatbestandsmerkmale zu prüfen: 366

- ⇨ Verfügung
- ⇨ durch einen Nichtberechtigten
- ⇨ dem Berechtigten gegenüber wirksam
- ⇨ erlangtes Etwas

Rechtsfolge: Das Erlangte ist herauszugeben

**Merke**: Ein Verschulden ist für diesen Anspruch nicht notwendig.[276]

#### 1. Begriff der Verfügung:

*Verfügung*

Verfügungen sind Rechtsgeschäfte, durch die ein bestehendes Recht unmittelbar aufgehoben, übertragen, belastet oder inhaltlich verändert wird. 367

Wichtigster Beispielsfall einer solchen Verfügung ist die Übertragung des Eigentums. Es kann aber auch um eine Verpfändung nach §§ 1204 ff. (§ 1207!) BGB gehen. Weitere wichtige Fälle sind die Forderungsabtretung (§ 398 BGB) und die Belastung eines Grundstücks, z.B. mit einer Hypothek.

*keine schuldrechtliche Verpflichtung*

**a)** Bloße schuldrechtliche Verpflichtungen werden also nicht erfasst. Beachten Sie aber, dass Forderungsabtretung (§ 398 BGB) und Erlass (§ 397 BGB) Verfügungen sind, obwohl sie auch schuldrechtlichen Charakter haben. 368

275 BGH, WM 2000, 320.

276 Vgl. Palandt, § 816, Rn. 12.

*nur rechtsgeschäftliche Verfügungen*

**b)** Gemeint sind ferner nur rechtsgeschäftliche Verfügungen, nicht auch „Verfügungen" im Wege der Zwangsvollstreckung.[277] Bei diesen gilt § 812 I S. 1, 2.Alt. BGB. 369

*bei ZVS § 812 I S. 1, 2.Alt. BGB*

Grund: Das Gesetz hat Zwangsvollstreckungsmaßnahmen in vielen Regelungsbereichen den „echten" Verfügungen gleichgestellt, dies aber jeweils *ausdrücklich* normiert. Wenn es dies hier nicht getan hat, dann ist davon auszugehen, dass diese Maßnahmen hier nicht erfasst sein sollen (keine Lücke).

Außerdem gilt: Weder ist das Vollstreckungsorgan (Gerichtsvollzieher) Nichtberechtigter, noch liegt eine Leistung durch Zuweisung des Erlöses (oder Befreiung von der Barzahlungspflicht des § 817 IV ZPO) vor. Der Gerichtsvollzieher ist als staatliches Vollstreckungsorgan zur Verfügung über den Erlös befugt. Das Handeln eines staatlichen Organs ist keine Leistung i.S.d. Bereicherungsrechts.

*strittig: Vermietung/Verpachtung*

**c)** Streitig ist, ob bei Vermietung oder Verpachtung fremder Sachen eine analoge Anwendung des § 816 I S. 1 BGB in Frage kommt.

***Bsp.:*** *A findet auf der Straße eine Sache des E und schließt nun mit dem M einen Mietvertrag über diese Sache. Als E von all dem erfährt, ist er von der Höhe des vereinbarten Mietzinses begeistert und fordert daher von A Herausgabe dieses von M erlangten Betrages.* 370

Herausgabe des erlangten Erlöses kommt in Betracht nach §§ 687 II S. 1, 681 S. 2, 667 und 816 I BGB.

Ein angemaßtes Eigengeschäft liegt durch die unberechtigte Vermietung (anders als bei der Untervermietung) vor. Insoweit besteht der Anspruch auf Herausgabe des Erlöses gem. §§ 687 II S. 1, 681 S. 2, 667 BGB.

*§ 816 I analog?*

Fraglich ist aber, ob daneben § 816 BGB analog Anwendung findet.

Zwar ist § 816 I BGB nicht schon durch einen möglichen Anspruch aus Eigentümer-Besitzer-Verhältnis ausgeschlossen, da wegen § 993 I, 2.Hs. BGB eine abschließende Regelung nur für Nutzungen und Schadensersatz besteht.

*h.M. (-),*

Gegen eine Analogie und damit gegen die Anwendbarkeit von § 816 I BGB spricht aber, dass hier weder eine vergleichbare Interessenlage vorliegt, noch eine Regelungslücke.

*da weder vergleichbare Interessenlage*

Die Interessenlage ist nicht vergleichbar, weil bei (bloß) unberechtigter Vermietung der Eigentümer die Sache jederzeit vom unmittelbaren Besitzer nach § 985 BGB herausverlangen kann. Es fehlt somit an der Endgültigkeit des Vermögensübergangs. Bei wirksamen Verfügungen ist das der Fall, weswegen § 816 I S. 1 BGB bei diesen Fällen eingreift; hierin liegt seine Funktion.

**hemmer-Methode: § 816 I S. 1 BGB gewährt als Korrelat zu den Regelungen über den gutgläubigen Erwerb anstelle der untergegangenen dinglichen Rechtsposition einen schuldrechtlichen Anspruch (Rechtsfortwirkungsanspruch). Diese ratio legis kommt dann nicht zum Tragen, wenn die dingliche Position (hier: der Vindikationsanspruch) überhaupt nicht untergegangen ist.**

*noch Regelungslücke*

Die Regelungslücke ist zu verneinen, weil sowohl die Regeln der angemaßten Eigengeschäftsführung auf Herausgabe des erlangten Erlöses als auch die §§ 987 ff. BGB auf Wertersatz hier in den meisten Fällen eingreifen.

277 Palandt, § 816, Rn. 7.

In der Umwandlung von ursprünglich rechtmäßigem Fremdbesitz (Fund) in unrechtmäßigen Eigenbesitz sieht die h.M. einen Besitzerwerb i.S.d. § 990 BGB,[278] weshalb Wertersatz für die gezogenen Nutzungen gem. §§ 987, 990 BGB verlangt werden kann. Der Wertersatz bestimmt sich nach dem objektiven Mietwert.[279]

Ein Anspruch aus §§ 812 I S. 1, 2.Alt. (Eingriffskondiktion), 818 II BGB entfällt wegen § 993 I, 2.Hs. BGB, der nach h.M. auch für den bösgläubigen Besitzer gilt.

*e.A.: entsprechende Anwendung bei §§ 946 ff. BGB*

**d)** Teilweise wird eine entsprechende Anwendung des § 816 I S. 1 BGB für den Fall vertreten, dass das Eigentum nach den §§ 946 ff. BGB übergeht. 371

*zwar Verfügung grds. (-)*

**aa)** Eine Verfügung liegt hier eigentlich nicht vor, weil diese einen rechtsgeschäftlichen Übergang voraussetzt, hier aber ein Übergang kraft Gesetzes vorliegt.

*aber wertungsmäßig gleich zu behandeln*

**bb)** Es wird aber argumentiert, es dürfe keinen Unterschied machen, ob ein Gegenstand vom Nichtberechtigten zunächst übereignet und dann erst eingebaut wird, oder ob der Nichtberechtigte die Sache gleich selbst beim Dritten einbaut. Wertungsmäßig seien diese Fälle gleich zu behandeln.

**hemmer-Methode: Dies ist die gleiche Wertungsargumentation, die schon oben bei der Subsidiarität der Nichtleistungskondiktionen diskutiert wurde (so die h.M., die § 816 I BGB neben §§ 951, 812 I S. 1 1. Alt., 818 BGB eingreifen lässt).** 372

***Bsp.:***[280] *E verkauft Baumaterial unter Eigentumsvorbehalt an den Bauunternehmer U. Dieser hat von dem Bauherr B den Auftrag, ein Haus zu bauen. Noch vor vollständiger Zahlung des Kaufpreises baut U das Material in das Haus des B ein. Nun verlangt der E von U Herausgabe des dabei erzielten Erlöses.*

Oben wurde gezeigt, dass bei diesen Fällen ein Bereicherungsanspruch gegen den B ausscheidet. Dies unabhängig davon, ob der U erst rechtsgeschäftlich nach den §§ 929, 932 BGB an den B übereignet oder ob er gleich einbaut.

**(1)** Bei § 816 I S. 1 BGB wäre zu differenzieren:

Übereignet der U erst gemäß §§ 929, 932 BGB an den gutgläubigen B und baut dann ein, dann liegt in der Eigentumsübertragung eine Verfügung. § 816 I S. 1 BGB wäre unproblematisch zu bejahen.

**(2)** Dagegen ist der Einbau auf Grund eines Werkvertrages als rein tatsächliche Handlung eigentlich keine Verfügung i.S.d. § 816 I BGB.[281]

Auch hier können die Zufälligkeiten des äußeren Ablaufes aber wohl keinen Unterschied machen. Würde man hier die Verfügung bzw. die entsprechende Anwendung des § 816 I S. 1 BGB verneinen, dann bliebe nur die „normale" Eingriffskondiktion gemäß § 812 I S. 1, 2.Alt. BGB.

Dies aber hätte im Hinblick auf die Rechtsfolge u.U. entscheidende Auswirkung. Bei § 816 I S. 1 BGB ist nach h.M. der tatsächlich erzielte Erlös herauszugeben (auch wenn er den objektiven Wert übersteigt), bei §§ 812 I S. 1, 2.Alt., 818 II BGB nur der objektive Wert.[282] Auf den Eigentumsübergang nach §§ 946 ff. BGB ist daher § 816 I S. 1 BGB entsprechend anzuwenden.[283]

278 Vgl. Palandt, vor § 987, Rn. 9.

279 Vgl. Palandt, 987, Rn. 2.

280 Nach BGHZ 56, 226.

281 Palandt, § 951, Rn. 8.

282 Dazu später noch genauer, vgl. Rn. 381 ff.

283 Palandt, a.a.O.

Für dieses Ergebnis spricht auch, dass es sich beim Eigentumsübergang nach § 946 BGB immerhin um die Folge eines Rechtsgeschäfts handelt.

## 2. Nichtberechtigter

*Nichtberechtigter*

**a)** Dieses Tatbestandsmerkmal bedeutet, dass der Verfügende weder Inhaber des Rechts, noch vom Berechtigten zur Verfügung ermächtigt gewesen sein darf. 373

*nachträgliche Ermächtigung nicht möglich*

Eine solche Ermächtigung gem. § 185 I BGB muss allerdings vorher ausgesprochen gewesen sein. Die nachträgliche Genehmigung macht den Verfügenden nicht mehr zum Berechtigten, sondern bedingt nur den Erfolg der Verfügung.[284]

**Merken Sie sich** aber: Es gibt Berechtigte ohne Verfügungsmacht, bei denen § 816 I BGB eingreift (z.B. Eigentümer, der mit dem Pfändungspfandrecht beschwert ist; der Ehegatte im Fall der §§ 1365, 1369 BGB; der Erbe unter Testamentsvollstreckung).

Umgekehrt gibt es auch Nichtberechtigte mit Verfügungsmacht, für die dann § 816 I BGB nicht gilt (z.B. Insolvenzverwalter, Testamentsvollstrecker).

*Verfügung des Nichtberechtigten*

**b)** Der Nichtberechtigte muss selbst Verfügender gewesen sein. 374

*im eigenen Namen*

Verfügender ist immer nur derjenige, der *im eigenen Namen* eine solche Verfügung vornimmt.[285]

*⇨ nicht Vertreter, sondern Vertretener*

**aa)** Bei einem Vertreter ist dies nicht der Fall; Verfügender ist hier der Vertretene.

*aber: mittelbarer Stellvertreter*

**bb)** Anders bei mittelbarer Stellvertretung, etwa der Kommission: Hier verfügt der Kommissionär im eigenen Namen (und nur wirtschaftlich für Rechnung des Kommittenten); daher ist er selbst Verfügender i.S.d. § 816 I BGB.

**hemmer-Methode: Vergleichen Sie dazu aber auch ausführlich zur Gegenmeinung Hemmer/Wüst, Handelsrecht, Rn. 402 f.**

## 3. Wirksamkeit der Verfügung

*wirksame Verfügung*

Die Wirksamkeit der Verfügung kann von Anfang an gegeben sein oder erst nachträglich eintreten.

*von Anfang an*

**a)** Von Anfang an wirksam ist die Verfügung in den Fällen des gutgläubigen Erwerbs. Dies beurteilt sich etwa nach den §§ 932 ff. BGB; ausnahmsweise bei Forderungsabtretung nach §§ 398 S. 2, 405; 892 ff.; 1207 BGB; 366 HGB. Hier liegt in der Klausur häufig ein Problemschwerpunkt. 375

*nachträgliche Genehmigung*

**b)** Die Wirksamkeit tritt nachträglich ein bei Genehmigung der Verfügung durch den Berechtigten gemäß §§ 184 I, 185 II S. 1, 1.Alt. BGB.

284 Siehe unten Rn. 376.

285 Palandt, § 816, Rn. 11.

*Bsp.: A ist im Besitz einer gestohlenen Sache und veräußert diese an B.* 376

Der Eigentumserwerb durch B ist nach § 935 BGB unwirksam, kann aber vom Eigentümer genehmigt werden. Verlangt der Eigentümer von A den Kaufpreis heraus, den der A von B erlangt hat, liegt hierin konkludent die Genehmigung.

*dann Genehmigung nur bzgl. Rechtsfolge*

**aa) Beachten** Sie hierbei: Die Genehmigung bezieht sich nur auf die Rechtsfolge der Verfügung. Der Verfügende bleibt aber nach wie vor Nichtberechtigter. Andernfalls käme man zu dem absurden Ergebnis, dass aufgrund der Genehmigung der Anspruch des Berechtigten ganz entfiele, weil es schon am Tatbestandsmerkmal der Nichtberechtigung fehlen würde.

Die Genehmigung wird jedoch nur Zug um Zug gegen die Herausgabe des Erlöses erteilt, da anderenfalls der Berechtigte mit der Genehmigung endgültig sein Recht verlieren würde und dann das Insolvenzrisiko des nichtberechtigt Verfügenden tragen müsste.[286]

**hemmer-Methode: Es handelt sich um ein klassisches Problem. Häufig wird eine Sache gestohlen oder ist abhanden gekommen. Dieses Problem muss bekannt sein, da die Entscheidung wegen der Rückwirkung der Genehmigung an sich gegen den Wortlaut des § 816 I BGB („Nichtberechtigter") verstößt.** 377

*Problem: Verarbeitung vor Genehmigung*

**bb)** Auf weitere Probleme stößt man dann, wenn die Sache vor der Genehmigung schon verarbeitet worden war, das Eigentum also etwa gemäß § 950 BGB auf einen anderen übergegangen war. 378

*Jungbullenfall*

*Bsp. (Variante des „Jungbullenfalles"): D stiehlt dem E die Bullen und veräußert sie an den T, der sie wiederum an den S veräußert. S verarbeitet sie zu Dosenfleisch weiter. Nun verlangt der E von T Herausgabe des von S an den T gezahlten Erlöses.*

*Verfügungsmacht?*

Das Problem besteht zunächst darin, dass eine wirksame Genehmigung voraussetzt, dass der Genehmigende zu diesem Zeitpunkt noch Verfügungsmacht hat.[287] Hier aber war das Eigentum (und damit die Verfügungsmacht) wegen § 950 BGB eigentlich schon auf den Dritten S übergegangen, bevor der E die Genehmigung erklärt hat. 379

*nach h.M. (+)*

Dennoch lässt die h.M.[288] auch in diesem Fall die Genehmigung zu, mit der Folge, dass § 816 I S. 1 BGB dann gegenüber dem Verfügenden anwendbar ist.

*Grd.: gleiche Interessenlage*

Argument: Die Interessenlage sei die gleiche, weil es in allen Fällen letztlich nur um den Schutz des Eigentümers gehe. In dem einen Fall habe der Eigentümer (nur) die tatsächliche Verfügungsmacht verloren, in dem anderen wegen den §§ 946 ff. BGB die rechtliche Verfügungsmacht; dies könne nicht anders beurteilt werden. Es gebe keinen Grund, den Nichtberechtigten nur deswegen vor dem Anspruch aus § 816 I S. 1 BGB zu verschonen, weil die Sache mittlerweile verarbeitet worden ist.

**hemmer-Methode: Achten Sie beim Lernen auf die richtige Gewichtung bei der Fallauswahl.** 380
**Da an sich die Voraussetzungen des § 816 I BGB nicht mehr vorliegen (die Verfügung kann durch Genehmigung wegen des Eigentumsverlusts nach § 950 BGB nicht mehr wirksam gemacht werden), muss man diesen Ausnahmefall kennen, denn es ist eigentlich eine Entscheidung contra legem.**

## 4. Erlangtes Etwas

*erlangtes Etwas: Entgelt*

Dieses – i.d.R. unproblematische – Merkmal dient nur dazu, den Anwendungsbereich von dem des § 816 I S. 2 BGB abzugrenzen. 381

286 Achtung: die Genehmigung ist bedingungsfeindlich, Palandt, § 816, Rn. 9.

287 Vgl. hierzu JuS 1984, 690.

288 BGHZ 56, 133 ff.

*Rechtsfolge: Herausgabe des Erlangten*

Durch die Verfügung selbst erlangt der Verfügende nach h.M. nichts. Vielmehr verliert nur der Berechtigte sein Recht. Nach ganz h.M. ist erlangt das Entgelt aus dem der Verfügung des Nichtberechtigten zugrunde liegenden Kausalgeschäft, z.B. der gezahlte Kaufpreis, bzw. der eingetauschte Gegenstand (z.B. getauschte Fahrräder).

## 5. Rechtsfolge

Rechtsfolge des § 816 I S. 1 BGB ist die Herausgabe des durch die Verfügung Erlangten. 382

### a) Veräußerungserlös

Streitig ist, ob sich der Anspruch aus § 816 I S. 1 BGB nur auf den objektiven Wert der Sache bezieht oder ob in jedem Fall der konkret durch den Nichtberechtigten erzielte Erlös herauszugeben ist.

*e.A.: objektiver Wert*

**aa)** Eine Mindermeinung will dem Berechtigten nur den objektiven Wert zugestehen. 383

Durch „Verfügung erlangt" sei nicht etwa der Kaufpreis selbst, sondern nur „Befreiung von einer Verbindlichkeit".

Durch die wirksame Verfügung hat der Verfügende seine schuldrechtliche Verbindlichkeit erfüllt, er wurde damit von einer Verbindlichkeit befreit. Diese Befreiung könne nicht herausgegeben werden, so dass § 818 II BGB eingreifen würde. Bei § 818 II BGB aber ist anerkannt, dass ein objektiver Maßstab gilt.[289]

*Grund: § 818 II BGB*

§ 816 I BGB ist ein Unterfall der Eingriffskondiktion. Üblicherweise besteht dann nur ein Kondiktionsanspruch in Höhe des objektiven Wertes, § 818 II BGB.

Die Herausgabe des Gewinns sei auch nur im Spezialfall des § 687 II BGB gerechtfertigt, da dort der Eingriff in einen fremden Rechtskreis bewusst stattfindet (angemaßte Eigengeschäftsführung).

Auch wertungsmäßig sei dieses Ergebnis korrekt, weil der Mehrerlös i.d.R. auf der besonderen Geschäftstüchtigkeit des Veräußerers beruhe, also nicht aus dem Vermögen des Berechtigten erlangt sei.[290]

*h.M.: das tatsächlich Erlangte*

**bb)** Nach h.M.[291] ist das herauszugeben, was der Nichtberechtigte bei der Verfügung tatsächlich erlangt hat, auch wenn dies den objektiven Wert übersteigt.[292] 384

*Grund: Wortlaut*

Hierfür spreche der Wortlaut des § 816 I S. 1 BGB, der insofern Spezialvorschrift gegenüber § 818 II BGB sei.

*auch Wertung*

Auch von der Wertung her sei dieses Ergebnis gerechtfertigt: Der Berechtigte trage das Risiko des Unterwertverkaufes durch den Nichtberechtigten, also müsse er auch die Vorteile bekommen, wenn die Sache über Wert verkauft wurde.

289 Siehe unten Rn. 468.

290 Vgl. Medicus, BR, Rn. 722 f.

291 Vgl. etwa BGHZ 29, 157 ff.; Palandt, § 816, Rn. 24.

292 Reduktion nach h.M. aber über § 242 BGB bei groben Unbilligkeiten, vgl. Palandt, § 816, Rn. 24.

*auch kein Widerspruch zur bereicherungsrechtlichen Systematik*

Die Lösung des BGH entspricht auch der bereicherungsrechtlichen Systematik. Die „Bereicherung" beim Bereicherten soll „abgeschöpft" werden. Dies entspricht auch § 951 BGB, wo nicht auf den Wert der verbundenen oder vermischten Sachen abgestellt wird, sondern Wertersatz nach § 818 II BGB geleistet wird.

Daneben spricht noch ein weiteres systematisches Argument für den Anspruch auf Herausgabe des Erlöses. Wird nämlich ein nicht bereicherungsrechtlicher obligatorischer Anspruch durch Veräußerung des geschuldeten Gegenstands an einen Dritten vereitelt, so haftet dieser gem. § 285 BGB auf das commodum ex negotiatione cum re. Es ist dann kein Grund dafür ersichtlich, warum der bei Vereitelung einer dinglichen Rechtsposition eingreifende § 816 I S. 1 BGB weniger weitreichend sein sollte, als die Surrogation bei Vereitelung eines lediglich schuldrechtlichen Anspruchs.

**hemmer-Methode: Merken Sie sich aber: Kein Problem ergibt sich bei einer Veräußerung unter dem Wert. Erlangte Gegenleistung ist nur das Weniger. Auch die Ansicht, die auf den Wert der Befreiung von der Verbindlichkeit abstellt, kommt zum gleichen Ergebnis.**
**Bereicherungsrecht kann nicht dazu führen, dass man mehr herausgeben muss, als man tatsächlich erlangt hat.**

*nach BGH auch dann, wenn Werterhöhung aufgr. Verarbeitung*

Nach BGH soll dies sogar dann gelten, wenn es nicht nur darum geht, dass bei der Veräußerung ein Mehrerlös erzielt wurde, sondern sogar dann, wenn die Werterhöhung auf einer Weiterverarbeitung etwa durch den Nichtberechtigten beruhte.

**Bsp.:** *Die obige Variante des „Jungbullenfalles", wo die Bullen nach ihrer Verarbeitung zu Dosenfleisch weiterveräußert wurden. Selbst der hieraus resultierende Mehrerlös müsste dann unter § 816 I S. 1 BGB fallen, wenn der Eigentümer vom Verarbeiter den Erlös aus der Veräußerung der Dosen verlangt.* 385

*dann aber i.d.R. § 818 III BGB*

Allerdings ist zu berücksichtigen, dass in einem solchen Fall wohl meist § 818 III BGB in Betracht kommt. Alle Verwendungen auf die erlangte Sache, nicht nur notwendige und nützliche, sondern sogar solche, die nicht zu einer Werterhöhung der Sache geführt haben, können nach § 818 III BGB abgezogen werden.[293]

**hemmer-Methode: Hat der Nichtberechtigte selbst rechtsgrundlos verfügt und kondiziert dann gem. § 812 I S. 1, 1. Alt. BGB von dem Erwerber, so tritt das Problem auf, ob nun plötzlich der Nichtberechtigte Eigentümer wird, wenn der Erwerber den Gegenstand in Erfüllung seiner bereicherungsrechtlichen Verpflichtung an ihn übereignet. Richtigerweise ist hier wohl im Wege einer teleologischen Reduktion der Vorschriften über den Gutglaubenserwerb ein unmittelbarer Rückfall des Eigentums an den ursprünglich Berechtigten anzunehmen.**

## b) Abzug des gezahlten Kaufpreises?

*Abzug des an Dritten gezahlten Kaufpreises?*

Ein weiteres Problem in diesem Rahmen ist die Frage, ob der in Anspruch Genommene einen Kaufpreis, den er etwa an den an ihn veräußernden Dieb gezahlt hatte, abziehen darf. 386

**Bsp.:** *D stiehlt eine Sache des E. Er veräußert diese an A, dieser an B. E genehmigt die Verfügung des A gegenüber B und verlangt von A den Kaufpreis heraus, den dieser von B erlangt hat. Kann A den Kaufpreis abziehen, den er an D gezahlt hat?*

293 Vgl. unten Rn. 488.

**aa)** Auf den ersten Blick scheint dies der Fall zu sein:

*i.R.d. § 818 III BGB grds. alle Aufwendungen abzugsfähig*

Abziehbar sind nach BGH (dazu unten bei § 818 BGB) i.R.d. § 818 III BGB grundsätzlich alle Aufwendungen, die in ursächlichem Zusammenhang mit dem Bereicherungsvorgang stehen.[294] Dazu zählen auch die Kosten des Erwerbs.[295]

**bb)** Für Gegenleistungen an Dritte kann dies bei § 816 I S. 1 BGB aber nicht gelten.[296]

*aber: Interessenlage ⇨ (-), da Rechtsfortwirkungsanspruch*

Dies ergibt schon ein wertender Vergleich mit der vorherigen Interessenlage: Vor dem wirksamen Rechtsgeschäft war der Nichtberechtigte dem Anspruch aus § 985 BGB ausgesetzt, und diesem Anspruch konnte er wegen der getätigten Zahlung an den Dritten keinesfalls ein Gegenrecht entgegensetzen. Da aber der Anspruch aus § 816 I S. 1 BGB eine Art Ersatzfunktion (Rechtsfortwirkungsanspruch) für den vorherigen Anspruch aus § 985 BGB hat, kann für ihn nichts anderes gelten.[297]

**hemmer-Methode: Kann ausnahmsweise die Zahlung des Kaufpreises über § 273 BGB auch dem Anspruch aus § 985 BGB entgegengesetzt werden, weil der Kaufpreis an den Eigentümer selbst bezahlt wurde und lediglich die Übereignung der Sache fehlgeschlagen ist, so kann sie auch i.R.d. § 816 I S. 1 BGB bereicherungsmindernd geltend gemacht werden.**

## c) Sonderprobleme

*Problem: gutgläubiger Bucheigentümer bestellt Hypothek*

Sonderprobleme ergeben sich bei § 816 I S. 1 BGB, wenn der gutgläubige (wichtig für EVB, s.u.) Bucheigentümer eine Hypothek zur Sicherung eines Darlehens bestellt und die Hypothekenbestellung wegen §§ 873, 1113, 892 BGB wirksam ist. Fraglich ist dann, was das erlangte Etwas i.S.d. § 816 I S. 1 BGB ist. **387**

Unabhängig davon kommen hier zunächst Ansprüche aus §§ 987 ff. BGB in Betracht.

*§§ 989, 990 BGB analog*

Die §§ 989, 990 BGB werden analog angewendet. Die Stellung des Bucheigentümers entspricht der eines beweglichen Besitzers; bei Gutgläubigkeit entfällt aber ein Schadensersatzanspruch.

*§ 816 BGB neben EBV (+)*

Fraglich ist dann i.R.d. § 816 I S. 1 BGB, was das Erlangte ist.

Wie oben dargestellt, ist § 816 I BGB neben §§ 989, 990 BGB anwendbar.

*fraglich, was erlangt ist*
*h.M.: Darlehensvaluta*

Hat der Empfänger die ungerechtfertigt erlangte Sache mit einem dinglichen Recht belastet, so hat er nicht nur die Sache, sondern auch das Entgelt herauszugeben, das er für die Belastung erlangt hat. Besteht die Belastung in einer Hypothek, so ist fraglich, was er erlangt hat. Nach h.M. hat der Verfügende die Darlehensvaluta durch die Verfügung erlangt. Wenn er die Darlehensvaluta an den Berechtigten herausgibt, muss dieser ihn von seiner persönlichen Darlehensschuld befreien. **388**

*a.A.: nur Wertersatz für Sicherheitsleistung*

Nach a.A. ist nur die Sicherung des Darlehens erlangt, weil das Grundstück als Sicherheit diente. Der Verfügende muss dafür Wertersatz leisten. Dies soll der Betrag sein, den ein Grundstückseigentümer normalerweise dafür erhält, dass er sein Grundstück als Sicherheit zur Verfügung stellt. Anhaltspunkt für den objektiven Wert der Sicherheit ist die Avalprovision der Banken.[298]

294 Palandt, § 818, Rn. 30.
295 Palandt, § 818, Rn. 42.
296 Vgl. etwa Palandt, § 818, Rn. 43.
297 Weitere Argumente Medicus, BR, Rn. 721 ff.
298 Palandt, § 818, Rn. 6.

## II. Anspruch aus § 816 I S. 2 BGB

### 1. Unentgeltliche Verfügung

*Unterschied zu § 816 I S. 1 BGB: „unentgeltliche" Verfügung*

§ 816 I S. 2 BGB unterscheidet sich in den Tatbestandsvoraussetzungen von § 816 I S. 1 BGB dadurch, dass eine *unentgeltliche* Verfügung des Nichtberechtigten gefordert wird. 389

Dann soll sich als Folge der Anspruch gegen einen anderen Bereicherungsschuldner richten. Damit kommt der Gedanke zum Ausdruck, dass ein unentgeltlicher gutgläubiger Erwerb weniger schutzwürdig ist als der entgeltliche.

### 2. Verfügung eines Nichtberechtigten

*Unterschied zu § 822 BGB: Verfügung eines „Nichtberechtigten"*

§ 816 I S. 2 BGB ist von § 822 BGB zu unterscheiden. In beiden Fällen geht es um unentgeltliche Verfügungen. Bei § 816 I S. 2 BGB verfügt ein Nichtberechtigter, während bei § 822 BGB der Verfügende dinglich Berechtigter ist, der aber selbst einem Kondiktionsanspruch (z.B. § 812, § 816 I oder gar § 822 BGB!) ausgesetzt war.[299] 390

> **Life&Law:** Eine sehr interessante und lehrreiche Entscheidung zur Abgrenzung zwischen § 816 I S. 2 BGB und § 822 BGB finden Sie in Life&Law 06/1999, 339. Dort ging es um Ansprüche gegen den Treuhänder bei pflichtwidriger Vermögensverwaltung, um den Begriff des Nichtberechtigten i.S.d. § 816 BGB und um Fragen der Aushilfshaftung gem. § 822 BGB.

Voraussetzung ist damit auch, dass der Erwerber bei der unentgeltlichen Verfügung unmittelbar einen rechtlichen Vorteil erlangt hat.

*unmittelbarer rechtlicher Vorteil des Erwerbers*

Rechtserwerb des Bereicherungsschuldners und Rechtsverlust des Bereicherungsgläubigers müssen durch dasselbe Rechtsgeschäft herbeigeführt worden sein.

### 3. Voraussetzungen

*4 Tatbestandsvoraussetzungen*

Tatbestandsvoraussetzungen des § 816 I S. 2 BGB sind daher folgende: 391

- ⇨ Verfügung
- ⇨ durch einen Nichtberechtigten
- ⇨ dem Berechtigten gegenüber wirksam, z.B. §§ 929, 932 BGB
- ⇨ Unentgeltlichkeit des Geschäftes

#### a) Verfügung

*Verfügung wie bei § 816 I S. 1 BGB*

Hier gilt das Gleiche, wie oben bei § 816 I S. 1 BGB. Es muss sich also um die unmittelbare Einwirkung auf ein Recht handeln. 392

299 Palandt, § 822, Rn.1.

*Bsp.: Das Verleihen einer Sache durch den Nichtberechtigten an einen Dritten ist keine solche Verfügung und kann dieser auch nicht gleichgestellt werden. Es besteht daher kein Anspruch des Eigentümers gegen den Entleiher auf Ersatz des Wertes der Gebrauchsvorteile.*[300]

**hemmer-Methode: An § 816 I S. 2 BGB muss aber auch in ungewöhnlichen Konstellationen gedacht werden, z.B. wenn der Gläubiger einer einredebehafteten Hypothek diese schenkweise gem. §§ 1153, 1154 BGB an einen Dritten überträgt, der gem. § 1138, 2. Alt. BGB gutgläubig einredefrei erwirbt. Der Dritte hat dann durch die Verfügung unentgeltlich die Einredefreiheit erlangt, diese hat er herauszugeben, d.h., er muss die Einrede trotz § 1138, 2. Alt. BGB gegen sich gelten lassen, weil eine Replik (Gegeneinrede) aus §§ 816 I S. 2, 242 BGB besteht.**

## b) Unentgeltlichkeit

*unentgeltlich ⇨ unabhängig von Gegenleistung*

Unentgeltlichkeit ist zu bejahen, wenn die Zuwendung unabhängig von einer Gegenleistung geschieht. Unentgeltlichkeit ist nach objektiver Sachlage zu beurteilen, muss von den Parteien aber gewollt sein.[301] 393

*problematisch bei gemischter Schenkung*

Bei einer gemischten Schenkung wird von der wohl h.M. § 816 I S. 2 BGB für die ganze Verfügung angenommen, wenn der unentgeltliche Charakter überwiegt.[302] Nach der wohl richtigeren Gegenansicht ist das Geschäft in einen entgeltlichen Teil (für welchen § 816 I S. 1 BGB gilt) und in einen unentgeltlichen Teil (für welchen § 816 I S. 2 BGB gilt) aufzuteilen (Teilungslösung).[303]

*strittig: unentgeltlich = rechtsgrundlos?*

Streitig ist, ob dem unentgeltlichen Erwerb der rechtsgrundlose Erwerb gleichgestellt werden kann.[304]

**hemmer-Methode: Es handelt sich hierbei um eine Wiederaufnahme der Problematik von Einheits- (Durchgriffs-)- bzw. Doppelkondiktion in den Fällen des sog. Doppelmangels (vgl. oben Rn. 192 ff.). Die analoge Anwendung des § 816 I S. 2 BGB soll dann doch zur Einheitskondiktion führen. Das ist abzulehnen, weil sie den Wertungskriterien im bereicherungsrechtlichen Dreiecksverhältnis widerspricht.**[305]

*Bsp. 1:*[306] *Buchhalter B veruntreute 20.000 € seines Arbeitgebers A und verspielte diese in der Spielhölle des C. Dabei handelte es sich um ein illegales Spiel, das unter § 134 BGB fällt. Da der B nicht liquide ist, verlangt der A das Geld unmittelbar von C zurück.* 394

Die unmittelbare Anwendung des § 816 I S. 2 BGB kommt hier nicht in Frage, weil die Hingabe des Geldes nicht unentgeltlich geschah: „Entgelt" i.d.S. war die Möglichkeit, bei diesem Spiel evtl. auch zu gewinnen. Der Spielvertrag ist ein entgeltliches aleatorisches Rechtsgeschäft.

Wegen § 134 BGB war die Hingabe an C allerdings rechtsgrundlos. Daher stellte sich die Frage, ob § 816 I S. 2 BGB entsprechend anzuwenden war.

*BGH in diesem Sonderfall (+)*

Der BGH hat dies[307] bejaht, weil bei nichtigem Spielvertrag der C keine Gegenleistung von wirtschaftlichem Wert erbringt. Insofern sei daher die Interessenlage die gleiche wie bei Unentgeltlichkeit. Diese Entscheidung wurde allerdings ausdrücklich als Sonderfall bezeichnet.

300 Palandt, § 816, Rn. 7.
301 Vgl. Palandt, § 516, Rn. 8 ff.
302 Palandt, § 816, Rn. 14.
303 Larenz/Canaris, SchuldR II/2, § 69.
304 Vgl. Larenz/Canaris, SchuldR II/2, § 69.
305 Larenz/Canaris, SchuldR II/2, § 70.
306 Nach BGHZ 37, 363; 47, 393.
307 In BGHZ 37, 363.

*h.L.: (-)*

Von der h.M. wird eine Analogie abgelehnt, wenn der Erwerber wenigstens tatsächlich ein Vermögensopfer erbracht hat. Hauptargument ist die Tatsache, dass andernfalls eine vom Gesetz nicht vorgesehene Direktkondiktion möglich wäre. Mit den §§ 816 I S. 2 und 822 BGB zeigt der Gesetzgeber aber offenbar gerade, dass die Direktkondiktion der Ausnahmefall sein soll. Eine solche Direktkondiktion hätte für die Betroffenen die Gefahr des Verlustes von Einwendungen zur Folge, was den Wertungen im bereicherungsrechtlichen Dreiecksverhältnis widerspräche.[308]

***Bsp. 2:** Ein Minderjähriger verfügt wirksam über fremdes Eigentum.* ***395***

*rechtlich neutrales Geschäft*

Die dingliche Einigung scheitert nach h.M. nicht an der Minderjährigkeit, da für den Minderjährigen ein rechtlich neutrales Rechtsgeschäft vorliegt. Der Rechtsgedanke des § 165 BGB wird von der h.M. zur Begründung angeführt.

Der Eigentumserwerb des Dritten findet dann über §§ 929, 932 BGB statt, so dass bei Gutgläubigkeit des Dritten der Herausgabeanspruch des früheren Eigentümers nach § 985 BGB ausscheidet.[309]

*zwar Vertrag unwirksam (§ 107 BGB), aber § 929 BGB (+)*

Die kaufvertragliche Verpflichtung des Minderjährigen ist aber gem. § 107 BGB unwirksam. Damit hat der Minderjährige rechtsgrundlos wirksam verfügt.

Fraglich ist, ob dem Eigentümer dann entsprechend § 816 I S. 2 BGB (rechtsgrundlos = unentgeltlich) eine Durchgriffskondiktion gegen den Ersteher der Sache zusteht.

Die h.M. verneint auch hier zurecht die Analogie wegen der Gefahr des Verlustes von Einwendungen.

*Analogie grds. (-), wenn Erwerber Leistung aus seinem Vermögen erbracht hat*

Die Analogie ist zumindest immer dann abzulehnen, wenn der Erwerber aus seinem Vermögen eine Leistung erbracht hat. Es besteht die Gefahr, dass der Dritte seine Rechte aus dem Schuldverhältnis mit dem Minderjährigen verliert.

**hemmer-Methode: Der Minderjährige eignet sich besonders gut für Examensklausuren! Zum einen erwirbt er wegen des Abstraktionsprinzips Eigentum an der Sache, da dies dinglich lediglich rechtlich vorteilhaft ist. Achten Sie aber auch auf den umgekehrten Fall, wenn der Minderjährige über fremde Gegenstände verfügt: Die Figur des so genannten „neutralen Rechtsgeschäfts" muss Ihnen dann bekannt sein. Hervorragend für die Examensklausur eignet sich dann ein Tauschgeschäft: Der Minderjährige tauscht z.B. ein geliehenes Fahrrad gegen ein anderes Fahrrad. Die Verfügung über das geliehene Fahrrad ist nach h.M. wirksam. Er selbst erwirbt Eigentum am anderen Fahrrad. Dieses muss er jedoch nach § 816 I S. 1 BGB herausgeben. Ansprüche gegen den Dritten aus § 816 I S. 2 BGB analog entfallen, wie der aus § 985 BGB.** ***396***

## III. Anspruch aus § 816 II BGB (Drittempfangskondiktion)

*§ 816 II BGB*

Der Anspruch aus § 816 II BGB setzt voraus: ***397***

- ⇨ Leistung an einen Nichtberechtigten
- ⇨ Wirksamkeit gegenüber dem Berechtigten

Ein Tatbestandsmerkmal „Fehlen eines rechtlichen Grundes" gibt es hier nicht. Dieses Element ist praktisch in der Nichtberechtigung mit enthalten.

308 Vgl. Medicus, BR, Rn. 390 und oben Rn. 192 ff.

309 Anders mit guten Gründen Medicus, BR, Rn. 540, 542.

### 1. Leistung an einen Nichtberechtigten

*Leistung an Nichtberechtigten*

Die Frage der Nichtberechtigung ist häufig einer der Schwerpunkte der Klausur, wenn es um § 816 II BGB geht. Dabei wird es meist darum gehen, wem von mehreren Personen, denen eine Forderung abgetreten worden war, diese tatsächlich zustand. 398

**Wichtig** ist hier die umfangreiche Rechtsprechung u.a. zum Konflikt zwischen verlängertem Eigentumsvorbehalt und Globalzession,[310] sowie das Factoring.

### 2. Wirksamkeit der Leistung gegenüber dem Berechtigten

*wirksame Leistung*

Die Wirksamkeit einer solchen Leistung kann auch hier entweder von Anfang an gegeben sein oder nachträglich eintreten. 399

### a) Auf Grund Gesetzes

*auf Grund Gesetzes*

Sie kann sich ergeben aus den gesetzlichen Schuldnerschutzvorschriften. Am wichtigsten sind die §§ 406 ff. BGB insb. §§ 407, 408, 409 BGB, die auch bei der Forderungspfändung gem. §§ 829, 835 ZPO entsprechend angewendet werden. Weitere Beispiele: §§ 566c ff., 807, 808 I S. 1, 851, 893, 969, 1056, 1275, 2041, 2367 BGB, §§ 25 ff. HGB.

***Bsp. 1:*** *G hatte eine Forderung gegen S. Die hat er an den D abgetreten, ohne dies nach außen hin erkennbar zu machen. Auf Grund eines rechtskräftigen Titels gegen G lässt der X später diese Forderung formell ordnungsgemäß pfänden. Nach Zustellung des Pfändungs- und Überweisungsbeschlusses zahlt der S an den X. Nun verlangt der D von X Herausgabe dieses Betrages.* 400

**aa)** Es liegt eine Leistung an einen Nichtberechtigten vor, denn X war tatsächlich Nichtberechtigter. Grund: Zum Zeitpunkt der Pfändung (§§ 829, 835 ZPO) war der G schon nicht mehr Inhaber der Forderung gegen S. Eine nicht bestehende oder schon einem anderen zustehende Forderung kann aber genauso wenig gepfändet wie abgetreten werden. Die Pfändung einer Forderung kann nicht mehr Rechte begründen als eine Abtretung. Sie ging hier daher ins Leere und kann auch nicht mehr geheilt werden.

**bb)** Diese Leistung war dem D gegenüber aber wirksam. Da die §§ 406 ff. BGB auch bei der Forderungspfändung entsprechend gelten, ist hier die Forderung gemäß § 362 I i.V.m. §§ 407 I, 408 I BGB analog erloschen.

**cc)** Folge: Der Anspruch des D gegen den X ist gemäß § 816 II BGB begründet.

*Problem: Vollstreckungskosten*

**Anmerkung: Fraglich ist aber, ob in diesen Fällen die Vollstreckungskosten gem. § 818 III BGB abzuziehen sind.[311]** 401

***Bsp. 2:*** *G hat ein Sparbuch bei der B-Bank. Sein Freund F, mit dem er zusammenwohnt, nimmt dieses und lässt sich bei der B-Bank 1000 € auszahlen. Dem zuständigen Sachbearbeiter fällt nichts auf, weil der G ihm nicht persönlich bekannt ist. Es ist davon auszugehen, dass ein Betrag in dieser Höhe (bis 2000 €) ohne Einhaltung einer Kündigungsfrist abgehoben werden kann.* 402

310 Vgl. Palandt, § 398, Rn. 24.

311 Vgl. oben Rn. 105.

Hier ist die Forderung des G gegen die B aus dem Sparvertrag in Höhe der Auszahlung erloschen, weil es sich bei dem Sparbuch um eine Urkunde i.S.d. § 808 BGB handelt (qualifiziertes Legitimationspapier bzw. hinkendes Inhaberpapier). Wenn die Bank die Bestimmungen über die Kündigungsfristen beachtet, also der Anspruch des Kunden fällig war, dann liegt eine wirksame Erfüllung nach § 808 I BGB vor. Anders ist dies bei Kenntnis der Bank.

Weiter ist streitig, ob die Wirkung des § 808 BGB bei grober Fahrlässigkeit hinsichtlich der Nichtberechtigung der Bank eintritt.[312] Da hier mangels Anhaltspunkten aber weder von positiver Kenntnis noch von grober Fahrlässigkeit ausgegangen werden kann, ist die Befreiung eingetreten.

Folge: Es wurde eine Leistung an einen Nichtberechtigten bewirkt, welche auch wirksam war. Der Berechtigte G hat also gemäß § 816 II BGB einen Herausgabeanspruch gegen den F in Höhe des Erlangten.

*verlängerter EV und Globalzession*

***Bsp. 3:*** *K hat ein neues Geschäft eröffnet. Er erhält von der B-Bank einen Kredit, zu dessen Sicherung sich diese alle Forderungen aus künftigen Geschäftsbeziehungen im Voraus abtreten lässt. Einige Wochen später bekommt er Ware von V geliefert. Im Kaufvertrag ist ein Eigentumsvorbehalt vereinbart. Weiter ist dort vereinbart, dass bei Weiterveräußerung der Waren die Forderung gegen den jeweiligen Kunden „aus dieser Warenlieferung" im Voraus an den V abgetreten werde. Dem K wird hierfür eine Ermächtigung erteilt (§ 185 BGB), die Forderungen im eigenen Namen einzuziehen, solange er seine Verpflichtungen gegenüber V erfüllt. K hat u.a. in Höhe von 1.000 € an den D geliefert. Als K in finanzielle Schwierigkeiten gerät, zeigt die B-Bank dem D an, dass er (D) an sie zahlen solle. Das tut er. Kurz darauf wird der Sachverhalt dem V bekannt, welcher von der B-Bank Herausgabe der von D gezahlten 1.000 € fordert.* ***403***

**aa)** Mögliche Anspruchsgrundlage: § 816 II BGB

Die B-Bank könnte bei der Entgegennahme der Leistung des D Nichtberechtigter gewesen sein. Fraglich ist hier also, wem die Forderung wirklich zustand.

**(1)** Zunächst ist festzustellen, dass nicht schon beide Abtretungen nichtig sind, weil die abzutretenden Forderungen im Zeitpunkt der Abtretung nicht bestanden. Eine Vorausabtretung ist grundsätzlich möglich.[313] Die Forderung muss nur bestimmbar sein,[314] was hier der Fall ist.

(2) Problematisch ist nun, dass die Forderung des K gegen D hier letztlich zweimal abgetreten wurde, nämlich zunächst an die B-Bank und dann an den V.

*grds. Prioritätsprinzip*

Treffen zwei Abtretungen der gleichen Forderung zusammen, dann gilt grundsätzlich nach ganz h.M. das sog. Prioritätsprinzip:[315]

Die zuerst vorgenommene Abtretung ist wirksam, die zweite läuft leer. Bei dieser zweiten Forderung hat der Abtretende letztlich als Nichtberechtigter verfügt; ein gutgläubiger Forderungserwerb aber ist – von § 405 und § 2366 BGB abgesehen – nicht möglich. Es ist aber zu prüfen, ob hier nicht eine der Abtretungen unwirksam ist.[316]

Bei der Vorausabtretung an den Verkäufer V handelt es sich hier um einen sog. „verlängerten Eigentumsvorbehalt". Bei der Abtretung an die B-Bank handelt es sich um eine sog. Globalzession. Auch hier gilt grundsätzlich das Prioritätsprinzip.[317]

312 Zum Ganzen Palandt, § 808, Rn. 4 f., 7.

313 Palandt, § 398, Rn. 11.

314 Palandt, § 398, Rn. 14.

315 Vgl. Palandt, § 398, Rn. 13.

316 Ausführlich Jork, JuS 1994, 1019 ff.

317 Vgl. Palandt, § 398, Rn. 24.

Allerdings muss bei einer Globalzession immer geprüft werden, ob sie nicht wegen Übersicherung gegen § 138 I BGB verstößt. Ausnahmsweise wird das Verfügungsgeschäft, die an sich abstrakte Zession (§ 398 BGB), dann von der Unwirksamkeit des Vertrags erfasst, auch wenn nur der Sicherungsvertrag wegen Übersicherung unwirksam ist.

*aber § 138 I BGB: Vertragsbruchtheorie*

Nach der Rechtsprechung ist eine solche Globalzession häufig deswegen nichtig, weil sie den Abtretenden zum Vertragsbruch gegenüber seinen Lieferanten verleite, sog. Vertragsbruchtheorie.[318] Da Lieferungen unter verlängertem Eigentumsvorbehalt üblich seien, und der Abnehmer, der nicht bar zahlen kann, häufig auch keine andere Möglichkeit habe, an neue Ware zu kommen, sei er nun praktisch gezwungen, seinen Lieferanten gegenüber die Unwahrheit zu sagen. Er müsse ihnen das Nichtvorliegen einer Globalzession vortäuschen. Wenn die Bank so etwas bei ihrem Handeln aber in Kauf nehme, sei dies sittenwidrig.

Diese Rechtsprechung ist umstritten. Man könnte theoretisch dem Lieferanten die gleiche Argumentation wegen denkbarer späterer Globalzessionen an Banken entgegenhalten.

Letztlich ist es wohl eine (rechtspolitische) Wertungsfrage, ob man den Interessen der Banken oder der Lieferanten den Vorrang einräumt. Der BGH bewertet die Interessen der Lieferanten hier höher.

Die zum Verhältnis der beiden Sicherungsrechte im früheren Schrifttum teilweise vertretene Ansicht, der verlängerte EV habe auf Grund Surrogation oder wegen größerer Nähe zur abgetretenen Forderung den Vorrang vor der Globalzession, findet im Gesetz keine Stütze.[319]

Beachtlich, aber praktisch undurchführbar, sind die Versuche, die Forderungen nach Wertquoten oder nach der Kredithöhe zwischen Geld- und Warenkreditgeber zu teilen. Die Rechtsprechung und h.M. ist am ehesten aus dem Gesetz gerechtfertigt. Das Prioritätsprinzip ergibt sich aus dem Wesen der Abtretung. Ein gutgläubiger Forderungserwerb ist mit Ausnahme von § 405 BGB nicht möglich.

*es sei denn: dingliche Verzichtsklausel*

Die Sittenwidrigkeit tritt nach der Rechtsprechung nicht ein bei Vorliegen einer sog. dinglichen Verzichtsklausel. Damit ist der Fall gemeint, dass bei einem Zusammentreffen mit einem verlängerten Eigentumsvorbehalt die Forderung durch die Bank automatisch freigegeben wird, also erklärt wird, dass sie in diesem Falle nicht der Bank zustehen solle.

*schuldrechtliche Verzichtsklausel nicht ausreichend*

Dagegen ändert eine schuldrechtliche Teilverzichtsklausel, die dem Vorbehaltsverkäufer nur einen schuldrechtlichen Anspruch auf Freigabe einräumt,[320] in der Bankpraxis nichts an der Sittenwidrigkeit.

Anders aber bei Privatpersonen: Hier verbietet es sich, genauso strenge Anforderungen wie bei einer Bank zu stellen. Die schuldrechtliche Verzichtsklausel genügt insoweit.

Hier ist überhaupt keine Verzichtsklausel ersichtlich. Daher war die Abtretung an die B-Bank nach § 138 I BGB nichtig. Die B-Bank war bei der Einziehung der Forderung also Nichtberechtigte.

**bb)** Die Leistung an die B-Bank müsste auch dem V gegenüber wirksam gewesen sein.

*§§ 408, 409 BGB analog*

§ 408 BGB direkt greift nicht ein, da hier an den Erstzessionar geleistet wurde, nicht aber an den Zweitzessionar. Auf Grund der gleichen Interessenlage kann man jedoch §§ 408, 407 BGB analog anwenden.

Demnach war die Leistung an die B-Bank gegenüber dem V wirksam. Im Übrigen liegt wohl im Herausgabeverlangen eine konkludente Genehmigung, §§ 362 II, 185 II BGB.[321]

318 BGHZ 72, 310.

319 BGHZ 30, 153.

320 Hierzu Palandt, § 398, Rn. 25.

321 Dazu unten Rn. 409.

**cc)** Weiter müsste der V aber auch Berechtigter gewesen sein, um den Anspruch geltend machen zu können.

Auch beim verlängerten Eigentumsvorbehalt sind Unwirksamkeitsgründe denkbar.

So kann vor allem der Unwirksamkeitsgrund der Übersicherung (§ 138 I BGB) gegeben sein, wenn der Umfang der Vorausabtretung in einem Missverhältnis zum Wert der Vorbehaltsware steht.[322] Auch kann Unbestimmtheit vorliegen.[323] Hier ist dafür nichts ersichtlich (Frage des Einzelfalles).

Daher war die Vorausabtretung an den V wirksam und er Berechtigter.

Ergebnis: Der Anspruch des V gegen die B-Bank aus § 816 II BGB besteht.

**Life&Law:** Der BGH hat seine Rechtsprechung zur Vertragsbruchtheorie im Konflikt Globalzesson/verlängerter Eigentumsvorbehalt zuletzt in NJW 1999, 940 bestätigt. Es bleibt dabei: „*Eine Globalzession künftiger Kundenforderungen an eine Bank ohne dingliche Teilverzichtsklausel ist in der Regel sittenwidrig, soweit sie auch Forderungen umfassen soll, die der Schuldner seinen Lieferanten aufgrund verlängerten Eigentumsvorbehalts künftig abtreten muss und abtritt.*“ Die Besonderheit dieser Entscheidung lag darin, dass es nicht um einen Anspruch im Verhältnis Globalzessionar - Lieferant ging, sondern um die Wirkung der Sittenwidrigkeit der Globalzession im Verhältnis zu einem Dritten.[324]

**Sonderproblem: Factoring**[325]

*Factoring*

Beim Factoring tritt ein Unternehmer sämtliche Forderungen gegen seine Kunden mittels Global- oder Mantelzession an den so genannten Factor (häufig eine Bank) ab. Gegenleistung ist der Wert der Forderungen abzüglich einer Provision des Factors. Darüber hinaus übernimmt der Factor weitere Dienstleistungen für den Unternehmer, indem er die gesamte Debitorenbuchhaltung und das Mahnwesen durchführt. 404

**hemmer-Methode: Factoring gewinnt immer mehr an Bedeutung! Insbesondere mittelständische Unternehmen können flexibler reagieren: Factoring eignet sich besonders für Unternehmen, die kräftig expandieren. Grund: Die Finanzierung wächst umsatzkongruent mit, ohne dass es der Festlegung neuer Kreditlinien bedarf. Mit Factoring lässt sich die Liquidität schaffen, die betriebswirtschaftlich zum Abbau von Lieferantenverbindlichkeiten eingesetzt werden kann.**
**Lernen Sie frühzeitig, den wirtschaftlichen Kontext. So weltfremd kann die Juristerei nicht sein, dass Sie sich vor den gesellschaftlichen Veränderungen verschließt. Factoring war aus diesem Grund schon mehrfach im Examen Prüfungsgegenstand. Wegen der gestiegenen wirtschaftlichen Bedeutung ist auch in Zukunft mit Examensthemen aus diesem Gebiet zu rechnen. Eventuell kann es in einigen Bundesländern sogar als allgemeines Thema kommen.**

Zwei Arten des Factorings sind zu unterscheiden:

⇨ Echtes Factoring

*echtes Factoring*
*⇨ Forderungskauf*

Hier soll der Factor das Risiko der Einziehbarkeit der Forderungen tragen (sog. Delkredererisiko). Rechtlich gesehen handelt es sich um einen Forderungskauf (§ 453 BGB). 405

322 Palandt, § 398, Rn. 24.

323 Siehe oben im Fall.

324 Life&Law 05/1999, 269 ff.

325 Vgl. Hemmer/Wüst, Schuldrecht BT II, Rn. 158 ff.

Der Unternehmer ist gemäß § 453 I i.V.m. § 433 I S. 1 BGB verpflichtet, dem Factor die Forderung zu verschaffen. Für die „Bonität" (Durchsetzbarkeit) haftet der Unternehmer dagegen nicht, so dass der Factor das Risiko der Zahlungsunfähigkeit des Abnehmers der Waren trägt.

⇨ Unechtes Factoring

*unechtes Factoring*
*⇨ atypischer Darlehensvertrag*

Beim unechten Factoring soll der Unternehmer auch für die Bonität der Forderungen haften; das Zahlungsrisiko liegt damit beim Unternehmer. 406

Rechtlich handelt es sich um einen atypischen Darlehensvertrag. Die Forderungen werden sowohl zur Sicherheit als auch erfüllungshalber abgetreten. Der Factor muss sich zunächst aus den abgetretenen Forderungen befriedigen.

Gelingt das nicht, etwa weil der Schuldner nicht zahlungsfähig ist, so wird der Unternehmer wieder mit dem zunächst nur vorschussweise gutgeschriebenen Betrag (dem Gegenwert für die Forderung) belastet, wobei zur Sicherung des Factors die anderen im Wege der Global- oder Mantelzession abgetretenen Forderungen dienen.

***Bsp. 4:** Wie Beispiel oben (3) (aa), jedoch wird zwischen dem K und der B-Bank ein Factoringvertrag geschlossen.* 407

Anspruch des V gegen die B-Bank aus § 816 II BGB?

**a)** Rechtslage beim echten Factoring

Fraglich ist, ob auch die Globalzession im Rahmen eines echten Factoringvertrags nach der Vertragsbruchtheorie wegen Sittenwidrigkeit nichtig ist. Der BGH hat diese Frage verneint.[326]

Beim echten Factoring handelt es sich um einen Forderungskauf. Die Situation für den Unternehmer (K) ist dann aber nicht anders, als wenn er von seinen Abnehmern (hier D) den Kaufpreis auf Grund der ihm stets vom Vorbehaltsverkäufer erteilten Einziehungsermächtigung bar einzieht.

Der Unternehmer erhält durch den Forderungsverkauf an den Factor (B-Bank) entsprechend der Einziehungsermächtigung den Forderungsbetrag und kann daher sofort an den Vorbehaltsverkäufer bezahlen.

Anders als bei der kreditsichernden Globalzession begeht der Unternehmer keinen Vertragsbruch gegenüber dem Vorbehaltsverkäufer.[327] Daher ist hier die Zession an die B-Bank, der ein echter Factoringvertrag zugrunde liegt, nicht nach § 138 I BGB nichtig. Ein Anspruch des V aus § 816 II BGB gegen die B-Bank besteht nicht.

**b)** Rechtslage beim unechten Factoring

Da es sich beim unechten Factoring um einen atypischen Darlehensvertrag handelt, die Globalzession also kreditsichernde Funktion hat, ist hier die Vertragsbruchtheorie anzuwenden.[328]

Zwar erhält auch hier der Unternehmer ein Entgelt für seine Forderungen. Dennoch liegt der Fall anders als beim echten Factoring. Beim unechten Factoring kann der Unternehmer mit einer Rückgriffsforderung belastet werden, wenn die abgetretene Forderung uneinbringbar ist. Der Vorbehaltsverkäufer (Warenlieferant) hat jedoch ein berechtigtes Interesse daran, dass die Zahl der Gläubiger des Unternehmers möglichst gering bleibt. Dies zeigt sich u.a. in der Insolvenz des Unternehmers; durch das Auftreten weiterer Gläubiger würde die Quote des Vorbehaltsverkäufers gekürzt.

326 BGHZ 69, 254.

327 A.A. Picker, JuS 1988, 375 ff., 382.

328 Palandt, § 398, Rn. 37.

Damit ist die Globalzession an die B-Bank wegen Verleitung zum Vertragsbruch nach § 138 I BGB nichtig. Der Anspruch des V aus § 816 II BGB besteht.

Anders ein Teil der Literatur:[329] Da auch beim unechten Factoring der Rechnungsbetrag dem Käufer gutgeschrieben wird, hat der Vorbehaltsverkäufer die Chance, dieses Geld zu seiner Befriedigung zu erhalten. Die Schlechterstellung des Vorbehaltsverkäufers in der Insolvenz im Verhältnis zur h.M. wird hingenommen. Zur Begründung wird angeführt, es sei nicht sachgerecht, wenn die Bank zweimal zahlen müsse (Erstzahlung i.R.d. Factoringvertrags an den Käufer; Zweitzahlung nach § 816 II BGB an den Warenkreditgeber und Vorbehaltsverkäufer). Die zusätzliche Inanspruchnahme erscheine für den Vorbehaltsverkäufer als ein „Geschenk des Himmels". Für die h.M. spricht aber, dass die Banken genügend durch die Rückgriffsforderung gesichert sind.

Außerdem zahlen sie im Ergebnis nur einmal, denn sie müssen an den Vorbehaltsverkäufer nach § 816 II BGB nur dann zahlen, wenn sie von den Dritten etwas erhalten haben.

Schließlich können die Banken auch die Solvenz ihrer Kunden besser einschätzen als die Warenkreditgeber.[330]

**hemmer-Methode: Das Verhältnis Globalzession/echtes bzw. unechtes Factoring/verlängerter Eigentumsvorbehalt ist eine typische Examensproblematik. Da bei mehreren Abtretungen (i.d.R. Vorausabtretungen) häufig eine unwirksam ist (nämlich die erste), muss man sofort an § 816 II BGB als sedes materiae und wichtigste Anspruchsgrundlage denken. Entscheiden Sie sich dann immer konservativ mit dem BGH. Der Ersteller einer Klausur oder Hausarbeit kommt in diesem Zusammenhang am BGH nicht vorbei.** *408*

**Von der Factoringbranche sehnlichst erwünscht war die Aufhebung des Abtretungsverbots durch § 354a I HGB: Diese Bestimmung, die am 25.07.1994 eingefügt wurde, erleichtert die Finanzierung für kleinere und mittlere Unternehmen und schafft eine Ausnahme vom Abtretungsverbot nach § 399, 2.Alt. BGB. Vor Inkrafttreten des § 354a I HGB[331] konnte ein Zulieferer (Mittelstandsbetrieb z.B. Hersteller von Stoßdämpfern für Kfz) seine Forderung an den Abnehmer nicht an eine Bank oder an ein Factoring-Unternehmen abtreten.**

**Abtretungsverbote sorgten nach der alten Rechtslage dafür, dass der Lieferant in aller Regel die handelsüblichen 20-90 Tage auf sein Geld warten musste.**

**Dies gilt wegen § 354a I HGB nicht mehr, wenn das Geschäft für *beide* Teile ein Handelsgeschäft (§§ 343, 344 HGB) darstellt: Dann ist die Abtretung *gleich* vollwirksam.**

**Noch einmal: Lernen Sie, auch wirtschaftlich zu denken! So begreifen Sie auch das Juristische besser. Es geht doch immer wieder um Interessensgegensätze, die ausgeglichen werden müssen. Lesen Sie deshalb vor den mündlichen Prüfungen eine überregionale Tageszeitung!**

## b) Genehmigung

*nachträgliche Genehmigung*

Nach h.M. kann § 816 II BGB auch dann in Frage kommen, wenn die Leistung an einen Nichtberechtigten eigentlich unwirksam ist, der Berechtigte die (zunächst nicht befreiend wirkende) Leistungsannahme aber nachträglich genehmigt. *409*

***Bsp.:*** *G hat eine Kaufpreisforderung gegen S. Auf Grund eines Versehens hält der Schuldner S den D für den Gläubiger und zahlt an ihn. Ein Fall von §§ 407, 408 BGB ist nicht gegeben.* *410*

*Da S – anders als D – nun zahlungsunfähig ist, genehmigt der G die Zahlung und verlangt nun den Betrag von D heraus.*

329 Vgl. Tiedtke, Kaufrecht, Rn. 1391 ff. m.w.N.

330 Zur Kollision zwischen Globalzession, verlängertem EV und Factoring s. ausführlich Picker, JuS 1988, 375 ff., Jork, JuS 1990, 1019, 1022 ff.

331 Dazu: Hemmer/Wüst, Handelsrecht, Rn. 264.

Nach §§ 362 II, 185 II BGB ist hier die Zahlung an den D wirksam, so dass der G keine Kaufpreisforderung mehr gegen den S hat.

Stattdessen hat der G jetzt gegen den D einen Anspruch aus § 816 II BGB: Gegenüber dem Nichtberechtigten D wurde eine Leistung bewirkt, die – auf Grund der Genehmigung – dem Berechtigten G gegenüber wirksam ist.

Die Genehmigung macht auch hier den Nichtberechtigten nicht rückwirkend zum Berechtigten. Die Problematik ist insofern die gleiche wie bei § 816 I S. 1 BGB:[332] Die Genehmigung bezieht sich nur auf die Rechtsfolgen des Geschäfts, nicht auf die Stellung des D als Berechtigter oder Nichtberechtigter.

**hemmer-Methode: Denken Sie immer daran, dass in der Einziehung der fremden Forderung auch eine Pflichtverletzung i.S.d. § 280 I BGB einer eventuellen Sonderverbindung zwischen dem Einziehenden und dem Inhaber der Forderung liegen kann. Darüber hinaus sollten Sie in der Konstellation des § 816 II BGB auch stets § 823 I BGB unter dem Gesichtspunkt der Verletzung der Forderungszuständigkeit anprüfen, auch wenn Sie im Ergebnis deren Qualifizierung als absolutes Recht i.S.d. § 823 I BGB ablehnen.**

332 Siehe oben Rn. 376.

# § 7 ANSPRUCH AUS § 822 BGB[333]

## A. Wesen des Anspruchs

*Fall der NLK*

§ 822 BGB ist eine Nichtleistungskondiktion. Es handelt sich um einen Fall der Direktkondiktion (subsidiäre Kettendurchgriffskondiktion).

*dinglich Berechtigter*

**Beachten Sie** nochmals den Unterschied zu § 816 I S. 2 BGB: Bei § 822 BGB muss ein *dinglich Berechtigter* geleistet haben, bei § 816 I S. 2 BGB ein Nichtberechtigter! 412

## B. Tatbestand des § 822 BGB:

Zu prüfen sind folgende Tatbestandsmerkmale: 413

- ⇨ dinglich wirksamer, aber rechtsgrundloser (Vor-)Erwerb des Zuwendenden (= Empfänger).
- ⇨ Zuwendung an einen Dritten
- ⇨ Unentgeltlichkeit dieser Zuwendung
- ⇨ Wegfall des Bereicherungsanspruches gegen den Zuwendenden
(Subsidiarität; Aushilfshaftung des Dritten).

### I. Wirksamer Vorerwerb

*wirksamer Vorerwerb ohne Rechtsgrund*

Der Zuwendende muss das Erlangte i.S.d. § 822 BGB selbst wirksam, aber ohne Rechtsgrund, erworben haben. Das „Erlangte" i.S.d. § 822 BGB ist nicht nur der ursprünglich kondizierbare Gegenstand, sondern auch dasjenige, was der Empfänger gem. § 818 I, II BGB hätte herausgeben bzw. ersetzen müssen. 414

Diese Konstellation ergibt sich häufig auf Grund des Abstraktionsprinzips: Irgendein Fehler (Geschäftsunfähigkeit, Anfechtung, Sittenwidrigkeit usw.) betrifft allein das Kausalgeschäft, nicht auch das Verfügungsgeschäft. Dann wird der Erwerber etwa wirksam Eigentümer eines Gegenstandes, ist aber zunächst einem Anspruch aus § 812 I S. 1, 1.Alt. BGB ausgesetzt. Verfügt er nun gegenüber einem Dritten, liegt kein Fall des § 816 BGB vor, da er ja als Berechtigter verfügt.

**hemmer-Methode: Der Punkt „wirksamer Vorerwerb" dient letztlich also nur zur Abgrenzung zu § 816 I S. 2 BGB. Ist der Besitz rechtsgrundlos erlangt und wird dieser unentgeltlich an einen Dritten überlassen (etwa auf Basis eines Leihvertrags), ist dies ein Fall des § 822 BGB. Eine Abgrenzung zu § 816 I S. 2 BGB muss hier nicht vorgenommen werden, weil es an einer Verfügung fehlt (die Sache wird ja nur verliehen). Der Begriff der „Zuwendung" i.S.d. § 822 BGB ist also weiter als der Begriff der „Verfügung" i.S.d. § 816 BGB.**

333 Eine sehr lehrreiche Zusammenfassung zur Bedeutung des § 822 BGB mit Beispielen zur Anwendung findet sich in der JURA 2004, 649 ff.

***Bsp.:*** *A veräußert ein Auto an den B. B schenkt es dem C. Später ficht der A den Kaufvertrag wirksam wegen Irrtums nach § 119 I BGB an. Nun verlangt der A von C Rückgabe und Rückübereignung des Wagens.* 415

Hier handelt es sich um einen Fall des § 822 BGB, nicht um einen solchen des § 816 I S. 2 BGB.

Erklärt war nur Anfechtung des Kaufvertrags, nicht auch der dinglichen Einigungserklärung. Daher hat der B wirksam das Eigentum erworben, war trotz § 142 I BGB also als Berechtigter anzusehen. Er war aber selbst einem Anspruch des A aus § 812 I S. 1, 1.Alt. BGB ausgesetzt und damit Empfänger i.S.d. § 822 BGB.

*Aushilfshaftung*

Weil B nun auf Grund der unentgeltlichen Weiterveräußerung entreichert ist (§ 818 III BGB), tritt an dessen Stelle der Anspruch aus § 822 BGB, sog. Aushilfshaftung.

*Art des Bereicherungsanspruchs gleichgültig*

Allerdings muss dieser gegen den Zuwendenden gegebene Bereicherungsanspruch keineswegs eine Leistungskondiktion sein. Es genügt jeder beliebige gegen ihn gerichtete Bereicherungsanspruch, also auch etwa § 816 I S. 1 BGB oder § 822 BGB (Möglichkeit einer völlig verschachtelten Klausur!).

Ein Fall der doppelten Prüfung des § 822 BGB kommt dann in Betracht, wenn der Empfänger der Leistung ein selbst aus § 822 BGB haftender Bereicherungsschuldner ist und den Gegenstand unentgeltlich an einen Vierten weitergibt. Dessen Haftung bestimmt sich dann ebenfalls nach § 822 BGB.

Erlangt i.S.d. § 822 BGB ist dann der Erlös samt Gewinn (§ 816 I S. 1 BGB), Nutzungen und Ersatzwerte (§ 818 I, II BGB).

## II. Zuwendung:

*rechtsgeschäftlicher Erwerb*

Erforderlich ist i.d.R. ein rechtsgeschäftlicher Erwerb. Ersitzung, Fund o.Ä. genügen nicht.[334] 416

## III. Unentgeltlichkeit:

*unentgeltlich: i.d.R. Schenkung*

**1.** In der Regel wird es sich um eine Schenkung oder ein Vermächtnis handeln. 417

*Problem: gemischte Schenkung*

**2.** Problematisch ist die gemischte Schenkung, weil deren rechtliche Behandlung generell umstritten ist.[335] 418

I.R.d. § 822 BGB geht man allgemein davon aus, dass die Kondiktion nach dieser Vorschrift möglich ist, soweit es sich um den unentgeltlichen Teil des einheitlichen Vertrages handelt. Der gemischte Schenkungsvertrag ist also in einen entgeltlichen und einen unentgeltlichen Teil aufzugliedern.[336]

***Bsp.:*** *A hatte auf dem Grundstück des B eine Hütte gebaut und deswegen einen Bereicherungsanspruch gegen den B auf Wertersatz (Probleme dabei: Verhältnis von § 951 BGB zu EBV, aufgedrängte Bereicherung). Nun veräußert der B dieses Grundstück an den C. Dabei sind sich die Parteien darüber einig, dass der Kaufpreis nur den Grundstückswert abdeckt und die Hütte unentgeltlich mit übergehen soll.* 419

334 Palandt, § 822, Rn. 5.; hier wird ohne Begründung von der Sichtweise bei § 816 BGB abgewichen, vgl. dort Rn. 14.

335 Vgl. hierzu Palandt, § 516, Rn. 14 ff.

336 Palandt, § 822, Rn. 6.

Zwischen B und C liegt eine gemischte Schenkung vor: Es handelt sich um einen unteilbaren Gegenstand (§ 94 BGB!). Es liegt auch nicht ein bloßer „Kauf unter Wert" vor, weil man sich über die teilweise Unentgeltlichkeit einig war.[337]

Hier besteht daher nach h.M. ein Anspruch des A gegen C aus § 822 BGB, soweit es um die Hütte geht. Die Hütte ist nicht sonderrechtsfähig, daher geht der Bereicherungsanspruch aus § 822 BGB i.V.m. § 818 II BGB auf Wertersatz (vgl. Wortlaut des § 822 BGB verweist auf § 818 II BGB: „wie wenn ...").

*unbenannte Zuwendung = unentgeltlich i.S.d. § 822 BGB*

**3.** Auch die sog. unbenannte Zuwendung unter Ehegatten ist unentgeltlich i.S.d. § 822 BGB. Die güterrechtliche Behandlung im Verhältnis der Ehegatten zueinander ist für die Frage der Anwendbarkeit des § 822 BGB nicht ausschlaggebend; Beim Anspruch aus § 822 BGB geht es um den Gesichtspunkt des Drittschutzes, nicht um das (güterrechtliche) Verhältnis der Ehegatten zueinander.[338]

*unentgeltlich = rechtsgrundlos?*

**4.** Wie bei § 816 I S. 2 BGB ist auch hier der rechtsgrundlose Erwerb dem unentgeltlichen nicht gleichzustellen.[339]

## IV. Ausschluss der Verpflichtung des Empfängers

*grds. § 822 BGB subsidiär*

Der Anspruch aus § 822 BGB ist subsidiär, d.h. er greift nicht ein, wenn der Anspruch gegen den Zuwendenden weiter besteht. Dies ergibt sich klar aus dem Wortlaut. Es soll zwischen diesen beiden möglichen Anspruchsgegnern also kein Gesamtschuldverhältnis oder gesamtschuldähnliches Verhältnis entstehen. Die Haftung des Dritten ist nur Aushilfshaftung. 421

*i.d.R. § 818 III BGB bzgl. Zuwendenden*

**1.** Häufig wird der Anspruch gegen den Zuwendenden wegen der Unentgeltlichkeit dieser Zuwendung und damit wegen Entreicherung gemäß § 818 III BGB entfallen sein. Dann greift § 822 BGB ein. 422

*Verpflichtung vor Zuwendung entfallen ⇨ § 822 BGB (-)*

**2.** § 822 BGB greift nicht ein, wenn die Verpflichtung des Empfängers schon vor der Zuwendung entfallen ist (vgl. Wortlaut: „infolge").

**Bsp. 1:** *Der Bereicherungsanspruch war zu diesem Zeitpunkt schon verjährt.* 423

**Bsp. 2:** *Lagen im obigen „Hüttenfall" zwischen A und B die Grundsätze der aufgedrängten Bereicherung vor,[340] dann bestand u.U. schon von vornherein kein Bereicherungsanspruch des A gegen B. Über § 822 BGB kann der A dann auch keinen Anspruch gegen den C bekommen.* 424

*§ 822 BGB (-), wenn §§ 819, 818 IV BGB (+)*

**3.** § 822 BGB greift aber vor allem auch dann nicht ein, wenn der Schenker zwar i.S.d. § 818 III BGB entreichert ist, der Anspruch gegen ihn wegen §§ 819 I, 818 IV, 292 I, 989, 990 BGB aber weiter besteht. 425

Diese Frage ist klausurrelevant, weil sich hier ein Bereicherungsanspruch „schachtelförmig" in den anderen einbauen lässt.

**Bsp. 1:** *A hat auf Grund unwirksamen Kaufvertrages eine Sache an den B übereignet. B erkennt die Unwirksamkeit, verschenkt die Sache aber dennoch an den C.* 426

Hier kann sich der B wegen §§ 819 I, 818 IV BGB nicht auf den durch das Verschenken eingetretenen Wegfall der Bereicherung berufen. Der Anspruch gegen ihn, den B, besteht weiter. Daher kann kein Anspruch gegen den C gegeben sein, weil § 822 BGB gegenüber dem Anspruch gegen B subsidiär ist.

337 Vgl. Palandt, § 516, Rn. 13.

338 BGH, NJW 2000, 134 [137]; Life&Law 03/2000, 157 ff.

339 Palandt, § 822, Rn. 5.

340 Zu diesen im Einzelnen unten bei § 818 BGB, Rn. 471.

*gestohlene Sache*

**Bsp. 2:** *Dieb D kauft mit gestohlenem Geld einen Pelzmantel und verschenkt diesen an seine Freundin F.* 427

Besteht eine Haftung der F (Aushilfshaftung)?

Es könnte ein Anspruch aus § 822 BGB bestehen.

Der Dieb ist als Empfänger Bereicherungsschuldner.

Er haftet aus § 816 I S. 1 BGB bereicherungsrechtlich auf Herausgabe des erlangten Gegenstandes (Surrogat), da wegen §§ 935 II, 932 BGB i.d.R. gutgläubiger Erwerb bei Geld vorliegt. Nur unter der Voraussetzung von Bösgläubigkeit entfällt der gutgläubige Eigentumserwerb am Geld.

Der Bereicherungsschuldner hat das Erlangte, den Gegenstand, an einen Dritten weitergegeben und ist eigentlich gem. § 818 III BGB entreichert. Es gilt hier §§ 819, 818 IV, 292, 989, 990 BGB.

§ 822 BGB greift wegen des klaren Wortlauts nicht ein.

Dieses Ergebnis mag unbefriedigend sein, weil nicht einzusehen ist, warum derjenige besser steht, der ein Geschenk von einem bösgläubigen Dieb erhält statt von einem gutgläubigen Bereicherungsschuldner, dies lässt sich aber angesichts des klaren Wortlauts des § 822 BGB nicht vermeiden.[341] Der Dritte, der die Sache von dem Dieb annimmt, haftet bei Bösgläubigkeit jedoch gem. §§ 826 BGB, 823 II BGB i.V.m. § 259 StGB.

*nur rechtliche, nicht tatsächliche Verhältnisse maßgeblich*

**4.** Für die Frage nach dem Bestehen des ursprünglichen Bereicherungsanspruches ist allein auf die rechtlichen, nicht auf die tatsächlichen Verhältnisse abzustellen. 428

§ 822 BGB greift also nicht ein, wenn der Anspruch gegen den Zuwendenden rechtlich weiter besteht (§ 819 BGB) und nur aus tatsächlichen Gründen (mangelnde Liquidität) nicht zum Erfolg führt.[342]

**Bsp.:** *Im Beispiel von eben (unwirksamer Kaufvertrag zwischen A und B; verschärft haftender B verschenkt an C) ist der B nun zahlungsunfähig.*

Hier hat der A noch seinen Bereicherungsanspruch aus §§ 812 I S. 1, 1.Alt., 818 II, III, IV, 819 I BGB gegen den B. Dieser darf sich nicht auf den Wegfall der Bereicherung berufen. Aus diesem Grund kommt kein Anspruch des A gegen C aus § 822 BGB in Frage. Die Tatsache, dass der B nicht zahlen kann, der Anspruch des A gegen B also wirtschaftlich wertlos ist, ändert nach h.M. daran nichts. Rechtlich besteht der Anspruch des A gegen B, und nur das sei entscheidend. Begründung: Es sei nicht Aufgabe des § 822 BGB, dem Berechtigten das Liquiditätsrisiko abzunehmen.

Auch über eine Genehmigung kann der A hier – anders als bei § 816 I S. 2 BGB – nichts anderes erreichen, weil der B hier ja schon als dinglich Berechtigter verfügt hat. Genehmigen kann man aber nur Rechtsgeschäfte eines dinglich Nichtberechtigten.

## V. Abschließender Beispielsfall zu § 822 BGB[343]

*Sachverhalt*

**Sachverhalt:** *Der Landkreis L macht als Träger der Sozialhilfe Ansprüche gegen S aus übergeleitetem Recht Rückforderungsansprüche wegen Notbedarfs der Eheleute G geltend.* 429

*Diese hatten der Mutter (M) des S im April 1995 ein Sparguthaben schenkweise übertragen. Die zugewandten Mittel setzte M dazu ein, einen Pkw zu erwerben und diesen dem S zu schenken.*

341 Palandt, § 822, Rn. 9.

342 Palandt, § 822, Rn. 7; so auch der BGH, NJW 1999, 1026.

343 Nach BGH, NJW 2004, 1314.

*In der Folgezeit wurden die Eheleute G pflegebedürftig. Ab dem 1.7.1996 kam der Landkreis L für einen Teil der Heimpflegekosten auf. Er leitete die Rückgewähransprüche der Eheleute auf sich über und verlangt nun € 15.000,-. In dieser Höhe hat er Heimkosten für die Eheleute G aufgewendet. Das verschenkte Sparguthaben betrug ebenfalls € 15.000,-. Der Pkw hat jetzt einen Wert von ca. € 10.000,-, der Neupreis betrug € 15.000,-.*

*Sind die geltend gemachten Ansprüche begründet?*

*Lösung*

Zunächst stellt sich die Frage der Anspruchsgrundlage, die bei § 822 BGB oft das Hauptproblem darstellt, da als gedankliche Vorprüfung, ein anderer Bereicherungsanspruch geprüft werden muss, nachdem u.U. gar nicht gefragt ist.

Hier liegt § 822 BGB jedoch sehr nahe. Die Hauptproblematik liegt daher in der Frage, was das „Erlangte" im Rahmen von § 822 BGB ist und ob demzufolge S Wertersatz zu leisten hat oder nur den Pkw herauszugeben braucht.

Anspruch aus § 822 BGB?

In Betracht kommen hier allein Ansprüche des Landkreises aus übergegangenem Recht. Möglicherweise bestand ein Anspruch der Eheleute G gegen den S. Da aber auch zwischen diesen keine unmittelbaren Rechtsbeziehungen bestehen, sondern dazwischen die M steht, kommen nur wenige Anspruchsgrundlagen in Betracht. Aufgrund der Unentgeltlichkeit der Zuwendung der M könnte insbesondere ein Anspruch gem. § 822 BGB vorliegen.

**hemmer-Methode: Das schwierigste Problem in der Klausur ist oft, überhaupt auf § 822 BGB zu kommen. Zunächst richtet sich der Blick zu Recht immer auf die Vertrags- und Leistungsbeziehungen. § 822 BGB als Fall der Durchgriffshaftung wird dann gerne übersehen. Die Alarmglocken müssen diesbezüglich läuten, wenn ein Anspruch wegen Entreicherung gem. § 818 III BGB scheitert. Oft ist nach diesem in der Klausur aber überhaupt nicht gefragt, und der Bearbeiter muss diese „Vorprüfung" selbständig vollziehen.**

*§ 822 BGB grundsätzlich (+)*

Grundsätzlich hatte der Landkreis gem. § 528 I BGB einen Rückforderungsanspruch gegen M. Der Tod der Schenker steht dem Fortbestand des Rückforderungsanspruches und seiner Überleitung auf den Kläger nicht entgegen.

**hemmer-Methode: Der BGH musste sich mit diesen Problemen nicht näher auseinandersetzen, da dies in der Revision nicht streitig war und er auf die Ausführungen des Berufungsgerichts verweisen konnte. Wegen der fehlenden Examensrelevanz sollen die sozialrechtlichen Punkte hier auch nicht näher ausgeführt werden. In der Klausur würde der Bearbeitervermerk für Klarheit sorgen.**

§ 528 I BGB verweist auf die Vorschriften über die Herausgabe einer ungerechtfertigten Bereicherung. Es handelt sich dabei um eine *Rechtsfolgenverweisung.*[344]

Da M den gesamten Betrag, den sie von den Eheleuten G geschenkt bekommen hatte, zum Kauf des Autos aufgewendet und dieses verschenkt hat, ist sie gem. § 818 III BGB entreichert. Nur weil sie das Sparguthaben geschenkt bekommen hat, hat sie das Auto gekauft und verschenkt.

*Herausgabe des Wagens oder Wertersatz? – hier: grds. Wertersatz*

Zunächst stellt sich die Frage, ob S zur Herausgabe des Wagens verpflichtet ist oder Wertersatz leisten muss. Grundsätzlich hat S das Auto „erlangt". Es ließe sich vertreten, dass § 822 BGB an das, was der Zweitbeschenkte erlangt habe, anknüpfe, unabhängig vom genauen Inhalt der Verpflichtung des Erstbeschenkten.

344 BGH, NJW 2001, 1207.

**hemmer-Methode: Diesen Ansatz hat das Berufungsgericht gewählt. Es ist also durchaus nicht so abwegig, wie es die kurze Darstellung hier vermuten lässt. Diese wurde allein deshalb gewählt, damit sich die Diskussion nicht zu sehr im Detail verliert. Für den Ansatz spricht, dass das Bereicherungsrecht grundsätzlich immer nur das berücksichtigt, was tatsächlich noch vorhanden ist. Das ist hier eindeutig das Auto.**

Ausweislich des Wortlauts knüpft § 822 BGB primär allerdings an das an, was der Empfänger der ursprünglichen Leistung, der Erstbeschenkte, erlangt hat. In der Literatur wird daher auch zurecht angenommen, dass als „erlangt“ in diesem Sinne auch Nutzungen und Surrogate des ursprünglich Erlangten i.S.d. § 818 I BGB anzusehen sind oder die Vorschrift auf solche Nutzungen und Surrogate jedenfalls entsprechend anzuwenden ist.[345] Dem liegt zu Grunde, dass sich die Interessenlage im „Dreiecksverhältnis“ des § 822 BGB nicht ändert, wenn der Erstbeschenkte ein Surrogat für das Geschenk erwirbt.

Grundsätzlich kann nichts anderes gelten, soweit der Erstbeschenkte gem. § 818 II BGB Wertersatz schuldete, weil er zur Herausgabe des Erlangten außerstande war. Zwar können sich Schwierigkeiten ergeben, die Zuwendung des Wertes i.S.v. § 818 II BGB von einer Zuwendung aus dem übrigen Vermögen des Erstbeschenkten zu unterscheiden. Solche tatsächlichen Schwierigkeiten können jedoch nicht dazu führen, die dogmatisch überzeugende Lösung von vornherein zu verwerfen.

Wird das Surrogat oder der Wert einem Dritten (hier dem Zweitbeschenktem S) zugewandt, so ist dieser daher zur Herausgabe verpflichtet, wie wenn er das Surrogat oder den entsprechenden Wert von dem Bereicherungsgläubiger (den Eheleuten G) erlangt hätte. Der Dritte schuldet grundsätzlich das, was der Empfänger geschuldet hat, insofern und insoweit dessen Verpflichtung ausgeschlossen ist, weil er das Geschuldete unentgeltlich dem Dritten zugewandt hat.

Die Gegenleistung aus einem Austauschgeschäft mit einem Erlangten ist nach der Rechtsprechung keine Surrogat mit dem Erlangten i.S.v. § 818 I BGB.[346] Dementsprechend kann das ursprünglich Erlangte nicht mehr herausgegeben werden und der Bereicherungsanspruch richtet sich gem. § 818 II BGB auf Wertersatz. Daher besteht, soweit die Gegenleistung wie hier unentgeltlich einem Dritten zugewandt wird, auch diesem gegenüber im Ausgangspunkt ein Wertersatzanspruch.

**hemmer-Methode: Entscheidend ist hier, dass das Auto kein Surrogat i. S. d. § 818 I BGB ist. Anders als bei § 285 BGB sind nach der h. M. im Rahmen von § 818 I BGB rechtsgeschäftliche Surrogate nicht als Surrogate im Sinne dieser Vorschrift anzusehen, denn § 818 II BGB stellt insofern eine Sonderregelung dar. Surrogat i. S. v. § 818 I BGB ist nur das, was in bestimmungsgemäßer Ausübung des Rechtes erlangt wird, arg. e contr. §§ 1418 II Nr. 3, 1473 I, 1638 II, 2041 S. 1, 2111 I S. 1, 2374 BGB.**
**Zwischen § 818 I und II BGB besteht ein Rangverhältnis zu Gunsten von Abs. 1: Liegt ein Surrogat i.S.d. § 818 I BGB vor, dann ist (nur) dieses herauszugeben, und es kommt nicht zum Wertersatz gem. § 818 II BGB.**
**In diesem Zusammenhang ist noch darauf hinzuweisen, dass gem. § 818 II BGB (anders als bei § 816 I S. 1 BGB) niemals der erlangte Kaufpreis als solcher herauszugeben, sondern für die Unmöglichkeit der Herausgabe Ersatz zu leisten ist.**
**Der Umfang des Ersatzes bestimmt sich nach dem objektiven Wert der Sache: Hat der Bereicherungsschuldner mehr als diesen erlöst, so kann er den überschießenden Betrag behalten, war der erzielte Kaufpreis niedriger, dann greift § 818 III BGB.**

*Einschränkung:*

Es darf jedoch nicht unberücksichtigt bleiben, wenn dem Dritten (hier dem Zweitbeschenkten S) der Wert nicht als Geldbetrag, sondern in Form einer Sache oder eines Rechts zugewendet worden ist.

345 Vgl. Palandt, § 822 BGB, Rn. 3.

346 BGHZ 112, 288, 294 f.

*Zweitbeschenkter kann sich durch Herausgabe des ihm zugewendeten Gegenstands befreien*

Denn wenn auch der Anspruch aus § 822 BGB im Ausgangspunkt an das anknüpft, was der Empfänger erlangt hat, so besteht er doch nur insoweit, als das Erlangte oder sein Wert an den Dritten weitergeben worden ist. Es darf daher nicht zulasten des Dritten gehen, wenn er zur Leistung des Wertersatzes zunächst den ihm zugewendeten Gegenstand verwerten muss. Ihm ist daher das Recht zuzubilligen, sich durch Herausgabe dieses Gegenstandes zu befreien. Damit wird zugleich erreicht, dass der Gläubiger keinen Anspruch auf Herausgabe eines Gegenstandes erhält, den der Empfänger nicht von ihm erlangt hat, während der Dritte nicht über dasjenige hinaus verpflichtet wird, was ihm tatsächlich zugeflossen ist.

*Nutzungsersatz (-)*

Es ließe sich vertreten, dass S gem. § 818 I BGB zudem verpflichtet sei, die Nutzungen herauszugeben, die er in Gestalt der Gebrauchsvorteile aus dem Pkw gezogen habe. Folgt man dieser Auffassung, entstünde die Pflicht zur Herausgabe der Nutzungen allerdings frühestens mit der Entstehung des Bereicherungsanspruch (hier § 822 BGB), d. h. in vorliegendem Fall ab dem 1.7.1996.

Einem Anspruch auf Herausgabe der Nutzungen steht jedoch entgegen, dass sich die Herausgabepflicht gem. § 818 I BGB auf Nutzungen beschränkt, die der Bereicherte aus dem ohne Rechtsgrund erlangten Gegenstand oder aus einem Surrogat i. S. d. § 818 I BGB gezogen hat. Eine analoge Anwendung auf die Nutzungen aus Gegenständen, die durch Rechtsgeschäft als Gegenwert für das Erlangte in das Vermögen gelangt sind, kommt nicht in Betracht.[347] Nichts anderes kann gelten, wenn der gem. § 822 BGB Haftende Wertersatz schuldet.

*Entreicherung des K*

Die Nutzungen bzw. die Nutzungsmöglichkeit sind jedoch bei der Prüfung der Entreicherung des Beklagten gem. § 818 III BGB in Ansatz zu bringen. Denn insoweit ist eine Gesamtsaldierung aller mit dem Bereicherungsvorgang verbundenen Vor- und Nachteile vorzunehmen.[348] Daher ist einerseits bei der Entreicherung der Wertverlust zu berücksichtigen, den das Fahrzeug während der Nutzungsdauer erlitten hat. Andererseits steht diesem Wertverlust die Geldwerte Nutzungsmöglichkeit gegenüber, die dem S zur Verfügung gestanden hat. Im (Zwischen-) Ergebnis wird sich hierdurch die Höhe des zu ersetzenden Wertes nicht verändern, denn der Wert der Gebrauchsvorteile ist nach der zeitanteiligen linearen Wertminderung im Vergleich zwischen tatsächlichem Gebrauch und voraussichtlicher Gesamtnutzungsdauer („Wertverzehr") zu ermitteln[349] und entspricht damit dem Wertverlust.

Allerdings kann S bis zum Zeitpunkt der verschärften Haftung gem. §§ 818 IV, 819 I BGB auch geltend machen, dass er ohne die Schenkung nur ein preisgünstigeres, seinen finanziellen Verhältnissen entsprechendes Fahrzeug unterhalten hätte.

**hemmer-Methode: Letztlich waren durch die Vorinstanzen nicht alle nach der Auffassung des BGH erforderlichen Tatsachen zur Ermittlung der Entreicherung des S festgestellt worden. Die Angelegenheit wurde daher nochmals zurückverwiesen.**

*Ergebnis*

Der Landkreis hat einen Anspruch gem. § 822 BGB auf Wertersatz i. H. v. € 15.000,- gegen S. S kann sich allerdings durch Herausgabe des Pkw befreien, auch wenn dieser nur einen Wert von € 10.000,- hat. Evtl. ist sogar noch darüber hinaus eine Entreicherung zu berücksichtigen.

347 BGH, NJW 1983, 868, 870.

348 BGHZ 118, 383, 386 ff.

349 BGH, NJW 1996, 250, 252.

## § 8 AUSSCHLUSSTATBESTÄNDE

### A. Ausschluss nach § 814 BGB

#### I. Anwendungsbereich

*Ausschlusstatbestand des § 814 BGB gilt nur für § 812 I S. 1, 1.Alt. BGB*

Der Ausschlusstatbestand des § 814 BGB gilt gemäß dem Wortlaut („zum Zwecke der Erfüllung einer Verbindlichkeit") nur für die Leistungskondiktion gemäß § 812 I S. 1, 1.Alt. BGB. 430

*nicht für andere Fälle der LK oder NLK*

Dagegen gilt er nicht für andere Fälle der Leistungskondiktion und für die Nichtleistungskondiktionen. Für § 817 S. 1 BGB gilt der Ausschluss nach § 814 BGB also etwa auch dann nicht, wenn gleichzeitig ein Anspruch aus § 812 I S. 1, 1.Alt. BGB gegeben ist.[350]

#### II. Zweck

*besondere Ausprägung von Treu + Glauben*

§ 814 BGB ist eine besondere Ausprägung des Grundsatzes von Treu und Glauben (venire contra factum proprium). Es sollen rechtsmissbräuchliche Rückforderungen ausgeschlossen werden. 431

#### III. Tatbestand:

*zwei Alternativen:*

Die Vorschrift enthält zwei alternative Ausschlussgründe:

##### 1. § 814, 1.Alt. BGB: Kenntnis der Nichtschuld

##### a) Positive Kenntnis der Rechtslage

*1.Alt.:*
*Positive Kenntnis der Nichtschuld*
*⇨ Kenntnis der Rechtslage*

Erforderlich ist eine positive Kenntnis der Rechtslage im Zeitpunkt der Leistung. Bloße Kenntnis der zugrunde liegenden Tatsachen reicht nicht, auch Zweifel reichen nicht für den Ausschluss. 432

*Parallelwertung/Laiensphäre*

**aa)** Mit Kenntnis der Rechtslage ist aber natürlich nicht die Fähigkeit zu juristischer Subsumtion gemeint. Vielmehr ist eine Art „Parallelwertung in der Laiensphäre" nötig. Der Leistende muss wissen, dass er nicht zur Leistung verpflichtet war.

*§ 166 I/II BGB beachten*

**bb)** Hinsichtlich der Kenntnis ist auch § 166 I BGB zu beachten: Bei Vertretung ist grundsätzlich die Kenntnis des Vertreters entscheidend. Gibt es mehrere Vertreter, entscheidet die Kenntnis des die Leistung tatsächlich Erbringenden, sofern kein Fall des (auch hier anwendbaren) § 166 II S. 1 BGB vorliegt.[351]

*Kenntnis von Einwendungen*

**cc)** Die Kenntnis von Einwendungen gegenüber der Verbindlichkeit steht der Kenntnis der Nichtschuld gleich. Dies aber nur, wenn *alle* möglichen Einwendungen bekannt waren.[352] 433

**dd)** Ebenso ist § 142 II BGB zu beachten, nach dem auch die Kenntnis der Anfechtbarkeit grundsätzlich genügen würde.

---

350 Siehe oben Rn. 300 ff.

351 Vgl. zu diesem examensrelevanten Problem BGH in Life&Law 06/1999, 333.

352 Palandt, § 814, Rn. 4.

Allerdings kann dies natürlich – sofern man auf die Anfechtung überhaupt § 812 I S. 1, 1.Alt. BGB anwendet[353] - zumindest in folgendem Fall nicht gelten: Weil der Anfechtungsgegner bis zur Erklärung der Anfechtung noch zur Leistung verpflichtet war, kann der Ausschluss nach § 814 BGB jedenfalls nach dem Sinn und Zweck der Norm nicht eingreifen; ein Fall des venire contra factum proprium liegt gerade nicht vor.[354]

*Bsp.: V täuscht den K. Gleichwohl kommt es zum Vertragsschluss. K begehrt die Leistung des V, welche dieser auch erbringt. Jetzt ficht K den Vertrag an. Hier kann § 814 BGB keine Anwendung finden, weil V nichts anderes übrig blieb, als die Leistung zu erbringen. Wenn die Anfechtung jedoch bereits erklärt worden sein sollte, bevor die Leistung des V erfolgt, ist § 814 BGB (selbstverständlich) wieder anwendbar. Dabei kommt es dann auch gar nicht mehr auf § 142 II BGB an, weil V infolge der erklärten Anfechtung bereits Kenntnis von der Nichtigkeit selbst, und damit vom fehlenden Rechtsgrund, hat.*

**hemmer-Methode: Es kommt in diesem Fall also im Ergebnis nicht darauf an, ob man auf die Anfechtung § 812 I S. 1 1.Alt. BGB oder § 812 I S. 2, 1.Alt BGB anwendet, weil § 814, 1. Alt. BGB jedenfalls nicht anwendbar ist. Etwas anderes kann aber dann gelten, wenn der Anfechtungsberechtigte selbst zur Zahlung verpflichtet ist. Dann könnte er sich der Zahlungspflicht ja entledigen, indem er die Anfechtung erklärt.**
**Beachten Sie in diesem Zusammenhang weiterhin: Eine Zahlung in Kenntnis der Anfechtbarkeit kann jedoch unter Umständen als Bestätigung i.S.d. § 144 BGB zu verstehen sein. Dann entfällt die Anfechtbarkeit, und damit auch das Merkmal „ohne rechtlichen Grund“.**

## b) Nichtanwendbarkeit

*Ausnahmen:*

Nach dem Zweck der Vorschrift müssen weitere Ausnahmen vom Rückforderungsausschluss gemacht werden: 434

- *Leistung unter Vorbehalt*

**aa)** Die Vorschrift gilt – trotz Kenntnis der Nichtschuld – nicht für eine Leistung unter Vorbehalt.

- *nicht ganz freiwillige Leistung*

**bb)** Die Vorschrift gilt auch nicht, wenn die Leistung nicht ganz freiwillig erbracht wurde.

***Bsp.:*** *Zahlung zur Abwendung der Zwangsvollstreckung aus vorläufig vollstreckbar erklärtem Urteil.*[355]

**Beachte**: Wurde „freiwillig“ an diesen gezahlt, liegt keine Eingriffskondiktion, sondern eine Leistungskondiktion vor! § 814 BGB gilt aber nicht, weil die Zahlung ja vor dem Hintergrund der unmittelbar bevorstehenden Zwangsvollstreckung erfolgte. Anders etwa bei Pfändung von Gegenständen.

- *Erwartung der Heilung eines unwirksamen Rechtsgeschäftes*

**cc)** Ebenso gilt § 814 BGB nicht, wenn die Leistung in der Erwartung der Heilung eines (noch) unwirksamen Rechtsgeschäftes erbracht wird oder in der Hoffnung, dass eine wirksame Verpflichtung später entsteht. 435

In all diesen Fällen ist offensichtlich, dass ein Rückforderungsverlangen nicht rechtsmissbräuchlich ist; der Fordernde setzt sich nicht mit seinem eigenen früheren Verhalten in Widerspruch. Weil der Zweck der Norm[356] somit nicht auf diese Fälle passt, kann § 814 BGB also nicht angewendet werden.

353 Dazu Rn. 260.
354 BGH, Life&Law 2008, 359 ff.
355 Weitere Beispiele bei Palandt, § 814, Rn. 5.
356 Siehe oben Rn. 430.

Im Übrigen kann § 814 BGB hier bereits deswegen keine Anwendung finden, weil die Leistung nicht zwecks Erfüllung (§ 812 I S. 1 1.Alt. BGB), sondern ob rem (§ 812 I S. 2, 2.Alt. BGB) erfolgt.

### 2. § 814, 2.Alt. BGB: Sittliche oder Anstandspflicht

*2.Alt.: irrige Annahme der Leistungspflicht*

**a)** § 814, 2.Alt. BGB betrifft nur den Fall, dass der Leistende irrig glaubte, zur Leistung verpflichtet zu sein, während die Verbindlichkeit gar nicht bestand. Wusste er von vornherein, dass keine Rechtspflicht bestand, sondern allenfalls eine sittliche Pflicht, dann greift ja schon § 814, 1.Alt. BGB ein.

***Bsp. für § 814, 2.Alt. BGB:*** *Der B leistet seiner Schwester S Unterhalt in der irrigen Annahme, es bestehe eine gesetzliche Unterhaltspflicht.* 436

Hier wäre § 812 I S. 1, 1.Alt. BGB gegeben, weil eine Unterhaltsverpflichtung von Geschwistern nach § 1601 BGB nicht besteht. § 814, 1.Alt. BGB steht hier der Rückforderung nicht entgegen, weil der B tatsächlich an eine solche Verpflichtung glaubte.

Der Rückforderung kann aber im Einzelfall § 814, 2.Alt. BGB entgegenstehen, wenn eine solche sittliche Pflicht gegenüber der Schwester bestand. Dies wird man bejahen müssen, wenn eine Notlage besteht und kein leistungsfähiger Unterhaltsverpflichteter vorhanden ist, die S also u.U. der Sozialhilfe anheim gefallen wäre (Abwägung im Einzelfall).

*positive Kenntnis nicht notw.*

**b)** Es kommt hier nicht darauf an, ob der Leistende Kenntnis von dieser sittlichen Pflicht hatte.[357] Insofern ist der Tatbestand des § 814 BGB rein objektiv formuliert. 437

## B. Ausschluss nach § 815 BGB

### I. Anwendungsbereich

*§ 815 BGB für Zweckkondiktion*

**1.** § 815 BGB enthält einen Ausschlusstatbestand, der für die Zweckkondiktion gemäß § 812 I S. 2, 2.Alt. BGB gilt. 438

*strittig für § 812 I S. 2, 1.Alt. BGB*

**2.** Streitig ist, ob er auch bei § 812 I S. 2, 1.Alt. BGB (späterer Wegfall des Rechtsgrundes) eingreift. 439

*aber h.M. (-)*

Die h.M.[358] verneint das. Für diese h.M. sprechen sowohl Wortlaut des § 815 BGB als auch sein Sinn und Zweck.

Die beiden Kondiktionstatbestände sind nämlich hinsichtlich der Interessenlage nicht vergleichbar. Beim Warten auf den Eintritt eines bestimmten bezweckten Erfolges i.S.d. § 812 I S. 2, 2.Alt. BGB besteht typischerweise ein Schwebezustand, an welchen der Zweck des § 815 BGB anknüpft. Derjenige, der wusste, dass der Schwebezustand nicht beendet werden kann bzw. derjenige, der dies verhindert, soll eben keinen Anspruch haben.

Anders bei § 812 I S. 2, 1.Alt. BGB. Hier fehlt auch bei Voraussehbarkeit des notwendigen späteren Wegfalles des Rechtsgrundes oder bei Herbeiführung des Wegfalles wider Treu und Glauben kein Schwebezustand. Stattdessen besteht eine – wenn auch nur vorläufige – Verpflichtung zur Leistung, der sich der Leistende grundsätzlich nicht entziehen konnte. Die Anwendung dieses Ausschlusstatbestandes wäre hier also vom Zweck her nicht gerechtfertigt.

357 Palandt, § 814, Rn. 8.

358 Palandt, § 815, Rn. 1 m.w.N.

*bei NLK (-)*

**3.** Dagegen scheidet § 815 BGB unstreitig bei der Nichtleistungskondiktion und der „gewöhnlichen" Leistungskondiktion gemäß § 812 I S. 1 1.Alt. BGB aus. 440

## II. Tatbestand

§ 815 BGB enthält wiederum zwei verschiedene Ausschlussgründe:

### 1. Die 1.Alt. des § 815 BGB

Keine Rückforderung bei Kenntnis der Unmöglichkeit des Erfolgseintritts. 441

*venire contra factum proprium*

Hier gilt Ähnliches wie bei § 814 BGB, da man auch § 815 BGB als Spezialfall des venire contra factum proprium bezeichnen kann.

*positive Kenntnis notwendig*

Erforderlich ist positive Kenntnis, bloße Zweifel am Erfolgseintritt genügen nicht. Es reicht auch nicht, wenn die Unmöglichkeit sich erst später ergibt; dies gilt auch dann, wenn der Leistende mit dieser später eintretenden Unmöglichkeit gerechnet hat. Die Hoffnung auf die spätere Beseitigung der bei Leistung gerade vorhandenen Unmöglichkeit führt ebenfalls zur Nichtanwendbarkeit des § 815 BGB.

### 2. Die 2.Alt. des § 815 BGB

Keine Rückforderung, wenn der Leistende selbst den Erfolgseintritt treuwidrig verhindert hat.

*keine Absicht der Erfolgsverhinderung notw.*

**a)** § 815, 2.Alt. BGB erfordert nicht die Absicht, den Erfolgseintritt zu verhindern. Es genügt, wenn der Leistende ohne zwingenden Grund eine Handlung vornimmt, die bewusstermaßen hierzu geeignet ist. 442

*(-), wenn kein Verstoß gegen Treu und Glauben*

**b)** Trotz bewusster Erfolgsverhinderung greift § 815, 2.Alt. BGB nicht ein, wenn diese Verhinderung nicht gegen Treu und Glauben verstößt. § 812 I S. 2, 2.Alt. BGB bleibt dann erhalten.

*⇨ anerkennenswerter Grund?*

Dies ist der Fall, wenn ein nach den Wertungen der Rechtsordnung anerkennenswerter[359] Grund für die Erfolgsverhinderung besteht. Das ist Wertungsfrage im Einzelfall.

> ***Bsp.:*** *V veräußert dem K ein Hausgrundstück. Im notariellen Kaufvertrag wird aber zwecks Steuerersparnis bewusst ein niedrigerer Betrag angegeben. K zieht einstweilen schon einmal in das Haus ein und leistet eine Anzahlung. Noch vor Vollzug der Eigentumsübertragung schlägt der Blitz ein und beschädigt das Haus. Nun beruft sich K auf die Unwirksamkeit des Kaufvertrages und will seine Anzahlung zurück.* 443
>
> Es besteht kein wirksamer Kaufvertrag. Der beurkundete Kaufvertrag wird von den Parteien übereinstimmend so nicht gewollt; er ist daher gemäß § 117 I BGB (Scheingeschäft) nichtig. Der wirklich gewollte Kaufvertrag aber ist gemäß § 311 b I S. 1 BGB unwirksam (§ 117 II BGB). Auch die Heilung gemäß § 311 b I S. 2 BGB ist nicht eingetreten.
>
> Allerdings wurde oben schon aufgezeigt, dass dies hier ein typischer Anwendungsfall des § 812 I S. 2, 2.Alt. BGB ist (und nicht des § 812 I S. 1, 1.Alt. BGB): Zweck der Zahlung war die spätere Heilung des Kaufvertrages. Einschlägig ist also § 815 BGB und nicht § 814 BGB.

359 Palandt, § 815, Rn. 3: „hinreichender".

Fraglich ist daher, ob die Verhinderung des Erfolges (also der Heilung gemäß § 311b I S. 2 BGB) hier treuwidrig ist. Grundsätzlich ist es nicht treuwidrig, sich auf eine Rechtsfolge zu berufen, die schon das Gesetz selbst zum Schutz der Parteien vorsieht. Etwas anderes ergibt sich auch nicht aus dem Blitzeinschlag: Die Gefahr geht bei Unwirksamkeit des Kaufvertrages eben noch nicht über.

Es ist daher ebenfalls nicht treuwidrig, wenn bei zufälligem Untergang oder Beschädigung der Kaufsache die Berufung auf die Unwirksamkeit des Kaufvertrages erfolgt. Anders zwar dann, wenn es um Beschädigungen geht, die von K verschuldet waren, doch ist dies hier nicht der Fall.

Ergebnis: § 815 2.Alt. BGB greift hier nicht ein, der Anspruch aus § 812 I S. 2, 2.Alt. BGB ist grundsätzlich durchsetzbar.

**Life&Law:** Um die bereicherungsrechtliche Rückabwicklung eines formnichtigen Kaufvertrages und die Frage des Ausschlusses gem. § 815, 2.Alt. BGB geht es auch in Life&Law 12/1999, 770 ff. Dort hatte der BGH ein treuwidriges Verhalten des Käufers verneint, der sich vom formnichtigen Vertrag lossagt, weil die Erwartungen hinsichtlich Bebaubarkeit des Grundstücks und der damit einhergehenden Finanzierungsmöglichkeit fehlgeschlagen waren.

## C. Ausschluss nach § 241a BGB

§ 241a BGB wurde in Umsetzung des Art. 9 FernAbsRiL in das BGB eingefügt. Die Vorschrift bezweckt, den Verbraucher vor der Zusendung unbestellter Ware zu schützen. Sie betrifft damit ein Problem, das in der vorherigen Rechtsanwendung keines war, da der Schutz des Empfängers ausreichend durch die Regelungen des BGB gewährleistet wurde. Denn Auftrag der Richtlinie war es, dafür Sorge zu tragen, dass die Zusendung unbestellter Waren und Dienstleistungen keine Gegenleistungspflichten hervorruft, vgl. § 241a I BGB. Aber bereits aus den allgemeinen Vorschriften des BGB ergibt sich, dass durch die bloße Zusendung von Ware kein Vertrag zustande kommt. *443a*

Die Norm wurde mit Wirkung zum 13.06.2014 neu gefasst. In § 241a I BGB wird der Begriff einer unbeweglichen Sache legaldefiniert (Ware). Die Änderungen sind im Übrigen sprachlicher Natur. § 241a III a.F. BGB musste gestrichen werden, weil diese Formulierung nicht mit Art. 27 der Verbraucherrechterichtlinie vereinbar wäre. Die Neufassung des § 241a III BGB verbessert den Verbraucherschutz durch eine Unabdingbarkeitsregelung (S. 1) sowie ein Umgehungsverbot (S. 2).[360]

Vor Schaffung der Norm waren die Rechtsfolgen in bereicherungsrechtlicher und sachenrechtlicher Hinsicht umstritten. Gleichwohl erscheint fraglich, ob die jetzige Radikallösung des Gesetzgebers eine sinnvolle ist:

Gesetzliche Ansprüche sind nach § 241a II BGB nur dann nicht ausgeschlossen, „wenn die Leistung nicht für den Empfänger bestimmt war oder in der irrigen Vorstellung einer Bestellung erfolgte und der Empfänger dies erkannt hat oder bei Anwendung der im Verkehr erforderlichen Sorgfalt hätte erkennen können".

360 Vgl. zu den weiteren Änderungen im Rahmen des Verbraucherschutzes, die am 13.06.2014 in Kraft getreten sind: Life&Law 2014, „Das Problem", Hefte 3 und 6.

Mit dieser Regelung sind damit jegliche Ansprüche gegen den Empfänger, also auch die aus §§ 985, 812 BGB, ausgeschlossen. Das bedeutet, dass derjenige, dem unaufgefordert Ware zugesandt wird, diese unentgeltlich nutzen und sogar behalten darf.[361] Eigentum und Besitz fallen daher dauerhaft auseinander.

**hemmer-Methode: Ob sich diese Ansicht durchsetzen wird, bleibt abzuwarten. Sicher ist sie jedoch geeignet, die Zusendung unbestellter Ware zu unterbinden. Fraglich ist lediglich, ob ein so weit reichendes Bedürfnis für den Schutz der Verbraucher besteht. Da die Regelung nach dem Willen des Gesetzgebers auch außerhalb des Anwendungsbereichs des § 1 UWG gelten soll, erscheint bei einem lauteren Unternehmer eine verfassungskonforme Auslegung der Vorschrift angemessen, so dass § 985 BGB als Rechtsgrundlage erhalten bleibt (teleologische Reduktion).**
**Beachten Sie aber Folgendes: Veräußert der Empfänger die Ware an einen bösgläubigen Dritten, so ist dieser dem Eigentümer gegenüber sehr wohl nach § 985 BGB verpflichtet. § 241a BGB gibt also kein Besitzrecht, das auf Dritte übertragbar wäre.**
**Sofern der Empfänger die Ware zurücksendet, steht ihm gegen den Absender ein Anspruch aus § 683 BGB wegen der dadurch verursachten Kosten zu, denn der Rücktransport ist ein Geschäft des Versenders, § 241a III a.E. BGB.**

Sofern im bereicherungsrechtlichen Kontext relevant, ergänzt § 241a BGB die §§ 814, 815 BGB, indem er Kondiktionsansprüche gänzlich ausschließt.

Geht man nämlich bei Zusendung unbestellter Ware von der Absicht eines Vertragsschlusses aus und nimmt man einen Fall der Zweckverfehlungskondiktion an, so scheiterte bisher ein Anspruch auf Rückübertragung des Besitzes nicht an § 814 BGB, da dieser auf § 812 I S. 2, 2.Alt. BGB nicht anwendbar ist. § 815 BGB griff in der Regel nicht ein.

Geht man von einem Fall der condictio indebiti, § 812 I S. 1, 1.Alt. BGB aus, würde diese nicht wegen § 814 BGB scheitern, wenn man die Anwendung dieser Vorschrift auf die Fälle beschränkt, in denen der Leistende definitiv wusste, dass es nicht zum Vertragsschluss kommen werde.

Für die verbleibenden Fälle ist § 241a BGB Ausschlussgrund für die Geltendmachung der Bereicherungsansprüche.

**hemmer-Methode: Sofern die Zusendung unter Unternehmern erfolgt, gelten obige Ausführungen nicht uneingeschränkt. Stets ist an einen Vorrang handelsrechtlicher Sondervorschriften zu denken, vgl. § 362 HGB. Auch § 663 BGB geht der Regelung des § 241a BGB vor.**

Umstritten ist das Verhältnis zu den Mängelrechten, wenn eine andere als die geschuldete Sache geliefert wird.[362]

## D. Ausschluss nach § 817 S. 2 BGB

### I. Wesen dieses Ausschlusstatbestandes

*§ 817 S. 2 BGB ist keine Einrede*

Es handelt sich nicht um eine Einrede, sondern um eine von Amts wegen zu beachtende Einwendung! Vergleichen Sie den Wortlaut „ist ausgeschlossen". *444*

361 H.M., vgl. Palandt, § 241a Rn.7, m.w.N.; a.A. Casper, ZIP 2000, 1597.

362 Palandt, § 241a Rn.4, m.w.N.; hemmer/wüst Schuldrecht BT I, Rn. 133.

Folge: In der Klausur muss § 817 S. 2 BGB auf jeden Fall auch dann geprüft werden, wenn sich der in Anspruch Genommene nicht auf die Norm beruft.

*wichtig z.B. für Versäumnisurteil*

Ein Anspruch, dem § 817 S. 2 BGB entgegensteht, ist schon für sich unschlüssig; d.h. dass z.B. ein auf einen solchen Anspruch gestütztes Versäumnisurteil nach § 331 ZPO nicht ergehen dürfte.

## II. Anwendungsbereich

*gilt für alle Arten der LK*

**1.** § 817 S. 2 BGB ist nicht auf die seltenen Fälle des § 817 S. 1 BGB beschränkt, sondern enthält eine allgemeine Regel, die für alle Leistungskondiktionen gilt, vor allem also auch für § 812 I S. 1, 1.Alt. BGB. Seine Stellung als Satz 2 des § 817 BGB ist daher praktisch verfehlt; man muss ihn vielmehr wie einen eigenen Tatbestand behandeln. 445

*auch wenn Sittenverstoß nur durch Leistenden*

Ferner kommt § 817 S. 2 BGB entgegen seines Wortlautes gleichfalls auch dann zur Anwendung, wenn *allein* dem Leistenden ein Sittenverstoß zur Last fällt!

Es wäre überhaupt nicht verständlich, dass der Leistende bei beiderseits sittenwidrigen Geschäften schlechter stehen würde, als wenn nur er selbst (!) sittenwidrig gehandelt hat (Wertungswiderspruch[363]).

***Bsp.:*** *Sittenwidriger Ratenkredit.*[364] 446

Wie in Rn. 304 bereits gezeigt, kommt hier ein Anspruch der Bank nur aus § 812 I S. 1, 1.Alt. BGB (nicht § 817 S. 1 BGB) in Betracht. Auch für diesen Fall der Leistungskondiktion greift der Ausschlusstatbestand des § 817 S. 2 BGB ein. Zu bedenken ist weiter, dass hier nur die Bank (Leistender) sittenwidrig gehandelt hat. Jedoch muss § 817 S. 2 BGB „erst recht“ auch für diesen Fall gelten.[365]

*§ 817 S. 2 BGB auch außerhalb des Bereicherungsrechts?*

**2.** Streitig ist, ob § 817 S. 2 BGB auch außerhalb des Bereicherungsrechtes gelten kann.

*e.A.: (+)*

**a)** Teilweise wird dies bejaht.[366] § 817 S. 2 BGB sei eine allgemeine Rechtsschutzversagung, die alle Ansprüche ausschließt, zu deren Begründung sich der Gläubiger auf ein eigenes gesetz- oder sittenwidriges Verhalten berufen muss.[367] 447

Weiter wird auf einen – zumindest angeblichen – Wertungswiderspruch hingewiesen: Wenn nur der schuldrechtliche Vertrag unwirksam ist, ist das Bereicherungsrecht einschlägig und damit § 817 S. 2 BGB. Wenn zusätzlich noch das dingliche Geschäft nichtig ist, und z.B. der Anspruch aus § 985 BGB eingreift, könne dies nicht anders sein.

*BGH & h.L. (-)*

**b)** Anders der BGH und die wohl h.L.:[368] Bei § 817 S. 2 BGB handele es sich wegen seines Strafcharakters um einen Fremdkörper im Zivilrecht, den man nicht noch weiter ausdehnen dürfe. 448

363 Vgl. RGZ 161, 51, 55.

364 Siehe schon oben Rn. 304.

365 Zu der Frage, inwieweit der Rückforderungsanspruch der Bank durch § 817 S.2 BGB ausgeschlossen wird, Rn. 452.

366 Vgl. Medicus, BR, Rn. 697.

367 „nemo auditur propriam turpitudinem allegans“.

368 Vgl. Palandt, § 817, Rn. 14.

§ 817 S. 2 BGB sei vielmehr als Ausnahmevorschrift eng auszulegen, um Unbilligkeiten in der Anwendung dieser Vorschrift, die sonst nicht in das Gefüge des Bereicherungsrechts passt und als Einwendung von Amts wegen zu berücksichtigen ist, möglichst auszuschließen.[369]

*⇨ z.B. nicht auf NLK oder EBV anwendbar*

Ausgeschlossen ist danach also die Anwendung auf die Nichtleistungskondiktionen; sie würde auch dem klaren Wortlaut der Norm widersprechen. Auch in andere Rechtsgebiete (z.B. EBV) darf der hinter § 817 S. 2 BGB stehende Gedanke nicht übertragen werden.

*außerhalb des Bereicherungsrechts gilt allenfalls § 242 BGB*

Immerhin kann sich bei anderen Ansprüchen in extremen Fällen eine Anwendbarkeit des allgemeinen Rechtsmissbrauchsgedankens gemäß § 242 BGB ergeben.

**hemmer-Methode: Wendet man auf nichtige Dienstverträge nicht Bereicherungsrecht, sondern das Recht der GoA an,[370] so kann die fehlende Analogiefähigkeit des § 817 S. 2 BGB zu geradezu abenteuerlich anmutenden Ergebnissen führen. So gelangt das OLG Stuttgart[371] bei einem gem. § 138 I BGB nichtigen Dienstvertrag zu einem Anspruch des selbst sittenwidrig handelnden Dienstgebers auf Rückzahlung des bereits im Voraus entrichteten Entgelts aus §§ 681 S. 2, 667 BGB, auf welchen der Rückforderungsausschluss des § 817 S. 2 BGB nicht anwendbar ist. Damit werden die infolge der fälschlichen Anwendung des Rechts der GoA entstehenden Unterschiede zwischen der Rückabwicklung von nichtigen Verträgen, welche auf eine gegenständliche Leistung (Bereicherungsrecht), und solchen, die auf eine Dienstleistung gerichtet sind (GoA), auf eine wertungsmäßig keinesfalls haltbare Spitze getrieben!**

## III. Tatbestand

*grds. restriktive Auslegung von § 817 S. 2 BGB*

So weit der grundsätzliche Anwendungsbereich des § 817 S. 2 BGB ist, so eng wird dann von der h.M. aber wieder sein Tatbestand ausgelegt. 449

Grund: § 817 S. 2 BGB sei eine Ausnahmevorschrift, die nicht so recht ins System der §§ 812 ff. BGB passe und daher nicht überbewertet werden dürfe.

### 1. Vorsatz

*Vorsatz*

Erforderlich ist, dass der Leistende vorsätzlich sittenwidrig handelt oder gegen ein Gesetz verstößt. Allerdings gilt das Gleiche wie bei § 817 S. 1 BGB:[372] Wer leichtfertig die Augen verschließt vor der Sittenwidrigkeit seines Handelns, muss sich so behandeln lassen, als habe er vorsätzlich sittenwidrig gehandelt.[373] 450

Dabei ist allein auf den Zeitpunkt der Vornahme der Leistung abzustellen, nicht auch auf spätere Vorgänge.

369 BGHZ 35, 103, 109.

370 Dagegen bereits oben Rn. 65 f.

371 NJW 1996, 665, 666.

372 Siehe oben Rn. 300 ff.

373 Palandt, § 817, Rn. 20.

## 2. Beschränkung des Leistungsbegriffes

*Leistung: nur was endgültig in Vermögen übergegangen ist*

Wichtig ist aber vor allem die Beschränkung des Leistungsbegriffes: Als Leistung im Sinne des § 817 S. 2 BGB sind nach ständiger Rechtsprechung des BGH nur solche Zuwendungen anzusehen, die nach dem Vertragsverständnis endgültig in das Vermögen des Empfängers übergehen sollen.[374] 451

§ 817 S. 2 BGB ist damit unanwendbar, soweit die konkrete Leistung nur zu einem vorübergehenden Zweck erbracht ist und ihrer Natur nach zurückgewährt werden muss.

*⇨ andere Ergebnisse als bei § 812 I S. 1, 1.Alt. BGB möglich*

Man kann also zu anderen Ergebnissen gelangen als bei § 812 I S. 1, 1.Alt. BGB, bei dem man die Begriffe Leistung und Bereicherungsgegenstand in der Klausur zuvor schon einmal geprüft hat.

Dabei ist dann vor allem auch wichtig zu sehen, dass der bei § 812 BGB herausgearbeitete – scheinbar einheitliche – Bereicherungsgegenstand bei § 817 S. 2 BGB durchaus unterschiedlich behandelt werden kann.

Seine Rückforderung kann nach § 817 S. 2 BGB teilweise ausgeschlossen sein, teilweise aber auch nicht.

## 3. Sittenwidriger Ratenkredit

Zunächst war bei § 812 I S. 1 1.Alt. BGB als Bereicherungsgegenstand herausgearbeitet worden: Besitz und Eigentum am Geld (bzw. bei Girokonto ein Schuldversprechen gemäß § 780 BGB[375]). Wir haben weiter gesehen, dass § 817 S. 2 BGB grundsätzlich anwendbar ist. 452

Aber dann der „Clou" des Falles:

*Darlehenskapital kann zurückgefordert werden*

Beim Darlehen soll das *Darlehenskapital* dem Darlehensnehmer vereinbarungsgemäß nicht endgültig, sondern nur vorübergehend zur Nutzung gewährt werden. Daher sind Besitz und Eigentum am Geld keine „Leistung" i.S.d. § 817 S. 2 BGB; sie können zurückgefordert werden.

*Nutzungsmöglichkeit verbleibt*

Nur die *Nutzungsmöglichkeit* am Geld für die vereinbarte Zeit sollte voll in das Vermögen des Darlehensnehmers übergehen. Deswegen ist lediglich diese Nutzungsmöglichkeit Leistung im Sinne des § 817 S. 2 BGB.

*daher keine sofortige Rückforderung*

Folge: Ausgeschlossen ist die sofortige Rückforderung der Darlehenssumme, weil der Darlehensnehmer für die vereinbarte Zeit die Nutzungen behalten soll. Er muss die Bereicherungsschuld also erst jeweils zu dem Zeitpunkt erfüllen, zu dem auch seine scheinbare vertragliche Rückzahlungsverpflichtung aus § 488 I S. 2 BGB entstanden wäre (Darlehenslaufzeit).

**hemmer-Methode: Soweit das Darlehen auf unbestimmte Zeit gewährt wurde, muss man wohl eine Kündigung des nichtigen Vertrages zulassen, um die nach § 817 S. 2 BGB nicht rückforderbare Leistung zeitlich zu beschränken.**[376]

374 BGH, NJW 1995, 1152.

375 Vgl. oben Rn. 88.

376 Vgl. Medicus, BR, Rn. 699 a.E.

*h.M.: keine Zinsen*

Zinsen sind nicht zu zahlen (Nutzungen i.S.d. § 818 I BGB), da insoweit § 817 S. 2 BGB greift. Über § 817 S. 2 BGB bekommt der Darlehensnehmer also eine Art kostenloses „Quasidarlehen". Insoweit tritt § 817 S. 2 BGB an die Stelle des Rechtsgrundes.

*a.A.: angemessenes Entgelt*

Anders Medicus,[377] der einen Anspruch auf ein angemessenes Entgelt gewähren will. Aus § 817 S. 2 BGB lasse sich nicht sicher entnehmen, dass dem Empfänger die Nutzung ohne jede Vergütung gewährt werden soll. Ein Strafcharakter der Vorschrift sei verfehlt. 453

*dagegen:*
*keine geltungserhaltende Reduktion*

Das kann nicht überzeugen: Der Ausschluss der Leistungskondiktion nach § 817 S. 2 BGB ist doch regelmäßig die Folge von § 138 BGB. Bei § 138 BGB aber ist – ebenso wie im Rahmen Allgemeiner Geschäftsbedingungen – anerkannt, dass ein Verbot geltungserhaltender Reduktion besteht.[378] Wenn einer die Grenze der Zulässigkeit überschreitet, soll er nicht auf das Maß zurückgeführt werden, das noch zulässig gewesen wäre. Er soll vielmehr durch die völlige Unwirksamkeit des Vertrages ein gewisses Risiko tragen.

Andernfalls wäre die Gefahr zu groß, dass die Grenze gerade wegen des geringen Risikos in der Hoffnung überschritten wird, dass der betroffene Vertragspartner sich nicht wehrt.

Wenn nun Medicus aber bei der Rückabwicklung über § 818 II BGB ein angemessenes Entgelt gewähren will, plädiert er i.R.d. Rückabwicklung de facto also doch für eine solche geltungserhaltende Reduktion. Was nicht nur durch eine teilweise Aufrechterhaltung des Darlehensvertrages erreicht werden darf, darf aber auch nicht bei der bereicherungsrechtlichen Rückabwicklung erreicht werden!

Auf Entreicherung kann sich der Darlehensnehmer nicht berufen, da er weiß, dass die Darlehenssumme zurückzugewähren ist und er deshalb nach §§ 819 I, 818 IV, 276 I BGB (Beschaffungspflicht) verschärft haftet.[379]

**hemmer-Methode: Teilweise wird in diesem Zusammenhang auf die §§ 987, 990 BGB zurückgegriffen.[380] Dies kommt aber jedenfalls beim sittenwidrigen Ratenkredit keinesfalls in Frage: Notwendig ist ein EBV, also müsste die Bank noch Eigentümerin des Geldes sein. Da die Übereignung des Geldes von der Bank an den Darlehensnehmer als solche aber nicht gem. § 138 I BGB sittenwidrig ist, ist sie nach dem Abstraktionsprinzip wirksam, und der Darlehensnehmer Eigentümer.**
**Anders dagegen bei der Wuchermiete, wo ein EBV besteht und deshalb gem. §§ 987, 990 BGB ein angemessener Mietzins verlangt werden kann, weil stets Kenntnis der fehlenden Eigentümerstellung vorliegt.**

## 4. Einschränkung durch § 242 BGB

*Ausschluss von § 817 S. 2 BGB im Einzelfall nach § 242 BGB mögl.*

Im Einzelfall kann die Berufung auf § 817 S. 2 BGB auch gemäß § 242 BGB ausgeschlossen sein.

> ***Bsp. 1:*** *V hatte dem K ein Bordell zu einem weit überhöhten Preis verkauft. Die Umschreibung im Grundbuch wurde nach Leistung einer Anzahlung vorgenommen. K zog ein. K steht auf dem Standpunkt nicht zahlen zu müssen. Gleichzeitig meint er aber, er müsse Eigentum und Besitz am Grundstück nicht wieder herausgeben, weil dem § 817 S. 2 BGB entgegenstehe.* 454

377 Medicus, BR, Rn. 700.

378 Palandt, § 138, Rn. 19, 75.

379 Siehe dazu unten Rn. 507a.

380 Vgl. Medicus, BR, Rn. 700 m.w.N.

Hier war der Kaufvertrag nach § 138 I BGB sittenwidrig und nichtig.[381] Da die Nichtigkeit des Grundgeschäfts allerdings grundsätzlich nicht das wertneutrale Erfüllungsgeschäft erfasst, wurde K Eigentümer des Bordellgrundstücks. Im Prinzip war damit der Anspruch des V aus § 812 I S. 1, 1.Alt. BGB und auch § 817 S. 1 BGB auf Rückübertragung von Eigentum und Besitz am Bordellgrundstück gegeben. Aber auch § 817 S. 2 BGB hätte seinem Wortlaut nach eingegriffen. Folge wäre gewesen: K hätte tatsächlich den Restkaufpreis nicht zahlen müssen, aber das Bordell behalten dürfen.

Das erschien dem RG[382] als unbillig: Wenn der K sich hinsichtlich seiner Kaufpreispflicht auf die Sittenwidrigkeit berufe, sei es unzulässige Rechtsausübung (§ 242 BGB), wenn er das sittenwidrig erlangte Bordellgrundstück behalten will. Auf diese Weise würde § 817 S. 2 BGB zu der eigenartigen Konsequenz führen, einen von der Rechtsordnung (§ 138 BGB) nicht gebilligten Rechtszustand aufrecht zu erhalten. Das dürfe nicht sein.

Ergebnis: Die Rückforderungsansprüche des V sind nach RG begründet, weil der K sich wegen § 242 BGB nicht auf § 817 S. 2 BGB berufen darf.

*Schwarzarbeiterfall*

***Bsp. 2 („Schwarzarbeiterfall"):*** *B arbeitet bei A „schwarz". Er verlangt das vereinbarte Entgelt von 22 € die Stunde, hilfsweise Wertersatz.* 455

Jedenfalls wenn beide Parteien des Vertrages gegen das Gesetz zur Bekämpfung der Schwarzarbeit verstoßen, ist der Vertrag gemäß § 134 BGB nichtig.[383] Nur so kann der Zweck des Schwarzarbeitergesetzes voll zur Geltung kommen.

Stattdessen können – nebeneinander, s.o. – die Ansprüche aus § 812 I S. 1, 1.Alt. BGB und § 817 S. 1 BGB gegeben sein. Auf beide ist § 817 S. 2 BGB grundsätzlich anwendbar.[384] Danach wäre ein Anspruch des Schwarzarbeiters auf Wertersatz für die Tätigkeit ausgeschlossen.[385]

Der BGH[386] bejahte bislang einen Anspruch auf Wertersatz. § 817 S. 2 BGB müsse hier durch § 242 BGB eingeschränkt werden. Andernfalls würde das Risiko der Schwarzarbeit einseitig auf den Arbeiter verteilt. Dies überzeuge vor allem deswegen, weil es nicht selten ist sei, dass die Initiative zur Schwarzarbeit gar nicht vom Arbeiter ausginge, sondern vom Auftraggeber. Da sich das Gesetz auch gegen ihn richtet, erschiene es als unbillig, wenn er nun eine kostenlose Leistung erhielte.

Von dieser Rechtsprechung hat sich der BGH im Jahr 2014 ausdrücklich getrennt. Mit der Änderung des Gesetzes zur Bekämpfung der Schwarzarbeit hat der Gesetzgeber deutlich dokumentiert, dass er Schwarzarbeit auch dann, wenn sich der Vorwurf auf die Verletzung steuerlichen Pflichten beschränke, missbillige. Mit dieser Wertung wäre es nicht vereinbar, dem Schwarzarbeiter im Nachgang doch einen Vergütungsanspruch zu gewähren.[387]

Ergebnis: Der Anspruch aus §§ 812 I S. 1, 1.Alt., § 817 S. 1 ist gem. § 817 S. 2 BGB ausgeschlossen.[388]

**hemmer-Methode: Das gilt auch für den umgekehrten Fall, in dem der Schwarzarbeiter bereits bezahlt worden ist und der Auftraggeber das Geld gem. § 817 S. 1 BGB zurückfordert. Der Anspruch scheitert an § 817 S. 2 BGB.[389]**

381 Vgl. Palandt, § 138, Rn. 52.

382 RGZ 71, 432.

383 Vgl. BGH, NJW 1990, 2542.

384 Siehe oben Rn. 445.

385 Etwa OLG Köln, NJW-RR 1990, 251; Tiedtke, NJW 1983, 713.

386 A.a.O.

387 Vgl. ausführlich dazu die Entscheidungsbesprechung in Life&Law 06/2014; bereits im Jahr zuvor hatte der BGH Mängelansprüche des Auftraggebers abgelehnt, welche er zuvor noch z.T. über § 242 BGB begründet hatte, BGH, Life&Law 2013, 715 ff.

388 A.A. nach dieser Rechtsprechungsänderung wohl kaum noch vertretbar, zumal weite Teile der Literatur die alte Rechtsprechung stets kritisiert hatten. Zum (fiktiven) Umfang eines über § 242 BGB aufrecht erhaltenen Anspruchs vgl. vertiefend § 818, Rn. 469.

389 BGH, Life&Law 2015, 643 ff.

*Schenkkreisfall*

***Bsp. 3 („Schenkkreisfall"):*** *A ist Mitglied eines sog. Schenkkreises, bei dem es zwei Kreise gibt, einen Geber- und einen Nehmerkreis. Die Mitglieder des Geberkreises, zu denen A gehört, müssen an die Mitglieder des Geberkreises 1.000 € verschenken. Als Belohnung kommen sie sodann in den Nehmerkreis und müssen nun ihrerseits Geber finden, die bereit sind, ihnen 1.000 € zu schenken. A schenkt nun an B, der Mitglied des Nehmerkreises ist, 1.000 €. Später verlangt er das Geld zurück.*[390]

Nach Ansicht des BGH ist der entsprechende Vertrag nichtig gem. § 138 I BGB.

Daher könnte ein Rückforderungsanspruch aus § 812 I S. 1 Alt. 1 BGB bestehen, dem wiederum § 817 S. 2 BGB entgegenstehen könnte, weil A durch die Beteiligung an dem System auch sittenwidrig handelt.

Hier nimmt der BGH aber wiederum eine Einschränkung über § 242 BGB vor: Die Initiatoren der sittenwidrigen Schenkung sind die Mitglieder des Nehmerkreises, die leichtgläubige Personen suchen, die sich dem Geberkreis anschließen. Wäre der Anspruch ausgeschlossen, könnte die Intention des § 138 I BGB, derartige Spiele zu verhindern, letztlich nicht erreicht werden. B müsste nicht befürchten, das erlangte Geld wieder herauszugeben.

Ergebnis: Der Anspruch auf Rückzahlung aus Leistungskondiktion besteht.

*Radarwarngerät*

***Gegenbeispiel:***[391] *K erwirbt von V ein Radarwarngerät zum Preis von 2.000 €. Da das Gerät defekt ist, verlangt K von V die Rückzahlung des Kaufpreises aufgrund Rücktritts vom Kaufvertrag.*

Dem Kläger steht kein Rückzahlungsanspruch aus Rücktritt gem. §§ 437 Nr.2, 323, 346 ff. BGB zu, da der Kaufvertrag gem. § 138 I BGB sittenwidrig und damit nichtig ist. Der Kauf eines Radarwarngerätes dient einzig und allein dem Zweck, vor Einrichtungen der Geschwindigkeitsüberwachung zu warnen und fördert damit ein nach der StVO ordnungswidriges Verhalten.

Der Betrieb eines solchen Warngerätes ist nämlich nur sinnvoll, wenn der Käufer davon ausgeht, er werde sein Kfz – zumindest gelegentlich – unter Überschreitung der zulässigen Geschwindigkeit führen.

K kann den aufgrund des unwirksamen Kaufvertrages geleisteten Kaufpreis aber auch nicht gem. § 812 I S. 1, 1.Alt. BGB zurückfordern, da diesem Bereicherungsanspruch der Einwand aus § 817 S. 2 BGB entgegensteht, da K sich als Leistender der Einsicht der Sittenwidrigkeit zumindest leichtfertig verschlossen hat. Anhaltspunkte für eine ausnahmsweise einschränkende Anwendung des § 817 S. 2 BGB sind hier nicht gegeben.

Die Rückforderung betrifft den Kaufpreis, der als Gegenleistung für das gelieferte Gerät bezahlt wurde, und damit einen Hauptbestandteil des Vertrages, der zur Bewertung als sittenwidrig geführt hat. Der Schutzzweck der Gesetzesumgehung gebietet insoweit keine Ausnahme von dem Rückforderungsverbot.

**hemmer-Methode: Der Ausschluss der bereicherungsrechtlichen Haftung nach §§ 814, 815, 817 S. 2 BGB verhindert in der Klausur die weiteren bereicherungsrechtlichen Punkte, wie § 818 I, II, III BGB (Saldotheorie/Zweikondiktionentheorie/arglistige Täuschung, Minderjährigenschutz, § 819 BGB und aufgedrängte Bereicherung). Gibt der Sachverhalt aber Hinweise dafür, dass beim Umfang des Bereicherungsanspruchs noch besondere „Leckerbissen" angeprüft werden sollen, handelt es sich häufig nur um Stolpersteine in der Klausur. Im Ergebnis darf dann der bereicherungsrechtliche Anspruch nicht ausgeschlossen sein. Die restriktive Auslegung des § 817 S. 2 BGB ist dann in einem klausurtypischen Zusammenhang zu sehen. Der Ersteller hat die Ausschlussproblematik i.d.R. eingebaut, um weitere Problemfelder zu schaffen und die Notendifferenzierung zu gewährleisten. Der Schwarzarbeiterfall war hierzu bislang quasi „wie gemalt". Allerdings dürfte sich dieses Problem nun erledigt haben.** *456*

390 Der Fall wird hier verknappt dargestellt, siehe ausführlich BGH, Life&Law 2006, 303 ff. bzw. NJW 2006, 45 ff.

391 Nach BGH, NJW 2005, 1490 = Life&Law 2005, 439 ff.

## § 9 UMFANG DES BEREICHERUNGSANSPRUCHES

*Umfang des Bereicherungsanspruchs*

Die Frage nach dem Umfang des Bereicherungsanspruches ist in den §§ 818 - 820 BGB geregelt. Zu Besonderheiten bei § 816 BGB siehe dort.[392] 457

### A. Primärer Herausgabegegenstand

### I. Leistungskondiktion

#### 1. Grundfall

*unproblematisch bei LK*

Bei der Leistungskondiktion ist dies i.d.R. unproblematisch. Herauszugeben ist primär das, was erlangt wurde, der vorher festgestellte Bereicherungsgegenstand. 458

Ist das Eigentum an einer Sache erlangt, so ist diese zurückzuübereignen; wurde nur der Besitz erlangt, so ist die Sache herauszugeben bzw. bei mittelbarem Besitz ist der Anspruch gegen den unmittelbaren Besitzer abzutreten; bei Abtretung einer Forderung Rückabtretung, etc.

**hemmer-Methode: Geben Sie bereits in der Formulierung der Anspruchsgrundlage zu erkennen, wie das verlorengegangene Recht wieder zurückübertragen wird. Z.B.: Ein Anspruch auf <u>Rückübereignung</u> könnte sich aus § 812 I S. 1, 1.Alt. BGB ergeben.** 459

#### 2. Sonderproblem: Doppelmangel

*Problem: Doppelmangel*

Allerdings gibt es ein Problem beim sog. „Doppelmangel“ zu beachten.

*Bsp.: A weist die Bank B an, an den C zu zahlen. Sowohl Zahlungsauftrag, als auch der zwischen A und C geschlossene Kaufvertrag sind nichtig.* 460

Hier geht die h.M. – wie oben gezeigt – nicht mehr von einer Direktkondiktion aus, sondern lässt „übers Eck“ abwickeln: Die Bank B muss von A kondizieren, und A muss von C kondizieren. Das wird mit der Gefahr eines Einwendungsverlustes begründet.

Sieht man dann aber den Bereicherungsanspruch des A gegen C als Bereicherungsgegenstand an, den die B von A verlangen kann (Kondiktion der Kondiktion), dann wäre das gegen die Direktkondiktion B-C gerichtete Argument in sein Gegenteil verkehrt: Die B wäre nicht nur dem Einwendungs- und Liquiditätsrisiko des A ausgesetzt, sondern zusätzlich auch noch dem des C (§ 404 BGB!).

Daher vertritt eine andere Literaturmeinung die Auffassung, herauszugeben sei nicht der Kondiktionsanspruch des A gegen C, sondern unmittelbar der von A an C geleistete Gegenstand, hier das Geld bzw. Wertersatz für das Geld gem. § 818 II BGB.[393]

Aber dies wiederum kann dann nicht gelten, wenn die Verlagerung dieser Risiken allein auf den A dem Schutzzweck der konkret einschlägigen Nichtigkeitsnorm widersprechen würde („als-ob-Betrachtung“).[394]

392 Vgl. Rn. 381 ff.

393 Medicus, BR, Rn. 673; JuS 1982, 912.

394 Medicus, BR, Rn. 673.

*Bsp.: Besteht der Nichtigkeitsgrund in der Minderjährigkeit des A, würde eine solche Regelung dem Schutzzweck des Minderjährigenrechts widersprechen. Es muss dann bei der „Kondiktion der Kondiktion“ bleiben (oder man lässt in einem solchen Fall ausnahmsweise doch die Direktkondiktion B-C zu, um den zu schützenden A ganz „herauszuhalten“).* 461

## II. Eingriffskondiktion

*Eingriffskondiktion*

Etwas schwieriger ist die Bestimmung des Herausgabeanspruches bei der Eingriffskondiktion. 462

Grundsätzlich besteht ein Anspruch auf das durch den Eingriff Erlangte.

Da häufig eine Herausgabe wegen der Beschaffenheit des Erlangten nicht möglich ist, besteht dann (nur) ein Anspruch nach § 818 II BGB.[395]

*h.M.: keine Gewinnherausgabe*

Nach h.M. wird dann i.R.d. § 818 II BGB ausschließlich Wertersatz geschuldet, nicht auch Gewinnherausgabe. Die Abschöpfung von Gewinn sei Aufgabe der – häufig gleichzeitig gegebenen – §§ 687 II, 681 S. 2, 667 BGB.

*aber: anders bei § 816 BGB*

Beachte also den Unterschied zu § 816 BGB, wo die h.M. gerade diese Frage anders sieht. Bei § 816 I S. 1 BGB soll sich das Gegenteil zwingend aus dem Wortlaut dieser speziellen Vorschrift ergeben. Dort ist das Erlangte (einschließlich des Gewinns) herauszugeben.

***Bsp. zur Wiederholung:** Sportartikelhersteller A verwendet unerlaubt das Foto des Tennisspielers B zu Werbezwecken.* 463

Herauszugeben ist nach Bereicherungsrecht (§ 812 I S. 1, 2.Alt. BGB) nicht der Gewinn, den der A erzielt hat. Vielmehr geht der Anspruch gem. § 818 II BGB auf das, was üblicherweise für die Erlaubnis, ein solches Foto zu veröffentlichen, bezahlt wird.

**hemmer-Methode: Der Gewinn ist durch *Leistung* der Kunden erlangt. Durch *Eingriff* ist die als solche nicht herausgabefähige Nutzungsmöglichkeit erlangt; für sie ist gem. § 818 II BGB Ersatz zu leisten.**

# B. Erweiterung der Herausgabepflicht über § 818 I BGB

§ 818 I BGB erstreckt die Herausgabepflicht auf Nutzungen und Surrogate.

## I. Nutzungen

*Nutzungen, § 100 BGB*

Die Nutzungen bestimmen sich nach § 100 BGB. Erfasst werden also Früchte (§ 99 BGB) und Gebrauchsvorteile. 464

§ 818 I BGB umfasst auch den gezogenen Gewinn, z.B. aus einem Wirtschaftsunternehmen, führt aber nicht zum Ersatz eines entstandenen Schadens, sondern allein zur Abschöpfung der Bereicherung. Abgeschöpft wird damit nur das, was tatsächlich erlangt wurde, unabhängig davon, ob der Gläubiger selbst die Nutzungen erlangt hätte. Nicht gezogene Nutzungen sind dann ein Problem des Schadensersatzes oder besonderer Vorschriften (z.B. § 987 BGB).

395 Vgl. auch unten Rn. 468.

*Zinserträge*

Ist *Geld* Gegenstand des Bereicherungsanspruches, so sind nach § 818 I BGB die tatsächlich erlangten *Zinsen* als Nutzungen aus einer kapitalvermehrenden Anlage des erlangten Geldbetrages seit Entstehung des Bereicherungsanspruchs herauszugeben.[396]

*str.: ersparte Darlehenszinsen*

Hat der Bereicherungsschuldner das herauszugebende Geld allerdings nicht zinsbringend angelegt, sondern zur Tilgung eigener Darlehensverpflichtungen verwandt, so ist str., ob in diesem Falle die *ersparten Darlehenszinsen* als gezogene Nutzungen i.S.d. § 818 I BGB an den Bereicherungsgläubiger herauszugeben sind.

**Bsp.:**[397] *G kauft von S ein Grundstück zum Kaufpreis von 3.500.000 €. Der Kaufvertrag ist jedoch aufgrund eines Beurkundungsfehlers formnichtig (§§ 311b I S. 1, 125 S. 1 BGB). G verlangt daraufhin von S Rückzahlung des Kaufpreises und Wertersatz für die Zinsen, die sich dieser durch die vorzeitige Rückzahlung eines Darlehens mittels des Kaufpreises erspart hat.*

G hat gegen S aufgrund der Formnichtigkeit des Kaufvertrages einen Anspruch auf Rückzahlung des Kaufpreises aus § 812 I S. 1, 1.Alt. BGB.

Fraglich ist jedoch, ob S auch die ersparten Darlehenszinsen über § 818 I, II BGB als gezogene Nutzungen herauszugeben hat.

Zu den Nutzungen zählen als Gebrauchsvorteile i.S.d. § 100 BGB unstreitig Zinserträge, die dem Bereicherungsschuldner aus einer kapitalvermehrenden Anlage des rechtsgrundlos erhaltenen Geldes zugeflossen sind. Umstritten ist allerdings, ob dies auch auf ersparte Darlehenszinsen zutrifft.

*e.A.: Unterscheidung von Ge- und Verbrauch des Geldes*

Nach e.A. können ersparte Aufwendungen den Nutzungen nicht gleichgesetzt werden, weil diese nicht aus dem *Gebrauch*, sondern vielmehr aus dem *Verbrauch* des Geldes zur Schuldentilgung erzielt wurden.

*BGH: § 818 I BGB analog*

Nach der Rechtsprechung des BGH hat der Bereicherungsschuldner, der rechtsgrundlos erhaltenes Kapital zur Bezahlung eigener Schulden genutzt hat, auch die aus dem Gebrauch dieses Geldes ersparten Schuldzinsen für das von ihm aufgenommene Darlehen zumindest in analoger Anwendung des § 818 I BGB als Gebrauchsvorteil herauszugeben.

*Grund: wirtschaftliche Betrachtungsweise des Bereicherungsrechts*

Demnach kann es für die auf wirtschaftlicher Betrachtungsweise aufbauende Herausgabepflicht des Bereicherungsschuldners nämlich keinen entscheidenden Unterschied machen, ob er das erlangte Geld zinsbringend anlegt oder ob er eine Verminderung seines Vermögens vermeidet, indem er eine eigene Schuld ablöst. Wenn die Kondiktion die ganze Bereicherung abschöpfen soll, hat sie sich auch auf die Vorteile zu erstrecken, die im Vermögen des Bereicherten als Folge der Bereicherung und deren zweckmäßiger Verwendung – und darunter fällt auch die Tilgung eigener verzinslicher Schulden – eingetreten sind.

Der Bereicherungsanspruch des G gegen S ist also nach BGH in vollem Umfang begründet.

*Nutzungen nur als Nebenfolge*

**Beachte**: Beim *Darlehenskapital* bedarf es des § 818 I BGB dagegen nicht. Hier stellt die Nutzungsmöglichkeit die eigentliche Hauptleistung dar, ist Bereicherungsgegenstand i.S.d. § 812 I S. 1, 1.Alt. BGB und damit Gegenstand des Hauptanspruches. § 818 I BGB meint nur Nutzungen, die Nebenfolge eines (anderen) Hauptanspruches sind.[398]

396 Palandt, § 818, Rn. 10. Nach der Rechtsprechung des BGH besteht eine Vermutung dafür, dass Nutzungen im Wert der sonst üblicherweise zu zahlenden Zinsen gezogen worden sind, wenn das Kapital – wie etwa bei dessen Einsatz als Betriebsmittel – in einer Art und Weise verwendet worden ist, die nach der Lebenserfahrung einen bestimmten wirtschaftlichen Vorteil erwarten lässt, vgl. BGH, NJW 1962, 1148; BGHZ 64, 322.

397 BGH, NJW 1998, 2354. Vgl. hierzu auch die ausführliche Darstellung und Kommentierung dieses Urteils in Life&Law 1998, 625 ff.

398 Zur Konkurrenz mit den §§ 987 ff. BGB siehe oben, Rn. 33 ff.

## II. Surrogate

*Surrogate*
*⇨ nicht die rechtsgeschäftlichen Surrogate, sondern nur das in best. gem. Ausübung Erlangte*

**1.** Damit sind nach h.M., anders als bei § 285 BGB, nicht die rechtsgeschäftlichen Surrogate gemeint (hierfür ist § 818 II BGB Sonderregelung!), sondern nur das, was in bestimmungsgemäßer Ausübung des Rechtes erlangt wird, arg. e contr. §§ 1418 II Nr. 3, 1473 I, 1638 II, 2041 S. 1, 2111 I S. 1, 2374 BGB.[399] 465

**Bsp.:** *Bereicherungsgegenstand war eine Forderung, die der Kondiktionsschuldner mittlerweile nach Fälligkeit eingezogen hat. Hier hat er in bestimmungsmäßiger Ausübung des Rechtes gehandelt, so dass der eingezogene Geldbetrag von § 818 I BGB erfasst ist.* 466

Hat der Kondiktionsschuldner den Bereicherungsgegenstand aber an einen Dritten veräußert, ist der Kaufpreis kein Surrogat i.S.d. § 818 I BGB, geschuldet ist dann vielmehr Wertersatz i.S.d. § 818 II BGB.

**hemmer-Methode: Beachten Sie, dass gem. § 818 II BGB (anders als bei § 816 I S. 1 BGB) niemals der erlangte Kaufpreis als solcher herauszugeben, sondern für die Unmöglichkeit der Herausgabe Ersatz zu leisten ist. Der Umfang des Ersatzes bestimmt sich nach dem objektiven Wert der Sache: Hat der Bereicherungsschuldner mehr als diesen erlangt, so kann er den überschießenden Betrag behalten, war der erzielte Kaufpreis niedriger, dann greift § 818 III BGB.**[400]

*Surrogat Vorrang vor Wertersatz*

**2. Beachte** das Rangverhältnis zwischen § 818 I und II BGB: Liegt ein Surrogat i.S.d. § 818 I BGB vor, dann ist (nur) dieses herauszugeben, und es kommt nicht zum Wertersatz gemäß § 818 II BGB! 467

## C. Wertersatz gemäß § 818 II BGB

*§ 818 II BGB, wenn Herausgabe unmöglich*

Gemäß § 818 II BGB ist Wertersatz zu leisten, wenn die Herausgabe des Bereicherungsgegenstandes selbst unmöglich ist. Dies kann auf verschiedenen Gründen beruhen. 468

## I. Objektive Unmöglichkeit

Die Unmöglichkeit kann sich objektiv aus der Beschaffenheit der Sache ergeben. Dabei geht es also um Bereicherungsgegenstände, deren Herausgabe naturgemäß nicht möglich ist: Gebrauchsvorteile, Dienstleistungen, u.Ä.

## II. Unvermögen

*auch bei Unvermögen*

Unmöglichkeit i.S.d. § 818 II BGB meint aber auch die subjektive Unmöglichkeit (Unvermögen). Dies ist vor allem der Fall der Weiterveräußerung an Dritte oder des bestimmungsgemäßen Verbrauchs der Sache.

## III. Teilweise Unmöglichkeit

*teilweise Unmöglichkeit*

Eine teilweise Unmöglichkeit der Herausgabe des Erlangten, z.B. weil es beschädigt wurde, fällt dagegen nach h.M. nicht unter § 818 II BGB, weil sie die Herausgabe in Natur nicht hindert. Nur unter den Voraussetzungen der §§ 818 IV bzw. 819 I BGB kommt hier ein Anspruch auf Schadensersatz gem. §§ 292, 989, 990 BGB in Betracht.[401]

---

399 Beachten Sie aber, dass § 285 BGB (und damit rechtsgeschäftlich erlangte Surrogate) i.R.d. verschärften Haftung relevant werden kann.

400 Ganz h.M., vgl. Palandt, § 818, Rn. 19.

401 H.M., vgl. Palandt, § 818, Rn. 16.

## IV. Geldersatz

*objektiver Verkehrswert*

Für den Wertersatz in Geld ist grundsätzlich der objektive Verkehrswert entscheidend.[402]

*Zeitpunkt der Wertermittlung*

Umstritten ist, welcher Zeitpunkt bei der Ermittlung dieses objektiven Werts zugrunde zu legen ist. Bislang wurde dabei aus Gründen der Rechtssicherheit mit der wohl h.M. auf den Zeitpunkt der Entstehung des bereicherungsrechtlichen Primäranspruchs abgestellt.[403]

Der BGH hat aber klargestellt: Sofern die Herausgabe des Erlangten erst *nach* der Entstehung des Bereicherungsanspruchs unmöglich wird, ist für die Bestimmung des nach § 818 II BGB zu ersetzenden Wertes der Zeitpunkt des Eintritts der Unmöglichkeit maßgeblich.[404]

Im Einzelfall kann dieser objektive Wert vielleicht sogar einmal höher sein als das vereinbarte Entgelt. Problematisch ist dies in den „Schwarzarbeiterfällen":

*Problem: Schwarzarbeiterfall*

***Bsp.:*** *B will bei A für 22 € die Stunde „schwarz" arbeiten. Der objektive Wert der Tätigkeit (ohne Steuern) liegt aber bei 30 € die Stunde.* 469

Wie oben bereits dargestellt, stellt sich die Frage, wenn man der h.M. folgt, heute gar nicht mehr, weil der BGH seine Rechtsprechung geändert hat (vgl. Rn. 455). Als Zusatzfrage ist die Thematik jedoch weiterhin denkbar.

*Obergrenze: vereinbartes Entgelt*

Hier wird man wohl das wirklich vereinbarte Entgelt als Obergrenze ansetzen müssen. Es wäre rechtsmissbräuchlich, wenn der Schwarzarbeiter mehr verlangen könnte als tatsächlich vereinbart.

Der BGH[405] hatte früher in dieser Problematik einen anderen Weg angedeutet:

*nach BGH früher grds. größere Abzüge, da geringerer Wert*

Nach seiner Auffassung waren beim objektiven Wert der Schwarzarbeit gegenüber den sonst üblichen Entgelten von vornherein größere Abzüge zu machen. Dies vor allem deswegen, weil in solchen Fällen wegen der Nichtigkeit des Vertrages keine Mängelrechte gegeben sind. Wenn die Schwarzarbeit dann aber geringer zu bewerten ist, dann stellt sich regelmäßig das Problem der Obergrenze durch das vereinbarte Entgelt gar nicht.

**hemmer-Methode: Lernen Sie problemorientiert. § 818 II BGB kann in der Klausur möglicherweise ein Schwerpunkt sein. Lassen Sie solche vermeintlichen „Nebensächlichkeiten" nicht außer Acht, damit kann man punkten. Denken Sie immer daran, Probleme zu schaffen!** 470

*Problem: Wertersatz bei Besitz*

Problematisch kann die Beurteilung des objektiven Wertes sein, wenn der Empfänger lediglich den Besitz erlangt hatte und außerstande ist, die Sache dem Bereicherungsgläubiger zurückzugeben.

Der BGH geht davon aus, dass neben etwa gezogenen Nutzungen (für diese gilt § 818 I BGB) kein eigenständiger Wert im Vermögen des Bereicherungsschuldners verbleibt, welcher durch seinen Wert zu ersetzen wäre.[406] Dies überzeugt. Hat der Schuldner die Sache wirksam an einen Dritten übereignet, kann er gem. § 816 I S. 1 BGB auf den Erlös zugreifen. Basiert die Unmöglichkeit der Herausgabe nicht auf einer wirksamen Verfügung, steht ihm gegen den Dritten noch der Anspruch aus § 985 BGB zu.

---

402 Ganz h.M., vgl. Palandt, § 818, Rn. 19.

403 Palandt, § 818, Rn. 26.

404 BGH, NJW 2006, 2847; vgl. auch Tyroller, „Die verschärfte Haftung des Bereicherungsschuldners, Teil 3", Life&Law 2007, 346 ff. (349).

405 NJW 1990, 2542.

406 BGH, Life&Law 2014, 176 ff.

## V. Aufgedrängte Bereicherung

*aufgedrängte Bereicherung*

Ein besonderes Problem in diesem Zusammenhang ist das der „aufgedrängten Bereicherung". Diese ergibt sich in der Klausur immer dann, wenn durch Bereicherungsrecht etwas abgeschöpft werden soll, was der Bereicherungsschuldner gar nicht wollte. 471

> **Bsp. 1:** *Der schon genannte Winzerfall: Winzer W besprüht versehentlich mit dem Hubschrauber den Weinberg seines Nachbarn N. N wehrt sich gegen Ansprüche[407] mit dem Argument, dies bringe ihm gar nichts, da er ausschließlich auf ökologischen Weinbau setze.* 472

> **Bsp. 2:** *Dem Grundstückseigentümer E wird ohne seinen Willen von P ein Gebäude auf das Grundstück gebaut, dessen Eigentum er gemäß § 946 BGB erwirbt (Folge: §§ 951 I, 812 BGB). Ihm selbst nützt das Gebäude überhaupt nichts.[408]* 473

Wie die aufgedrängte Bereicherung dogmatisch zu behandeln ist, ist umstritten:

*BGH: § 1001 S. 2 BGB entspr.*

**1.** Nach dem BGH soll § 1001 S. 2 BGB entsprechend zur Anwendung kommen: Der Grundstückseigentümer kann den Bereicherungsanspruch dadurch abwehren, dass er dem Ersteller das Bauwerk zur Verfügung stellt.[409] Dann, wenn die Tatbestände der §§ 823, 1004 BGB rechtswidrig und im Falle des § 823 BGB auch schuldhaft erfüllt sind, stehe dem Eigentümer außerdem aus § 1004 bzw. § 823 i.V.m. § 249 I BGB ein Beseitigungsanspruch zu, den er dem Ersteller im Wege des Missbrauchseinwandes gemäß § 242 BGB entgegenhalten können soll.[410] 474

*Problem: wenn Rechtswidrigkeit oder Verschulden (-)*

Problematisch an diesem Ansatz ist aber schon, dass er versagt, wenn es an der Rechtswidrigkeit bzw. am Verschulden des „Aufdrängenden" oder aber am Schaden fehlt.

**2.** In der Literatur werden verschiedene Ansätze vertreten.[411]

*§ 814 BGB (-), da § 812 I S. 1, 1.Alt. BGB (-)*

Auch § 814 BGB passt in den meisten Fällen nicht, denn er schützt nur bei der Leistungskondiktion gem. § 812 I S. 1, 1.Alt. BGB. So kann er nicht bei der Verwendungskondiktion angewendet werden, da Verwendungen nicht zur Erfüllung einer Verbindlichkeit gemacht worden sind, und § 812 I S. 1, 1.Alt. BGB damit ausscheidet.

Am überzeugendsten – insbesondere auch überzeugender als der nicht immer „funktionierende" BGH-Ansatz – erscheint die Auffassung, die die Lösung im Bereicherungsrecht selbst sucht:

*richtigerweise subj. Ertragswert*

Der Wert des Erlangten (§ 818 II BGB) sei in den Fällen der aufgedrängten Bereicherung ausnahmsweise nicht nach dem objektiven, sondern nach dem subjektiven Ertragswert des Vermögenszuwachses beim Bereicherten zu bemessen, also nach dessen Interesse.[412] 475

Das Vermögen des Begünstigten ist nur insoweit vermehrt, als dieser sich den Verwendungserfolg wirklich zunutze macht.

Hat die aufgedrängte Sache also einen bestimmten objektiven Wert, ist für den „Bereicherten" aber subjektiv nutzlos, dann hat er nicht gemäß § 818 II BGB Wertersatz zu leisten.

---

407 Hier Verwendungskondiktion.

408 Zur Anwendbarkeit des Bereicherungsrechts in diesem Fall vgl. oben Rn. 45 ff.

409 BGHZ 23, 61.

410 BGH NJW 1965, 816.

411 Vgl. Palandt, § 951, Rn. 18 ff.

412 Vgl. Medicus, Rn. 899.

Teilweise wird das gleiche Ergebnis über § 818 III BGB erreicht. § 818 III BGB regelt dabei den Fall, dass die Entreicherung nachträglich eintritt. Bei der aufgedrängten Bereicherung ist die Bereicherung aber von vornherein weniger wert. Es lässt sich aber der Grundgedanke des § 818 III BGB anwenden. Nur soweit echte Vorteile vorhanden sind, sind diese abzuschöpfen.

*⇨ Ersatz nur, wenn Bereicherung tatsächlich vorhanden*

In den beiden Beispielsfällen greifen die Grundsätze der aufgedrängten Bereicherung ein. Nur soweit wirklich Bereicherung vorhanden ist, wäre Ersatz zu leisten.

### VI. Fazit

Der Wertersatz gem. § 818 II BGB ist grundsätzlich nach objektiven Kriterien zu bestimmen, bei der „aufgedrängten Bereicherung" aber ausnahmsweise nach subjektiven Maßstäben.

**hemmer-Methode: Fragen Sie sich schon frühzeitig beim Durchlesen des Sachverhalts, ob der Vermögenszuwachs dem Bereicherungsschuldner subjektiv zugute kommt, also seinem Interesse entspricht, und ob der Bereicherungsgläubiger deshalb seine Vermögensaufwendungen ersetzt verlangen darf. Fehlt das subjektive Interesse des objektiv Bereicherten, kommt dann immer der Rechtsgedanke der aufgedrängten Bereicherung in Betracht. Diese ist im Gesetz nicht geregelt. Geben Sie das in der Klausur zu erkennen, erörtern Sie kurz die oben genannten Lösungswege, entscheiden Sie sich dann für die Formel der subjektiven Brauchbarkeit. Diese wirkt ähnlich wie bei § 996 BGB regulierend.** *476*

## D. Wegfall der Bereicherung gemäß § 818 III BGB

### I. Grundsatz

*§ 818 III BGB, Wegfall der Bereicherung*

Hinter § 818 III BGB steht der Gedanke, dass der Kondiktionsschuldner nach der Rückabwicklung nicht schlechter stehen soll als ohne das Geschäft. Es soll demnach nur die noch vorhandene Bereicherung abgeschöpft werden. Es handelt sich dabei um das wohl wichtigste Grundprinzip des bereicherungsrechtlichen Ausgleichs, nämlich Entlastung des Bereicherungsschuldners durch Wegfall der Bereicherung. *477*

Dennoch ist im Detail umstritten, welche seiner erlittenen Nachteile er tatsächlich i.R.d. § 818 III BGB abziehen darf.

**hemmer-Methode: § 818 III BGB gibt keinen selbständigen Anspruch, sondern gibt dem Bereicherungsschuldner lediglich eine Verteidigungsmöglichkeit. Ihn trifft auch die Beweislast für das Vorliegen der die Entreicherung begründenden Umstände. Das gilt auch, wenn der Bereicherungsschuldner geschäftsunfähig ist.[413]**
**Hat der Bereicherungsschuldner den Bereicherungsgegenstand aber bereits ohne Abzug zurückgewährt, so kommt ein Anspruch analog § 1001 BGB in Betracht.**

*Rspr.: alle kausalen Vermögensnachteile abzugsfähig*

**1.** Die Rechtsprechung ist recht großzügig. Abzugsfähig seien grundsätzlich alle Vermögensnachteile, die kausal auf dem rechtsgrundlosen Erwerb beruhen, wobei aber aus Wertungsgründen Ausnahmen denkbar seien.[414] *478*

413 BGH, NJW 2003, 3271 = Life&Law 2003, 465.

414 BGHZ 118, 383; RGRK § 818, Rn. 26; vgl. aber unten Rn. 481.

**2.** Die Literatur verfolgt weitgehend einen etwas anderen Ansatz:

*Lit.: nur Aufwendungen auf Grund Vertrauens in Beständigkeit des Erwerbs*

479 Man stellt darauf ab, ob der Kondiktionsschuldner die Entreicherung, z.B. Aufwendungen, gerade im Vertrauen auf die Beständigkeit seines Erwerbs gemacht hat.[415]

Das wird in den meisten Fällen zu gleichen Ergebnissen führen, muss aber nicht.

Der Bereicherungsschuldner kann durch Verlust des Kondiktionsobjekts entreichert sein. Darüber hinaus kommt eine Vielzahl von Abzugsposten in Betracht, wie etwa Frachtkosten, Erwerbskosten, Steuern, Verwendungen auf das Erlangte (Fütterungskosten; Reparaturkosten), Kosten für die Nutzungen (z.B. Geldanlagekosten).

480 ***Bsp.:*** *A hat von B auf Grund unwirksamen Kaufvertrages ein Pferd erworben. Unerwartet bekommt A in der Box einen Tritt mit dem Huf, was erhebliche Heilungskosten zur Folge hat.*

Nach dem Kausalitätskriterium des BGH ließe sich wohl die Abzugsfähigkeit dieser Kosten bejahen: Ohne das Geschäft kein Tritt und ohne Tritt keine Heilungskosten. A muss daher das Pferd nur Zug um Zug gegen Ersatz der Heilungskosten herausgeben.

Anders nach der Literatur: Den Tritt hätte A bei wirksamem Kaufvertrag genauso bekommen. A hat die Heilungskosten also nicht im Vertrauen auf die Wirksamkeit des Vertrages bezahlt.

Anm.: Dieses Beispiel ist etwas skurril. Zum Begreifen der Problematik aber durchaus geeignet.

## II. Vertiefende Beispiele für Entreicherung

### 1. Das ursprünglich Erlangte ist nicht mehr vorhanden.

*Wegfall des Kondiktionsobjekts*

483 Entreicherung liegt vor, wenn der Empfänger keine Vermögensvorteile mehr hat. Hauptfall ist der, dass das Kondiktionsobjekt (ersatzlos) weggegeben wird. So wenn das Erlangte verschenkt wurde. Dann liegt in der Regel Entreicherung vor.

*Luxusaufwendungen*

Das ist weiter vor allem der Fall, wenn der Empfänger das Erlangte für Dinge ausgegeben hat, die er sich sonst nicht geleistet hätte (Luxusaufwendungen).

484 ***Bsp.:*** *Minderjähriger veräußert sein Fahrrad und kauft sich vom zu Eigentum erlangten Kaufpreis (rechtlicher Vorteil) Süßigkeiten, die er vernascht.*

Dem Rückforderungsanspruch seines Käufers (Vertrag war wegen § 107 BGB unwirksam), kann der Minderjährige § 818 III BGB entgegenhalten.[416]

Das Gleiche gilt bei anderen erlangten Vorteilen, wie z.B. Gebrauchsvorteilen, die außerhalb der normalen Lebensführung liegen.[417]

485 ***Bsp.:*** *Minderjähriger fährt „schwarz" zur Party seiner Freundin.*

*nicht aber bei Ersparnis von eigenen Aufwendungen*

Jedoch ist der Empfänger nicht entreichert, wenn er sich durch die Weitergabe des Erlangten eigene Ausgaben erspart hat.[418]

415 Palandt, § 818, Rn. 30..

416 Zur Anwendung der Saldotheorie bei Beteiligung Minderjähriger vgl. Rn. 456.

417 Vgl. Flugreisefall, BGHZ 55, 128.

418 Ständige Rechtsprechung, vgl. nur BGH, NJW 2003, 3271.

*Bsp.: B begleicht eine Kaufpreisschuld mit Geld, das er ohne Rechtsgrund erlangt hat. Hier hat sich B eigene Ausgaben erspart, die er sonst notwendigerweise gehabt hätte.* 486

**hemmer-Methode: Wichtige Anwendungsfälle dieses Grundsatzes sind zuviel gezahlter Unterhalt und zuviel gezahltes Arbeitsentgelt. Hier wird der Empfänger den zuviel gezahlten Betrag regelmäßig nicht zur Schaffung von Vermögenswerten, sondern zur Bestreitung eines höheren Lebensstandards, den er sich ansonsten nicht hätte leisten können, verbrauchen und deshalb entreichert sein. Die Rechtsprechung lässt deshalb entgegen dem Grundsatz, dass der Bereicherungsschuldner die Beweislast für die rechtsvernichtende Einwendung aus § 818 III BGB trägt, eine Vermutung für die Entreicherung eingreifen. Je höher die Überzahlung im Verhältnis zum Realeinkommen ist, desto weniger spricht allerdings für die Annahme, dass sie für konsumtive Zwecke verbraucht wurde. Vergleichen Sie zu diesem Problemkreis Hemmer/Wüst, Arbeitsrecht, Rn. 658 f.[419]**

*nicht, wenn durch Weitergabe Anspruch gegen Dritten erlangt wird*

Ferner liegt keine Entreicherung vor, wenn der Empfänger durch die Weitergabe des Erlangten einen Anspruch gegen einen Dritten erworben hat.

*Bsp.: B glaubt irrtümlich, er schulde dem D noch Geld. B zahlt an D mit Geld, das er ohne Rechtsgrund erlangt hat. Hier ist B nicht entreichert, weil er einen Bereicherungsanspruch gegen D erworben hat.* 487

## 2. Das ursprünglich Erlangte ist noch vorhanden.

*ist das Erlangte noch vorhanden, so ist es in jedem Fall herauszugeben*

Das Erlangte ist herauszugeben, egal in welchem Zustand es sich befindet. Der Empfänger kann aber die Nachteile geltend machen, die mit der Bereicherung in einem bestimmten Zusammenhang stehen.[420]

*Bsp. (zur Wiederholung): Der Empfänger hat Verwendungen auf die Sache gemacht.* 488

*bei Aufwendungen aber Herausgabe nur Zug um Zug*

Auf die Frage, ob die vorgenommenen Aufwendungen nützlich oder notwendig waren, kommt es hier aber – anders etwa als bei §§ 994, 996 BGB – nach allgemeiner Ansicht nicht an. Sie können also in jedem Fall als Entreicherung geltend gemacht werden.[421]

Der Empfänger muss die Sache nur Zug um Zug gem. §§ 273, 274 BGB gegen Ersatz der Verwendungen herausgeben.

**Merken Sie sich**: Macht der wirksam i.S.v. § 816 I BGB Verfügende vor der Verfügung Verwendungen auf die Sache, so muss er zwar den erlangten Kaufpreis nach § 816 I BGB herausgeben, kann aber nach § 818 III BGB die gemachten Verwendungen direkt abziehen.

**hemmer-Methode: Wegen des Wesens des § 816 I S. 1 BGB als Fortsetzung der untergegangenen Vindikation könnte man daran denken, hier Verwendungen i.R.d. § 818 III BGB nur dann für abzugsfähig zu halten, wenn sie gem. §§ 1000, 994 ff. BGB auch dem Anspruch aus § 985 BGB entgegengesetzt werden hätten können. Dies ist jedoch nicht der Fall, da das Bereicherungsrecht – anders als das EBV – allein das Vermögen des Herausgabepflichtigen betrachtet.[422]**

419 Vgl. auch BGH, NJW 1992, 2415 (Unterhalt); BAG, NJW 1996, 411 (Arbeitsentgelt), sowie RGRK § 818, Rn. 42.

420 Siehe oben Rn. 477 ff.

421 Es sei denn, es geht im verschärfte Haftung und man käme gem. §§ 819 I, 818 IV, 292 II, 996 BGB zu dem Ergebnis, dass eine Ersatzpflicht nicht besteht.

422 Ausführlich Gursky, JR 1971, 361, 364.

## III. Besonderheiten bei gegenseitigen Verträgen

*gegenseitige Verträge*

Problematisch ist, wie bei der Rückabwicklung nach Bereicherungsrecht die erbrachte Gegenleistung zu berücksichtigen ist.

### 1. Zweikondiktionenlehre 489

*Zweikondiktionenlehre*

Die Zweikondiktionenlehre wendet einfach nur streng das Gesetz an. Die Bereicherungsansprüche der Vertragspartner stehen sich unabhängig voneinander gegenüber. Jeder Bereicherungsanspruch bleibt selbständig und lässt die Gegenleistung bei der Kondiktion der eigenen Leistung unberührt.

*nach Zweikonditionentheorie Kondiktion auch bei Verschlechterung der Gegenleistung*

Das Schicksal des einen Anspruchs hat keinen Einfluss auf das Schicksal des anderen. Der Bereicherungsschuldner kann nur wegen seines eigenen Anspruchs ein Zurückbehaltungsrecht (§ 273 BGB) geltend machen oder bei Vorliegen der Voraussetzungen die Aufrechnung erklären. 490

Konsequenz: Jeder kann seine erbrachte Leistung auch dann kondizieren, wenn sich bei ihm die Gegenleistung verschlechtert hat oder untergegangen ist.

### 2. Saldotheorie

*bei Saldotheorie Berücksichtigung des Synallagmas*

Dagegen soll nach der Saldotheorie das Synallagma des gegenseitigen Vertrages in die Rückabwicklung einwirken. Statt der isolierten Rückabwicklung jeder fehlgeschlagenen Leistung soll von vornherein nur ein einheitlicher Bereicherungsanspruch zugunsten desjenigen bestehen, für den sich ein positiver Saldo ergibt. 491

Erste Aussage der Saldotheorie: Gleichartige Bereicherungsgegenstände werden automatisch, d.h. ohne Aufrechnungserklärungen verrechnet. Dabei handelt es sich um die selbstverständliche Aussage der Saldotheorie.

*⇨ automatische Verrechnung, wenn Leistungen ausgetauscht*

Das gilt freilich nur, sofern die Leistungen bereits ausgetauscht wurden. Bei einseitiger Vorleistung kann die Saldotheorie nicht angewendet werden.

*⇨ Wert der Entreicherung wird zum Abzugsposten*

Zweite und wesentliche Aussage der Saldotheorie: Ist eine Partei nach § 818 III BGB entreichert, so wird der Wert dieser Entreicherung vom eigenen Bereicherungsanspruch des Entreicherten abgezogen.

Die h.M. geht grundsätzlich von der Saldotheorie aus, macht aber in Einzelfällen Einschränkungen.

*Grd.: faktisches Synallagma*

Grund für die h.M.: Das faktische Synallagma, d.h. die Verknüpfung von Leistung und Gegenleistung, muss auch beim unwirksamen Vertrag gelten. Für die Saldotheorie spricht, dass ansonsten das Risiko des Wertverlusts oder des Untergangs nur denjenigen trifft, der kein Geld geleistet hat. Der Geldgläubiger könnte immer kondizieren, während der andere sich auf § 818 III BGB berufen könnte. 492

#### a) Saldierung gleichartiger Ansprüche

*Saldierung gleichartiger Ansprüche*

Soweit sich gleichartige Ansprüche gegenüberstehen, werden sie ipso iure saldiert, d.h. es ist keine Aufrechnungserklärung erforderlich.

*Bsp.: A verkauft B ein Hotelgrundstück. B ficht wirksam den Kaufvertrag wegen arglistiger Täuschung über die Höhe des Mietertrages an. B steht ein Anspruch aus § 812 I S. 2, 1.Alt. BGB[423] wegen der Anfechtung gem. § 142 I BGB in Höhe des gezahlten Kaufpreises zu. Bezüglich des zurückzugebenden Hotelgrundstücks scheidet eine Saldierung aus. Aber: Der Anspruch des A auf die von B gezogenen Nutzungen (z.B. Mieteinnahmen) gem. § 818 I BGB bzw. deren Wert gem. § 818 II BGB, wird ipso iure sofort saldiert, d.h. B hat nur Anspruch auf Rückzahlung des Kaufpreises abzüglich des Wertes der gezogenen Nutzungen, Zug u Zug gegen Rückübereignung des Hotelgrundstücks.* 493

*Saldotheorie auch i.R.d. § 988 BGB (+)*

Ist neben dem Kaufvertrag auch die Übereignung unwirksam, so ergibt sich der Anspruch des A auf die gezogenen Nutzungen wegen des bestehenden EBVs nach BGH aus § 988 analog i.V.m. § 818 I, II BGB.[424] Um Wertungswidersprüche zwischen Vindikations- und Bereicherungsrecht zu vermeiden, wendet der BGH aber auch hier die Saldotheorie an, d.h. es findet eine Verrechnung des Anspruches aus § 988 BGB analog mit dem Anspruch des B auf Rückzahlung des Kaufpreises aus § 812 I S. 1, 1.Alt. BGB statt.[425]

## b) Problem: Entreicherung

*Problem: teilweise oder gänzliche Entreicherung einer Partei*

Der typische Fall, bei dem zum Streit von Saldotheorie/Zweikondiktionentheorie Stellung genommen werden muss, ist der, wenn bei gegenseitigen Verträgen auf einer Seite ein (evtl. auch teilweiser) Wegfall der Bereicherung gemäß § 818 III BGB gegeben ist.

*Bsp.: Bei unwirksamem Kaufvertrag wird die Kaufsache (objektiver Wert: 1.300 €) beim Käufer K zufällig zerstört. Der vereinbarte und gezahlte Kaufpreis von 1.500 € ist aber im Vermögen des Verkäufers V noch isoliert vorhanden.* 494

K hat hier einen Anspruch auf Rückübereignung und Rückgabe von 1.500 € aus § 812 I S. 1, 1.Alt. BGB.

**hemmer-Methode: Sind die konkreten Geldzeichen nicht mehr vorhanden, dann ist gem. § 818 II BGB Wertersatz zu leisten. Auf §§ 951, 947 II, 812 I S. 1 BGB ist nicht einzugehen, da V bereits vor der Vermischung gem. § 929 BGB Eigentum an den Geldzeichen erlangt hatte.**

V hat einen Anspruch auf Rückübereignung und Rückgabe der Kaufsache aus Leistungskondiktion, der aber wegen Untergangs der Sache entfällt. Wertersatz nach § 818 II BGB würde nach § 818 III BGB ausscheiden, da für die verschärfte Haftung gem. §§ 818 IV, 819 I BGB keine Anhaltspunkte vorliegen.

Streng nach dem Gesetz würde also der Käufer seinen Anspruch behalten, der Verkäufer diesen aber verlieren. So die Zweikondiktionentheorie, die eigentlich gar keine Theorie ist, sondern nur die wortlautgetreue Anwendung des Gesetzes darstellt. Der jeweilige Bereicherungsgläubiger trägt damit auch die Gefahr des § 818 III BGB.

*Billigkeitsgründe*

Die „Zweikondiktionentheorie“ wird aber gerade in diesen Fällen als unbillig empfunden.

Daher ist grds. die „Saldotheorie“ anzuwenden:

Die Unwirksamkeit des Synallagma geht sonst zu Lasten des Vertragspartners, der sich nicht auf Entreicherung berufen kann. Dem Synallagma (gegenseitige Verknüpfung) soll aber auch bei Unwirksamkeit des Vertrags Rechnung getragen werden.

423 Str., siehe oben Rn. 260 f.

424 Vgl. oben Rn. 37.

425 Vgl. BGH, NJW 1995, 454; NJW 1995, 2627. Dies ist allerdings nicht möglich, wenn der Besitz von einem Dritten erlangt und diesem die Gegenleistung erbracht wurde.

Daher wird beim Bereicherungsanspruch des Entreicherten die Saldotheorie angewendet, damit ihm seine Entreicherung nicht zugute kommt. Im Ergebnis wird dadurch § 818 III BGB eingeschränkt.

Deswegen muss man folgenden Satz als griffige Formel in der Klausur kennen: „Der Wert der Entreicherung wird vom eigenen Bereicherungsanspruch des Entreicherten (bis auf Null) abgezogen. Der Wert der Entreicherung wird zum Abzugsposten“.[426]

Lösung des obigen Beispielsfalles: Hier ist die Saldotheorie anzuwenden. Vor der Zerstörung wäre eigentlich Zug um Zug zurückzugewähren gewesen.

Da die Kaufsache nicht mehr vorhanden ist, gilt § 818 II BGB. Damit stehen sich nun zwei Geldleistungen und damit gleichartige Pflichten gegenüber.

Der Wert der Entreicherung (= 1.300 €) wird zum Abzugsposten vom eigenen Bereicherungsanspruch (= 1.500 €) des Entreicherten aus § 812 I S. 1 BGB. Im Ergebnis kann K 200 € verlangen.

## c) Saldotheorie bei ungleichartigen Ansprüchen

Die Saldotheorie ist grundsätzlich auch dann anwendbar, wenn sich ungleichartige Leistungen zur Rückabwicklung gegenüberstehen. 495

*auch bei ungleichartigen Ansprüchen ist die Saldotheorie anwendbar*

In solchen Fällen führt sie dazu, dass jede Vertragspartei ihren Rückgewähranspruch nur Zug um Zug gegen Rückgabe der selbst empfangenen Leistung geltend machen kann.

Dabei muss die andere Partei ihren Gegenanspruch nicht als Einrede geltend machen.[427] Der Berechtigte hat vielmehr, ohne dass es einer Einrede bedarf, von sich aus die ungleichartige Gegenleistung derart zu berücksichtigen, dass er deren Rückgewähr Zug um Zug anbietet.

Das kann in manchen Konstellationen zu kuriosen Ergebnissen führen, wie ein Fall aus der jüngeren Rechtsprechung des BGH zeigt:[428]

Der Verkäufer eines Grundstücks bleibt zunächst trotz Auflassung und Eintragung des Käufers im Grundbuch im Besitz des Grundstücks. Der Käufer verlangt Herausgabe des Grundstücks aus § 985 BGB. Allerdings ist der Kaufvertrag unwirksam. Der Käufer müsste also das Grundstück gleich wieder zurückgeben (bereicherungsrechtlich). Daher wendet sich der Verkäufer gegen den Käufer mit der Einrede aus § 242 BGB (dolo-petit).

Der BGH erklärt den § 242 BGB hier indes nicht für einschlägig. Der Käufer handele nicht rechtsmissbräuchlich. Denn die Geltendmachung des § 242 BGB könne so, wie er geltend gemacht worden sei, das Herausgabeverlangen nicht hindern. Denn der Verkäufer habe keinen isolierten Rückübertragungsanspruch hinsichtlich des Grundstücks, sondern nur einen Anspruch auf Herausgabe des noch beim Käufer verbliebenen Saldos.

Anders: Der Verkäufer habe bei Geltendmachung seines Rückübereignungsanspruchs (im Wege des § 242 BGB) auch ungleichartige Gegenleistungen des Käufers zu beachten. Demnach hätte sich der Verkäufer nur dann auf § 242 BGB berufen können, wenn er gleichzeitig die Rückzahlung des Kaufpreises angeboten hätte. Da er dies nicht getan habe, greife § 242 BGB nicht ein.

426 Vgl. Medicus, BR, Rn. 225.

427 Vgl. Palandt, § 818, Rn. 50.

428 NJW-RR 2004, 229.

**hemmer-Methode: Das ist die Saldotheorie in einer sehr seltenen Erscheinungsform, nämlich im Zusammenspiel mit § 242 BGB und dem dolo-petit Einwand. Dieser Einwand ist in der Rechtsprechung grundsätzlich anerkannt. Seine Geltendmachung setzt nach Ansicht des BGH aber voraus, dass der Inhaber des Einwands den bereicherungsrechtlichen Saldo berücksichtige, der sich aus den gegen ihn gerichteten, wenn auch ungleichartigen Ansprüchen ergebe. Wertung: derjenige, der § 242 BGB geltend macht, darf selbst „keine bereicherungsrechtliche Leiche im Keller haben".[429]**

## d) Einschränkungen der Saldotheorie

*Einschränkungen der Saldotheorie aus Billigkeitsgründen*

496 Allerdings werden Einschränkungen der Saldotheorie gemacht: Sie ist dann nicht anwendbar, wenn übergeordnete allgemeine Gesichtspunkte aus Billigkeitsgründen eine abweichende Entscheidung verlangen.[430]

Folge: Bei arglistiger Täuschung und zu Ungunsten Minderjähriger ist sie nicht anwendbar.

*⇨ dann Zweikondiktionentheorie*

Grund: Die Saldotheorie ist eine Abweichung vom Gesetzeswortlaut der §§ 812 ff. BGB, der eigentlich zwei selbständige Bereicherungsansprüche voraussetzt und damit der Zweikondiktionentheorie Recht zu geben scheint.

Dann muss aber die Zweikondiktionentheorie wieder zur Anwendung kommen, wenn die Saldotheorie einem gerechten Ergebnis im Wege steht. Anders gesagt: Es gibt Wertungen, die die Wertungen der Saldotheorie überlagern.

**aa)** arglistige Täuschung

*bzgl. Arglist: Rechtsgedanke des § 819 BGB*

497 Bei arglistiger Täuschung ist der Täuschende nicht schutzwürdig. Dies zeigt auch der Rechtsgedanke des § 819 I BGB.[431]

**bb)** Minderjährigkeit

*bzgl. Minderjähriger darf sich das Bereicherungsrecht nicht über die §§ 106 ff. BGB hinwegsetzen*

498 Bei Minderjährigkeit überwiegt die Wertung des Minderjährigenschutzes gemäß §§ 106 ff. BGB den Schutz des Vertragspartners. Das Bereicherungsrecht darf sich daher nicht über den Sinn und Zweck der §§ 106 ff. BGB hinwegsetzen.

Das faktische Synallagma im Bereicherungsrecht darf den Minderjährigen nicht zum „Quasi-" Vertragspartner machen. Zu einem solchen Ergebnis kommt man aber in der Regel, wenn der Minderjährige sich die Entreicherung als Abzugsposten entgegenhalten lassen muss.

Es bleibt dann bei der Zweikondiktionenlehre; d.h. der Minderjährige bzw. arglistig Getäuschte kann seinen Anspruch auch dann in voller Höhe geltend machen, wenn der Anspruch gegen ihn nach § 818 III BGB entfallen ist.

499 ***Bsp.:*** *A verkauft dem Minderjährigen B sein Fahrrad für 200 €. B fährt es zu Schrott.*

Es bestehen grundsätzlich zwei selbständige Bereicherungsansprüche. Der Minderjährige kann sich auf Entreicherung berufen.

429 Eine ausführliche Kritik zu dieser Entscheidung finden Sie in der NJW 2004, 1704 ff.

430 Vgl. Palandt, § 818, Rn. 49.

431 Vgl. BGHZ 53,144; 57,137.

**cc)** Entreicherung auf Grund Sachmangels

*Entreicherung auf Grund Sachmangels*

Auch bei folgender Konstellation wird die Saldotheorie nicht angewendet. 500

**(1)** Hat der Käufer einer Sache den Kaufvertrag erfolgreich wegen Irrtums über eine verkehrswesentliche Eigenschaft angefochten, so kann er den vollen Kaufpreis vom Verkäufer auch dann zurückverlangen, wenn er die Kaufsache nur in entwertetem Zustand herausgeben kann, die Verschlechterung aber auf einem Sachmangel beruht, für den nach dem Vertrag der Verkäufer einzustehen hätte.[432]

Zumindest für den vom BGH entschiedenen Fall wird das Problem nach richtiger Ansicht aber gar nicht relevant: Denn da die Anfechtung durch den Käufer gemäß § 119 II BGB bei Eingreifen der Sachmängelhaftung, ausgeschlossen wird,[433] kann es kaum zu der vom BGH[434] erörterten Situation kommen.

**(2)** Allerdings lässt sich dieser Gedanke des BGH verallgemeinern:

Immer dann, wenn der Kaufvertrag unwirksam ist, der Untergang oder 501
die Verschlechterung der Kaufsache aber auf einen Sachmangel zurückzuführen ist, für den bei Gültigkeit des Kaufvertrages der Verkäufer einzustehen hätte, kann der Käufer den vollen Kaufpreis zurückverlangen.[435]

Ist der Kaufvertrag also aus anderem Grunde nichtig, die Verschlechterung aber die Folge eines Sachmangels, dann ist keine Saldierung möglich.[436]

*Grd.: vertragliche Risikoverteilung*

**(3)** Begründung für die Nichtanwendbarkeit der Saldotheorie in diesen Fällen: Innerhalb des gewollten Austauschverhältnisses (Kaufvertrag) hätte die Sachmängelhaftung eine maßgebliche Rolle gespielt. Sie legt eine Risikoverteilung fest, die auch für die bereicherungsrechtliche Abwicklung gelten muss (Fortwirkung der vertraglichen Risikoverteilung).

Letztlich liegt hierin also der Gedanke, dass es nicht von der – manchmal zufällig gewählten – Art der Rückabwicklung abhängen dürfe, wem die Folgen des Sachmangels zur Last fallen.

Dogmatisch ist Folgendes zu berücksichtigen: Die Saldotheorie ist – wie gesehen – eine Art von teilweiser Weiterwirkung des unwirksamen Vertragsverhältnisses in die bereicherungsrechtliche Abwicklung hinein („faktisches Synallagma“, Gedanke der §§ 320, 348 BGB). Unter diesem Blickwinkel ist es dann nur konsequent, auch die vom gewollten Vertrag beabsichtigte Risikoverteilung in die bereicherungsrechtliche Abwicklung hinein ausstrahlen zu lassen.

**dd)** Berücksichtigung der Wertungen des Rücktrittsrechts

Nach der Rechtslage vor der Schuldrechtsreform war der Rücktritt vom Vertrag bei verschuldetem Untergang er Sache ausgeschlossen. Sofern alternativ ein Anfechtungsrecht wegen arglistiger Täuschung bestand, wäre eine Rückabwicklung gleichwohl möglich gewesen. Diese Ungereimtheit hat einen Teil der Literatur dazu veranlasst, hier trotz der arglistigen Täuschung auf die Saldotheorie zurückzugreifen, da ansonsten die vertragliche Wertung des Rücktrittsrechts umgangen würde.[437]

---

432 BGHZ 78, 216.

433 Vgl. Palandt, § 434, Rn. 53.

434 BGHZ 78, 216.

435 Tiedtke, DB 1979, 1265.

436 Vgl. auch RGZ 94,253.

437 Vgl. zu dieser Diskussion Medicus, BR, Rn. 228 m.w.N.. a.A. BGH, BGH Z 57, 137, allerdings mit Kürzung über § 242 BGB.

§ 351 BGB a.F. wurde i.R.d. Schuldrechtsreform abgeschafft. Nach neuem Recht ist in den Fällen des verschuldeten Untergangs der Rücktritt nicht mehr ausgeschlossen, sondern wird unter bestimmten Voraussetzungen mit einer Wertersatzpflicht sanktioniert. Dafür ist maßgeblich die Vorschrift des § 346 BGB, deren Struktur der des § 818 BGB sehr ähnelt. Infolge dieser Ähnlichkeit entwickelt sich nun eine neue Diskussion um das Verhältnis der Rücktrittsvorschriften zum Bereicherungsrecht, das anhand des folgenden Beispiels verdeutlicht werden soll.

***Bsp.:*** *V verkauft einen PKW an K, wobei er diesen über die Unfallfreiheit täuscht. Nach Austausch der Leistungen fährt K den Wagen grob fahrlässig zu Schrott. Wie ist die Rechtslage?*

Für die Frage nach den Rechtsfolgen ist hier zunächst folgendes zu verdeutlichen: Das Rücktrittsrecht des K wegen Mangelhaftigkeit der Sache ist nicht etwa deshalb ausgeschlossen, weil der schuldhaft den Untergang der Sache herbeigeführt hat. Andererseits könnte K infolge der arglistigen Täuschung den Vertrag auch anfechten. Zu beachten ist jedoch, dass mit der Anfechtung der Vertrag und damit die Mängelhaftung entfiele. Mithin stehen sich die Rückabwicklung nach §§ 812 ff. BGB und nach §§ 346 ff. BGB alternativ gegenüber. Daher sind die Rechtsfolgen im Einzelnen zu vergleichen.

I. Rücktritt gem. §§ 434, 437 Nr.2, 326 V, 346 ff. BGB

Die fehlende Unfallfreiheit begründet einen Sachmangel und damit die Haftung gem. §§ 434, 437 BGB. Da der Mangel nicht behebbar ist, richtet sich der Rücktritt nicht direkt nach § 323 BGB, sondern nach § 326 V BGB, d.h. der Rücktritt ist ohne vorherige Fristsetzung denkbar. Rechtsfolge ist die Abwicklung nach den §§ 346 ff. BGB.

K kann Rückzahlung des Kaufpreises gem. § 346 I BGB verlangen. Er muss im Gegenzug grds. ebenfalls die empfangenen Leistungen zurückgewähren. Da ihm dies infolge der Zerstörung nicht möglich ist, muss er gem. § 346 II Nr. 3 BGB Wertersatz leisten. Diese Wertersatzpflicht ist auch nicht gem. **§ 346 III Nr.3 BGB** entfallen, da bei grob fahrlässigem Verhalten ein Berufen auf die eigenübliche Sorgfalt nicht möglich ist.

Da es sich um gleichartige Ansprüche handelt, könnten diese durch Aufrechnung zum Erlöschen gebracht werden.

II. §§ 123 I, 142 I, 812 ff. BGB

Ficht K den Vertrag hingegen gem. § 123 I BGB an, kann er gem. §§ 812, 818 I BGB Rückzahlung des Kaufpreises verlangen. Im Gegenzug wäre er grds. zwar zur Leistung von Wertersatz gem. § 818 II BGB für den zerstörten Wagen verpflichtet, könnte sich diesbezüglich aber auf Entreicherung gem. § 818 III berufen. Dieser Einwand steht K auch bei schuldhafter Zerstörung zur Verfügung, solange nicht wegen Bösgläubigkeit eine verschärfte Haftung eintritt, §§ 819 I, 818 IV, 292, 989, 990 BGB.

Hier greift indes die Saldotheorie: Der Wert der Entreicherung wird zum Abzugsposten beim Anspruch des Entreicherten. Bei der Anwendung der Saldotheorie ist jedoch nach Ansicht des BGH die Täuschung des V zu berücksichtigen: keine Saldotheorie zu Lasten des arglistig Getäuschten.

Im Vergleich der Rechtsfolgen erweist sich also das Anfechtungsrecht als die bessere Wahl für den K. Er kann den Kaufpreisanspruch ungekürzt herausverlangen, während er im Rücktrittsrecht der Wertersatzpflicht ausgesetzt wäre. Dieses Ergebnis stößt auf Bedenken.

Es kann nicht von der Art des gewählten Rückgewährsystems abhängen, ob der Käufer den kompletten Kaufpreis oder nur den um den Wert der untergegangenen Sache gekürzten Anspruch geltend machen kann. Daher ist eine Anwendung der Saldotheorie in diesem Fall angemessen.

**hemmer-Methode: Im Falle des unverschuldeten Untergangs bedürfte es dieser Korrektur nicht. Dann wäre nämlich auch nach Rücktrittsrecht kein Wertersatz zu leisten (§ 346 III Nr.3 BGB), so dass die Nichtanwendung der Saldotheorie zu vergleichbaren Ergebnissen führen würde.**

*Generelle Berücksichtigung des § 346 III Nr.3 BGB?*

Wie der Fall zeigt, scheint bei dem aufgezeigten Lösungsweg die Rechtslage beim Rücktrittsrecht entscheidend für die Frage zu sein, ob die Saldotheorie angewendet werden soll. Diese Wechselwirkung hat bereits zu der Forderung geführt, die Saldotheorie in diesem Bereich aufzugeben und einfach anhand der Wertung des § 346 III Nr.3 das Ergebnis im Bereicherungsrecht zu ermitteln.[438]

In der Tat spricht die vergleichbare Systematik der §§ 346 und 818 BGB für diesen Weg, da abgesehen vom Entfallen der Wertersatzpflicht eine vergleichbare Regelung der Rechtsfolgen erfolgt ist. Indes sollte hier insbesondere vor dem Hintergrund der alten Rechtsprechung des BGH zu vergleichbaren Fällen die höchstrichterliche Klärung des Problems abgewartet werden.

### 3. Modifizierte Zweikondiktionentheorie

*Versagen der Saldotheorie*

Die Saldotheorie ist ferner problematisch in denjenigen Fällen, in denen neben dem Bereicherungsanspruch auch noch dingliche Rückforderungsansprüche gegeben sind, sowie wenn eine Partei vorgeleistet hat. 503

**hemmer-Methode: Hat erst eine Partei geleistet, so gibt es nichts zu saldieren. Die Rückforderung des Vorleistenden könnte dann an § 818 III BGB scheitern, obwohl er durch die Vorleistung nur das Liquiditäts-, nicht aber das Verschlechterungsrisiko auf sich genommen hatte.**

*teleologische Reduktion des § 818 III BGB*

Die neuere Literatur vertritt deshalb die sog. modifizierte Zweikondiktionentheorie. Danach bestehen grundsätzlich zwei voneinander unabhängige Bereicherungsansprüche. Da jedoch der Gesetzgeber das Problem, dass § 818 III BGB auf die Rückabwicklung gegenseitiger Verträge nicht passt, übersehen hat, ist diese Vorschrift im Wege teleologischer Reduktion einzuschränken.

Ansatzpunkt für diese Vorgehensweise ist dann das System des § 346 II, III BGB (vgl. dazu noch einmal oben Rn. 502). Der Rückgewährschuldner ist aufgrund § 346 II BGB grds. nicht berechtigt, gegenüber Wertersatzansprüchen aus dem Rückgewährschuldverhältnis die Einrede der Entreicherung zu erheben. Gemäß § 346 III S. 1 Nr. 2 BGB ist dies nur möglich, sofern der Gläubiger den Untergang zu vertreten hat. Im Umkehrschluss aus § 346 III BGB ergibt sich damit, dass diejenige Vertragspartei, die den Untergang der von ihr empfangenen Leistung zu vertreten hat[439], nicht gemäß § 818 III BGB frei wird, sondern gemäß § 818 II BGB Wertersatz zu leisten hat.

**hemmer-Methode: Die Zweikondiktionenlehre wird heute in ihrer strengen Form von niemandem mehr vertreten.**
**In ihrer modifizierten Form unterscheidet sie sich von der Saldotheorie regelmäßig nur dadurch, dass die beiden Bereicherungsansprüche nicht automatisch, sondern nur über §§ 273, 389 BGB miteinander verknüpft sind.**
**Sie hat nicht nur den Vorzug größerer Gesetzesnähe und methodisch einwandfreier Ableitung, sondern vermag auch – anders als die Saldotheorie – die Vorleistungsfälle und die Fälle gleichzeitiger dinglicher Rückforderung systemgerecht zu lösen.**

438 Freund/Stölting, ZGS 2002, 182 ff.; zögernd Medicus, BR, Rn. 227.

439 Wobei allerdings vertretbar ist, das Haftungsprivileg des § 346 III Nr. 3 BGB entsprechend heranzuziehen.

## E. Haftungsverschärfung[440]

*§§ 818 IV, 819 BGB*

Über § 818 IV BGB bzw. (häufiger) über § 819 i.V.m. § 818 IV BGB kann trotz Entreicherung ein Bereicherungsanspruch möglich sein. Der Bereicherungsschuldner kann sich in diesen Fällen „nicht auf die Entreicherung berufen“. 504

### I. Voraussetzungen des § 818 IV BGB

*§ 818 IV BGB direkt ist wenig relevant*

Wenig klausurrelevant ist die unmittelbare Anwendung des § 818 IV BGB. Ob Rechtshängigkeit vorliegt, richtet sich nach §§ 253 I, 261 I ZPO: Zustellung der Klageschrift bzw. Zustellung eines Mahnbescheides (§ 696 III ZPO). § 167 ZPO gilt hier nicht, auch nicht analog. 505

### II. Voraussetzungen des § 819 BGB

#### 1. Anwendungsbereich

*§ 819 BGB gilt grds. für alle Bereicherungsansprüche*

§ 819 BGB gilt für alle Bereicherungsansprüche. Auf die Haftung aus anderen Anspruchsgrundlagen, die daneben bestehen, hat die Vorschrift keinen Einfluss. 506

#### 2. Positive Rechtsfolgenkenntnis

*positive Kenntnis notwendig bzgl. Tatsachen und Rechtsfolge*

§ 819 I BGB erfordert positive Kenntnis und zwar nicht nur der Tatsachen, sondern auch hinsichtlich der Rechtsfolgen. Entscheidend ist, ob ein objektiv Denkender vom Rechtsmangel überzeugt sein würde.[441] Auch Kenntnis der Anfechtbarkeit genügt wegen § 142 II BGB. 507

*ausreichend: Parallelwertung in der Laiensphäre*

Für diese Kenntnis der Rechtsfolgen ist natürlich auch hier keine juristische Subsumtion nötig. Vielmehr genügt wiederum eine Art „Parallelwertung in der Laiensphäre“: Wenn nur überhaupt bekannt ist, dass eine irgendwie geartete Rückgabeverpflichtung besteht, dann reicht das für diese Kenntnis.

*bei sittenwidrigem Darlehen greift § 819 I BGB bezüglich Darlehensbetrag ein*

Auch im Falle der Gewährung eines sittenwidrigen Darlehens weiß der Empfänger nach der Rechtsprechung des BGH, dass er den *Kapitalbetrag* einmal zurückzahlen muss, auch wenn er den Nichtigkeitsgrund (§ 138 BGB) nicht kannte. Hier greift bezüglich des Kapitalbetrages also weder die Rückforderungssperre des § 817 S. 2 BGB ein,[442] noch kann sich der Bereicherungsschuldner wegen §§ 819 I, 276 BGB (Beschaffungsrisiko) auf Entreicherung nach § 818 III BGB berufen.[443] 507a

*anders bei Geschäftsunfähigkeit des Darlehensnehmers*

Etwas anderes gilt allerdings, wenn die Nichtigkeit des Darlehens nicht auf der Sittenwidrigkeit des Vertrages, sondern auf der Geschäftsunfähigkeit des Darlehensnehmers beruht. Hier kann von einem Bewusstsein des Empfängers, dass er das Darlehenskapital auf alle Fälle zurückzahlen muss, nicht ohne weiteres ausgegangen werden. Hier greifen die in den Rn. 509 ff. dargestellten Grundsätze ein, so dass i.R.d. hier einschlägigen Leistungskondiktion bei § 819 I BGB auf die Kenntnis des gesetzlichen Vertreters abzustellen ist.[444]

---

440 Vgl. vertiefend den Folgeaufsatz von Tyroller, „Die verschärfte Haftung des Bereicherungsschuldners“, Life&Law 2007, 135 ff.; 278 ff. sowie 346 ff.

441 Palandt, § 819, Rn. 3.

442 Vgl. oben Rn. 452.

443 Palandt, § 819, Rn. 3 und § 817 Rn. 23. Etwas anderes gilt nur dann, wenn die Zweckverfolgung bei einem sittenwidrigen Darlehen von vornherein mit einem dem Darlehensgeber bekannten Risiko verbunden war, dieses Risiko sich verwirklicht hat und der Darlehensnehmer deswegen nicht mehr bereichert ist, z.B. bei einem Spieldarlehen, wenn der Darlehensnehmer die Darlehenssumme verspielt hat, vgl. BGH, NJW 1995, 1152.

444 KG, NJW 1998, 2911.

## 3. Zeitpunkt

*maßgebl. Zeitpunkt*

Maßgebender Zeitpunkt für den Eintritt der Haftungsverschärfung ist der Zeitpunkt der Kenntniserlangung. War diese von vornherein gegeben, gilt die verschärfte Haftung ab dem Zeitpunkt der Vermögensverschiebung. 508

## 4. Verschärfte Haftung bei Minderjährigen

*Problem: Kenntnis beim Minderjährigen*

Problematisch ist, auf wessen Kenntnis es bei Minderjährigen ankommt. Die wohl h.M.[445] differenziert: 509

## a) Leistungskondiktion

*bei LK ⇨ Kenntnis der Eltern maßgebl.*

Bei der Leistungskondiktion tritt nur dann die verschärfte Haftung ein, wenn die Eltern als gesetzliche Vertreter die positive Kenntnis i.d.S. hatten, § 166 I BGB. Der vorrangige Gesichtspunkt des Minderjährigenschutzes verbietet es wegen der Rechtsgeschäftsähnlichkeit der Leistungskondiktion, auf den Minderjährigen selbst abzustellen.

> **Bsp.:** *Ein Minderjähriger hat einen Kaufvertrag über ein Moped geschlossen und einen Teil des Kaufpreises angezahlt. Er erkennt die Unwirksamkeit. Noch vor Rückgabe des Mopeds wird dieses durch Fahrlässigkeit des M zerstört. Die Eltern hatten von all dem keine Kenntnis.* 510
>
> Stellt man auf die Kenntnis des Minderjährigen ab, so würde er verschärft haften. Er könnte sich wegen §§ 819 I, 818 IV, 292 I, 989 BGB nicht auf den Wegfall der Bereicherung gemäß § 818 III BGB berufen, so dass seine eigene Verpflichtung nicht entfallen wäre.
>
> Obwohl die Eltern nicht mitwirkten, wäre also über § 819 I BGB genau das Ergebnis erreicht, das die §§ 106 ff. BGB eigentlich verhindern wollen!
>
> Daher darf § 819 I BGB nur dann angewendet werden, wenn (auch) die Eltern diese positive Kenntnis hatten.

## b) Eingriffskondiktion

*bei EK ⇨ §§ 827-829 BGB bzgl. Minderjährigen*

Bei der Eingriffskondiktion wird nach h.M. wegen der mit dem Deliktsrecht vergleichbaren Interessenlage auf den Rechtsgedanken der §§ 827 bis 829 BGB zurückgegriffen. Bei entsprechender Einsichtsfähigkeit des Minderjährigen reicht hier also seine eigene Kenntnis von der Rechtsgrundlosigkeit.

> **Bsp.:** *Der 17-jährige M erschleicht sich einen Flug in die USA bei der Lufthansa. Die Lufthansa verlangt von M Ersatz des Wertes des Fluges nach §§ 812 I S. 1, 2.Alt., 818 II BGB.* 511

*e.A.: bei EK auf Minderjährigen abstellen*

> Hier kommt nur dann eine Haftung des Minderjährigen in Betracht, wenn man bei der verschärften Haftung auf den Minderjährigen abstellt. Bei einem 17jährigen ist im Regelfall davon auszugehen, dass er die erforderliche Einsichtsfähigkeit hatte.

*a.A.: Schutz geht vor, Eltern maßgeblich*

> Eine andere Ansicht will auch hier die Schutzwürdigkeit des Minderjährigen vorgehen lassen und die §§ 106 ff. BGB entsprechend anwenden.

*überzeugend: Deliktsähnlichkeit nur bei Schaden*

> Ein differenzierender Ansatz erscheint überzeugend zu sein: Die Wertungen des Deliktsrechts dürften nicht ohne Weiteres übertragen werden. Der Minderjährige sei im Bereicherungsrecht schutzwürdiger. Denn im Unterschied zum Deliktsrecht müsse er hier auch dann zahlen, wenn dem Berechtigten kein Schaden entstanden sei, da die §§ 812 ff. BGB einen solchen nicht erfordern.

---

445 Vgl. Palandt, § 819, Rn. 6.; vgl. umfassend auch Tyroller, Life&Law 2006, 346 ff.

Daher soll nach dieser Ansicht nur dann auf die Einsichtsfähigkeit des Minderjährigen abgestellt werden, wenn auch ein Schaden entstanden ist.[446] Daran fehlt es im Flugreisefall. Also ist auf die Eltern abzustellen.

Diskutiert wird die Problematik v.a. in den Fällen jugendlicher „Schwarzfahrer“.[447]

Ergebnis: Nach überzeugender Ansicht wäre der Anspruch daher nicht gegeben.

## 5. Vertretergeschäfte

*bewusste Überschreitung der Vertretungsmacht*

Interessant sind noch die Fälle, in denen ein Vertreter bei Vertragsschluss seine Vertretungsmacht bewusst überschreitet und den erlangten Geldbetrag später veruntreut. 512

**a)** Unproblematisch ist der Fall, dass schon die Vertretungsmacht für die Entgegennahme der Leistung fehlt. Dann hat der Vertretene gar nichts erlangt.

*unproblematisch: fehlende Vertretungsmacht für Entgegennahme*

**Bsp.:** *Ein längst ausgeschiedener Prokurist, dessen Ausscheiden auch im Handelsregister steht, nimmt für seinen bisherigen Arbeitgeber X-OHG ein Darlehen auf und lässt es sich gleich auszahlen. Hier scheidet ein Anspruch gegen die X-OHG, da kein Rechtsscheintatbestand vorliegt, schon deshalb aus, weil diese nichts erlangt hat.* 513

**b)** Problematisch ist der Fall, in dem der Mangel der Vertretungsmacht sich nicht auf die Entgegennahme der Darlehensvaluta bezieht.

*problematisch: Mangel der Vertretungsmacht bezieht sich nicht auf Entgegennahme*

**Bsp.:** *In der X-OHG besteht Gesamtvertretungsmacht gemäß § 125 II HGB. Gesellschafter A nimmt alleine ein Darlehen auf und vereinbart, dass der Betrag auf ein Konto der X-OHG gutgeschrieben werden soll. Später hebt er den Betrag ab und verbraucht ihn für private Zwecke. Der Darlehensgeber B verlangt wegen Vermögenslosigkeit des A Zahlung von der X-OHG, die sich weigert.* 514

**aa)** Hier scheidet zunächst ein Anspruch aus § 488 BGB aus, da der Darlehensvertrag mangels Vertretungsmacht nicht wirksam ist. In der Zahlungsverweigerung liegt die Verweigerung der Genehmigung, §§ 177 I BGB, 125 II HGB.

**bb)** Zu prüfen ist § 812 I S. 1, 1.Alt. BGB, dessen Tatbestand grundsätzlich erfüllt ist: Da die OHG Kontoinhaber ist (vgl. § 124 I HGB), hat sie ein Schuldversprechen aus der Gutschrift gemäß § 780 BGB gegen die B erlangt,[448] und zwar durch Leistung. Der Darlehensvertrag als Rechtsgrund ist unwirksam.

Nach § 818 II BGB wird Wertersatz geschuldet. Es käme jedoch Entreicherung nach § 818 III BGB in Frage: Im Abheben des Betrages durch A könnte für die Gesellschaft die Entreicherung liegen, wenn Ansprüche gegen diesen etwa wegen Vermögenslosigkeit nicht durchsetzbar sind.

**cc)** Fraglich ist, ob dies wegen §§ 819 I, 818 IV BGB ausgeschlossen ist.

Der BGH wendet i.R.d. § 819 I BGB § 166 I BGB an,[449] so dass ein Anspruch gegen die OHG vorliegend gegeben wäre.

*Canaris* tritt dem entgegen, weil anderenfalls die Einschränkungen der Vertretungsmacht auf dem Umweg über das Bereicherungsrecht praktisch gegenstandslos gemacht würden.[450]

446 So völlig überzeugend AG Kerpen, Life&Law 2007, 73 ff.

447 Vgl. Harder, NJW 1990,857.

448 Vgl. oben Rn. 88.

449 Erstmals BGH, NJW 1980, 115: Vgl. zu dieser Frage aber auch noch ausführlich unter Rn. 518.

450 JuS 1980,335.

Es geht um eine Haftung aus Leistungskondiktion, die weniger einer unerlaubten Handlung ähnelt, als vielmehr dem Vertragsrecht. Also müssen auch die Wertungen des Vertragsrechts gelten, und das ist hier die Beschränkung der Vertretungsmacht. Daran ändert die Tatsache nichts, dass der BGH einen Anspruch gegen die OHG über §§ 31, 823 II BGB, 263 StGB zulässt, da dieser nichts mit Vertragsrecht zu tun hat.

Ergebnis: Nach der Auffassung des BGH besteht ein Anspruch aus Bereicherungsrecht gegen die OHG. Nach a.A. kommen allenfalls Ansprüche aus den §§ 31, 823 II BGB, 263 StGB in Betracht.

## III. Rechtsfolgen der verschärften Haftung

*Rechtsfolgen von § 818 IV BGB*

§ 818 IV BGB ist eine schwierige Vorschrift, weil allein auf die „allgemeinen Vorschriften" verwiesen wird. Das sind vor allem die Regelungen des allgemeinen Schuldrechtes wie §§ 291 ff. BGB mit ihren weiteren Verweisungen. 515

*§§ 292, 989 BGB*

**1.** Damit sind jedenfalls alle Vorschriften gemeint, deren Tatbestand die Rechtshängigkeit voraussetzt, insbesondere §§ 291, 292 BGB.

Wichtig ist die Paragraphenkette der §§ 819 I, 818 IV, 292 I, 989 BGB.[451] Es sind dann jeweils die Voraussetzungen dieser Vorschriften zu prüfen. Ergibt sich hiernach, dass etwa die Voraussetzungen des Schadensersatzanspruches gem. § 989 BGB fehlen, dann ist auch die Berufung auf den Wegfall der Bereicherung möglich.

*Zufallshaftung, § 287 I S. 2 BGB*

Hierbei ist aber zu berücksichtigen, dass nach e.A. auch für Zufall gehaftet wird. Dies wird mit der Fiktion des § 286 I S. 2 BGB begründet. Da § 819 I BGB Bezug auf § 818 IV BGB nimmt, wäre demnach die Bösgläubigkeit ausreichend, um die verschärfte Haftung stets zu bejahen.

*Gläubigerverzug*

Hier können jedoch die Vorschriften über den Gläubigerverzug (§§ 293 ff. BGB) dann doch wieder zu einer Haftungserleichterung gem. § 300 BGB und zum Wegfall der Bereicherung führen.

***Bsp.:*** *A kennt die Unwirksamkeit des Kaufvertrages und bietet dem B mehrmals ordnungsgemäß, und in Gläubigerverzug begründender Weise, die Rückabwicklung an. Diese scheitert aber einstweilen, weil B den Vertrag weiter für wirksam hält und auf Erfüllung besteht. Durch einen Blitzschlag wird die Sache zerstört.* 516

Hier war A bösgläubig i.S.d. § 819 I BGB, so dass die Haftung gemäß §§ 819 I, 818 IV, 292, 989 BGB eingreifen würde. Gemäß §§ 819 I, 818 IV, 286 I S. 2, IV, 287 S. 2 BGB würde A nach oben zitierter Ansicht auch für Zufall haften. Da jedoch B im Gläubigerverzug war, §§ 293 ff. BGB, haftet A gemäß § 300 I BGB nur für Vorsatz und grobe Fahrlässigkeit.

Folge: Trotz Bösgläubigkeit i.S.d. § 819 I BGB ist hier die Berufung auf den Wegfall der Bereicherung gemäß § 818 III BGB möglich!

Nach überzeugender Ansicht gilt die Rechtshängigkeitsfiktion des § 286 I S. 2 BGB nicht. Dies würde im praktischen Ergebnis immer zu einer Zufallshaftung führen, obwohl Sinn und Zweck der Verweisung auf die allgemeinen Vorschriften es ja gerade ist, i.R.d. § 989 zu differenzieren, ob Verschulden vorliegt oder nicht. Letztlich hätte der Gesetzgeber dann im § 818 IV BGB formulieren können: „Ab Rechtshängigkeit gilt Abs. 3 nicht". Das hat er aber nicht getan. Er macht die Haftung von den allgemeinen Vorschriften abhängig. Und nach den allgemeinen Vorschriften haftet man eben grundsätzlich nur verschuldensabhängig, vgl. § 989 BGB.

451 Dabei erfasst die verschärfte Haftung nach § 989 BGB sodann auch entgangenen Gewinn, BGH, Life&Law 2014, 726 ff.

Zudem gibt es einen allgemeinen Rechtssatz, nachdem man sich in Verzug befindet, wenn man die fällige Schuld kennt, gerade nicht.[452]

*auch § 285 BGB*

**2.** Die Verweisung des § 818 IV BGB erfasst richtigerweise auch die Surrogationsvorschrift des § 285 BGB. Dies hat die Konsequenz, dass hier auch die rechtsgeschäftlichen Surrogate herauszugeben sind. Bei § 818 I BGB wäre das – wie oben gesehen – nicht der Fall. § 818 I BGB ist eine Sonderregelung, die den § 285 BGB grundsätzlich ausschließt.[453] *517*

Es besteht nun aber kein Grund, auch dem verklagten und dem bösgläubigen Bereicherungsschuldner das Privileg, nach § 818 II BGB nur den objektiven Wert, nicht aber das commodum ex negotiatione herausgeben zu müssen, zu gewähren.[454]

**hemmer-Methode: Dadurch findet eine Haftungserweiterung gegenüber §§ 292, 989 BGB statt, da nach diesen Vorschriften nur der objektive Wert des Bereicherungsgegenstandes zu ersetzen ist.**

***Bsp.:*** *V verkauft an K einen Lkw zum Preis von 12.000 €. Der Kaufvertrag ist allerdings unwirksam, die Übereignung wirksam. Der Lkw hatte einen objektiven Wert von 10.000 €. K erfährt nun von der Unwirksamkeit des Kaufvertrages und davon, dass der V den LKW nun doch zurückhaben will. Dennoch veräußert er ihn an den D, wobei er auf Grund seines Verhandlungsgeschickes einen Preis von 13.000 € erzielt.* *518*

*V verlangt von K nun Herausgabe von 13.000 €.*

**a)** Der V hatte hier einen Anspruch aus § 812 I S. 1, 1.Alt. BGB auf Rückübereignung und Rückgabe des Lkw. K hatte einen Anspruch aus § 812 I S. 1, 1.Alt. BGB auf Rückgabe der 12.000 €.

**b)** Hätte der K den Lkw ohne Kenntnis von der Unwirksamkeit des Kaufvertrages an den D veräußert, wären einzig § 818 I und II BGB zum Zuge gekommen: Da das rechtsgeschäftliche Surrogat von § 818 I BGB nicht erfasst ist, hätte er den Wert ersetzen müssen, also 10.000 €.

**c)** Hier allerdings greift wegen seiner positiven Kenntnis § 819 i.V.m. § 818 IV BGB ein. Wendet man nun den § 285 BGB i.R.d. § 818 IV BGB an, dann hat dies zur Konsequenz, dass der K das rechtsgeschäftliche Surrogat herausgeben muss, das hier der von D gezahlte Kaufpreis von 13.000 € ist! Wie bei § 816 BGB kommt dann also auch hier die besondere Geschicklichkeit des (bösgläubigen) Bereicherten K dem Bereicherungsgläubiger V zugute.

**d)** Begründung des BGH: Die Anwendbarkeit des § 285 BGB sei nur folgerichtig, da auch § 285 BGB zu den allgemeinen Vorschriften gehöre, auf die der § 818 IV BGB verweise. Dem stehe nicht entgegen, dass § 818 IV BGB eindeutig auch auf § 292 BGB verweist und der wiederum auf die §§ 987 ff. BGB. Da es dort nur um Schadensersatz, Nutzungsersatz und Verwendungsersatz gehe, spreche nichts dafür, dass hiermit der § 285 BGB ausgeschlossen sein sollte. Dies ergebe sich auch nicht daraus, dass nach h.M. § 285 BGB auf den Anspruch aus § 985 BGB wegen Vorrangs der §§ 987 ff. BGB keine Anwendung findet.

Dass dieses Ergebnis sach- und interessengerecht sei, begründet der BGH mit einem Wertungsvergleich:

Wäre der K nicht Eigentümer des Lasters geworden (also die Übereignung ebenfalls unwirksam gewesen), dann wäre in diesem Fall § 687 II i.V.m. §§ 681, 667 BGB anwendbar gewesen. Denn er hätte dann ein Geschäft des wirklichen Eigentümers geführt, somit also ein objektiv fremdes Geschäft. Dieser Anspruch wäre auf Herausgabe des Erlangten gegangen, so dass hier 13.000 € herauszugeben gewesen wären. Daneben hätte auch § 816 I BGB vorgelegen.

452 Larenz/Canaris, SchuldR II/2, § 73.

453 Vgl. oben Rn. 465, 468.

454 BGHZ 75,203; Larenz/Canaris, SchuldR II/2, § 73.

Im vorliegenden Fall ist § 687 II BGB nicht anwendbar, weil der K Eigentümer geworden war und er deswegen kein objektiv fremdes Geschäft geführt hat. Der Eigentümer einer Sache führt kein fremdes Geschäft, selbst wenn er schuldrechtlich zur Herausgabe dieser Sache verpflichtet ist.[455] Auch § 816 I BGB entfällt, da er als Berechtigter verfügt hat.

Nach BGH ist aber kein Grund ersichtlich, warum der Bereicherungsschuldner hier weniger scharf haften soll, als wenn er nach § 687 II BGB herauszugeben hätte. Letztlich sei entscheidend, dass er weiß, dass er den Gegenstand nicht behalten darf.

Das unredliche Verhalten der Schuldner sei in beiden Fällen auf das gleiche Ziel gerichtet, nämlich sich statt dem Gläubiger die Vorteile aus der Weiterveräußerung zu verschaffen.

Für den Gläubiger mache es letztlich keinen Unterschied, ob er schon Eigentümer der herauszugebenden Sache war oder mit der Herausgabe erst bzw. wieder werden sollte. Die Interessenlage sei gleich, da ihm in beiden Fällen die Substanz des Gegenstandes entgeht.

Nach BGH wären also gemäß §§ 812 I S. 1, 1.Alt., 818 IV, 819 I, 285 BGB die 13.000 € als rechtsgeschäftliches Surrogat herauszugeben.

**3.** Verwendungen auf den Bereicherungsgegenstand sind nach Eintritt der verschärften Haftung nur noch in dem durch §§ 292, 994 II, 683 f. BGB vorgegebenen Umfang zu berücksichtigen. 519

*strittig: § 276 BGB bzgl. Beschaffungsrisiko*

**4.** Umstritten ist, ob auch § 276 BGB im Hinblick auf das dort geregelte Beschaffungsrisiko von der Verweisung erfasst ist, und welche Bedeutung dies bei reinen Geldansprüchen hat.[456] Hier ist problematisch, ob der Gedanke des Beschaffungsrisikos bei Geldschulden i.R.d. Bereicherungsrechts greift.[457] 520

Nach BGH soll auch § 276 BGB von der Verweisung erfasst sein; wobei dieser nach BGH wiederum auch reine Geldansprüche umfasst. Folge: Haftung für Unmöglichkeit der Herausgabe auch ohne Verschulden (Zufallshaftung).

***Bsp.:***[458] *Die Bank B hatte mit der F einen Darlehensvertrag geschlossen, der allerdings aufgrund des hohen Zinssatzes gem. § 138 BGB sittenwidrig war. Dabei war die F im eigenen Namen und im Namen ihres Ehegatten M aufgetreten, obwohl ihr dieser keine entsprechende Vollmacht erteilt hatte. Den Darlehensbetrag hatte die Bank B auf das Konto des M überwiesen, für welches die F Kontovollmacht hatte, und um das sich M auch nicht kümmerte. F hob den Betrag sofort ab und verbrauchte ihn. Nun will die B den Betrag von M zurück, der von all dem überhaupt nichts wusste.*

**a)** Ein Anspruch aus § 488 I S. 2 BGB gegen den M ist nicht gegeben, weil die F falsus procurator war. Sie hatte keine rechtsgeschäftliche Vollmacht und § 1357 BGB erfasste dieses Darlehen nicht.

**b)** Fraglich ist, ob ein Bereicherungsanspruch der Bank B gegen M aus § 812 I S. 1, 1.Alt. BGB besteht. Der BGH bejahte diesen Tatbestand, da M „etwas erlangt" habe, als der Betrag kurzfristig auf seinem Konto lag. Mit dem Abheben durch F war Entreicherung gemäß § 818 III BGB eingetreten.

*BGH: § 166 BGB analog*

Der BGH wandte jedoch § 819 I BGB an: Der Beklagte war zwar über die Darlehensaufnahme durch seine Ehefrau nicht unterrichtet. Eine verschärfte Haftung nach § 819 I BGB aufgrund *eigener* Kenntnis des M ist daher nicht eingetreten. Haftungsverschärfende Kenntnis hatte jedoch die F.

455 BGH a.a.O.

456 Vgl. BGHZ 83, 293 und Häsemeyer, JuS 1984, 176.

457 Kritisch zur Haftung des Bereicherungs*geld*schuldners Medicus, JuS 1993, 705 ff.

458 Nach BGHZ 83, 293 = BGH, NJW 1982, 1585.

Zwar mag sie nicht gewusst haben, dass der von ihr abgeschlossene Darlehensvertrag wegen Sittenwidrigkeit unwirksam war und das Darlehen daher ohne Rechtsgrund auf das Konto des M überwiesen worden war. Ihr war aber bekannt, dass sie den Darlehensbetrag nicht dauernd behalten durfte. Diese Kenntnis reicht nach der Rechtsprechung des BGH für die Anwendung des § 819 I BGB aus.[459]

M muss sich die Kenntnis der F auch zurechnen lassen. Die Vorschrift des § 166 BGB findet i.R.d. § 819 I BGB zumindest entsprechende Anwendung. Aufgrund des dieser Vorschrift zu entnehmenden allgemeinen Rechtsgedankens muss sich – unabhängig von einem Vertretungsverhältnis – derjenige, der einen anderen mit der Erledigung bestimmter Angelegenheiten in eigener Verantwortung betraut, das in diesem Rahmen erlangte Wissen des anderen zurechnen lassen.

Diese Voraussetzungen sind im vorliegenden Fall gegeben. M hatte der F nicht nur Kontovollmacht und damit Verfügungsbefugnis über das jeweilige Kontoguthaben eingeräumt. Er hatte sich vielmehr um die Kontobewegungen überhaupt nicht gekümmert, sondern sämtliche Geldgeschäfte vollständig der F überlassen. F hatte also eine tatsächlich ähnliche Stellung wie eine Vertreterin, so dass § 166 BGB zumindest entsprechende Anwendung findet.

Damit kam der BGH über § 818 IV BGB in die Prüfung der allgemeinen Vorschriften: Eine Herausgabepflicht nach diesen Vorschriften trifft den M nach BGH zwar nicht, weil die F bei Abhebung und Verbrauch des Geldes nicht als Erfüllungsgehilfin (§ 278 BGB) des M tätig geworden ist, dieser daher die Unmöglichkeit der Herausgabe auch nicht zu vertreten hat. M hatte die F nämlich nicht ermächtigt, ohne sein Wissen aus dem alltäglichen Rahmen fallende Geschäfte wie Abschluss oder Abwicklung von Darlehensverträgen durchzuführen.

Dem Umstand, dass er der M Kontovollmacht eingeräumt hatte, kann nicht entnommen werden, dass er alle Geldgeschäfte seiner Ehefrau billigen würde.

Allerdings gab er dann dem Anspruch statt, weil sich dies über §§ 819, 818 IV, 276 BGB ergebe.

Auch § 276 BGB sei von der Verweisung des § 818 IV BGB erfasst. Könnte § 276 BGB nicht über § 818 IV BGB herangezogen werden, wäre der verschärft haftende Bereicherungsschuldner gegenüber dem nach allgemeinen schuldrechtlichen Grundsätzen haftenden Schuldner bevorzugt. Eine solche Besserstellung des verschärft haftenden Bereicherungsschuldners sei jedoch nicht gerechtfertigt.

Nach § 276 BGB habe M für seine finanzielle Leistungsfähigkeit einzustehen, da unter Beschaffungsrisiko i.S. dieser Vorschrift auch Geldschulden zu verstehen seien. Daher käme es auf ein Verschulden des M an der Unmöglichkeit der Herausgabe gar nicht an.

Ergebnis: Nach BGH war der Bereicherungsanspruch der B gegen M vollumfänglich begründet.

*a.A. Literatur*

**c)** Die Literatur hat sich mit diesem Fall sehr kritisch auseinandergesetzt. Attackiert werden schon die Aussagen des BGH zur entsprechenden Anwendung des § 166 I BGB bei der Kontovollmacht: § 166 I BGB könne nicht angewendet werden, wenn der vermeintliche Vertreter seine Vertretungsmacht überschreite.

Die Wertung der §§ 177 I, 179 BGB müsse dann dem § 166 I BGB analog vorgehen.[460]

459 Vgl. oben Rn. 507a.

460 Vgl. oben Rn. 514 sowie Wilhelm, AcP 183 (1983), 1.

*nicht Gattungs-, sondern Wertsummenschuld*

Kritisiert wird vor allem aber auch die verschuldensunabhängige Haftung bei Geldschulden. Bei Geldschulden gelte nicht § 276 BGB, sondern der allgemeine – unserer Rechtsordnung immanente – Satz, dass jeder für seine finanzielle Leistungsfähigkeit einzustehen habe. Dieser Satz aber habe mit der Frage, ob jemand über § 819 BGB bereicherungsrechtlich haften müsse, gar nichts zu tun.[461]

*Geldwert-/Geldherausgabeschulden*

Entscheidendes Argument gegen die Auffassung des BGH ist, dass auch bei grundsätzlicher Bejahung der Anwendbarkeit des § 276 BGB auf Geldschulden die Voraussetzungen dieser Vorschrift nicht vorliegen. Eine verschuldensunabhängige Haftung für die eigene Zahlungsfähigkeit analog § 276 BGB („Geld muss man haben") kann nämlich nur für *echte Geldschulden* (Geld*wert*schulden), nicht dagegen für *unechte Geldschulden* (Geld*herausgabe*schulden) gelten. Sind bestimmte Geldzeichen herauszugeben, so liegt keine Wertsummenschuld, sondern eine Stückschuld vor, bei ihrem Untergang greift § 275 BGB ein, mit der Folge, dass Entreicherung gemäß § 818 III BGB eintritt.[462]

**hemmer-Methode: Das eigentliche Problem liegt nun darin, dass das Erlangte hier ein abstraktes Schuldversprechen der kontoführenden Bank ist, §§ 780, 781 BGB.[463] Da dieses als solches nicht herausgegeben werden kann, wandelt es sich genau genommen gem. § 818 II BGB in einen Geld*wert*anspruch um. Dennoch ist hier im Ergebnis von einer Geld*herausgabe*schuld auszugehen, weil es um den Verlust genau desjenigen individualisierbaren Betrags geht, welcher an die Stelle des erlangten Schuldversprechens getreten ist. Andernfalls würde das Ergebnis nämlich davon abhängen, ob (zufällig) Bargeld oder Buchgeld erlangt wurde; bei der Erlangung von Bargeld müsste man möglicherweise sogar noch weiter differenzieren, ob die erlangten Geldzeichen noch vorhanden sind, oder ob nach § 818 II BGB ihr Wert zu ersetzen ist! Solche Zufälle dürfen bei einem wertungsmäßig gleichen Sachverhalt aber nicht zu unterschiedlichen Ergebnissen führen.**

*entscheidend: Kontovollmacht*

Der Rechtsprechung des BGH folgt auch das OLG Köln:[464] Wer sein Girokonto einem Dritten zum alleinigen Gebrauch für die Abwicklung ausschließlich eigener Geldgeschäfte unter Erteilung einer Kontovollmacht überlässt, muss sich i.R.d. § 819 I BGB das Wissen des Verfügenden über rechtsgrundlose Eingänge auf dem Konto (z.B. zu Unrecht veranlasste Überweisungen) entsprechend § 166 BGB zurechnen lassen und kann sich wegen § 819 I i.V.m. § 276 BGB nicht auf den Wegfall der Bereicherung berufen, wenn der Verfügende alle Eingänge auf dem Konto veruntreut hat.

## IV. Verschärfte Haftung nach § 820 BGB

### 1. Anwendungsbereich

*§ 820 BGB bzgl. Zweckkondiktion Sonderregelung*

§ 820 BGB enthält eine – selten anwendbare – Sonderregelung gegenüber § 819, 818 IV BGB. Sie gilt schon nach ihrem Wortlaut nur für die Zweckkondiktion gemäß § 812 I S. 2, 2.Alt. BGB und die Kondiktion gemäß § 812 I S. 2, 1.Alt. BGB. 521

Die Haftungsverschärfung ist dadurch gerechtfertigt, dass der Empfänger in den beschriebenen Fällen von vornherein mit seiner Herausgabepflicht rechnen musste.

461 Vgl. Häsemeyer, JuS 1984, 176 ff.; Medicus, AcP 188 (1988), 489.

462 Vgl. Medicus, JuS 1983, 897 ff.; Wilhelm, AcP 183 (1983), 1, 13.

463 Vgl. oben Rn. 88.

464 OLG Köln, NJW 1998, 2909.

## 2. Begriff der Ungewissheit

*Ungewissheit: bei Abschluss obj. + subj.*

**a)** Ungewissheit wird in doppelter Hinsicht vorausgesetzt.[465] Der Erfolgseintritt muss bei Abschluss des Rechtsgeschäftes objektiv ungewiss gewesen sein bzw. der Wegfall des rechtlichen Grundes muss objektiv als möglich erschienen sein. Zusätzlich müssen die Parteien subjektiv von diesen Umständen ausgegangen sein. 522

Diese Voraussetzungen liegen also nicht vor, wenn die Parteien den Erfolgseintritt für sicher oder den Wegfall des Rechtsgrundes für ganz unwahrscheinlich gehalten haben.

*keine Umstände außerhalb des Rechtsgeschäfts*

**b)** Die Ungewissheit muss sich aus dem Inhalt des Rechtsgeschäftes selbst ergeben. Außerhalb des Vertrags liegende Umstände können hierfür nicht maßgeblich sein.[466] 523

*Ungewissheit für beide Teile*

**c)** Die Ungewissheit muss für beide Teile vorgelegen haben. 524

Hat nur der Leistende die Ungewissheit gekannt, dann greift schon § 815 BGB ein, so dass schon kein Anspruch besteht, auf den § 820 BGB angewendet werden könnte. Hat allein der Empfänger diese Kenntnis, dann greift § 819 BGB ein.[467]

> ***Bsp.:***[468] *Der beschränkt geschäftsfähige A hat mit B einen Vertrag geschlossen. Beide hoffen auf Genehmigung durch den gesetzlichen Vertreter, gehen aber nicht völlig sicher davon aus. Dennoch werden schon einzelne Leistungen ausgetauscht.* 525

> ***Weiteres Bsp.:*** *§ 820 BGB kommt auch dann in Betracht, wenn der Vertrag noch einer behördlichen Genehmigung (z.B. baurechtliche Gründe) bedarf, die Erteilung der Genehmigung nicht als sicher angenommen wurde und die Beteiligten die Leistungen trotzdem erbracht haben.* 526

## 3. Rechtsfolgen des § 820 BGB

*Rechtsfolge § 820 BGB wie bei §§ 818 IV, 819 BGB*

Für die verschärfte Haftung nach § 820 BGB gilt grundsätzlich das Gleiche wie bei §§ 819 I, 818 IV BGB (siehe dort).

Allerdings ist die Haftung im Vergleich zu § 818 IV BGB in zweierlei Hinsicht eingeschränkt:

*aber nicht für Zinsen, § 820 II BGB*

**a)** Für Zinsen gilt hier nicht § 818 IV BGB i.V.m. §§ 291, 246 BGB, sondern § 820 II BGB. Danach tritt die Zinspflicht erst zu einem späteren Zeitpunkt ein. 527

*keine verschärfte Haftung wegen Verzugs*

**b)** Eine verschärfte Haftung wegen Verzugs gemäß §§ 819, 818 IV, 286 BGB kommt hier nicht in Betracht. Grund: Da der Leistende hier ja trotz der Ungewissheit mit dem Verbleib der Leistung beim Empfänger einverstanden gewesen sein muss, fehlt es am Verschulden gemäß §§ 286 IV, 276 BGB.[469] 528

---

465 Vgl. Palandt, § 820, Rn. 2.

466 Vgl. Palandt, § 820, Rn. 3.

467 Vgl. Palandt, § 820, Rn. 1.

468 Vgl. Palandt, § 820, Rn. 6.

469 Vgl. Palandt, § 820, Rn. 9.

## § 10 VERJÄHRUNG

*Verjährung: § 195 BGB*

Für die Verjährung gilt mangels spezialgesetzlicher Bestimmung grundsätzlich § 195 BGB, d.h. die Verjährung tritt nach 3 Jahren ab Ende des Jahres ein, in dem der Gläubiger Kenntnis i.S.d. § 199 I BGB erlangt hat bzw. aufgrund grober Fahrlässigkeit nicht erkannt hat. 529

Zahlt der Mieter aufgrund unwirksamer Klausel eine zu hohe Kaution, beginnt die Verjährungsfrist daher nicht erst abhängig von der juristischen Aufklärung darüber, dass die Zahlung nicht geschuldet war. Der Anspruch auf Rückzahlung ist auch unabhängig von der Beendigung des Mietverhältnisses. Der Bereicherungsanspruch verjährt in drei Jahren ab Ende des Jahres, in welchem die Überzahlung erfolgt ist.[470]

Im Übrigen wird im Bereicherungsrecht allerdings häufig diese Kenntnis, insbesondere die von der Rechtsgrundlosigkeit, fehlen, so dass der zehnjährigen Höchstfrist nach § 199 IV BGB besondere Bedeutung zukommen wird.

## § 11 BEREICHERUNGSEINREDE

*Einrede der Bereicherung, § 821 BGB*

Die Bereicherungseinrede ist in § 821 BGB angesprochen. Streitig ist aber, ob § 821 BGB auch bereits vor Verjährung Grundlage der Einrede ist. 533

*e.A.: vor Verjährungseintritt dolo facit*

**A.** Eine Auffassung meint, vor Verjährungseintritt gelte die „dolo-facit-Einrede" des § 242 BGB; § 821 BGB greife erst nach Verjährungseintritt. Eine Regelungslücke entsteht auf dieser Basis ebenfalls nicht, da ja § 242 BGB bleibt.

*h.M.: Spezialregelung ggü. § 242 BGB*

**B.** Die andere – wohl herrschende – Auffassung sieht § 821 BGB als allgemeine Regelung der Bereicherungseinrede an. Es handele sich um eine gegenüber § 242 BGB speziellere Vorschrift. Das ergebe sich bereits aus dem Wortlaut („auch dann").

**C.** In der Klausur ist allenfalls eine kurze Scheindiskussion nötig, da der Streit ohne praktische Folgen ist.

**hemmer-Methode: Bedeutung hat die Einrede nach § 821 BGB in Klausur deshalb, weil es sich um eine echte Einrede gegen den Primäranspruch handelt, die nicht von Amts wegen zu beachten ist. Häufig tritt § 821 BGB in Klausuren im Zusammenhang mit einem Schuldanerkenntnis auf. Wurde das Schuldanerkenntnis rechtsgrundlos abgegeben, vgl. auch § 812 II BGB, so gilt § 821 BGB: Die Erfüllung kann einredeweise verweigert werden. Da es sich um eine dauernde Einrede handelt, kann derjenige, der gleichwohl geleistet hat, nach § 813 BGB kondizieren. Die Bereicherungseinrede des § 821 BGB ist selbst Einrede im Sinne des § 813 BGB.** 534

470 BGH, Life&Law 2011, 709 ff.

## § 12 GESETZLICHE VERWEISUNGEN AUF DAS BEREICHERUNGSRECHT

### A. Grundsatz

Das BGB enthält in ganz unterschiedlichen Zusammenhängen eine Vielzahl von Regelungen, welche auf die „Vorschriften über die Herausgabe einer ungerechtfertigten Bereicherung“ Bezug nehmen.[471] 535

*Rechtsgrund- und Rechtsfolgenverweisungen*

Es stellt sich dann stets die Frage nach der Reichweite dieser Verweisung. Diese ist im Wege der Auslegung zu ermitteln. Herkömmlicherweise wird dabei zwischen Rechtsgrund-(Tatbestands-) und Rechtsfolgenverweisungen unterschieden.

*Rechtsgrundverweisung*

Liegt eine Rechtsgrundverweisung vor, so muss neben dem Tatbestand der Verweisungsnorm stets auch der gesamte Tatbestand einer Anspruchsgrundlage aus dem Bereich der §§ 812 - 822 BGB gegeben sein. Nur bei deren Vorliegen greifen die Herausgabe-, Rückerstattungs- und sonstigen Ausgleichspflichten, die in der Verweisungsnorm und in §§ 812 I, 818 - 820 BGB vorgesehen sind.

*Rechtsfolgenverweisung*

Bei einer Rechtsfolgenverweisung bildet die Verweisungsnorm selbst eine eigenständige Anspruchsgrundlage und enthält als solche alle Tatbestandsmerkmale, welche die Voraussetzungen der Herausgabepflicht bestimmen. Die Verweisung auf §§ 812 - 822 BGB umfasst aus dem Bereich dieser Normen nicht die anspruchsbegründenden Kondiktionstatbestände, sondern lediglich die dort geregelten Rechtsfolgen.

*Besserstellung des Herausgabepflichtigen*

Ihre hauptsächliche Bedeutung liegt in der Anwendbarkeit der §§ 818 - 820 BGB. Der Herausgabepflichtige soll insbesondere durch die Anwendbarkeit des § 818 III BGB bessergestellt werden, als er ansonsten stünde. 536

***Bsp.:*** *Bei der Entrichtung der Miete im Voraus für die Zeit nach Beendigung des Mietverhältnisses hat der Vermieter sie gemäß § 547 I S. 1 BGB zurückzuerstatten. Hat der Vermieter die Beendigung des Mietverhältnisses nicht zu vertreten, hat er das Erlangte gemäß § 547 I S. 2 nach den Vorschriften über die Herausgabe einer ungerechtfertigten Bereicherung zurückzuerstatten, d.h. dass sich der Vermieter in diesem Fall auf § 818 III BGB berufen kann ( § 547 I S. 2 BGB ist Rechtsfolgenverweisung).*

*Einen ähnlichen Mechanismus enthält 628 I S. 3 BGB..*[472]

*Probleme bei §§ 814, 815, 817 S. 2, 822 BGB*

Das Problem, ob eine Verweisungsnorm nur die Rechtsfolgen oder aber auch die Kondiktionstatbestände meint, stellt sich regelmäßig dann, wenn die Anwendbarkeit der kondiktionsausschließenden Normen in Frage steht, §§ 814, 815, 817 S. 2 BGB. Diese sind nämlich von der Rechtsfolgenverweisung nicht unmittelbar umfasst. Ebenfalls problematisch ist dann die Anwendbarkeit des Kondiktionstatbestands aus § 822 BGB. 537

*logische Gründe*

Teilweise ergibt sich die Deutung als Rechtsfolgenverweisung bereits unmittelbar aus den Geboten der Logik.

471 Ausführliche Erläuterung aller einschlägigen Verweisungsnormen im BGB bei Hadding, Festschrift für Mühl (1981), 225 ff.

472 Vgl. bereits oben Rn. 55.

*Bsp.: Die Verweisung in § 528 I S. 1 BGB muss notwendig Rechtsfolgenverweisung sein. Da die Verarmung des Schenkers nicht zum Wegfall des Schenkungsvertrags führt, würde dieser im Rahmen einer Prüfung des § 812 I BGB stets einen Rechtsgrund für das Behaltendürfen darstellen. Eine Deutung als Rechtsgrundverweisung führte also niemals zu einem Rückgewähranspruch!*

**hemmer-Methode: Bei § 528 I S. 1 BGB wird Ihnen in der Klausur dann regelmäßig die Variante begegnen, dass der Beschenkte das Geschenk seinerseits unentgeltlich weitergegeben hat und deshalb die Anwendung des § 822 BGB im Raum steht. Diese Vorschrift ist nur dann unproblematisch anwendbar, wenn man sie nicht als eigenständigen Bereicherungsanspruch, sondern als Haftungsausdehnungsnorm, welche den ursprünglichen Bereicherungsanspruch auf einen Dritten erstreckt, ansieht.[473] Der BGH bejaht eine (entsprechende) Anwendbarkeit des § 822 BGB.[474] Diese Entscheidung ist wertungsmäßig sicher richtig. Denken Sie im Übrigen auch immer daran, dass der Sozialhilfeträger, der dem verarmten Schenker Unterstützung gewährt, dessen Anspruch aus §§ 528 I S. 1, 822 BGB nach § 93 SGB XII auf sich überleiten kann.[475]**

*grundsätzlich Rechtsfolgenverweisung*

Auch ansonsten ist grundsätzlich von einer Rechtsfolgenverweisung auszugehen. Die Bezugnahme auf das Bereicherungsrecht soll regelmäßig allein dazu dienen, einen in seinem Bestehen bereits vorausgesetzten Anspruch inhaltlich zu begrenzen.

Indem der Gesetzgeber die Verweisungstechnik wählte, entschied er sich für eine ökonomische Vorgehensweise. Es wäre jedoch unökonomisch und daher widersprüchlich, wenn neben der hinreichenden tatbestandlichen Anspruchsbegründung in den Verweisungsnormen noch eine zusätzliche Anspruchsbegründung aus §§ 812 ff. BGB erforderlich wäre.

*ausnahmsweise Rechtsgrundverweisung*

Im Kontext der Tatbestände über den gesetzlichen Eigentumserwerb enthält das Gesetz Normen, welche lediglich klarstellen sollen, dass dieser gesetzliche Erwerb seinen Rechtsgrund nicht bereits in sich trägt und deshalb kondizierbar ist. Insoweit wird also auf die Kondiktionstatbestände in § 812 ff. BGB verwiesen. 538

*Bsp.: In diese Kategorie gehören v.a. die §§ 951 I S. 1, 977 S. 1 BGB. Auch §§ 988, 993 I, 1.HS BGB sind hier zu nennen, da sie sich insoweit auf den gesetzlichen Eigentumserwerb nach § 955 I, II BGB beziehen.*

**hemmer-Methode: Wichtig ist diese Deutung als Rechtsgrundverweisung insbesondere in Dreiecksverhältnissen, weil dann i.R.d. Prüfung des § 812 BGB das Subsidiaritätsdogma gilt, vgl. oben Rn. 310 ff. Eine Rechtsfolgenverweisung auf § 818 BGB führte dagegen stets zu einem Ersatzanspruch. Insbesondere § 951 I S. 1 BGB verweist allein auf den Tatbestand der Eingriffskondiktion; die Vorschrift knüpft nicht an eine Güterbewegung (Leistung), sondern allein an den eingetretenen Rechtsverlust an.**

Der Gegenschluss aus den genannten Vorschriften ergibt, dass alle anderen Vermögensverschiebungen, die auf besonderen gesetzlichen Vorschriften beruhen, nach dem Willen des Gesetzes nicht rechtsgrundlos sind.

---

473 So Knütel, NJW 1989, 2504f.

474 BGHZ 106, 354, 358.

475 Vgl. dazu auch BGH, Life&Law 2004, 21 ff.

## B. Streitfälle

In einigen wenigen Fällen war die Qualifizierung als Rechtsgrund- oder Rechtsfolgenverweisung streitig, was sich durch die Schuldrechtsreform aber erledigt haben dürfte. 539

*§ 1301 S. 1 BGB*

Zu § 1301 S. 1 BGB wurde teilweise vertreten, es handele sich um einen Unterfall des Wegfalls der Geschäftsgrundlage, für welchen die Herausgabepflicht nach Bereicherungsgrundsätzen nur noch einmal klargestellt werde. Da aber die Rückabwicklung der Störung der Geschäftsgrundlage nach §§ 346 ff. BGB erfolgt (vgl. § 313 III BGB), dürfte damit nun auch klargestellt sein, dass die Vorschrift einen Sonderfall der Zweckverfehlungskondiktion, § 812 I S. 2, 2. Alt. BGB, und somit einen selbständigen Bereicherungstatbestand darstellt.[476]

*§ 852 BGB*

§ 852 BGB stellt einen „deliktischen Bereicherungsanspruch" dar, also dogmatisch einen Schadensersatzanspruch, der nur in seinem Umfang auf das durch die unerlaubte Handlung auf Kosten des Geschädigten Erlangte beschränkt ist, d.h. dass sich nur der Umfang nach §§ 818, 819 BGB richtet. Bedeutung hat § 852 BGB als eigenständiger Anspruch neben den §§ 823 ff. BGB aufgrund seiner zehnjährigen Verjährung vor allem in den Fällen, in denen der deliktische Anspruch nach §§ 195, 199 BGB bereits verjährt ist. 540

**hemmer-Methode: Der Streit dreht sich regelmäßig darum, ob § 815, 2.Alt. BGB Anwendung findet, d.h., ob der Rückforderungsanspruch zu Lasten desjenigen ausgeschlossen ist, der die Eheschließung wider Treu und Glauben verhindert hat. Dies ist nur dann der Fall, wenn § 1301 S. 1 BGB einen Kondiktionstatbestand darstellt, vgl. Hemmer/Wüst/Gold, Familienrecht, Rn. 25 f.**

## C. Öffentlich-rechtlicher Erstattungsanspruch

*Öffentliches Recht: Verweisung in § 49a VwVfG*

Auch im Bereich des Öffentlichen Rechts finden sich Verweisungen auf das zivilrechtliche Bereicherungsrecht. Wichtigste Vorschrift i.d.S. ist § 49a VwVfG: Mit Rücknahme des Verwaltungsakts ist der Rechtsgrund für erhaltene Leistungen ex tunc weggefallen; diese können folglich kondiziert werden. 541

*allgemeiner öffentl.-rechtl. Erstattungsanspruch*

Unabhängig von dieser gesetzlichen Verweisung auf das zivilrechtliche Bereicherungsrecht besteht ganz allgemein der sog. öffentlich-rechtliche Erstattungsanspruch, der im Hinblick auf die Tatbestandsmerkmale und die Prüfungsreihenfolge im Wesentlichen den §§ 812 ff. BGB entspricht.

**hemmer-Methode: Wichtig ist vor allem die richtige Bezeichnung der Anspruchsgrundlage; zitieren Sie also immer den Begriff des öffentlich-rechtlichen Erstattungsanspruchs! Obwohl die Voraussetzungen einer Analogie zu den §§ 812 ff. BGB entsprechen, darf diese Analogie bei der Prüfung des öffentlich-rechtlichen Erstattungsanspruchs nicht erwähnt werden. Ausführlich Hemmer/Wüst/Christensen, Verwaltungsrecht II, Rn. 231 ff.**

476 Palandt, § 1301, Rn. 3.

## WIEDERHOLUNGSFRAGEN: RANDNUMMER

### Verhältnis zu anderen Anspruchsgrundlagen

1. Was ist die Aufgabe des Bereicherungsrechts? ... *1*

2. Welcher konstruktive Unterschied besteht zwischen den §§ 346 ff. und den §§ 812 ff.? ... *5 f.*

3. Welche Überlegung ist bei der Prüfung von Bereicherungsrecht anzustellen, bevor der Tatbestand der einzelnen Anspruchsgrundlagen geprüft wird? ... *7*

4. In welchem Verhältnis steht das Bereicherungsrecht zum vertraglichen Erfüllungsanspruch? ... *10*

5. In welchem Verhältnis steht das Bereicherungsrecht zur Störung der Geschäftsgrundlage gemäß § 313? ... *13*

6. In welchem Verhältnis steht das Bereicherungsrecht zu dem von der Rechtsprechung entwickelten Rechtsinstitut des fehlerhaften Arbeitsvertrages? ... *21 ff.*

7. In welchem Verhältnis stehen die Eigentümer-Besitzer-Verhältnis-Regelungen gemäß den §§ 987 ff. zu den §§ 812 ff.? ... *33 f.*

8. Das Eigentümer-Besitzer-Verhältnis, kurz EBV, regelt das Verhältnis zwischen Eigentümer und unrechtmäßigem Besitzer, wobei der unrechtmäßige gutgläubige Besitzer privilegiert sein soll. Dieser haftet nach den §§ 987 ff. nicht auf Schadensersatz und Nutzungsersatz, aber auch „im Übrigen" nicht, also auch nicht nach anderen Anspruchsgrundlagen, vgl. § 993 I Hs. 2. Welche Auswirkung hat dies für die Anwendung der §§ 812 ff. im Hinblick auf Nutzungsersatzansprüche? ... *34*

9. Sind Kaufvertrag und Übereignung unwirksam, so scheidet wegen der Privilegierung des redlichen Besitzers ein Nutzungsersatzanspruch aus EBV bei Gutgläubigkeit des Besitzers aus. Wenn nur der Kaufvertrag unwirksam gewesen wäre und nicht die Übereignung, läge gar kein EBV vor mit der Folge, dass dessen Sperrwirkung auch nicht greifen würde. Der Anwendungsbereich der §§ 812 ff. wäre damit eröffnet. Wie wird dieses merkwürdige Ergebnis von Rechtsprechung und Literatur vermieden? ... *36 ff.*

10. Wann wirkt sich dieser Streit im Ergebnis aus? ... *39*

11. In welchem Verhältnis stehen die Normen über den Verwendungsersatz gem. §§ 994 ff. zu den §§ 812 ff.? ... *35*

12. Nicht alle Rechtsfolgen, die bei Vorliegen eines EBV auftreten können, sind in den §§ 987 ff. geregelt. Gilt die Sperrwirkung des EBV auch hinsichtlich dieser nicht in den §§ 987 ff. geregelten Rechtsfolgen? ... *42 ff.*

13. Der Entschädigungsanspruch wegen Rechtsverlusts gem. §§ 951, 812 I ist als Rechtsfortwirkungsanspruch zu § 985 grundsätzlich neben dem EBV anwendbar. Dies gilt jedoch nicht uneingeschränkt. Wann tritt § 951 hinter den Regelungen des EBV zurück? ... *45*

14. Es liegen nach dem engen Verwendungsbegriff des BGH schon keine Verwendungen i.S.d. §§ 994 ff. vor, wenn die Sache grundlegend verändert wird, z.B. wenn eine Gebäudeerrichtung auf einem unbebauten Grundstück erfolgt. Strittig ist, ob die §§ 951, 812 I auf Verwendungsersatz auch dann gesperrt sind, wenn zwar eine Vindikationslage vorliegt, die Voraussetzungen der §§ 994 ff. aber mangels Verwendung nicht gegeben sind. Welche Ansicht vertritt diesbezüglich der BGH? ... *46 ff.*

15. Nimmt auch die Literatur bei Aufwendungen, die die Sache grundlegend verändern, eine Sperrwirkung der §§ 994 ff. gegenüber § 951 an? ... *49*

16. Welche Problemfelder ergeben sich bei den sog. schwebenden Vindikationslagen, z.B. bei einer Besitzübertragung aufgrund eines formnichtigen Kaufvertrages in Erwartung der Heilung? ... *49a ff.*

**17.** Welche besonderen gesetzlichen Rückgewährschuldverhältnisse schließen das Bereicherungsrecht aus? ........ *51 ff.*

**18.** In welchem Verhältnis steht die berechtigte Geschäftsführung ohne Auftrag, kurz GoA, zu § 812? ........ *61 ff.*

**19.** Wie ist das Verhältnis der angemaßten Eigengeschäftsführung gem. § 687 II zum Bereicherungsrecht? ........ *69 ff.*

**20.** Warum wendet die Rechtsprechung beim nichtigen Vertrag die GoA-Vorschriften an, obwohl die §§ 812 ff. Rückabwicklungsvorschriften für nichtige Verträge beinhalten? ........ *65*

**21.** Was spricht gegen die Anwendbarkeit der GoA beim nichtigen Vertrag? ........ *65 f.*

**22.** Grundsätzlich bestehen Ansprüche des Geschäftspartners aus § 179 gegen den falsus procurator und Bereicherungsansprüche gegen den Vertretenen nebeneinander. Wann entfällt der Anspruch aus § 179? ........ *72*

**23.** Nach Beendigung der Mietzeit ist der Mieter rechtsgrundloser Besitzer. Nach § 546a I kann der Vermieter im Fall der Nichtrückgabe der Mietsache die vereinbarte oder ortsübliche Miete verlangen. Mit welcher Begründung können über § 546a hinaus die §§ 812 ff. Anwendung finden? ........ *75*

## Überblick über die bereicherungsrechtlichen Anspruchsgrundlagen

**24.** Die Leistungskondiktionen sind von den Nichtleistungskondiktionen zu unterscheiden: Welche sind Leistungskondiktionen, welche sind Nichtleistungskondiktionen? ........ *76 f.*

**25.** Die h.M. trennt zwischen den einzelnen Bereicherungstatbeständen, sog. Trennungslehre. Nach dieser Ansicht ist das Tatbestandsmerkmal „auf dessen Kosten“ nur für die Nichtleistungskondiktion von Bedeutung. Warum? ........ *80*

**26.** In welchem Verhältnis steht die Nichtleistungskondiktion zur Leistungskondiktion? ........ *81 f.*

## Der Bereicherungsgegenstand

**27.** „Etwas erlangt“ ist jeder vermögenswerte Vorteil. Stellen Sie die wichtigsten Bereicherungspositionen zusammen! ........ *85 ff.*

**28.** Welche Rechtsnatur hat die Gutschrift auf ein Girokonto? ........ *88 f.*

**29.** Gem. § 812 II gilt als Leistung auch die durch Vertrag erfolgte Anerkennung des Bestehens oder Nichtbestehens eines Schuldverhältnisses. Welche Bedeutung kommt diesem Absatz zu? ........ *87*

**30.** Welche Besonderheiten gelten bei der Kondiktion des Besitzes? ........ *91 ff.*

**31.** In welchem Verhältnis steht der Grundbuchberichtigungsanspruch gem. § 894 zu § 812? ........ *97*

**32.** In welchen Fällen kommt § 812 neben dem Grundbuchberichtigungsanspruch gem. § 894 eigenständige Bedeutung zu? ........ *98 ff.*

**33.** Welchen Anspruch hat der Leistende gegen den Schuldner, wenn die Zahlung auf eine fremde Schuld im Sinne des § 267 nicht dem Willen des Schuldners als Geschäftsherrn entspricht? ........ *103 ff.*

**34.** Gem. § 812 I S. 1 Alt. 2 ist derjenige, der etwas in sonstiger Weise ohne rechtlichen Grund von einem anderen auf dessen Kosten erlangt, diesem zur Herausgabe verpflichtet. Besteht hiernach ein bereicherungsrechtlicher Anspruch des Eigentümers gegen den Gläubiger, wenn der Gläubiger in der Zwangsvollstreckung die schuldnerfremde Sache selbst ersteigert? ........ *104 ff.*

**35.** Welche wichtigen Gebrauchs- und Nutzungsvorteile, die als Rechtspositionen im Rahmen des § 812 in Betracht kommen, kennen Sie? ........ *106 ff.*

36. Welche Bedenken bestehen, die „Ersparnis von Aufwendungen“ unter „etwas“ im Sinne des § 812 I zu subsumieren? ........ 113

37. Welche Anspruchsgrundlagen auf Nutzungsersatz kommen für den Eigentümer in Betracht, wenn ein Minderjähriger unwirksam einen Pkw mietet? ........ 115

38. In welchen Fällen kommt eine Kondiktion der Kondiktion in Betracht? ........ 119

39. Welche Risiken bestehen dann für die bereicherungsrechtliche Abwicklung „übers Eck“? ........ 120

40. Welche Bedeutung hat die Einteilung in verschiedene Leistungskondiktionen? ........ 122

## Die Leistungskondiktion gem. § 812 I S. 1 Alt. 1

41. Gem. § 812 I S. 1 Alt. 1 ist derjenige, der durch Leistung eines anderen etwas ohne rechtlichen Grund erlangt, zur Herausgabe verpflichtet. Was ist Leistung i.S.d. modernen Leistungsbegriffs? ........ 124

42. Der Minderjährige M fliegt als blinder Passagier im Flugzeug der L mit. Die L fordert Bezahlung des Fluges. Liegt hier eine Leistungskondiktion oder eine Eingriffskondiktion vor? ........ 127 ff.

43. Beachten Sie, dass das Bereicherungsrecht in der Regel Rückgängigmachung von auf mangelhafter schuldrechtlicher Grundlage ausgetauschten Leistungen ist. Da die Rückgängigmachung im jeweiligen Schuldverhältnis erfolgt, sind innerhalb der Leistungskondiktion der Leistende und der Leistungsempfänger zu bestimmen. Welche Bedeutung hat dabei der Leistungszweck? ........ 130 ff.

44. Ist Geschäftsfähigkeit für die Setzung des Leistungszwecks erforderlich? ........ 133 ff.

45. Welche drei Schritte empfehlen sich zur Prüfung der Leistungsbeziehungen im Drei- und Mehrpersonenverhältnis? ........ 144 ff.

46. In manchen Fällen ist unklar, welchen Zweck der Zuwendende mit seiner Leistung verfolgt hat. Auf wessen Sicht ist dann abzustellen: auf die des Zuwendenden oder auf die des Empfängers? ........ 148 ff.

47. Gelten die Anweisungsvorschriften gem. §§ 783 ff. für den normalen bereicherungsrechtlichen Anweisungsfall, zum Beispiel beim Überweisungsauftrag des Anweisenden A an die angewiesene Bank B? ........ 159 ff.

48. Die bereicherungsrechtliche Problematik bei Mehrpersonenverhältnissen stellt sich nicht bei unselbständigen Leistungsmittlern, z.B. bei Vertretern, und bei der Leistungskette. Warum? ........ 163 f.

49. Definieren Sie am Beispiel der Banküberweisung die Begriffe „Deckungs-“, „Valuta-“ und „Zuwendungsverhältnis“ und stellen Sie den Zweck der jeweiligen Leistung dar! ........ 168 ff.

50. Zur Wiederholung: Welche Vorgehensweise empfiehlt sich bei der Prüfung von Drei- und Mehrpersonenverhältnissen in der Klausur? ........ 167 ff.

51. Was gilt bei einem Fehler im Deckungs-, was bei einem Fehler im Valutaverhältnis? ........ 172 ff.

52. Warum scheidet die Nichtleistungskondiktion des Angewiesenen, i.d.R. der Bank, gegen den Zuwendungsempfänger grundsätzlich aus? ........ 174

53. Die Abwicklung übers Eck kommt nicht in Betracht, wenn aus der Sicht des Empfängers, also des Dritten C, keine Leistung des Anweisenden A vorliegt. Überlegen Sie sich eine solche Konstellation! ........ 180 ff.

54. Welche Kriterien sind i.R.d. Wertungsebene auf der dritten Stufe zu berücksichtigen? ........ 249

**55.** Der Minderjährige A weist ohne Zustimmung seiner Eltern die Bank B an, auf eine Kaufpreisforderung des Dritten C zu zahlen, obwohl die Forderung verjährt ist. Beurteilen Sie die Rechtslage! ........ *185 ff.*

**56.** Welcher Wertungsgesichtspunkt muss berücksichtigt werden, wenn das Deckungsverhältnis zwischen dem Anweisenden A und der Angewiesenen Bank B unwirksam ist, im Valutaverhältnis zwischen dem Anweisenden A und Empfänger C aber eine unentgeltliche Zuwendung vorliegt? ........ *191*

**57.** Welche Probleme ergeben sich im Fall des Doppelmangels, wenn also in einem Dreiecksverhältnis sowohl das Valutaverhältnis – z.B. der Schenkungsvertrag – als auch das Deckungsverhältnis – also die Anweisung – unwirksam sind? ........ *192 ff.*

**58.** Exemplarisch für die Tilgung fremder Schulden ist der sog. Onkelfall: Der Onkel zahlt die vermeintlichen Mietschulden seines Neffen bei Vermieter V, die der Neffe bereits selbst bezahlt hat. Welche Leistungsverhältnisse bestehen und wie wird der Fall gelöst? ........ *202 ff.*

**59.** Welchen Zweck verfolgt der zahlende Onkel? ........ *202 ff.*

**60.** Welche Leistungsbeziehungen bestehen beim unechten Vertrag zugunsten Dritter? ........ *215 ff.*

**61.** Wie erfolgt in diesem Fall die Rückabwicklung? ........ *218 f.*

**62.** Wann besteht ausnahmsweise eine Direktkondiktion gegenüber dem Dritten beim echten Vertrag zugunsten Dritter? ........ *225 ff.*

**63.** G tritt dem Z eine Geldforderung gegen den S ab, die tatsächlich nicht wirksam entstanden ist. S hat dennoch an Z bezahlt. Mit welcher Begründung kann S statt von Z, an den er gezahlt hat, den Geldbetrag von G zurückverlangen? ........ *231 ff.*

**64.** Der Minderjährige M tritt ohne Mitwirkung seiner Eltern eine bestehende Forderung, die er gegenüber seinem Arbeitgeber hat, an den Zessionar Z ab. Die Eltern verweigern die Genehmigung zur Abtretung. Der Arbeitgeber zahlt an den Z. Kann der Arbeitgeber Herausgabe des gezahlten Betrages gem. § 812 I S. 1 Alt. 1 von Zessionar Z oder vom Minderjährigen M verlangen? ........ *236*

**65.** Beachten Sie § 409 I S. 1: Zeigt der Gläubiger dem Schuldner an, dass er die Forderung abgetreten habe, so muss er dem Schuldner gegenüber die angezeigte Abtretung gegen sich gelten lassen, auch wenn diese nicht erfolgt oder nicht wirksam ist. Was ist der Grundgedanke des § 409? ........ *244*

## Die Leistungskondiktion wegen späteren Wegfalls des Rechtsgrundes, § 812 I S. 2 Alt. 1

**66.** Nennen Sie die wichtigsten Beispiele für die Leistungskondiktion wegen späteren Wegfalls des Rechtsgrundes gem. § 812 I S. 2 Alt. 1! ........ *258*

**67.** Ob eine Anfechtung zu einem späteren Wegfall des Rechtsgrundes führt, ist umstritten. Welche Bedeutung kommt dieser Einordnung der Anfechtung i.R.d. § 812 I zu? ........ *260 ff.*

**68.** Zum Verhältnis Bereicherungsrecht – Familienrecht: Was sind unbenannte Zuwendungen? ........ *269*

**69.** Die Rückforderung unbenannter Zuwendungen nach Scheitern der Ehe erfolgt grundsätzlich nur nach den Vorschriften über den Zugewinnausgleich, sog. Ausschließlichkeitsgrundsatz. Kommt u.U. aber auch ein Anspruch wegen späterem Wegfall des Rechtsgrundes bzw. wegen Zweckfortfalls gem. § 812 I S. 2 in Betracht? ........ *269 ff.*

## Der Nichteintritt des mit der Leistung bezweckten Erfolges, § 812 I S. 2 Alt. 2



## Die Regelung des § 813



## Die Kondiktion gem. § 817 S. 1

## Zur Wiederholung: Der Grundsatz der Subsidiarität

**85.** Was besagt der Grundsatz der Subsidiarität der Nichtleistungskondiktion? ........ ***310***

**86.** Mit dem Problem der Subsidiarität hat sich der BGH auch im sog. „Jungbullenfall" beschäftigt: Dem Eigentümer E wird ein Jungbulle durch Dieb D gestohlen. Dieser veräußert den Bullen an den gutgläubigen Metzger M, welcher das Tier zu Konserven verarbeitet. Kann der Eigentümer E Wertersatz gem. den §§ 951 I S. 1, 812 I S. 1 Alt. 2, 818 II von Metzger M verlangen? ........ ***313 f.***

## Die Nichtleistungskondiktion in Form der Eingriffskondiktion gem. § 812 I S. 1 Alt. 2

**87.** Gem. § 812 I S. 1 Alt. 2 ist zur Herausgabe verpflichtet, wer etwas in sonstiger Weise auf Kosten eines anderen erlangt, sog. Nichtleistungskondiktion in Form der Eingriffskondiktion. Wann handelt es sich um die Eingriffskondiktion und welche Bedeutung hat das Merkmal „auf dessen Kosten"? ........ ***321***

**88.** I.R.d. Eingriffskondiktion gem. § 812 I S. 1 Alt. 2 ist häufig fraglich, wann ein anspruchsauslösender Eingriff überhaupt vorliegt. Welche Theorien werden hierzu vertreten? ........ *322 ff.*

**89.** Fraglich ist, wann Rechtspositionen einen Zuweisungsgehalt haben. Absoluten Rechten, wie zum Beispiel dem Eigentum oder einem Pfandrecht, kommt selbstverständlich ein Zuweisungsgehalt zu. Was gilt beim sog. „Untermietfall", bei dem der Mieter ohne Erlaubnis des Vermieters einen Teil seiner Wohnung an einen Dritten untervermietet und der Vermieter den Untermietzins vom Mieter herausverlangt? ........ ***330***

**90.** Hat das allgemeine Persönlichkeitsrecht einen Zuweisungsgehalt? ........ ***331 ff.***

**91.** Warum wird dem Recht am eingerichteten und ausgeübten Gewerbebetrieb und dem Wettbewerbsrecht kein Zuweisungsgehalt zugesprochen? ........ ***334***

**92.** Wo wirkt sich die Lehre vom Zuweisungsgehalt neben der Bestimmung des Eingriffs noch aus? ........ 335 ff.

## Die anderen Nichtleistungskondiktionen gem. § 812 I S. 1 Alt. 2

**93.** Wann spricht man von einer Verwendungskondiktion? ........ *342*

**94.** Warum ist der Anwendungsbereich der Verwendungskondiktion gem. § 812 I S. 1 Alt. 2 eng begrenzt? ........ ***342 ff.***

**95.** Bei der Rückgriffskondiktion geht es darum, dass jemand eine Leistung erbringt und der Leistende von einer weiteren Person, die durch die Leistung irgendwie begünstigt wurde, Ersatz verlangt. Was gilt, wenn ein Dritter eine fremde Schuld getilgt hat? ........ *349*

**96.** Ein bereicherungsrechtlicher Ausgleich in Form der Rückgriffskondiktion kommt dann nur in Betracht, wenn keine Sonderregeln eingreifen. Zählen Sie Sonderregelungen des Rückgriffs auf! ........ ***349 ff.***

**97.** Wann kommt die Rückgriffskondiktion neben einem Anspruch aus GoA in Betracht? ........ ***349 ff.***

**98.** Um an das Grundstück seines Nachbarn zu kommen, zahlt der Dritte auf eine Forderung eines Gläubigers gegen den Nachbarn, um aus dem dann erworbenen Ausgleichsanspruch aus Rückgriffskondiktion ins Grundstück zu vollstrecken und dieses selbst zu ersteigern. Ist in diesem Fall ein sog. „aufgedrängter Rückgriff" zulässig? ........ *362 f.*

## Die Eingriffskondiktion gem. § 816 I

**99.** Gem. § 816 I S. 1 ist der Nichtberechtigte, der über einen Gegenstand eine Verfügung trifft, die dem Berechtigten gegenüber wirksam ist, dem Berechtigten zur Herausgabe des Erlangten verpflichtet. In welchem Verhältnis steht § 816 I zu § 812 I S. 1 Alt. 2? ........ *365*

**100.** Den Begriff der Verfügung müssen Sie auswendig kennen! Definieren Sie ihn! ........ *367 ff.*

**101.** Welche Anspruchsgrundlage greift ein, wenn der Gerichtsvollzieher im Rahmen einer Zwangsvollstreckung schuldnerfremde Sachen versteigert? ........ *369*

**102.** Streitig ist, ob § 816 I S. 1 entsprechend anzuwenden ist, wenn jemand dadurch unbefugt Nutzen aus einer fremden Sache zieht, dass er sie vermietet und die Miete empfängt. Was spricht in diesen Fällen für und gegen die Analogie „Vermietung ist gleich Verfügung"? ........ *370*

**103.** Kann der Eigentümer einer verlorenen Sache Wertersatz verlangen, wenn der Finder sie vermietet und dadurch eine Umwandlung von rechtmäßigem Fremdbesitz in unrechtmäßigen Eigenbesitz stattfindet? ........ *370*

**104.** Mit welcher Begründung ist auf den gesetzlichen Eigentumsübergang gem. den §§ 946 ff. der § 816 I analog anzuwenden? ........ *371 f.*

**105.** Voraussetzung für die Anwendung des § 816 I S. 1 ist die Verfügung durch einen Nichtberechtigten, d.h. der Verfügende darf weder Inhaber des Rechts noch vom Berechtigten ermächtigt gewesen sein. Wann greift § 816 I S. 1 ein, obwohl ein Berechtigter verfügt?

**106.** In welchen Fällen ist die Verfügung i.S.d. § 816 I S. 1 von Anfang an wirksam? ........ *375*

**107.** Wie wirkt sich bei der Veräußerung gestohlener Sachen die Genehmigung des Berechtigten gem. den §§ 184 I, 185 II S. 1 Alt. 1 auf die Wirksamkeit der Verfügung aus? ........ *376*

**108.** Kann die Genehmigung auch dann noch erteilt werden, wenn an der gestohlenen Sache zwischenzeitlich das Eigentum, z.B. wegen Verarbeitung beim Erwerber gem. § 950, verloren gegangen ist? ........ *379*

**109.** Was ist unter dem Erlangten, das herauszugeben ist, i.S.d. § 816 I zu verstehen? ........ *382 ff.*

**110.** Kann der an einen Dritten gezahlte Kaufpreis als Entreicherungseinwand dem Anspruch aus § 816 I entgegengehalten werden? ........ *386*

**111.** Was ist das Erlangte i.S.d. § 816 I S. 1, wenn der sog. Bucheigentümer eines Grundstücks zur Absicherung eines Darlehens an diesem Grundstück einem Dritten wirksam eine Hypothek bestellt? ........ *387 f.*

**112.** Gem. § 816 I S. 2 trifft die Verpflichtung zur Herausgabe des Erlangten auch denjenigen, der einen rechtlichen Vorteil durch eine unentgeltliche Verfügung erlangt. Wie unterscheidet sich bei unentgeltlicher Verfügung § 816 I S. 2 von § 822? ........ *390*

**113.** Ein Minderjähriger verfügt rechtsgrundlos wirksam über fremdes Eigentum, sog. rechtlich neutrales Geschäft. Kann in diesem Fall i.R.d. § 816 I S. 2 die rechtsgrundlose Verfügung der unentgeltlichen gleichgestellt werden? ........ *393*

**114.** Gem. § 816 II ist der Nichtberechtigte dem Berechtigten zur Herausgabe des Geleisteten verpflichtet, wenn an den Nichtberechtigten eine Leistung bewirkt wird, die dem Berechtigten gegenüber wirksam ist. § 816 II fordert also eine Leistung an den Nichtberechtigten und die Wirksamkeit dieser Leistung. In welchen examenstypischen Konstellationen wird regelmäßig schuldbefreiend, d.h. wirksam, an einen Nichtberechtigten geleistet? ........ *398 ff.*

**115.** Ob an einen Nichtberechtigten i.S.d. § 816 II gezahlt wurde, ist häufig nicht einfach zu beantworten. Dazu muss festgestellt werden, wer überhaupt Inhaber der Forderung ist, wenn zum Beispiel mehrere Abtretungen einer Forderung zusammentreffen. Wie wird von der h.M. das Problem der Kollision von Globalzession und verlängertem Eigentumsvorbehalt gelöst? ........ *403*

**116.** Das Factoring dient häufig der Finanzierung von Mittelstandsunternehmen, erleichtert den Verkauf von Waren ins Ausland und ist eine Dienstleistung der Banken. Was versteht man rechtlich unter Factoring? ..... *404 ff.*

**117.** Welche Arten des Factoring sind zu unterscheiden? ..... *404 ff.*

**118.** Wie wird beim Factoring die Kollision mit einem verlängerten Eigentumsvorbehalt gelöst? ..... *407 ff.*

**119.** Kann § 816 II auch bei einer Leistung an einen Nichtberechtigten Anwendung finden, wenn die Leistung nicht schuldbefreiend ist? ..... *409 f.*

## Der Anspruch aus § 822

**120.** Immer wenn unentgeltliche Zuwendungen erfolgen, müssen Sie auch an § 822 denken. Bei der Nichtleistungskondiktion gem. § 822 handelt es sich um einen Fall der Aushilfshaftung eines Dritten. Welche Voraussetzungen hat der ausnahmsweise Durchgriff über § 822? ..... *413 ff.*

**121.** Ist § 822 bei gemischten Schenkungen anwendbar? ..... *418*

**122.** Welche Bedeutung kommt den §§ 819 I, 818 IV i.R.d. § 822 zu? ..... *425*

**123.** Warum entfällt ein Anspruch aus § 822, wenn ein Dieb das gestohlene Geld seiner Freundin schenkt? ..... *427*

## Die Ausschlusstatbestände

**124.** Ein Bereicherungsanspruch kann gem. § 814 ausgeschlossen sein, wenn der Leistende wusste, dass er zur Leistung nicht verpflichtet war. Welche Kondiktionsart erfasst § 814? ..... *430*

**125.** Was ist für die Kenntnis i.S.d. § 814 erforderlich? ..... *430 ff.*

**126.** Gem. § 142 II wird die Kenntnis von der Anfechtbarkeit eines Rechtsgeschäfts der Kenntnis von der Nichtschuld gleichgestellt. Ist § 142 II auch i.R.d. § 814 anwendbar? ..... *433*

**127.** Ein Bereicherungsanspruch kann auch nach § 815 ausgeschlossen sein, wenn der Eintritt des Erfolgs von Anfang an unmöglich war und der Leistende dies gewusst hat oder wenn der Leistende den Eintritt des Erfolgs wider Treu und Glauben verhindert hat. Auf welche Kondiktion bezieht sich § 815? ..... *438*

**128.** Besteht ein bereicherungsrechtlicher Rückgabeanspruch bei Lieferung unbestellter Sachen oder Leistungen durch einen Unternehmer an einen Verbraucher? ..... *445*

**129.** Gem. § 817 S. 2 ist ein bereicherungsrechtlicher Anspruch dann ausgeschlossen, wenn auch der Leistende verwerflich handelt. § 817 S. 2 gilt nach h.M. gegenüber allen Leistungskondiktionen. In welchem Fall wird der Anwendungsbereich des § 817 S. 2 über seinen Wortlaut hinaus ausgedehnt? ..... *445*

**130.** Handelt es sich bei § 817 S. 2 darüber hinaus um eine allgemeine Rechtsschutzversagung? ..... *447 f.*

**131.** Wenn auch der Leistende verwerflich handelt, ist gem. § 817 S. 2 die Rückforderung der Leistung ausgeschlossen. Was ist unter Leistung i.S.d. § 817 S. 2 im Fall eines sittenwidrigen Kredits zu verstehen? ..... *451*

**132.** Worauf bezieht sich im Fall des sittenwidrigen Ratenkreditvertrages dann der Ausschluss gem. § 817 S. 2? ..... *452*

**133.** Ist die Darlehenssumme in diesem Fall auch zu verzinsen? ..... *452*

**134.** Erbringt ein Schwarzarbeiter aufgrund eines gem. § 134 nichtigen Werkvertrages Leistungen und verlangt er für diese i.R.d. bereicherungsrechtlichen Rückabwicklung Wertersatz gem. den §§ 812 I S. 1 Alt. 1, 818 II, so greift grundsätzlich § 817 S. 2 anspruchsausschließend ein. Warum wird auch in diesem Fall § 817 S. 2 restriktiv ausgelegt? ............ *454 ff.*

## Der Umfang des Bereicherungsanspruchs

**135.** A schenkt durch Überweisung der Bank B dem C Geld. Sowohl der Schenkungsvertrag zwischen A und C als auch die Anweisung zwischen A und der Bank B sind nichtig, sog. Doppelmangel. Was kann die Bank B i.R.d. Rückabwicklung „übers Eck" vom Schenker A herausverlangen? ............ *460*

**136.** Der Umfang eines Bereicherungsanspruchs umfasst auch die Nutzungen. Was versteht man unter Nutzungen i.R.d. § 818 I? ............ *464*

**137.** Auch Surrogate sind gem. § 818 I vom Umfang des bereicherungsrechtlichen Anspruchs umfasst. Fällt auch das rechtsgeschäftliche Surrogat unter § 818 I? ............ *465 f.*

**138.** Gem. § 818 II ist Wertersatz zu leisten, wenn die Herausgabe wegen der Beschaffenheit des Erlangten nicht möglich oder der Empfänger aus einem anderen Grund zur Herausgabe außerstande ist. Wie wird der Wertersatz gem. § 818 II grundsätzlich berechnet? ............ *468 f.*

**139.** Auf welchen Zeitpunkt ist hinsichtlich der Wertermittlung bei § 818 II abzustellen? ............ *468*

**140.** Was gilt im sog. „Schwarzarbeiterfall", wenn für die Arbeit 22 € pro Stunde vereinbart waren, der objektive Wert der Arbeitsleistung aber 30 € beträgt? ............ *468 f.*

**141.** Wann spricht man von aufgedrängter Bereicherung, und welche Lösungsansätze werden vertreten? ............ *471 ff.*

**142.** Bereicherungsrecht dient der Abschöpfung von noch vorhandenen Vermögensvorteilen. Konsequenterweise kann sich der Bereicherungsschuldner gem. § 818 III auf Entreicherung berufen, zum Beispiel, wenn das ursprünglich Erlangte sich nicht mehr in seinem Vermögen widerspiegelt, weil er es ersatzlos weitergegeben hat und er keine Aufwendungen erspart hat. Aber auch, wenn das Erlangte noch vorhanden ist, kommt Entreicherung in Betracht. Was sind i.R.d. § 818 III mögliche Abzugsposten? ............ *478 f.*

**143.** Was versteht man unter der Zweikondiktionentheorie? ............ *489 ff.*

**144.** Was sind die zwei materiell-rechtlichen Aussagen der Saldotheorie, die Sie sich unbedingt merken müssen? ............ *493 ff.*

**145.** In welchen Fällen wird die Saldotheorie aus übergeordneten allgemeinen Gesichtspunkten nicht angewandt? ............ *496 ff.*

**146.** Trotz Entreicherung kommen Ansprüche gegen den Entreicherten dann in Betracht, wenn er verschärft haftet. Klausurrelevant ist der verklagte oder bösgläubige Bereicherungsschuldner gem. §§ 818 IV, 819 I. Welche Bedeutung kommt der Anfechtbarkeit i.R.d. § 819 I zu? ............ *507*

**147.** Auf wessen Kenntnis kommt es bei Minderjährigen i.R.d. § 819 I an? ............ *509 ff.*

**148.** Die positive Kenntnis des Vertreters vom Mangel des rechtlichen Grundes wird dem Vertretenen gem. § 166 I zugerechnet. Der Vertretene haftet dann über § 819 I verschärft. Gilt dies auch, wenn der Vertreter keine Vertretungsmacht hatte? ............ *514*

**149.** Warum spricht man von verschärfter Haftung? ............ *515*

**150.** Wann kann die verschärfte Haftung entfallen, obwohl Kenntnis i.S.d. § 819 I und Verschulden vorliegt? ............ *516*

**151.** Welche Gründe veranlassen den BGH, auch § 285 über die §§ 819 I, 818 IV anzuwenden, mit der Folge, dass auch das rechtsgeschäftliche Surrogat herauszugeben ist? ........ *518*

**152.** Behandelt man eine Geldschuld nicht als Gattungssache, so wird der Schuldner bei unverschuldetem Untergang trotz an sich verschärfter Haftung nach § 818 III frei. Es fehlt das für die §§ 819 I, 818 IV, 292, 989 erforderliche Verschulden. Welchen Lösungsvorschlag macht deshalb der BGH, um die Haftung zu begründen? ........ *520*

**153.** § 820 enthält eine - selten anwendbare - Sonderregelung gegenüber den §§ 819 I, 818 IV. § 820 erweitert die verschärfte Haftung. Wann kommt danach eine verschärfte Haftung in Betracht? ........ *525 f.*

## Die Verjährung und die Bereicherungseinrede

**154.** Welche Verjährungsfrist gilt für die Ansprüche aus Bereicherungsrecht? ........ *531 ff.*

**155.** Gilt die Bereicherungseinrede gem. § 821 auch schon vor Verjährungseintritt? ........ *533*

## Die gesetzlichen Verweisungen auf das Bereicherungsrecht

**156.** Was versteht man unter einer Rechtsgrundverweisung auf das Bereicherungsrecht? ........ *535*

**157.** Was meint eine Rechtsfolgenverweisung auf das Bereicherungsrecht? ........ *535*

**158.** Welchen gesetzgeberischen Zweck verfolgt die Verweisung auf das Bereicherungsrecht häufig? ........ *536*

**159.** Werden von einer Verweisungsnorm auch die Vorschriften der §§ 814, 815, 817 S. 2 erfasst? ........ *537*

**160.** Welche Bedeutung haben die §§ 812 ff. im Bereich des öffentlichen Rechts? ........ *541*

Die Zahlen verweisen auf die Randnummern des Skripts

## A



## B

## F



## G



## H

## P



## R



## S

hemmer/wüst
Verlagsgesellschaft mbH
Mergentheimer Str. 44 / 97082 Würzburg
Tel.: 09 31 /7 97 82 38 / Fax: 09 31/7 97 82 40
Internet: www.hemmer-shop.de

## REIHE INTELLIGENTES LERNEN

ISBN 978-3-86193

### Grundwissen für Anfangssemester

| | ISBN | Titel | Auflage/Jahr/Euro |
|---|---|---|---|
| GW10 | (-460-8) | BGB-AT Theorieband zu den wicht. Fällen | 8.A/16 · 9,90 |
| GW11 | (-481-3) | SchuldR-AT Theorieband zu den wicht. Fällen | 7.A/16 · 9,90 |
| GW12 | (-457-8) | SchuldR-BT I Theorieband zu den wicht. Fällen | 7.A/16 · 9,90 |
| GW13 | (-399-1) | SchuldR-BT II Theoriebd. zu den wicht. Fällen | 6.A/15 · 9,90 |
| GW14 | (-357-1) | Sachenrecht I Theorieband zu den wicht. Fällen | 6.A/15 · 9,90 |
| GW15 | (-455-4) | Sachenrecht II Theorieband zu den wicht. Fällen | 6.A/16 · 9,90 |
| GW20 | (-294-9) | Strafrecht AT Theorieband zu den wicht. Fällen | 6.A/14 · 9,90 |
| GW21 | (-301-4) | Strafrecht BT Theorieband zu den wicht. Fällen | 5.A/14 · 9,90 |
| GW30 | (-308-3) | StaatsR Theorieband zu den wicht. Fällen | 6.A/14 · 9,90 |
| GW31 | (-269-7) | VerwaltungsR Theorieband zu den wicht. Fällen | 6.A/14 · 9,90 |

### Die wichtigsten Fälle

| | ISBN | Titel | Auflage/Jahr/Euro |
|---|---|---|---|
| DF0 | (-198-0) | **Sonderband:** Der Streit- und Meinungsstand im neuen Schuldrecht | 5.A/13 · 14,80 |
| DF1 | (-493-6) | 76 Fälle - BGB AT | 9.A/16 · 12,80 |
| DF2 | (-386-1) | 55 Fälle - Schuldrecht AT | 9.A/15 · 12,80 |
| DF3 | (-456-1) | 51 Fälle - Schuldrecht BT - Kauf/WerkV | 9.A/16 · 12,80 |
| DF4 | (-351-9) | 42 Fälle - GoA/Bereicherungsrecht | 8.A/14 · 12,80 |
| DF5 | (-345-8) | 45 Fälle - Deliktsrecht | 7.A/14 · 12,80 |
| DF6 | (-304-5) | 44 Fälle - Verwaltungsrecht | 8.A/14 · 12,80 |
| DF25 | (-400-4) | 30 Fälle - Verwaltungsrecht BT Bayern | 4.A/15 · 12,80 |
| DF7 | (-453-0) | 32 Fälle - Staatsrecht | 10.A/16 · 12,80 |
| DF8 | (-362-5) | 34 Fälle - Strafrecht AT | 9.A/15 · 12,80 |
| DF9 | (-350-2) | 44 Fälle Strafrecht BT I - Vermögensd. | 9.A/14 · 12,80 |
| DF10 | (-377-9) | 44 Fälle Strafrecht BT II - Nicht-Vermögensd. | 8.A/15 · 12,80 |
| DF11 | (-461-5) | 50 Fälle - Sachenrecht I | 8.A/16 · 12,80 |
| DF12 | (-494-3) | 43 Fälle - Sachenrecht II - ImmobiliarSR | 9.A/16 · 12,80 |
| DF13 | (-346-5) | 40 Fälle - ZPO I - Erkenntnisverfahren | 7.A/14 · 12,80 |
| DF14 | (-485-1) | 25 Fälle - ZPO II - ZwangsvollstreckungsV | 7.A/16 · 12,80 |
| DF15 | (-423-3) | 35 Fälle - Handelsrecht | 7.A/15 · 12,80 |
| DF16 | (-307-6) | 36 Fälle - Erbrecht | 6.A/14 · 12,80 |
| DF17 | (-489-9) | 26 Fälle - Familienrecht | 8.A/16 · 12,80 |
| DF18 | (-416-5) | 32 Fälle - Gesellschaftsrecht | 6.A/15 · 12,80 |
| DF19 | (-341-0) | 39 Fälle - Arbeitsrecht | 6.A/14 · 12,80 |
| DF20 | (-339-7) | 35 Fälle - Strafprozessrecht | 5.A/14 · 12,80 |
| DF21 | (-428-8) | 23 Fälle - Europarecht | 5.A/15 · 12,80 |
| DF22 | (-422-6) | 10 Fälle - Musterkl. Examen ZivilR | 7.A/15 · 14,80 |
| DF23 | (-475-2) | 10 Fälle - Musterkl. Examen StrafR | 6.A/16 · 14,80 |
| DF24 | (-391-5) | 8 Fälle - Musterkl. Examen SteuerR | 8.A/15 · 14,80 |

### Skripten Basics (110)

| | ISBN | Titel | Auflage/Jahr/Euro |
|---|---|---|---|
| BI/1 | (-448-6) | Zivilrecht I - BGB AT u.vertragl. SchuldV | 10.A/16 · 16,90 |
| BI/2 | (-454-7) | Zivilrecht II - Sachenrecht/gesetzl. SV | 8.A/16 · 16,90 |
| BI/3 | (-442-4) | Zivilrecht III - FamilienR/ErbR | 8.A/15 · 16,90 |
| BI/4 | (-364-9) | Zivilrecht IV - ZivilprozessR | 8.A/15 · 16,90 |
| BI/5 | (-486-8) | Zivilrecht V - Handels-/GesellschR | 8.A/16 · 16,90 |
| BI/6 | (-258-1) | Zivilrecht VI - ArbeitsR | 5.A/13 · 16,90 |
| BII | (-122-5) | Strafrecht | 6.A/12 · 16,90 |
| BIII/1 | (-268-0) | Öffentliches Recht I -VerfassR/StaatsHR | 6.A/14 · 16,90 |
| BIII/2 | (-388-5) | Öffentliches Recht II - VerwaltungsR | 7.A/15 · 16,90 |
| BIV | (-403-5) | Steuerrecht - EstG & AO | 9.A/15 · 16,90 |
| BV | (-314-4) | Europarecht | 8.A/14 · 16,90 |

ISBN 978-3-86193

### Skripten Zivilrecht (120)

| | ISBN | Titel | Auflage/Jahr/E |
|---|---|---|---|
| 1 | (-415-8) | BGB-AT I, Ensteh.d.Primäranspruchs | 14.A/15 · 19, |
| 2 | (-479-0) | BGB-AT II, Scheitern des Primäranspr. | 14.A/16 · 19, |
| 3 | (-343-4) | BGB-AT III, Erlösch.d. Primäranspruchs | 13.A/14 · 19, |
| 4 | (-278-9) | Schadensersatzrecht I | 8.A/14 · 19, |
| 5 | (-492-9) | Schadensersatzrecht II | 7.A/16 · 19, |
| 6 | (-293-2) | Schadensersatzrecht III (§§ 249 ff.) | 11.A/14 · 19, |
| 7 | (-342-7) | Verbraucherschutzrecht | 4.A/14 · 19, |
| 51 | (-443-1) | Schuldrecht AT | 10.A/15 · 19, |
| 52 | (-359-5) | Schuldrecht BT I | 9.A/15 · 19, |
| 53 | (-379-3) | Schuldrecht BT II | 9.A/15 · 19, |
| 8 | (-318-2) | Bereicherungsrecht | 14.A/14 · 19, |
| 9 | (-321-2) | Deliktsrecht I | 12.A/14 · 19, |
| 10 | (-203-1) | Deliktsrecht II | 9.A/13 · 19, |
| 11 | (-447-9) | Sachenrecht I | 13.A/15 · 19, |
| 12 | (-465-3) | Sachenrecht II | 11.A/16 · 19, |
| 12A | (-378-6) | Sachenrecht III | 12.A/15 · 19, |
| 13 | (-333-5) | Kreditsicherungsrecht | 11.A/14 · 19, |
| 14 | (-483-7) | Familienrecht | 13.A/16 · 19, |
| 15 | (-459-2) | Erbrecht | 13.A/16 · 19, |
| 16 | (-313-7) | Zivilprozessrecht I | 12.A/14 · 19, |
| 17 | (-317-5) | Zivilprozessrecht II | 11.A/14 · 19, |
| 18 | (-433-2) | Arbeitsrecht | 15.A/15 · 19, |
| 19A | (-462-2) | Handelsrecht | 11.A/16 · 19, |
| 19B | (-360-1) | Gesellschaftsrecht | 13.A/15 · 19, |
| 31 | (-450-9) | Herausgabeansprüche | 7.A/16 · 19, |
| 32 | (-254-3) | Rückgriffsansprüche | 7.A/13 · 19, |

### Skripten Strafrecht (120)

| | ISBN | Titel | Auflage/Jahr/Euro |
|---|---|---|---|
| 20 | (-295-6) | Strafrecht AT I | 12.A/14 · 19, |
| 21 | (-385-4) | Strafrecht AT II | 12.A/15 · 19, |
| 22 | (-355-7) | Strafrecht BT I | 12.A/14 · 19, |
| 23 | (-392-2) | Strafrecht BT II | 12.A/15 · 19, |
| 30 | (-374-8) | Strafprozessordnung | 11.A/15 · 19, |

### Skripten Öffentliches Recht (120/130)

| | ISBN | Titel | Auflage/Jahr/Euro |
|---|---|---|---|
| 24 | (-478-3) | Verwaltungsrecht I | 13.A/16 · 19,9 |
| 25 | (-380-9) | Verwaltungsrecht II | 12.A/15 · 19,9 |
| 26 | (-347-2) | Verwaltungsrecht III | 12.A/14 · 19,9 |
| 27 | (-300-7) | Staatsrecht I | 11.A/14 · 19,9 |
| 28 | (-287-1) | Staatsrecht II | 9.A/14 · 19,9 |
| 29 | (-463-9) | Europarecht | 12.A/16 · 19,9 |
| 40 | (-335-9) | Staatshaftungsrecht | 4.A/14 · 19,9 |
| 33 | (-369-4) | Baurecht/Bayern | 11.A/15 · 19,9 |
| 33 | (-505-6) | Baurecht/Nordrhein-Westfalen | 9.A/16 · 19,9 |
| 33 | (-435-6) | Baurecht/Baden-Württembg. | 4.A/15 · 19,9 |
| 33 | (-331-1) | Baurecht/Hessen | 2.A/14 · 19,9 |
| 33 | (-847-0) | Baurecht/Saarland | 1.A/08 · 19,9 |
| 34 | (-327-4) | Polizeirecht Bayern | 10.A/14 · 19,9 |
| 34 | (-097-6) | Polizei- u. Ordnungsrecht/NRW | 5.A/12 · 19,9 |
| 34 | (-432-5) | Polizeirecht/Baden-Württembg. | 4.A/15 · 19,9 |
| 34 | (-417-2) | Polizei- u. Ordnungsrecht/Hessen | 2.A/15 · 19,9 |
| 34 | (-028-0) | Polizei- u. Ordnungsrecht/Rheinl.-Pfalz | 1.A/11 · 19,9 |
| 34 | (-877-7) | Polizei- u. Sicherheitsrecht/Saarland | 1.A/09 · 19,9 |
| 35 | (-371-7) | Kommunalrecht/Bayern | 10.A/15 · 19,9 |
| 35 | (-076-1) | Kommunalrecht/NRW | 8.A/11 · 19,9 |
| 35 | (-261-1) | Kommunalrecht/Baden-Württembg. | 4.A/13 · 19,9 |

hemmer/wüst
Verlagsgesellschaft mbH

Mergentheimer Str. 44 / 97082 Würzburg
Tel.: 09 31 /7 97 82 38 / Fax: 09 31/7 97 82 40
Internet: www.hemmer-shop.de

# EIHE INTELLIGENTES LERNEN

ISBN 978-3-86193 — Auflage/Jahr/Euro

## Lexikon/Definitionen

| | | |
|---|---|---|
| 1 (-288-8) | Definitionen Strafrecht - schnell gemerkt | 4.A/14 · 19,90 |
| 2 (-065-5) | Legal terms für Juristen - Fachwörterbuch Englisch - Deutsch | 1.A/11 · 19,90 |

## Skripten Schwerpunkt (120)

| | | |
|---|---|---|
| 1 (-429-5) | Kriminologie | 7.A/15 · 21,90 |
| 2 (-245-1) | Völkerrecht | 8.A/13 · 21,90 |
| 4 (-349-6) | Kapitalgesellschaftsrecht | 5.A/14 · 21,90 |
| 7 (-243-7) | Rechtsgeschichte I | 3.A/13 · 21,90 |
| 8 (-119-5) | Rechtsgeschichte II | 2.A/12 · 21,90 |
| 11 (-085-3) | Rechts- und Staatsphilosophie sowie Rechtssoziologie | 2.A/11 · 21,90 |
| 12 (-183-6) | Insolvenzrecht | 3.A/12 · 21,90 |

## Skripten Steuerrecht (120)

| | | |
|---|---|---|
| 2 (-173-7) | Abgabenordnung | 8.A/12 · 21,90 |
| 3 (-267-3) | Einkommensteuerrecht | 8.A/14 · 21,90 |

## Skripten für BWL´er, WiWi & Steuerberater

| | | |
|---|---|---|
| V1 (-430-1) | PrivatR f. BWL'er, WiWi & Steuerberat | 8.A/15 · 19,90 |
| V2 (-102-7) | Ö-Recht f. BWL'er, WiWi & Steuerberat | 4.A/12 · 19,90 |
| V3 (-480-9) | Musterkl. für's Vordiplom PrivatR | 2.A/04 · 19,90 |
| V4 (-197-6) | Musterkl. für's Vordiplom Ö-R | 1.A/00 · 19,90 |
| VF1 (-472-1) | Die 74 wicht. Fälle (BGB AT, SchuldR AT/BT) | 5.A/16 · 19,90 |
| VF2 (-247-5) | Die 44 wicht. Fälle (GoA, BerR, GesR, ...) | 2.A/13 · 19,90 |

## Skripten Fachbegriffe & Erläuterungen

| | | |
|---|---|---|
| 1 (-146-1) | Mikroökonomie & Makroökonomie | 1.A/12 · 19,90 |
| 2 (-147-8) | Buchführung/Jahresabschl./Rechnungsw. | 1.A/12 · 19,90 |
| 6 (-151-5) | HandelsR/GesellschaftsR/WirtschaftsR | 1.A/12 · 19,90 |
| 7 (-152-2) | Öffentl. Recht/EuropaR/VölkerR | 1.A/12 · 19,90 |

## Basics Karteikarten

| | | |
|---|---|---|
| K1 (-329-8) | Basics - Zivilrecht | 6.A/14 · 16,90 |
| K2 (-441-7) | Basics - Strafrecht | 4.A/15 · 16,90 |
| K3 (-320-5) | Basics - Öffentliches Recht | 4.A/14 · 16,90 |

## Karteikarten Zivilrecht

| | | |
|---|---|---|
| K1 (-408-0) | BGB-AT I | 9.A/15 · 16,90 |
| K2 (-496-7) | BGB-AT II | 8.A/16 · 16,90 |
| K3 (-340-3) | Schuldrecht AT I | 9.A/14 · 16,90 |
| K4 (-507-0) | Schuldrecht AT II | 8.A/16 · 16,90 |
| K5 (-476-9) | Schuldrecht BT I (Kauf-u.WerkVR) | 8.A/16 · 16,90 |
| K6 (-480-6) | Schuldrecht BT II | 7.A/16 · 16,90 |
| K7 (-464-6) | Arbeitsrecht | 5.A/16 · 16,90 |
| K8 (-413-4) | Bereicherungsrecht | 7.A/15 · 16,90 |
| K9 (-306-9) | Deliktsrecht | 6.A/14 · 16,90 |
| K11 (-484-4) | Sachenrecht I | 9.A/16 · 16,90 |
| K12 (-482-0) | Sachenrecht II | 8.A/16 · 16,90 |
| K13 (-495-0) | Kreditsicherungsrecht | 4.A/16 · 16,90 |
| K14 (-336-6) | Familienrecht | 4.A/14 · 16,90 |
| K15 (-188-1) | Erbrecht | 4.A/13 · 16,90 |
| K16 (-225-3) | ZPO I | 6.A/13 · 16,90 |
| K17 (-491-2) | ZPO II | 6.A/16 · 16,90 |
| K18 (-358-8) | Handelsrecht | 5.A/14 · 16,90 |
| K19 (-383-0) | Gesellschaftsrecht | 6.A/15 · 16,90 |

ISBN 978-3-86193 — Auflage/Jahr/Euro

## Die Shorties (Minikarteikarten) inkl. Box

| | | |
|---|---|---|
| SH1 (-498-1) | **Box 1:** BGB AT, Schuldrecht AT | 9.A/16 · 24,90 |
| SH2/I (-326-7) | **Box 2/1:** vertragliches Schuldrecht | 5.A/14 · 24,90 |
| SH2/II (-316-8) | **Box 2/2:** gesetzliches Schuldrecht | 5.A/14 · 24,90 |
| SH3 (-405-9) | **Box 3:** Sachenrecht, ErbR, FamR | 7.A/15 · 24,90 |
| SH4 (-368-7) | **Box 4:** ZPO I/II, GesellschaftsR, HGB | 6.A/15 · 24,90 |
| SH5 (-446-2) | **Box 5:** Strafrecht | 9.A/15 · 24,90 |
| SH6 (-382-3) | **Box 6:** Grundrecht, StaatsOrgR, BauR, u.a. | 7.A/15 · 24,90 |

## Karteikarten Strafrecht

| | | |
|---|---|---|
| KK20 (-324-3) | Strafrecht AT I | 8.A/14 · 16,90 |
| KK21 (-376-2) | Strafrecht-AT II | 8.A/15 · 16,90 |
| KK22 (-488-2) | Strafrecht-BT I | 9.A/16 · 16,90 |
| KK23 (-410-3) | Strafrecht-BT II | 8.A/15 · 16,90 |
| KK24 (-409-7) | StPO | 6.A/15 · 16,90 |

## Karteikarten Öffentliches Recht

| | | |
|---|---|---|
| KK25 (-315-1) | Verwaltungsrecht I | 8.A/14 · 16,90 |
| KK26 (-348-9) | Verwaltungsrecht II | 6.A/14 · 16,90 |
| KK27 (-352-6) | Verwaltungsrecht III | 6.A/14 · 16,90 |
| KK28 (-389-2) | Staats- u. Verfassungsrecht | 9.A/15 · 16,90 |
| KK29 (-470-7) | Europarecht | 4.A/16 · 16,90 |

## Überblickskarteikarten

| | | |
|---|---|---|
| ÜK I (-477-6) | BGB im Überblick I | 12.A/16 · 30,00 |
| ÜK II (-282-6) | BGB im Überblick II (Nebengebiete) | 7.A/14 · 30,00 |
| ÜK III (-469-1) | StrafR im Überblick | 9.A/16 · 30,00 |
| ÜK IV (-467-7) | Öffentl.-R im Überblick | 10.A/16 · 19,90 |
| ÜK V (-487-5) | Öffentl.-R im Überblick II Bayern | 8.A/16 · 19,90 |
| ÜK VI (-468-4) | Öffentl.-R im Überblick II NRW | 3.A/16 · 19,90 |
| ÜK VII (-242-0) | Europarecht | 5.A/13 · 19,90 |

## Assessor-Basics/Theoriebände (410)

| | | |
|---|---|---|
| A IV (-401-1) | Die zivilrechtl. Anwaltsklausur/Teil 1 | 11.A/15 · 19,90 |
| A VII (-372-4) | Das Zivilurteil | 11.A/15 · 19,90 |
| A VIII (-270-3) | Die Strafrechtskl. im Assessorexamen | 7.A/14 · 19,90 |
| A IX (-412-7) | Die Assessorklausur Öffentl. Recht | 6.A/15 · 19,90 |

## Assessor-Basics/Klausurentraining

| | | |
|---|---|---|
| A I (-471-4) | Zivilurteile | 17.A/16 · 19,90 |
| A II (-298-7) | Arbeitsrecht | 14.A/14 · 19,90 |
| A III (-411-0) | Strafrecht | 12.A/15 · 19,90 |
| A V (-396-0) | Zivilrechtl. Anwaltsklausuren/Teil 2 | 11.A/15 · 19,90 |
| A VI (-390-8) | Öff.rechtl. u. strafrechtl.Anwaltskl. | 6.A/15 · 19,90 |

## Assessorkarteikarten

| | | |
|---|---|---|
| AK I (-353-3) | Zivilprozessrecht im Überblick | 6.A/14 · 19,90 |
| AK II (-272-7) | Strafprozessrecht im Überblick | 7.A/14 · 19,90 |
| AK III (-384-7) | Öffentliches Recht im Überblick | 5.A/15 · 19,90 |
| AK IV (-195-9) | Familien- und Erbrecht im Überblick | 2.A/13 · 19,90 |

hemmer/wüst
Verlagsgesellschaft mbH
Mergentheimer Str. 44 / 97082 Würzburg
Tel.: 09 31 /7 97 82 38 / Fax: 09 31/7 97 82 40
Internet: www.hemmer-shop.de

## Sonderartikel

| | | Euro |
|---|---|---|
| | **Lernkarteikartenbox (28.01)** | |
| LB ______ | Die praktische Lernbox für die Karteikarten | 1,99 |
| S 810 ______ | Din A4, 80 Blatt 10er Pack | 17,50 |
| S1 ______ | **Der Referendar (70.01)**<br>24 Monate zwischen Genie und Wahnsinn ( Format A6) | 9,80 |
| S2 ______ | **Der Rechtsanwalt (70.02)**<br>Meine größten Rein-) Fälle ( Format A6) | 9,80 |
| S3 ______ | **Der Jurist (70.03)**<br>Ein Lehrbuch für Leader ( Format A6) | 9,80 |
| S5 ______ | **Coach dich! (70.05)**<br>Psychologischer Ratgeber | 19,80 |
| S6 ______ | **Lebendiges Reden (70.06)**<br>Psychologischer Ratgeber inkl. Audio-CD | 21,80 |
| S7 ______ | **NLP für Einsteiger (71.01)**<br>Psychologischer Ratgeber | 12,80 |
| S8 ______ | **Prüfungen als Herausforderung (70.08)**<br>Psychologischer Ratgeber | 14,80 |
| ______ | **Wiederholungsmappe (75.01)**<br>Intelligentes Lernen<br>inkl. Handbuch und Kurzskript | 9,90 |
| ______ | **Ordner hemmer.group (88.20)**<br>Ringbuchmappe für Einlagen, DIN A4 | 2,50 |
| (-200-0) ______ | **Die wahren Paradiese - 15 traumhafte Gärten**<br>Gebunden (Hardcover) mit Schutzumschlag, 208 Seiten<br>(275 x 255 mm) | 39,80 |
| (-500-1) ______ | **Vom „Baumeland“ zum Traumgarten**<br>**Ein ländlicher Garten mit mediterranem Charme**<br>Gebunden (Hardcover) mit Schutzumschlag, 180 Seiten<br>(275 x 255 mm) - 1. Auflage Mai 2016 | 34,80 |

Ein Buch über den eigenen Garten

Die intensive Beschäftigung mit dem Thema Garten seit mehr als zwanzig Jahren, all die Tätigkeiten im Jahreslauf, das Erleben der Natur und die Erfahrungen, die ich gemacht habe, fließen in dieses Werk über unseren Garten ein. Es werden sowohl die Entstehung der Gartenanlage als auch die vier Jahreszeiten mit den dazugehörenden Aufgaben im Garten beschrieben.

## Life&Law

| | | Euro |
|---|---|---|
| ______ | Einzelheft der Life&LAW | 6,80 |
| AboLL ______ | Abonnement der Life&LAW<br>Life&Law 3 Monate kostenfrei,<br>danach erhalten Sie die Life&Law zum Preis von | 5,80 |
| LLJ ______ | Life&LAW Jahrgangsband 1999 - 2014 | |
| ______ | bitte Jahrgang eintragen | je 50,00 |
| LLJ14 ______ | Life&LAW Jahrgangsband 2015 | 80,00 |
| LLE ______ | Einband für Life&LAW Jahrgang | je 6,00 |

## Die AnwaltsBasics

| | | |
|---|---|---|
| 978-3-9813969-0-4 ______ | **Die AnwaltsBasics Erbrecht**<br>1. Auflage, November 2010, 429 S. | 39,90 |
| 978-3-9813969-5-9 ______ | **Die AnwaltsBasics Mediation**<br>erweiterte 2. Auflage, November 2013, 237 S. | 23,90 |
| 978-3-9813969-4-2 ______ | **Die AnwaltsBasics Mietrecht**<br>1. Auflage, November 2013, 401 S. | 39,90 |

**Endsumme:**

Lieferung erfolgt in aktueller Auflage

Kundennummer D

Prüfen Sie in Ruhe zuhause!
Alle Produkte dürfen innerhalb von 14 Tagen an den Verlag (Originalzustand) zurückgeschickt werden. Es wird ein uneingeschränktes gesetzliches Rückgaberecht gewährt. Hinweis: Der Besteller trägt bei einem Bestellwert bis 40 Euro die Kosten der Rücksendung. Über 40 Euro Bestellwert trägt er ebenfalls die Kosten, wenn zum Zeitpunkt der Rückgabe noch keine (An-) Zahlung geleistet wurde.

Die Lieferung erfolgt (ausschließlich innerhalb Deutschlands) versandkostenfrei an Ihre angegebene Adresse.
Ich weiß, dass meine Bestellung nur bearbeitet wird, wenn ich zum Einzug ermächtige. Bestellungen auf Rechnung können nicht berücksichtigt werden.
Bei fehlerhaften oder unleserlichen Angaben, sowie einer Rücklastschrift aufgrund Nichtdeckung meines Kontos wird der branchenübliche Schaden in Rechnung gestellt. Der Kunde ist berechtigt, diesem Pauschalbetrag den Nachweis entgegenzuhalten, dass nur ein geringerer Schaden entstanden ist. Die Lieferung erfolgt unter Eigentumsvorbehalt.

Name: ______________________ Vorname: ______________________

Adresse: ______________________________________________

Telefon: ______________________ e-mail-adresse: ______________________

**Buchen Sie die Endsumme von meinem Konto ab:**

Konto-Nr.: ______________________ Bankleitzahl: ______________________

Bank: ______________________ BIC: ______________________

IBAN: | | | | | | | | | | | | | | | | | | | | | | |

Ort, Datum: ______________________ Unterschrift: ______________________